경계성 성격장애 자녀
대처법

경계성 성격장애 자녀 대처법

어쩔 줄 모르는 부모를 위한 기법과 전략

랜디 크레거 · 크리스틴 아더맥 · 대니얼 로벨 지음 | 이순영 옮김

베스트셀러
『잡았다, 네가 술래야』
자매편

모멘토

일러두기

* 본문에 나오는 용어와 사실 중 독자 편의를 위해 설명이 필요한 것은 해당 단어나 어구, 문장 뒤에 옮긴이 주를 괄호 속 작은 글자로 넣었다. '옮긴이'라는 말 없이 '기분안정제(기분조절제), 거주치료센터(생활치료센터)' 식으로 표기한 것은 괄호 속 작은 글자 용어도 앞말과 같은 의미로 쓰인다는 뜻이다. 원문 자체에서 괄호 처리한 말들은 글자 크기를 달리하지 않았다.

* 본문 곳곳 괄호 속에 '(Aguirre 2014)', '(American Psychological Association 2013)'처럼 영문 이름과 연도를 넣은 것은 전거(典據) 표시로, 바로 앞에서 서술한 내용이 들어 있는 문헌의 저자나 발간 기관, 그리고 펴낸 해다. 해당 책의 제목과 출판사, 논문의 경우 게재지나 웹사이트 주소 등 추가적 서지사항은 책 맨 뒤 '참고 문헌'에 나와 있다.

* 본문에서 언급하는 책들의 우리말 제목은 국역본이 있는 경우 그 제목을 따랐고, 번역이 안 된 책은 원제를 가급적 그대로 옮겼다.

* 본문 중의 '아이'는 나이 어린 자녀뿐 아니라 성인 자녀를 가리키는 말로도 썼다.

* 외래어와 외국 인명, 지명 등의 표기는 국립국어원의 용례를 따랐다. 거기에 오르지 않은 것은 국내외 사전과 인터넷 사이트에서 발음기호를 찾아보고 인명의 경우 유튜브 등에서 실제 발음을 확인한 후 외래어 표기법을 적용했다.

추천의 말

"아이들에겐 취급설명서가 따라오지 않는다. 경계성 성격장애가 있는 아이들은 더 말할 나위 없다. 이 책은 당신의 아이가 왜 그렇게 문제가 많고 버릇없으며 툭하면 분노를 터뜨리는지, 이런 걸 비롯한 전형적인 경계성 성격장애 행동들을(아울러 당신 자신의 건강도!) 개선하기 위해 어떤 전략을 쓸 수 있는지, 그리고 당신에게 도움이 될 자료들을 어디서 찾을지 등을 빠짐없이 알려 준다. 몹시 당황하고 궁지에 몰려 어찌할 바를 모르는 부모들이 간절히 바라는 바로 그런 책이다!"

—프랜 포터(경계성 성격장애 딸에 관한 회고록 『배에 안정장치가 없을 때』 저자)

"이 책은 경계성 성격장애가 있는 아이의 부모와 돌보는 이들에게 유용한 정보로 가득하다. 아이의 행동과 변화무쌍한 감정에 대처하는 데 도움이 필요한 사람들을 위한 훌륭한 지침서다. 나이가 몇이든 경계성 성격장애가 있는 자녀를 둔 부모들에게 이 책을 적극 추천한다. 이 장애와 함께하는 불확실하고 불안정한 여정을 잘 헤쳐 나가도록 이끌어 주고, 자신과 아이 모두를 도울 수 있게 해 줄 것이다."

—도나 툰(경계성인 아이를 둔 엄마이자 페이스북 그룹
'경계성 성격장애가 있는 아이의 부모들' 운영자)

"『경계성 성격장애 자녀 대처법』은 경계성 행동을 보이는 아이들의 가족에게 절실히 필요하고 더없이 반가운 안내서다. 저자들은 실제 가족들을 대상으로 한 조사연구와 인터뷰를 바탕으로, 정서 조절이 제대로 되지 않는 아이를 양육하는 어려운 과제에 부모가 효과적으로 대응할 수 있도록 폭넓고 상세한 지침, 정보, 지지, 양육 관련 제안, 선택할 수 있는 치료법들과 다양한 사례들을 제공한다. 이해심 깊은 지지와 실용적 지원에 대한 심대한 사회적 요구를 충족해 주는 책이다."

—마르갈리스 피엘스타드(결혼·가족 상담치료사, 전 캘리포니아 주립대학교 겸임교수.
『어떻게 당하지 않고 살 것인가』, 『나르시시스트와의 관계에서 회복하기』의 저자이며
『경계성 또는 자기애성 성격장애 배우자와 함께 회복탄력성 있는 아이를 키워 내기』 공저자)

"『경계성 성격장애 자녀 대처법』은 경계성 성격장애를 안고 사는 아이의 부모를 돕는 다는 어렵지만 도전할 가치가 있는 주제를 다루면서, 가족체계의 구성원 모두를 배려하는 틀 안에서 실행 가능한 방안들을 제시한다. 아동기와 청소년기의 경계성 성격장애 발현 양상을 본격적으로 파고든 책은 그동안 거의 없었는데, 이 시기들에 대한 문제의식은 경계성인 사람과 그 가족에게 낙인을 찍지 않고 그들을 지지하고 도와주기 위해 꼭 필요하다."

—라머니 더바술라(임상심리학자, 캘리포니아 주립대학교 명예교수.
『남아야 하나, 떠나야 하나―나르시시스트와의 관계에서 살아남기』,
『"내가 누군지 몰라?"―자기애와 특권의식, 무례함의 시대에 제정신을 유지하기』 저자)

"이 책은 경계성 성격장애의 징후를 보이거나 이 장애로 진단받은 5세부터 성년기까지 아이의 부모와 돌보는 이들에게 값지고 실용적인 자원이다. 경계성 성격장애에 대해 이제 처음 알게 된 부모에게는 물론이고 이미 오랜 경험을 지닌 부모에게도 쓸모가 큰 책으로, 경계성인 아이를 돌보는 데 쓸 일련의 전략과 양육자의 자기돌봄을 위한 도구들을 상세히 설명하며, 그러는 가운데 유용한 자료와 정보 소스들도 많이 알려 준다. 여기서 제시하는 도구들 중 아주 독특하고 크게 도움이 되는 한 가지는 경계성 성격장애와 다른 장애들을 간명하게 비교하는, 책 곳곳에 배치된 표들이다. 가족 역동(family dynamics)과 장애 아이의 형제자매 문제에까지 별도의 장들을 할애하고 있는 이 책은 궁극적으로 경계성 성격장애의 복잡성을―임상적 관점에서뿐 아니라 자신이나 자녀가 경계성 성격장애인 사람들의 개인적 경험담을 통해서도―이해하게 해 주는 로드맵'을 제공한다. 책 말미에서 저자들은 말한다. '이 책 일을 시작했을 때, 우리가 인터뷰한 부모들은 책에 희망의 이야기들을 담아 달라고 부탁했다. 우리는 그런 얘기를 찾기가 아마 쉽지 않으리라고 생각했지만, 뜻밖에도 희망의 얘기들은 많았다. 이 책에서 활용할 수 있는 양을 훨씬 넘어설 정도였다.' 모든 도서관에 이 책을 적극 추천한다."

—미국도서관협회 서평지 《북리스트》

평탄하게 살아온 사람치고 정신이 강인한 사람을 나는 본 적이 없다.

―말한 이 미상

이 책을 경계성 성격장애가 있는 자녀 때문에 고심하는 모든 부모에게, 특히 이 책을 위해 우리가 요청한 인터뷰에 응해 준 부모들—페이스북 그룹인 '경계성 성격장애가 있는 아이의 부모들'의 많은 어머니, 내가 운영하는 온라인 그룹 '무빙 포워드(Moving Forward)'의 회원들, 그리고 상세한 조사에 응답해 준 분들—에게 바친다. 여러분은 모두 영웅이다.

—랜디 크레거

차 례

머리말

랜디 크레거가 나에게 이 책의 머리말을 써 달라고 부탁했을 때, 곧바로 나는 기꺼이 그러겠다고 대답했다. 아직 원고를 읽지 않은 상태였지만, 나는 경계성 성격장애(BPD)가 있는 딸 콜린에 관한 회고록『배에 안정장치가 없을 때(When the Ship Has No Stabilizers)』(2014)를 쓸 때 자료를 조사하면서『잡았다, 네가 술래야(Stop Walking on Eggshells)』를 비롯해 경계성 성격장애에 관한 그녀의 저서 세 권을 읽은 바 있었다. 그런 책들처럼 이 책 역시 경계성 성격장애를 지닌 아이의 부모들에게 도움이 될 정보를 그득 담고 있으리라는 걸 나는 알았다. 콜린이 열여덟 살이 되기 전, 그러니까 1980년에서 1996년까지의 인격 형성기에 남편과 내가 그런 정보들을 얻을 수 있었더라면 얼마나 좋았을까!

콜린은 1978년에 태어났다. 그 당시만 해도 그 애의 질환과 관련된 지식이나 저술이 오늘날처럼 축적되어 있지 않았다. 두 살이 되면서부터 콜린은 때로는 우리에게 과도하게 매달리고, 때로는 우리를 강하게 밀어내면서 사소해 보이는 문제에 대해 겁나리만큼 격렬하게 성질을 부리는 식으로 행동의 양극단을 오갔다. 사람들은 흔히 우리에게 이렇게 말했다. "나이가 들면서 괜찮아질 거야." 하지만 그렇지 않았다. 치료받지 않는 병이 대개 그렇듯이, 아이의 문제도 점점 악화되었다. 아이는 주먹을 쾅쾅 내려치고, 물건을 던지고, 우리에게 욕설을 하곤 했다. 뭐든 요구할 때 우리가 즉각 들어주지 않으면 아이는 욕을 해 대며 우리를 증오한다는 말을 퍼부었다. 사춘기가 되면서는 흡연과 위험한 성행위를 했고, 마약을 하는 무리와 어울려 다니면서 우리가 정한 최종 귀가 시간을 어기기 일쑤였으며, 결국 자신도 약물에 중독되었다.

그런데 이 모든 문제에 대해 전문가들은, 그들의 진정한 배려심에도 불구하고, '무시해 버리기'라고 부를 수 있는 태도를 우리에게 보여 주었다. 지극히 선의로 하는 말이기는 했지만, 우리더러 부모로서 걱정이 지나치다며 문제를 일축해 버린 것이다. 콜린은 대단히 똑똑했다. 아마 우리 가족 중 IQ가 가장 높았을 테다. 콜린을 만나 본 심리학자와 정신과 의사들은 하나같이 아이의 지능과 언어적 재능, 그리고 어떤 퍼즐도 거의 순식간에 푸는 능력 등을 언급했다.

하지만 랜디가 말했듯이 "느낌에는 IQ가 없다." 어떤 이성적 설득이나 논리로도 그처럼 자주 딸아이를 집어삼키는 극단적인 감정들을 가라앉힐 수 없었다. 한 의사는 농조로 "이 아이는 데려가고, 진짜 문제가 있는 아이를 데려오세요"라고 말하기도 했는데, 이 책을 (그리고 전문가들이 쓴 다른 많은 책을) 읽고 난 지금 나는 그런 태도를, 애타게 도움을 청하는 콜린의 절규를 헤아리지 않고 무시해 버린 반응이라고 규정하겠다.

물론 한편으로 생각해 보면 나의 이런 주장은 그 시대의 한계를 감안하지 않은, 이를테면 '수정주의적'인 것이다. 정신건강 문제들에 대한 당시의 사회적 인식은 오늘날과 크게 달랐다. 그 의사는 자신이 진실을 말하고 있다고 생각했을 테다. 그리고 나, 석사 학위를 소지한 고등학교 교사로 어떤 영역들은 꽤 잘 안다고 스스로 생각했던 나도 경계성 성격장애에 대해선 전혀 아는 바가 없었다고 분명하게 말할 수 있다.

그 용어 자체도 콜린이 열다섯 살 때 법원 판사가 그 애에게 자격증 있는 심리치료사로부터 10회 치료를 받으라는 판결을 내렸을 때에야 처음 들어 보았다. 콜린은 약물을 사기 위해 수표에 우리 서명을 위조해서는 우리 은행 계좌에서 돈을 인출하곤 했었다. 그 애는 이미 성(性)과 약물 문제에 관한 이력이 있었으므로 경계성 성격장애가 있는 다른 많은 아이처럼 '나쁜 아이'로 분류되어 있었다. 우리는 당시 알고 지내던 지지모임 카운슬러의 권고에 따라 아이를 고소했다. 그 경험에서 얻은 단 하나의 긍정적 결과는 아이의 진단명을 알게 된 것이었다. 또 하나가 있다면, 그런 행동을 하면 대가를 치러야 한다는 우리의 확고한 신념을 콜린에게 분명히 인식시킨 것 아닌가 싶다.

이 일에서 무엇보다 나에게 큰 충격을 준 것은 그 판결을 받기까지 우리가 아이에게 적용될 진단명에 대해 전혀 깜깜인 채로 15년을 보냈다는 점이었다(콜린 자신도 마찬가지였다)! 어떻게 그럴 수 있냐고? 우리는 콜린이 아기일 때부터 그 애를 전문가들에게 데리고 갔다. 그 애의 감정적 반응이 언니인 리사와 비교해 극단적이라는 걸 보았기 때문이다. 우리가 직장에 가 있는 동안 주간 어린이집에서 다른 아이들과 놀던 때부터 벌써 그 아이는 걱정스러운 행동을 보였다. 그렇지만 우리가 만난 전문가 중 그 누구도 아이에게 꼬리표를 붙이려 들지 않았다. 그중 한 사람은 이렇게 말했다. "정신질환에는 오명(汚名)이 따라붙게 마련입니다. 그래서 우리는 대개의 경우 아이가 열여덟 살이 될 때까지는 그런 문제들에 진단명을 붙이거나 치료 등의 조처를 하지 않습니다."

뭐라고? 그렇다면 아이가 다섯 살 때 다리가 부러졌다는 의심이 들면, 그 애가 열여덟 살이 될 때까지 기다렸다가 치료를 한단 말인가?

여러모로 보아, 사회는 정신건강과 관련된 문제들에 이제야 막 관심을 기울이기 시작한 참이다. 새로운 기술 덕에 우리는 기능적 자기공명영상(functional magnetic resonance imaging, fMRI)을 이용해 활동 중인 뇌를 볼 수 있게 됐다. 그 결과 신경전형적(neurotypical)인 뇌, 즉 우리가 '정상적'이라고 하는 뇌와 경계성 성격장애가 있는 사람의 뇌는 서로 아주 다르게 기능한다는 걸 알게 되었다. 또한 훈련을 통해 뇌의 *신경가소성*(神經可塑性, *neuroplasticity*)이, 다시 말해 뇌의 행동 패턴 변화가 가능해진다는 것도 알게 되었다. 하지만 정신건강에 문제가 있는 사람의 경우, 문제가 있는 패턴이 시간이 지나면서 고착될수록 그것을 바꾸기가 더 어려워진다. 오랜 시간 자리 잡은 습관을 바꾸기가 얼마나 어려운지 우리 대부분이 직접적인 경험으로 알고 있다. 그렇기에 아이가 가능한 한 빨리 치료를 받도록 하는 것이 아주 중요하다.

사실을 직시하자. 우리가 만났던 전문가가 언급한 '오명' 얘기는 오늘날에도 전혀 다를 바 없다. 우리처럼 그 길을 직접 걸어 보지 않은 사람들은 온갖 종류의 잘못된 생각을 갖고 있다. 내 책이 출간된 후, 남편과 나는 강연회와 북클럽 행사에 많이 초대되었다. 그런데 어느 북클럽 회장이 이런 말을 했다. "우리 북클럽에서는 당신 저서를 읽으며 그 내용에 놀라워하고 있습니다. 그런데 당신 부부를 초대해 책 이야기를 나누어 보자는 내 제안을 회원 몇 명이 거부했어요. 경계성 성격장애가 부모의 학대 때문에 생긴다는 얘기를 들었기 때문이지요."

자식을 둔 또 다른 사람은 내게 이렇게 말했다. "솔직히 말하면, 저는 당신처럼 존경받는 교사에게 콜린처럼 나쁜 딸이 있다는 사실에 놀랐어요." 와! 그건 이렇게 말하는 것과 같다. "당신은 그렇지 않은데 따님은 눈이 갈색인 게 놀랍군요." 부당한 일이지만, 자식이 뭔가 잘못될 때 흔히 가장 먼저 비난받는 사람은 부모다. 그리고 다른 사람들이 우리를 비난하지 않을 때라도, 우리가 스스로를 탓하고 죄책감을 느낀다. 우리는 이유를 정확히 모르는 채 죄책감을 느끼며, 경계성 성격장애에 대해 알고 나서는 그것에 대해 좀 더 일찍 알았더라면 이 책에서 배우게 될 전문적인 양육 도구들을 잘 활용할 수 있었을 거라고 생각하며 죄책감을 느낀다.

문제를 지닌 아이들의 부모인 우리가 모든 사람의 생각을 바꿀 수는 없다. 하지만 이 책의 저자들이 보여 주듯, 우리는 상대의 생각과 감정을 무시하거나 상대를 비하하지 않는 방식으로 아이와 소통하는 방법을 배우면서 우리 자신과 아이 모두를 돕기 위해 최선을 다해 볼 수 있다. 소통을 한동안 아예 멈추는 방법을 배우기도 해야 하는데, 그런 경우 모두가 마음을 가라앉힐 수 있을 때까지 아이와 우리 자신에게 서로 자유롭게 운신할 여지를 얼마간 주는 것이 최선이다.

2014년 콜린에 대한 회고록을 출간했을 때, 나는 우리가 속해 있던 지지모임의 나와 같은 부모 몇몇을 위해 그 책을 썼다고 생각했다. 하지만 책이 얻은 엄청난 인기와 우리가 받은 열띤 반응을 보면서 이 장애가 사람들이 생각했던 것보다 훨씬 큰 문제라는 걸 분명히 깨닫게 되었다. 세상에는 또 다른 콜린이 많이 있으며, 당황하고 슬퍼하면서 어쩔 줄 모르는 다른 부모도 많다는 걸 알게 된 것이다. 전국 각지의 부모들이 우리에게 전화를 해서 자기네 이야기를 털어놓기 시작했다. 뉴욕에 사는 한 여성은 어느 날 아침 전화를 걸어 자신의 경계성 성격장애 딸을 대신해 우리에게 감사한다고 말했다.

이제 당신이 읽으려는 책은 단지 어려움을 견뎌 내는 법이 아니라 아이와 함께 더 잘해 나가는 법, 그리고 아이에게 가능한 한 최선의 부모가 되는 법을 알려 줄 것이다. 이 책은 당신의 아이를 소중히 여기되 자신의 삶을 살도록 놓아 주는 법에 대해 이야기할 것이다. 이것은 어렵지만 꼭 필요한 일이다. 이 책은 당신이 그 힘든 싸움에서 절대 혼자가 아니며, 그걸 꿋꿋이 견디고 있는 데 대해 자신을 칭찬해도 좋고, 패배를 인정하고 포기해 버리고 싶었던 때가 있었다 해도 스스로를 용서할 수 있다며 당신을 안심시켜 줄 것이다. 이 책에는 변증법적 행동치료를 비롯해 현재 경계성 성격장애의 치료에 사용되는 여러 요법들을 설명하는 절(節)이 있다. 손주들을 어떻게 보호해야 하는지 알려 주는 절도 있다. 이 책은 경계성 성격장애가 당신 잘못이 아니며 당신은 결코 혼자가 아니라는 사실을 분명히 깨닫도록 도와 줄 것이다.

우리, 경계성 성격장애 아이의 부모들은 모두 같은 처지로, 함께 이 상황을 헤쳐 나가야 한다. 교육은 우리의 도구 상자에 있는 것 중 최선의 적극적이고 예방적인 도구의 하나다. 그리고 지금 당신 손에 들려 있는 이 상자에는 온갖 종류의 도구가 가득 들어 있다. 이제 읽어 나가면서 자신을 어떻게 돕고 아이를 어떻게 도울지 알아보라. 당신에게 축복을.

—프랜 포터(『배에 안정장치가 없을 때』 저자)

들어가며

당신이 손에 들고 있는 이 책은 내가 1998년에 낸 소책자 『부모에게 희망을―가족이나 당신 자신을 희생하지 않으면서 경계성 아들이나 딸을 돕기(*Hope for Parents: Helping Your Borderline Son or Daughter Without Sacrificing Your Family or Yourself*)』의 개정판으로 시작되었다. 2017년에 나는 그 소책자를 다시 써서 내기로 하고 크리스틴 아더멕을 공저자로 영입했다. 그녀의 저술 활동 내용이 이 책과 잘 맞았기 때문이며, 나와 달리 자녀가 있다는 점도 좋은 조건이었다.

한데 그 소책자를 온전한 책으로 만들어야 한다는 것이 이내 분명해졌고, 그 책은 『잡았다, 네가 술래야』 시리즈의 일부가 되는 게 마땅했다. 그건 또한 내가 이 일에 전심전력해야 하며, 그 주제에 관해 속속들이 알아야 한다는 걸 의미했다. 솔직히 말하겠다. 내가 아이들에 대해 그 정도로 관심이 많은 것 같진 않았다. 하지만 경계성 성격장애 자녀를 둔 부모들이 너무도 절박하게 도움을 바란다는 걸 깨닫고는 곧바로 관련 정보들에 이끌려 들었다. 네 명의 어머니가 자살을 생각한 적이 있다고 내게 말했다. 나는 부모와 아이의 관계가 내 글에서 25년 동안이나 다루어 온 다른 관계들과 크게 다르지 않다는 걸 이내 깨달았다.

크리스틴은 우리 팀에 심리학자를 참여시키자는 탁월한 아이디어를 냈다. 나는 워낙 오랫동안 혼자서 작업을 해 온 탓에 그런 건 생각조차 못했었다. 그런데 우리가 *아동의* 경계성 성격장애를 전문으로 하는 임상전문가(clinician, 이 범주에는 임상의 외에 임상 심리학자, 임상 약사, 임상 과학자, 간호사, 물리치료사 등도 포함된다.—옮긴이)를 찾을 수 있을까? 공교롭다 할까, 내 책들을 내는 뉴 하빈저 출판사가 때마침 대니얼 S. 로벨의 『당신의 딸이 경계성 성격장애일 때』를 출간했다. 놀랍게도 그와 나는 경계성 성격장애와 가족의 지지에 대해 같은 관점을 가지고 있었다. 대니얼은 북극성처럼 우리의 길을 인도하면서 내용 전체의 정확도를 높여 주었다. 우리 모두 줌(Zoom) 화상회의를 애용했으며, 그 결과물이 이미 아시는 바와 같이 바로 이 책이다.

무수히 많은 문제들의 해답을 찾으려 노력하면서 곧 분명히 알게 된 것은, 가능한 모든 수단을 써서 자신의 아이를 도우려는 부모의 자연적 본능은 그 부모들에게 *전혀* 도움이 되지 않았다는 사실이다. 그런 본능에 따른 행동은 오히려 문제를 훨씬 *악화*시켰다. 아이에게뿐만 아니라 부모 자신에게도 그렇다.

이 책에서 당신과 나는 해도가 그려지지 않은 미개척의 바다를 항해하게 된다. 바로 뒤 '이 책에서 많이 언급한 자료에 대하여'에도 적었듯이, 아동과 청소년의 경계성 성격장애에 대해서는 출간된 자료가 거의 없다. 1998년 『잡았다, 네가 술래야』가 나왔을 당시엔 경계성 성격장애가 있는 성인들에 관한 자료 역시 마찬가지였다. 그때는 이 장애에 관한 *어떤* '소비자 정보'도 찾는 게 거의 불가능했다. 그러니까…일종의 *전통*이랄지.

『잡았다, 네가 술래야』의 초판이 경계성 성격장애의 모든 것을 다룬 최종 결정판이 아니었듯이, 이 책 역시 경계성 성격장애가 있는 아이(혹은 성인 자녀)의 부모 노릇 하기에 관한 결정판이 아니다. 그보다 이 책은, 부모들을 대상으로 한 조사, 경계성 성격장애가 있는 사람들 자신의 이야기, 그리고 정신과 의사들의 의학적 지식, 관련 연구 결과, 기타 임상 자료 등을 바탕으로 지금 시점에 우리가 알고 있는 최선의 정보와 치료 방법을 모아 놓은 것이다. 말하자면 '이 순간의 모습'을 담은 스냅사진이다. 앞으로 더 많은 것을 알게 되면 책을 수정하고 업데이트하려 한다. 이 책을 촉매로 해 더 많은 자료들이 만들어져 그런 정보를 절박하게 필요로 하는 부모들에게 도움을 주었으면 좋겠다.

이 책에서 많이 언급한 자료에 대하여

이 책을 쓰는 시점에, 명시적으로 경계성 성격장애 미성년자의 부모들을 대상으로 하여 도움이 되는 정보를 담은 책은 우리가 알기로 단 두 권 있다. 하나는 이 책의 공저자인 대니얼 로벨이 쓴 『당신의 딸이 경계성 성격장애일 때(*When Your Daughter Has BPD: Essential Skills to Help Families Manage Borderline Personality Disorder*)』이고, 또 하나는 정신과 의사 블레이즈 아기레가 쓴 『청소년의 경계성 성격장애(*Borderline Personality Disorder in Adolescents: What to Do When Your Teen Has BPD*)』다. 아기레는 매사추세츠주 벨몬트에 있는 매클레인 병원의 경계성 청소년 대상 입원치료 프로그램—전국에서 가장 먼저 생긴 것 중 하나다—을 이끌고 있다. 아기레는 전 세계를 다니며 미성년자의 경계성 성격장애를 주제로 발표를 한다. 그가 워낙 방대한 경험을 지니고 있는 데다 이 분야에 관한 다른 연구가 아주 적기 때문에 우리는 이 책에서 그의 저술을 자주 언급할 것이다. 2007년에 처음 출간된 그의 책은 2014년에 개정판이 나왔다. 경계성 성격장애에 관해 더 많은 것을 알고 싶다면, 이 두 권의 책을 강력히 추천한다.

—랜디 크레거

1

경계성 성격장애(BPD)란 무엇인가

　당신은 지쳤고, 걱정스러우며, 어쩔 줄 모르겠고, 바닷속에서 허우적대고 있는 것만 같다. 당신은 지금 스스로에게 묻고 있다. '내가 핼러윈 때 슈퍼히어로로 옷을 입혀 주었던 그 귀여운 아이에게 대체 무슨 일이 일어난 걸까?' 당신의 아이는 화가 나 있고, 자신의 행동이 좋지 않은 결과를 낳는다는 걸 이해하지 못하며, 정체성과 자존감에 문제가 있고, 친구 관계와 기분이 불안정하다. 당신은 늘 살얼음판을 걸으며 다음엔 또 무슨 일이 일어날지 불안해한다. 사는 것이 늘 감정의 롤러코스터를 타는 일 같고, 당신의 아이가 주위의 모든 사람을 태우고 그 롤러코스터를 멋대로 모는 것 같다. 당신의 삶은 걷잡을 수 없는 혼돈이다.

　19년 동안 우리는 입양한 딸을 사랑하고 보살폈다. 처음부터 문제의 조짐이 좀 보이긴 했다. 심각한 분리불안, 말다툼, 성질부리기, 친구 사귀기의 어려움 같은 것들. 의사들은 아이에게 ADHD(주의력결핍 과잉행동장애) 진단을 내렸다. 우리 가족은 아이를 사랑으로 지지하고 친구를 사귀게 도왔으며, 온갖 의사들을 다 찾아다니며 돈을 썼다. 6학년이 되자 그 애는 걸핏하면 학교를 빠지기 시작했고, 우울증의 징후를 보였으며, 끊임없이 집안에 분란을 일으켰다. 아이의 형제자매는 부모가 자신들에겐 소홀하다고 느꼈는데, 아이가 이런저런 문제를 일으키다 보니 모든 관심이 그 애에게 집중되었기 때문이다. 그즈음 아이는 양극성 장애(조울증) 진단을 받았다.

청소년기가 되면서 아이는 마리화나를 피우기 시작했고, 학교에 거의 가지 않았으며, 어떤 관계든 오래 지속하지 못했고, 파트타임 일을 전전했다. 그나마 한 달을 채 넘기지 못하고 그만두거나 해고당했다. 이제 성인이 된 딸은 아무것도 안 하다시피 하면서 다시 우리 집으로 들어와 살고 싶어 한다. 그러면서도 새벽 세 시에 전화해서는 우리가 형편없는 부모고 자기를 망쳤다고 얘기한다. 그러고는 돈을 달라고 사정한다. 예전엔 늘 너무도 상냥하고 사랑스럽고 창의적인 아이였는데.

당신은 자신에게 묻는다, '*이게 내 잘못일까?*' 당신의 아이는 당신더러 나쁜 부모라고 하거나 당신을 증오한다고 말하고, 그런 말 때문에 당신은 가슴이 무너지고 괴롭다. '*정말 그런가?*' 아이를 정신건강 전문가들에게 데려가 봐도 제각기 다른 진단을 내린다. 누구는 양극성 장애(bipolar disorder)라 하고, 또 누구는 ADHD 혹은 적대적 반항장애(oppositional defiant disorder)라고 했을 수 있다. 어쩌면 당신의 아이는 섭식장애도 있을지 모르며, 우울증일지도 모르고, 아니면 다른 장애를 지녔을 수도 있다. 하지만 그런 것들과는 별개의 뭔가가 잘못되었다는 것은 분명하다.

| 경계성 성격장애에 관한 기본적 사실들 |

이제 경계성 성격장애(borderline personality disorder, BPD. '경계성 인격장애'라고도 한다.—옮긴이)란 무엇인가와 같은 기본적인 사실들부터 알아보자. 경계성 성격장애가 있는 사람이라 해서 다 같지는 않고 각기 고유의 개성이 있지만, 양극성 장애나 섭식장애, 또는 조현병을 앓는 사람들이 해당 장애의 특성을 공유하는 것처럼 경계성 성격장애인 사람들 역시 공통된 특성들을 보인다. 경계성 성격장애는 조절부전인(관리되지 않거나 통제되지 않는) 극단적 생각과 느낌 및 행동으로 특징지어지는 정신질환(정신장애)이다.

일반적으로 사람들은 자기 앞에 놓인 사실에 근거하여 어떤 느낌을 갖는 데 반해, 경계성 성격장애가 있는 사람은 자신의 느낌에 따라 *사실*이 결정된다. 예를 들어, 당신의 자녀는 학교에 다니는 것이 법적 의무이며 당신이 홈스쿨링을 할 수 없는데도 자기를 학교에 보낸다는 이유로 당신에게 불같이 화를 낼 수 있다. 혹은 시작조차 못 하고 끝난 연애 관계 때문에 상실감을 느끼면서 거의 자살까지 생각할 수도 있다. 이런 경우 논리는 그들에게 도움이 안 된다. 그들은 흑백논리로 생각한다. 다른 사람들은 완전히 좋은 사람 아니면 철저히 나쁜 사람이어서, 우상처럼 떠받들지 않으면 분노하며 내쳐야 한다. 그리고 강렬한 느낌 때문에 극단적인 '고통 관리 행동(pain management behavior)'—자신이나 다른 사람에게 해로울 수 있는 고통을 줄이기 위해 하는 행동—을 보인다.

세계보건기구(WHO)가 『국제질병분류(*International Classification of Diseases*)』 제11판(*ICD-11*, 2018)에서 공식적으로 설명한 내용과, 우리가 경계성 성격장애를 가진 사람의 가족이나 사랑하는 이들과 25년 동안 작업하면서 전반적으로 관찰한 결과에 따라 이 장애를 살펴보자. 경계성 성격장애를 지닌 사람들이 생각(사고), 느낌, 행동에서 보이는 특성에는 다음의 것들이 포함된다.

생각: 손상된 인식 및 추론 능력

●분열(splitting, 극단적 이상화와 극단적 평가절하)—이것은 *ICD-11*에는 안 나와 있지만, 경계성 성격장애가 있는 사람을 사랑하는 이들이 가장 많이 언급하는 특성 중 하나다.

●불안정한 자아감(sense of self)

●스트레스와 관련된 편집증(paranoia)이나 해리(dissociation, 아주 혼란스러워 갈피를 못 잡겠으며, 잠깐 현실에서 분리된 느낌이 든다)를 겪곤 함

느낌: 조절이 잘 안 되고 매우 변하기 쉬운 감정

●격렬하고 불안정한 기분, 그리고 변화에 대한 강한 반응

●대개 몇 시간에서 며칠까지 지속되는 과민성이나 불안

●만성적인 공허감, 절망감, 불행감

●부적절하고 격렬한 분노, 또는 분노 조절의 어려움

행동: 충동적인 행태

●특히 아주 속상하거나 화가 났을 때, 관계를 불안정하게 만들고 자신에게 해로울 수 있는 행동으로 이어지는 충동성

●물건 던지기나 사람 밀치기, 혹은 반복적인 몸싸움 등으로 나타나는 성질부리기가 잦음

●실제든 상상이든 버림받는 것을 피하려고 '필사적으로' 노력함

●여러 차례의 자해(self-harm) 행동

이런 특성들 때문에 사람들과의 관계가 불안정해지고 결국은 자기실현적이고 비극적인 결말로 이어진다. 즉, 경계성 성격장애를 가진 사람은 절박하게 다른 사람들을 필요로 하지만, 그들과의 관계를 유지하기 위해 취하는 행동 때문에 그들에게 거부당한다.

이 모든 특성을 다 보여야 경계성 성격장애인 것은 아니며, 또한 사람에 따라 어떤 문제들이 다른 문제보다 더 심각하게 나타난다. 지금까지 요약한 특성들을 좀 더 자세히 살펴보자.

생각: 손상된 인식 및 추론 능력

경계성 성격장애가 있는 자녀는 그들이 원하는 것을 당신이 주느냐 마느냐에 따라 오전에는 당신을 멋지다고 생각하고 오후에는 혐오스럽게 여길 수 있다. 아이는 사람들을 이분법적으로, 즉 모든 면에서 좋은 사람 아니면 철저히 나쁜 사람으로 보는데, 이것을 '분열'이라고 한다. 당신의 자녀가 둘 중 어느 한쪽으로 느낄 때, 그 아이는 과거엔 자기가 그와 다르게 느꼈다는 걸 기억하지 못하며, 나중에 자신이 견해를 바꿀 수 있다는 걸 상상하지도 못한다. 알다시피 어린아이들이 이런 식으로 생각하는 수가 많은데, 그래서 이를 '원초적 방어기제(primitive defence mechanism)'라고 한다. 우리 대부분은 이른 나이에 이 같은 사고에서 벗어난다. 하지만 경계성 성격장애가 있는 아이나 어른은 그렇지 않다. 청소년기 직전인 십대 초 아이의 분열 사례를 보자.

데하: 샤니스가 자기 생일 파티에 다른 아이들은 다 초대하면서 나는 안 불렀어요.

엄마: 초대장이 너한테 아직 도착 안 한 걸 수도 있어.

데하: 아이들은 나를 아주 싫어해요. 모두 날 싫어해요. 난 친구가 하나도 없어요.

엄마: 네가 이 일 때문에 기분이 상했구나. 실망하고 슬픈가 보네. 나도 초대를 받지 못하면 그런 기분이 들 거야. 하지만 네가 지난달에 생일 파티에 세 번이나 갔다는 걸 잊지 마.

데하: 나는 완전히 패배자예요.

이번에는 청소년기 아이의 분열 사례다.

엄마: 바비와는 여전히 잘 사귀고 있니?

아자드: 그런 형편없는 애하고는 절대 안 놀 거예요.

엄마: 아자드, 네가 사귀었던 여자친구 중 그 애가 최고라고 했잖니.

아자드: 그건 걔가 콜린 맥에게 수학을 가르치고 있다는 걸 알기 전이죠. 바람둥이 같으니라고!

경계성 성격장애가 있는 아이들은 자아감이 불안정할 때가 많다. 이는 청소년기 아이들에게 특히 힘든 일인데, 청소년기는 아이들이 스스로를 규정하기 시작하는 시기이기 때문이다. 매사추세츠주 매클레인 병원의 경계성 성격장애 청소년 입원치료 프로그램 책임자인 블레이즈 아기레는 저서 『청소년의 경계성 성격장애』에서, 경계성인 아이들은 자신을 고유성을 지닌 사람으로보다는 가까운 친구들이나 또래집단의 특징들이 조합된 존재로 묘사하는 경향이 있다고 설명한다. 그래서 아이들이 또래집단을 바꾸면 새로운 집단에 맞추어 그들의 자아정체성(self-identity, 자아개념)도 달라진다는 얘기다. 그들의 가치관과 도덕, 정체성은 유동적이고 자주 변하는

데, 보통 아이들은 대부분 그렇지 않다. 이 같은 유동성의 사례를 두 가지 보자. 아래는 십대 초 아이의 경우, 그다음 예는 청소년의 경우다.

헤드라: 엄마, 검은색 레깅스랑 운동복 상의를 새로 좀 사 주실 수 있어요?

엄마: 운동복은 많이 있잖니.

헤드라: 저 이젠 고스(Goth)족이에요. 검은색 옷이 있어야 한다고요. ('고스'는 1980년대에 영국 '고딕 록' 팬들 사이에서 생겨난 하위문화로, 이를 따르는 사람들은 음산한 검은 옷을 즐겨 입고 화장이나 머리색도 검게 한다. ─옮긴이)

엄마: 네 옷은 대부분 핑크잖아. 네가 핑크색을 좋아하는 줄 알았는데?

헤드라: 그건 별 볼일 없는 애들의 색이에요. 내 친구들은 다 고스 패션으로 입어요.

편집증적 사고와 해리(解離)는 경계성 성격장애가 있는 아이들의 손상된 인식 및 추론 능력의 또 다른 형태들이다. 우선 편집증을 생각해 보자. 당신의 아이는 당신이 자기에게 불리하게 행동할 뿐만 아니라 다른 사람들 또한 자기를 해칠 음모를 꾸미고 있다고 상상할 수 있다. 사실 그들은 온 세상이 자신의 인생을 생지옥으로 만들기 위해 모든 수단을 동원하고 있다고 생각할지도 모른다.

*해리*는 당면한 상황이 현실이 아닌 듯이, 또는 그 상황이나 신체에서 자신이 분리된 듯이 느끼는 상태다. 그게 무엇을 의미할까? 운전을 해서 직장에 가는 일처럼, 워낙 많이 하다 보니 머리를 전혀 쓰지 않고도 할 수 있는 일을 수행할 때의 정신 상태를 생각해 보자. 그 행위를 하는 동안 당신

의 뇌는 자동으로 기능하기에, 당신은 직장에 어떻게 왔는지 기억이 거의 없을 수도 있다. 해리란 그 비슷한 것으로, 극도의 스트레스에 의해 촉발된다. 일반적으로 해리는 바람직하지 못한 일인데, 왜냐하면 자기 주변에서 일어나고 있는 일에 대해 무엇을 느끼고 어떻게 반응하는지 당사자가 의식 못하는 상태이기 때문이다. (해리란 의식, 감정, 기억, 정체감, 환경 지각, 운동 통제, 행동 등이 정상적으로 통합되지 않고 붕괴하거나 비연속적이 되는 것이다.—옮긴이). 해리와 반대되는 것은 마음챙김(mindfulness)이며, 이는 건강한 실천으로 5장에서 다룬다.

타티아나는 길 아래 사는 남자아이들 몇 명에게 버스에서 자주 괴롭힘을 당했다. 엄마에게 학교까지 데려다 달라고 간청했지만, 엄마는 일을 해야 했기 때문에 타티아나를 버스에 태워 보낼 수밖에 없었다. 엄마가 버스에서 별일 없었냐고 매일 물을 때마다, 타티아나는 늘 이렇게 대답했다. "기억이 안 나요." 그래서 아무 일도 없었다고 생각했던 엄마는 어느 날 타티아나가 집에 오는 길에 버스에서 오줌을 지렸다는 걸 알았다. 타티아나에게 무슨 일이 있었느냐고 물으니, 그 애는 자신이 오줌 지린 걸 알지조차 못했다.

느낌: 조절이 잘 안 되고 매우 변하기 쉬운 감정

경계성 성격장애가 있는 아이들 중 다수가 거부당하거나 버림받는 것을 몹시 두려워하며, 이런 두려움은 아주 사소한 일로도 격발될 수 있다. 그래서 가족 구성원이나 친구가 당신의 아이에게 화를 내거나 짜증을 부리면, 아이는 상대의 사랑을 다시 얻으려고 (혹은 적어도 관심을 지속시키려고) 미친 듯이 노력할 것이다. 그들은 이제 버림받을 거라고 생각하고는 그런 일을 막기 위해 변하겠다고 약속하기도 하고 뉘우침을 보이기도 하는 등 생각할 수 있는 모든 것을 다 할 가능성이 크다.

주위 사람이 자신에게 화가 났거나 자신을 거부한다고 생각하면, 당신의 아이는 자신에게 향해 있다고 생각하는 그 분노나 거부를 내면화하고 과장하면서 스스로를 무가치하거나 나쁜 사람으로 생각할 수도 있다. 이런 일은 다른 사람이 그에게 짜증을 내지 *않았거나* 그저 조금 언짢아했을 뿐일 때도 생길 수 있다. 경계성 성격장애가 있는 아이는 언제나 방어적이 된다. 당신이 늘 살얼음판을 걷는 것은 주로 이 점 때문이다. (경계성 성격장애 아이에게는 논리가 잘 통하지 않기 때문에, 뒤의 7장에서는 '인정[validation]'이라는 의사소통 기법을 이용한 최선의 대응 방법을 얘기하겠다.)

또 다른 반응 방식으로, 당신의 자녀는 화를 내고 공격에 나설 수도 있다. 이때 그들의 생각은 이렇다. '*당신이 나를 거부하게 놔두지 않겠어. 내가 먼저 당신을 거부할 거야!*' 이런 일은 경계성 성격장애가 있는 성인의 인간관계에서도 자주 일어난다. 아무 문제 없이 관계가 순조로울 때도 경계성인 사람은 자신이 사귈 가치가 없는 사람이라는 걸 친구들이 알게 되어 결국 자신을 떠나리라고 생각하기 때문에 긴장하고 불안해한다. 그래서 그들은 그 교우 관계를 끝내 버린다. 거부당하기보다 거부하는 쪽을 택한다.

여기서 알아 둬야 할 중요한 사실은, 당신이 무엇을 하든, 그러니까 아이에게 무조건적인 사랑을 비롯해 그들이 원하는 거라면 뭐든 다 준다 해도 이런 특성을 지울 순 없다는 것이다. 아이 마음속의 공허함이라는 블랙홀은 당신뿐 아니라 다른 누구도 채울 수 없으며, 오직 치료로만 메울 수 있다. 어느 아버지가 말하기를, 아이의 요구가 버림받음에 대한 불안과 관련될 때 그 요구들을 충족시키려 하는 것은 물총으로 그랜드캐니언을 채우려 드는 것과 같은데, 그랜드캐니언에는 그나마 바닥이라도 있지 않으냐고 했다. 경계성 성격장애인 사람들은 이 장애의 정의에서 열거되는 모든 행동을 동원해 그 블랙홀을 메우려 든다. 그들은 이번의 새로운 사람은 구멍을 채워 줄 거라고 생각하다가 그가 못 채우면 실망하고, 억울해하고, 속상해하고, 자살을 생각기도 하고, 분노하기도 하고, 그러다 결국 경계성 성격장애의 또 하나의 특성인 '관계의 불안정성'에 이르는데, 그래서 그들은 대인관계 일반을 좋아하지 않게 된다. 이러한 특성이 어떻게 작동하는지를 보여 주는 두 가지 예를 보자. 하나는 청소년기 직전 십대 초 아이, 그다음 것은 청소년기 아이의 경우다.

젠데이아는 아침에 등교하기 전 엄마와 최대한 많은 시간을 보낸다. 엄마가 일하러 가야 한다는 걸 의식하면서 곧 닥칠 그 순간을 두려워한다. 엄마가 집을 나서는 시간이 가까워질수록 젠데이아의 불안도 커져서, 엄마에게 집에 같이 있어 달라고 한다. 엄마가 안 된다고 하면, 젠데이아는 배가 아프기 시작한다. 어떤 때는 토하거나 설사를 하고, 어떤 때는 몹시 슬퍼하면서 학교에 간다.

앤디는 남자친구 프랑수아와 학교에서 매일 보는 데 익숙해져 있다. 어느 날 프랑수아가 2주 동안 가족과 함께 유럽에 간다고 말하자 앤디는 당황해서 어쩔 줄을 모른다. 앤디는 프랑수아에게 그가 없으면 살 수 없다며 그가 가고 나면 죽어 버릴 거라고 협박한다.

경계성 성격장애가 있는 아이는 감정이 갈피를 잡을 수 없게 마구 바뀔 수 있다. 잠깐 동안 아이는 행복하다. 그러다 다음 순간 팔짱을 끼고 화난 표정을 짓는다. 30분 뒤에는 낙담해서 침대에 누워 있다. 이처럼 쉬지 않고 오르내리는 감정의 롤러코스터는, 기분 변화가 고의적인 게 아닌 당신의 아이를 비롯해 모든 사람에게 힘들다. 그 아이의 기분은 어느 때는 삶에서 실제로 일어나는 일 때문이고, 또 어느 때는 상상된 갈등이나 상황 때문이다.

경계성 성격장애가 있는 어떤 아이들은 가족 중 다른 아이가 생일 파티를 하거나 학교에서 상을 받는 등 특별한 관심을 받을 때 강렬한 감정적 반응('감정반응'이라고도 한다. —옮긴이)을 보인다. 다음은 이런 특성의 작용을 보여 주는 사례 두 가지다. 첫 번째는 십대 초, 그 다음은 청소년기 아이다.

로나는 주말에 친구 해리엇의 집에 가서 그 집 강아지 러피를 만났다. 로나는 강아지를 좋아했고, 자기 집에선 강아지를 키우지 않았으므로 러피와 놀 생각에 신이 났다. 하지만 러피는 해리엇에게만 관심이 있었다. 로나는 본 체도 안 했으며, 로나가 쓰다듬으려고 해도 거부하고 해리엇에게만 몸을 비비면서 관심을 끌려 했다. 로나는 집에 와서 엄마에게 해리엇의 강아지는 못됐다며 다시는 해리엇의 집에 가지 않을 거라고 말했다.

아스트리드는 바다를 좋아했으므로 가족이 하와이로 휴가를 떠나기로 하자 잔뜩 들떴다. 공항에서 아스트리드는 역시 가족과 함께 하와이로 가는 자기 또래의 젊은 남자를 만났다. 그들은 호텔에 도착하면 바로 만나기로 했다. 아스트리드는 전화기를 계속 가지고 다니면서 그 남자의 연락을 기다렸다. 하지만 저녁 식사 시간까지도 그에게서 전화가 오지 않자 아스트리드는 제정신이 아니었다. '너무 속상해서 아무

것도 먹을 수가 없었으므로 가족과 함께 식사하러 가는 것도 싫다고 했다. 아스트리드는 방에 혼자 남아 전화를 기다렸다. 가족이 식사를 마치고 돌아왔을 때, 아스트리드는 휴가가 엉망이 되었다며 집에 가고 싶다고 했다. 가족은 아스트리드의 기분을 돌릴 수가 없었다. 그녀는 여행 내내 아무 데도 나가지 않고 방에만 틀어박혀 있었다.

경계성 성격장애 자녀를 키우다 보면 당신이 아이에게 쏟아붓는 모든 사랑이 마치 보도의 빗물이 하수구로 빨려들듯 사라져 버리는 것 같아 깊은 좌절감이 들 수 있다. 자기네가 아무리 사랑을 표현해도 아이는 본체만체하다가 어쩌다 비판적인 말을 한마디라도 하면 다른 모든 걸 제치고 물고 늘어진다고 말하는 부모들도 있다. 아이는 자기가 얼마나 '나쁜지' 확인해 주는 '단서'에는 그게 뭐든 굉장히 민감한 반면, 긍정적인 피드백은 자신이 그런 말에 값할 만한 사람이 못 된다고 생각해 무시해 버릴 수 있다. 다시 사례 두 가지. 십대 초 아이와 청소년기 아이가 느끼는 공허감을 보여 주는 것들이다.

학교에 새로 전학 온 여학생이 점심시간에 식당에서 알리야 자리에 앉았다. 다른 아이들은 알리야를 위해 그 자리를 '지켜 주지' 않았다. 집에 온 알리야는 홈스쿨링을 해 달라고 요구했다. 엄마에게 '아이들이 모두 자기를 싫어하기' 때문에 학교에 다시 가고 싶지 않다고 했다. 엄마는 딸이 느끼는 극도의 실망과 불안을 일단 인정하고는, 이어서 그 전학생 아이는 그저 자기 앞에 보이는 빈자리에 앉았을 뿐 그게 알리야의 자리라서 앉은 건 아닐 거라고 설명했다. 그럼에도 알리야는 다음 날 아침 아프다면서 학교에 가지 않겠다고 했다.

코린은 딸아이가 자기 방에서 면도칼로 팔을 긋고 있는 걸 보았다. 왜 그런 짓을 하느냐고 묻자, 딸은 그렇게 하면 외롭고 공허한 느낌에서 잠시 벗어날 수 있다고 말했다.

경계성 성격장애가 있는 아이들에게 흔한 특성인 심한 노여움과 폭발적 분노는 대부분의 부모가 감당하기 어려워한다. 아이가 당신에게 '씨발'이나 '엿같은' 따위의 말로 점철된 악다구니를 부리며 당신더러 죽어 버리라고 하거나 '빌어먹을 괴물'이라고 하는 등 당신이 애초에 그 애에게 한 말이나 행동에 비해 지나치게 심한 언사를 마구 뱉을 때, 당신이 평정심을 유지하기는 정말 힘들다. 아니면 당신의 아이는 친구에게 모욕을 당해서(혹은 자기가 모욕당했다고 *믿어서*) 분노를 폭발시킬 수도 있다. 아무튼 이런 상태의 아이에게, 그 일은 그렇게 화를 낼 게 아닌데 네가 잘못 생각했다고 설득하려 드는 것은 아이에겐 당신이 자기 감정을 인정해 주지 않는 것으로 받아들여지기 때문에 효과가 없을 것이다. 7장에서 우리는 아이를 '인정해 주는' 방법을 설명할 텐데, 그러한 인정이 아이의 격렬한 감정에 대해 당신이 가장 먼저 보이는 반응이어야 한다. 다음의 두 이야기는 각기 십대 초와 청소년기에 나타나는 과도한 격노의 사례다.

진저는 친구 에밀리 것과 같은 녹색 재킷을 갖고 싶었다. 아빠가 재킷을 사 주러 진저를 데리고 상점에 갔지만, 녹색 재킷은 진저에게 맞는 사이즈가 없었고 자주색과 갈색만 있었다. 진저는 너무나 속상해서 상점 바닥에 주저앉아 목 놓아 울었다.

앨리스는 전화기 배터리가 나갔는데 충전기를 찾을 수가 없었다. 자기 방을 몇 번이나 샅샅이 뒤져도 보이지 않았고, 그럴 때마다 점점 더 화가 치밀었다. 남동생에게 혹시 충전기를 가져갔느냐고 물었지만 동생은 아니라고 했다. 그래도 앨리스는 네가 가져간 게 틀림없다면서 돌려 달라고 끈질기게 요구했다. 동생은 누나가 무슨 얘길 하는지 모르겠다고 거듭 말했고, 결국 앨리스는 동생에게 고래고래 소리를 지르기 시작했다.

행동: 충동적인 행태

경계성 성격장애가 있는 아이들은 강렬한 정서적 고통을 느낄 때 충동적으로 행동하는 경향을 보인다. 그런 충동적 행동에는 가출, 처방 약의 남용, 마약 사용, 처방 약 공유, 교우 관계 망치기, 음주, 낯선 이와의 성관계, 히치하이킹, 상점 물건 훔치기, 섹스팅, 온라인에 자기 누드 사진 올리기, 무분별한 돈 쓰기, 혹은 집의 차를 몰고 나가 과속으로 달리기 등이 포함된다.

다음은 충동적 행동의 사례들이다. 첫 번째는 십대 초 아이의 경우, 그 다음은 청소년의 경우다.

글렌은 코로나 격리 때문에 원격으로 수학 수업을 들어야 했다. 수업 시작 몇 분 전에 컴퓨터를 켜고 몇 번이나 로그인을 시도했지만, 연결이 안 좋아서 제대로 접속이 되지 않았다. 글렌은 금세 짜증이 났다. 글렌은 수업에 늦고 싶지 않았다. 로그인이 안 될 때마다 컴퓨터를 쾅쾅 쳤다. 그러다 결국 컴퓨터를 바닥에 내동댕이쳤고, 컴퓨터는 망가졌다.

카밀라는 역사 수업에서 알게 된 남학생이 자기에게 관심을 보여 주기를 바라면서 파티에 갔다. 카밀라는 몇 시간이나 들여서 머리를 손질하고 옷을 차려입었다. 파티장에 가서 보니 그 남학생은 다른 여자애 두 명과 얘기를 나누고 있었다. 카밀라는 추파를 던지며 그의 관심을 끌려 했다. 드디어 그가 카밀라에게 반응하면서 둘이 나가서 산책하자고 했다. 그는 근처 숲에서 카밀라와 성관계를 갖고 싶어 했고, 그날 밤 카밀라는 처녀성을 잃었다. 하지만 다음날 학교에서 그가 자신을 알은 체도 하지 않자 카밀라는 이용당했다고 생각하며 그 일을 후회했다.

경계성 성격장애가 있는 아이들은 자살이나 자해를 하겠다고 위협할 수도 있는데, 이 두 가지 행동은 서로 전혀 다른 이유에서 하는 것이다. 자살은 모든 고통을 끝내려는 것이며, 자해는 감정적인 고통을 줄이기 위한 것이다(13장에서 이 두 가지 행동에 대해 더 자세히 얘기하겠다). 다음은 자해 행동의 두 가지 예다.

소피아는 긴장할 때면 손톱을 잡아 뜯는다. 손에서 피가 나거나 상처가 감염될 때도 있다. 의사가 왜 손톱을 갖고 그러느냐고 묻자 소피아는 자기가 그런 행동을 한다는 걸 의식조차 못 한다고 말했다.

나타샤는 보리스가 자기를 떠나자 속이 상했고, 어서 집에 가서 자해를 하고 싶었다. 그녀는 팔꿈치 위쪽, 아무도 볼 수 없으리라고 생각되는 부분에 차가운 면도날을 대고는 피를 내기 시작했다. 금세 기분이 좋아졌다. 잠시 뒤에 나타샤는 팔에 붕대를 감고 낮잠을 잤다.

경계성 성격장애인 사람 중 자신에게 그 장애가 있음을 인정하고 나름대로 자기성찰을 한 이들은 자살률이 높다. 그렇기 때문에 이 책에서는 한 장(13장)을 할애해 자살과 자해를 다룬다. 자살 위협은 어떤 경우라도 반드시 심각하게 받아들여야 한다.

| 미성년자도 경계성 성격장애일 수 있다 |

많은 정신건강 전문가가 아동과 십대 아이들은 너무 어려서 경계성 성격장애 진단을 내릴 수 없다고 생각한다. 그들은 미국정신의학회의 『정신질환의 진단 및 통계 편람(*Diagnostic and Statistical Manual of Mental Disorders*)』 제5판(약칭 *DSM-5*, 2013. 국역본이 나와 있다.—옮긴이)에 이 견해가 맞는 것으로 언급되어 있다고 믿기까지 한다. 하지만 그건 사실이 아니다! *DSM-5*에는 경계성 성격의 특성 대부분이 "성인기 초기('초기 성인기'라고도 한다.—옮긴이)나 그 이전에 시작"된다고 나와 있다. 이런 믿음들에 더해, 경계성 성격장애 진단을 내리는 것은 비난을 많이 받고 있기도 하므로 일부 임상전문가들은 때 이르게 이 진단을 내리는 위험을 무릅쓰지 않으려 한다. 나중에 다른 의료인들이 자신에게 편견을 갖게 될 수도 있기 때문이다. 아마도 이런 이유들 때문에 정신건강 전문가들은 당신의 자녀가 모든 진단기준을 충족한다고 해도 경계성 성격장애라는 진단을 제시하지 않았을 수 있다.

아래의 두 인용문에서 보듯이, 다른 권위 있는 소스들 중에도 청소년에 대한 경계성 성격장애 진단을 지지하는 것이 적잖다.

● "최근의 데이터에 따르면 대략 1,800만 명의 미국인이 일생 중 어느 시

기에 경계성 성격장애가 생기게 마련이며, 그 증상들은 일반적으로 청소년기 초기('초기 청소년기'라고도 한다. ─옮긴이)와 성인기에 나타난다고 한다."─미국 보건복지부 산하 물질남용 및 정신건강 서비스국(SAMHSA)의 『경계성 성격장애에 관한 의회 보고서』(2011)에서.

● "이용 가능한 모든 데이터를 살펴보면 청소년기가 경계성 성격장애의 조기 식별과 치료적 대응에 결정적으로 중요한 시기라는 사실이 드러난다."─안드레아 포사티의 글 「청소년기의 경계성 성격장애─그 현상학과 구성타당도」(2014)에서.

블레이즈 아기레의 『청소년의 경계성 성격장애』에 따르면, 그가 이끄는 경계성 성격장애 청소년 입원치료 프로그램에 들어오는 아이들이 그 이전에 가장 흔하게 받은 진단명은 양극성 장애다. 아동들에게 경계성 성격장애와 양극성 장애가 모두 있을 수는 있지만, 후자는 오진일 때가 많다. 왜 그럴까? 앞서 설명한 대로 임상전문가들이 경계성 성격장애 진단을 내리길 주저하기 때문이며, 그들이 '기분 변화(mood swings, '기분 변동'이라고도 하며, 고양된 기분과 우울한 기분 또는 불안 등이 자주 번갈아 나타나는 것─옮긴이)'라는 말을 들을 때 가장 먼저 떠올리는 것이 대개 양극성 장애이기 때문이다. 하지만 이 두 장애는 서로 전혀 다르며 약물치료를 비롯한 치료 방법 역시 완전히 다르다.

만일 당신의 자녀가 양극성 장애 진단을 받았다면, 아이를 진단한 정신건강 전문가와 자세하게 얘기를 나눠 보라고 권하겠다. 질문을 아주 구체적으로 하라. 다음은 맨 처음에 해야 하는 가장 중요한 질문들이다.

1. 당신은 우리 아이가 경계성 성격장애의 특성을 보이고 있다고 의심하

거나 믿었으면서도 아이들에게는 그런 진단을 내려서는 안 된다고 생각해서 다른 진단을 한 건가?

2. 우리 아이는 기분 변화가 잦다. 그게 양극성 장애 때문인지 경계성 성격장애 때문인지 어떻게 분간하는가?

3. 경계성 성격장애와 기타 성격장애들의 진단과 치료에 관해 뭔가 특별한 교육을 받았는가?

4. 경계성 성격장애가 있는 사람들을 얼마나 많이 치료해 보았는가?

5. 그들 중 스물한 살 이하인 사람은 얼마나 되는가?

6. 당신은 양극성 장애의 치료와 경계성 성격장애의 치료에 어떤 다른 접근 방식을 취하는가?

아이가 받은 진단명이 의심되거나 그 정신건강 전문가가 아이의 치료를 맡기고 싶은 사람이 아니라고 판단했다 해도, 처방받은 약물의 사용을 무작정 중단하면 안 된다. 위험한 부작용이 나타날 수 있기 때문이다. 당신은 아이의 증상이 경계성 성격장애의 진단기준에 훨씬 더 잘 들어맞는다고 확신하는데 아이를 치료하는 정신건강 전문가가 그 견해를 고려해 보지도 않고 일축한다면, 다른 전문가를 찾는 걸 생각해 보라. (치료에 관한 더 많은 정보는 4장에 있다.)

경계성 성격장애는 일찍 치료할수록 좋다는 증거가 나와 있다. 조기 진단과 치료는 아동과 청소년의 회복을 돕는 데 아주 중요하다 (부록 B 참조).

경계성 성격장애가 있는 사람이 조기에 치료받을 경우와 일단 두고 보는 경우의 결과가 어떻게 다른지 비교하는 조사연구가 나오기에는 너무 이르지만, 조기 치료를 지지하는 연구자와 저자들은 다음과 같이 말한다.

- "두 가지 점은 더할 나위 없이 분명하다. 첫째, 경계성 성격장애가 있는 성인들은 거의 전부가 자신의 증상과 괴로움이 아동기나 청소년기에 시작되었다는 사실을 인식하고 있다. 둘째, 일부 청소년이 보이는 증상은 경계성 성격장애와 워낙 일치하기에, 이 진단을 내리고 그에 따라 치료하지 않는 것은 비윤리적일 것이다." —블레이즈 아기레의 『청소년의 경계성 성격장애』(2014)에서.
- "청소년기 아이들에게 경계성 성격장애 진단을 내리는 것에 대해 논란이 많았지만, 이는 더이상 정당화될 수 없다. 최근의 증거들을 보면 청소년의 경계성 성격장애 진단이 성인의 경우만큼이나 타당하며 이 장애가 있는 청소년들은 조기 개입을 통해 좋은 결과를 얻을 수 있음이 분명하다. (…) 이들 개개인의 안녕과 장기적 예후를 개선하기 위해서는 경계성 성격장애의 진단과 치료가 청소년 정신건강 관리에서 통상적 관행의 일부로 간주되어야 한다." —M. 케이스, R. 브러너, A. 섀넌이 《소아과학》지 2014년 10월호(제134권 4호)에 게재한 논문 「청소년기의 경계성 성격장애」에서.

지금까지 한 이야기의 핵심은, 경계성 성격장애 증상이 있는 청소년은 물론 그보다 더 어린 아이들도 증상이 나타나는 즉시 진단과 치료를 *받아야* 한다는 것이다. 프랜 포터가 머리말에서 물었듯, 다리가 부러진 것 같아도 일정 연령이 될 때까지 치료하지 않고 기다릴 것인가? 많은 청소년이 자해를 하고 자살을 생각하거나 시도하는데, 그런 행동만 치료하고 근원적인 장애를 치료하지 않는다면 원인이 아닌 증상만을 치료하는 것이다. 그 차이는 말 그대로 생사가 걸린 것일 수 있다. 왜 부정적인 결과의 위험을 감수하는가? 변증법적 행동치료(dialectical behavior therapy, DBT), 인지행동치료(cognitive behavioral therapy, CBT)를 비롯해 효과가 입증된 경계성 성격장애 치료법들이 여럿 있는데도 말이다.

경계성 성격장애가 있는 남자아이들

경계성 성격장애가 있는 성인 남성과 남자아이들은 그 숫자가 경계성 성격장애 인구의 절반쯤 되는데도 올바른 진단을 받기가 더 어려운 편이다(Grant 외 2008). 그 까닭은, 관련 웹사이트나 학술회의, 치료 센터, 연구, 책, 블로그, 특집 기사를 비롯해 거의 모든 자료 출처에서 부각되는 경계성 성격장애의 전형적 사례 대부분이 10대에서 30대까지의 여성 얘기이기 때문이다. 한데 다음과 같은 속성들은 경계성 성격장애 여성보다 남성들에게서 더 흔히 나타난다(당연히 아동에 대해서는 연구가 이루어지지지 않았다)(Sansone and Sansone 2011).

- 물질남용
- 불안정한 관계
- 경계성 성격장애와 자기애성 성격장애 또는 반사회성 성격장애의 결합
- 충동성
- 공격성(성별에 따른 공격성 수준의 차이를 감안해도 그렇다.)

다음 속성들은 경계성 성격장애 남성보다 여성에게 더 흔하다.

● 치료를 받은 이력
● 섭식장애
● 불안장애
● 외상후 스트레스장애(PTSD)
● 우울증이나 양극성 장애 같은 주요 기분장애(mood disorders)
● 정신질환용 약물 복용

당신의 아들에게 경계성 성격장애가 있다면, 그 아이가 딸일 경우
보다 훨씬 더 적극적으로 챙기고 지지해 주어야 할지도 모르는데, 이
는 경계성 성격장애가 여성만큼이나 남성에게도 흔히 나타난다는 최
근의 연구 결과들을 잘 모르는 임상전문가들이 많기 때문이다. 당신
은 또한 경계성 성격장애인 아들이 자기 감정의 다양한 색조와 미묘
한 차이들을 이해하도록 도와야 할 수도 있다. 아버지나 다른 믿을
만한 남성 롤 모델이 그 아이에게 (분노 외에 다른) 온갖 종류의 감
정을 느껴도 괜찮다고 말해 주고, 그런 느낌들이란 예컨대 이러저러
한 것이라고 명확히 알려 줄 수 있다면 아이에게 정서적으로 큰 도움
이 될 것이다. 현재로서는 아이에겐 자신의 감정이 아마도 수수께끼
만 같을 테다.

| 경계성 성격장애를 불러올 수 있는 위험요인들 |

경계성 성격장애에는 어떤 한 가지 원인이 있는 게 아니고, 본성과 양육 (nature and nurture, 선천성과 후천성)이 모두 관여하는 한 무리의 위험요인(위험인자)들이 있다(Aguirre 2014). 본성에 속하는 것이든 양육에 속하는 것이든 위험요인을 많이 가진 사람일수록 경계성 성격장애가 발생할 가능성이 크다. 하지만 생물학적 위험의 정도에 상관없이, 우리가 이 책에서 설명하는 전략과 기법들을 따른다면 당신 자녀에게 경계성 성격장애가 생길 가능성을 줄일 수 있으리라고 믿는다.

생물학적 요인들

1848년, 피니어스 게이지라는 남자가 버몬트주의 철도 건설 공사 현장에서 발파 작업을 감독하던 중 화약이 들어간 구멍에 모래와 진흙 따위를 다져 넣을 때 쓰는, 길이가 1미터를 좀 넘고 지름이 3센티미터 남짓한 쇠막대가 머리를 세로로 관통하는 사고를 당했다(왼쪽 뺨으로 들어가 눈 뒤를 지나서는 대뇌 왼쪽을 관통해 전두골을 뚫고 나갔다고 한다.—옮긴이). 그는 이런 부상을 입고도 살아남았으며 이후 12년을 더 살았다. 하지만 그의 성격은 완전히 변했다. 사고 전에 그는 똑똑하고 에너지가 넘치며 끈기 있는 사업자였다. 그리고 진정한 신사였다. 하지만 사고 이후 그는 변덕스럽고 불손하며, 상스럽고 무례하고, 성급하며 고집불통인 사람이 되었다. 그의 친구들은 그를 두고 "예전의 게이지가 아니야"라고 말했다(Kreger 2008).

게이지의 이 같은 행동 변화는 당대의 의사들에게 불가사의한 것이었다. 하지만 1990년대에 이르러 과학자들은 그 쇠막대로 인해 대뇌에서 감정 처리와 이성적 의사결정을 담당하는 부분들이 손상되었다고 결론 내렸다. 지극히 특이한 이 사례는 뇌의 특정한 물리적 구조들이 우리 성격의 이런저런 점들과 연관된다는 첫 번째 단서였다. 경계성 성격장애가 있는 사람들이 왜 그처럼 쉽게 그리고 심하게 화를 내며, 어째서 그들의 기억이 신뢰성이 떨어지며, 왜 아무것도 아닌 일이나 악의 없는 말에 극도로 분노하곤 하는지를, 그들의 뇌가 작동하는 방식에서 보이는 문제점으로 설명할 수 있으리라는 것이다. 경계성 성격장애인 사람의 경우, 스트레스를 받을 때면 대뇌에서 공포와 공격성, 불안 같은 감정을 조절하는 데 중요한 역할을 하는 부분인 편도체가 이례적으로 활성화하여, 우리로 하여금 논리로 감정을 누그러뜨리도록 해 주는 전전두엽 피질을 억제하는 것으로 보인다.

경계성 성격장애의 특성들이 발현되는 것은 뇌 구조의 차이와 관련될 뿐 아니라, 뇌의 화학적 불균형과도 관련될 수 있다. 신경전달물질(neurotransmitter)들은 뇌의 시냅스(뇌세포 즉 뉴런들 사이의 공간)들을 건너다니며 생명 유지에 필요한 정보를 운반한다. 당신은 신경전달물질에 대해 이미 들어 보았을 테다. 예를 들어 세로토닌은 충동성 및 기분과 관계가 있으며, 도파민은 보상을 받는 느낌과 관련된다. 신경전달물질 체계의 불균형은 우리가 앞에서 논의한 경계성 성격장애의 세 가지 핵심적 측면, 즉 관리나 통제가 되지 않는 조절부전(조절곤란)의 사고와 느낌, 행동의 근저를 이루는 것 같다(Friedel 2004). 뇌의 이러한 차이들은 유전적인 것으로 보인다. (설명을 덧붙이자면, 신경전달물질은 뇌세포를 포함한 체내의 신경세포[뉴런]에서 방출되며 다른 신경세포나 근육에 정보를 전달하는 물질이다. 널리 알려진 것으로 여기서 언급한 도파민, 세로토닌 외에 아드레날린, 옥시토신, 아세틸콜린, 히스타민, 멜라토닌 따위가 있다. ─옮긴이)

각 개인의 뇌 화학 작용과 상태는 유전적 요인에서 비롯될 수도 있으며, 그 다양한 경우 중 하나가 정신질환의 유전적 위험이다. 하지만, 상황에 대처하며 삶을 꾸려가는 개인의 능력에 영향을 미치는 환경적 요인들도 있다.

환경적 요인들

환경적 요인이 유전적 취약성과 합해질 때 경계성 성격장애가 나타날 수 있다. 중요한 환경적 위험요인에는 다음과 같은 것들이 포함된다(Friedel, Cox, and Friedel 2018; Linehan 1993).

● 가족과 또래들의 부정적 영향, 비효과적이거나 아이에게 그렇게 인식되는 양육, 안전치 못하거나 혼란스러운 가정 상황, 서로 맞지 않는 부모와 아이의 기질, 혹은 아버지나 어머니를, 혹은 그들의 관심을 갑자기 잃는 것.

● 아이를 인정하고 헤아려 주지 않는 환경, 다시 말해 양육자가 아이에게 그 애가 느끼거나 경험한 것들이 잘못되었으며 사실이 아니라고 말하거나, 아이가 뭔가를 '제대로 잘하지 못한다'고 흠을 잡는 환경에서 자라는 것. 이런 환경에서 자라는 아이들은 자신을 믿지 못하고, 어떻게 느끼고 행동해야 할지에 대해 다른 사람들에게 확인을 구하는 경향이 있다. (아이의 감정이나 생각, 경험, 믿음 등을 인정해 주는 환경을 만드는 방법은 8장에서 다루겠다.)

● 성적, 정서적, 혹은 신체적 학대를—특히, 오랜 세월 동안—경험하는 것. 이런 경우 사람들은 양육자를 비난하는 경향이 있지만, 학대의 출처는

다양할 수 있다.

내 아이의 경계성 성격장애가 나 때문에 생긴 건가?

당신이 경계성 성격장애에 대해 얼마간이라도 조사를 해 보았다면, 아동 학대(child abuse), 방임(neglect), 또는 트라우마(trauma, 심적[정신적] 외상·충격)가 주요 원인에 속한다는 얘기를 어디선가 읽었을 것이다. 부모들은 이 정보 때문에 종종 혼란스러워한다. 학대의 이력과 경계성 성격장애 사이의 *상관관계*(correlation)를 인과관계로 오해하는 이들이 많은 것이다(상관관계란 두 가지 혹은 그 이상의 것들 사이의 상호관계 혹은 연관성이다). 하지만 경계성 성격장애가 있는 사람 모두가 어린 시절에 학대를 당했거나 다른 식으로 트라우마를 겪은 것은 아니며, 설사 그랬다 해도 아버지나 어머니에게 책임이 있다고 섣불리 가정해서는 안 된다.

당신이 완벽에 가까운 부모이며 양육에 관해 모든 사람의 인정을 받을 정도라 해도 여전히 당신은 기억을 헤집으면서 도대체 자신이 어떤 점에서 '*잘못을 저질렀는지*' 찾아내려 할 것이다. 아이가 이렇게 된 것은 *분명* 당신이 뭔가를 잘못했기 때문일 테다, 그렇잖은가? 역설적이게도, 8장에서 설명하겠듯이, 이런 죄책감에 떠밀려 당신은 경계성 성격장애를 가진 아이를 위해 온갖 잘못된 일을 하게 된다. 당신이 어느 부분에서 책임이 있는지 알아내려고 애쓰기보다, 당신이 느낄지 모르는 그 죄책감을 이 책에서 추천하는 전략들을 따르는 일에 쏟아 부으라.

| 경계성 성격장애는 얼마든지 치료할 수 있다 |

자녀가 경계성 성격장애로 힘들어하고 당신 역시 그럴 때, 진단 가능한 성격장애 열 가지 가운데 경계성 성격장애가 치료 가능성이 가장 높다는 게 일반적 견해라는 사실을 알면 도움이 될 것이다(Dingfelder 2004). 경계성 성격장애를 앓다가 회복한 사람들을 쉽게 찾아볼 수 있다.

회복하는 사람과 그렇지 못한 사람의 차이는, 자신의 삶이 불만스럽다는 걸 인정하고 스스로의 힘으로 그 삶을 보다 살 만한 것으로 바꾸려 하는 의지가 있느냐 없느냐에 있다. 물론 치료와 정서적 지지도 꼭 필요하다. 그러나 경계성 성격장애에서 회복한 사람 중 많은 이들이, 자신을 회복의 길로 들어서게 할 수 있는 것은 오직 자기 스스로일 뿐이라는 사실을 깨달은 일종의 '직관적 통찰'의 순간에 대해 이야기한다(때로 이런 통찰은 완전히 바닥을 친 상태로까지 떨어져 본 후에 온다). 그리고 더 많은 노력을 쏟을수록, 더 잘 회복한다. 부모인 당신이 아이를 직접적으로 바꿀 수는 없지만, 당신의 태도와 행동을 바꾼다면 아이가 자연스레 이런 깨달음을 얻게 될 가능성이 커진다. 이 책에서 그 방법을 알려 줄 것이다.

| 이 장에서 꼭 챙겨야 할 교훈 |

이 장에서 당신이 기억해야 할 가장 중요한 점들은 다음과 같다.

● 경계성 성격장애(BPD)란 조절부전인(관리되지 않거나 통제되지 않는) 생각과 감정, 행동의 이야기다. 경계성 성격장애가 있는 아이들은 자신

의 느낌에 따라 사실을 판단하지, 사실에 근거하여 느낌을 갖지 않는다. 당신의 자녀가 비논리적이고 이해할 수 없는 방식으로 생각하거나 행동할 때, 당신은 "내 아이에게 느낌은 곧 사실이다"라는 말을 주문처럼 늘 되뇌어야 한다. 이 말을 종이에 적어서 아이가 볼 수 없는 곳에 테이프로 붙여 놓으라.

●경계성 성격장애가 있는 사람들은 자기 안에서 자존감을 만들어 낼 수가 없다. 그들은 자신의 환경과 그 안의 사람들을 통제하려 들면서, 다른 사람들이 말이나 행동을 통해 자신에게 자존감을 주지 않을까 기대한다. 부모를 조종하려 드는 것 같은 아이의 행동이 실은 그 아이가 고통스러운 세상을 헤쳐 나가도록 돕는 생존 전략임을 깨닫는 것이 당신의 아이를 이해하고 어떻게 대응해야 할지를 알기 위한 첫 단계다.

●미성년자에게도 경계성 성격장애가 있을 수 있으며, 그렇지 않다고 하는 이는 시대에 뒤떨어진 사람이다. 관련 지식과 정보를 익히고 자녀로 하여금 가능한 한 빨리 적절한 치료를 받게 하는 것이 굉장히 중요하다(4장을 보라).

●자녀의 장애는 *당신 잘못이 아니다.* 이 사실을 빨리 받아들일수록 당신은 더 좋은 부모가 될 것이다. 그럴 때 당신은 죄책감에서가 아니라 자녀를 위한 최선이 무엇인지에 따라 행동하게 된다.

2

경계성 성격장애는 당신의 아이에게
어떤 영향을 미치는가

———————

콜린의 아빠가 일주일 동안 집을 비워야 했을 때, 프랜이 콜린[경계성 성격장애가 있는 열다섯 살짜리 딸]과 함께 평소처럼 그를 공항에 내려 주고 교통체증을 뚫으며 집으로 오는데 콜린이 갑자기 소리 질렀다. "지금 당장 차를 돌려요! 공항으로 다시 가요! 아빠가 탄 비행기를 멈춰야 해요! 비행기가 추락할 거예요."

콜린은 흐느껴 울며 비명을 지르기 시작했고 프랜은 콜린을 진정시키려 애썼다. 나중에 프랜은 남편 앤디에게 이렇게 말했다. "다음 날 아침 식사 때 콜린이 내게 이러는 거예요. '어제 공항에서 집으로 올 때 아빠를 두고 왜 그렇게 난리를 피운 거죠?'" 전날 난리를 피운 건 자신이 아니었으므로 프랜은 깜짝 놀랐다. 앤디가 말했다. "콜린은 이를테면 우리와 다른 언어를 말하는 거지. 그리고 그 애는 우리의 언어를 배우지 못해요."

　　　　　　　　　　　　　　—프랜 포터,『배에 안정장치가 없을 때』에 나온 사건을 재정리

지금 당신에게 아이의 행동은 아마 설명이 불가능할 것이다. 당신은 경계성 성격장애의 바깥에 있는데, 당신의 아이는 그 안에 있다. 당신은 행동을 볼 뿐 그것이 비롯되는 감정과 생각은 볼 수 없기 때문에, 그 행동이 이해되지 않는 수가 많다. 이 장에서 우리는 당신 자녀의 내면세계로 들어가서 그들이 자신과 세계, 그리고 다른 사람들을 어떻게 경험하는지 알아보겠다.

이 장에서 얘기하는 경계성 성격장애의 특성(특질)과 특징 대부분은 경계성 성격장애의 공식적인 임상적 정의에 그대로 포함돼 있는 건 아니지만, 경계성 성격장애가 있는 사람들과 그 가족, 그리고 이들을 치료한 경험이 있는 임상전문가들에게는 잘 알려져 있는 것들이다. 이것들을 알아 두면 경계성 성격장애가 있는 자녀를 더 잘 이해하는 데 도움이 될 테다.

| 경계성 성격장애를 지닌 사람들의 목소리 |

이 절에서 우리는 경계성 성격장애로 고통받는 사람들 자신이 본 이 장애의 특징들을 그들의 목소리로 들려주겠다. 사례의 대부분은 성인의 것인데, 이는 아이들을(그들 대부분은 자신의 진단명에 대해 알지 못한다) 인터뷰하는 것이 윤리적이지 않기 때문이었다. 하지만 경계성 성격장애를 지닌 성인의 이야기를 들음으로써 같은 장애가 있는 아이들이 어떤 일을 겪고 있는지를 헤아릴 수 있다. 당신이 경계성 성격장애가 있는 성인 자녀의 부모로서 이 책을 읽고 있다면, 그 자녀에게서 이런 특징들을 보아 왔을 수도 있다.

정체성 혼란

데스티니: [경계성 성격장애가 있는 나 같은 사람은] 자신이 누구인지, 예전에는 느낌이 대체 어떻게 달랐는지 기억나지 않아요. 때로 감정이 너무나 크고 격렬해서, 거기 휘말려 허우적대다 보면 자신이 산산조각 나고 분열된 느낌이 들며, 이런 감정의 폭풍 속에선 내적 자아에 다가가기가 점점 더 힘들어지죠. 내가 누구인지 모르며, 누구였는지도 기억나지 않아요. 그러다 고통이 점차 사라지면, 온통 텅 빈 느낌과 내면이 다 죽어 버린 듯한 느낌만이 남습니다.

우리는 모든 것을 느낀다, 언제나

로자: 경계성 성격장애가 있다는 게 대체 어떤 거냐고 사람들이 물으면 나는 이렇게 말해요. 그들이 평생 느껴 본 모든 감정을, 그것도 한꺼번에 느끼는데, 그러고 나면 사람들이 그 감정들은 낱낱이 다 잘못된 거라고 하는 상황을 상상해 보라고요. 또, 당신은 끊임없이 도움이나 이해를 간청하는데, 다른 누구도 당신과 같은 언어를 쓰지 않는 것과 같다고도 할 수 있어요.

샘: 경계성 성격장애가 있다는 건 혼란 그 자체입니다. 예를 들면, 당신은 몸만 어른인 작은 아이인데 사람들은 당신이 결코 부응할 수 없을 것만 같은 기대들을 해 오지요. 자신을 증오하고, 충분히 좋은 기분을 느끼지 못하는 것도 있고요. 게다가 당신은 그저 내면이 엉망일 뿐이지 누구에게도 전혀 해를 끼칠 생각이 없는데, 사람들은 당신이 제정신이 아니며 사람을 조종하려 들고 사악하다고 보는 거예요.

나의 기분 변화에 대하여

애덤: 난 기분이 중간일 때가 없습니다. 비유하자면 술집의 어둡고 끈적거리는 한 구석에서 술에 취해 흐느끼고 있거나, 아니면 파티의 분위기 메이커가 되어 내내 익살을 떨고 건배를 주도하죠. 그 중간에 있을 때는 별 느낌이 없어요. 그저 어떤 일이 생겨서 내가 극적으로 행동하도록 부추기고, 그 결과 내가 뭔가를 느낄 수 있길 갈망하죠. 내 기분은 뉴스 기사나 걱정되는 어떤 일, 혹은 삶에 대한 내 느낌 따위에 따라 금방금방 바뀔 수 있습니다. 내면적인 것들이죠. 아니면 외부적인 일일 수도 있는데, 예컨대 다른 사람들이 나를 어떻게 대하는가, 내게 어떻게 반응하는가, 혹은 내게 어떻게 말하는가(혹은 말하지 않는가) 같은 것들이에요. 내 기분은 주식시장처럼 양극단을 오르락내리락합니다. 그토록 강하게 반응할 필요가 없다는 걸 머리로는 알아요, 하지만 나 자신도 어쩔 수가 없습니다.

스탠: 내가 아주 사소한 실수만 해도 모두가 나를 떠날 거라고 확신합니다. 아무도 나를 사랑하지 않을 거예요. 나는 이런 생각을 없애려고 끊임없이 다음의 말을 떠올립니다. '나는 선택받은 사람이야. 나는 보살핌을 받고 있어. 나는 사랑받고 있어.' 어떤 때는 이런 말을 천 번쯤 거듭해야 하지만, 효과가 있습니다.

나 자신에 대해 어떻게 느끼는가

미미: 이런 상황을 상상해 보세요. 당신은 자기가 완전한 실패자라고 확신하며, 모든 사람이 당신은 멍청이이며, 믿을 수 없고, 당신 말은 들을 가치가 없다고 생각한다고요. 그들에게 그게 아니라는 걸 보일 기

회가 왔다 해도, 당신이 뭘 어떻게 하든 결국은 잘못됩니다. 그래서 당신은 자기혐오에 휩싸이게 되죠.

저말: 내가 괴물이 된 것 같아요. 역겹고, 죄를 범했으며, 혼란스러워하는 괴물. 나는 사람들의 삶을 망가뜨리기에, 그들을 밀쳐 내고 그들에게서 숨어요. 그와 동시에, 그 사람들이 내게 와서 "아니, 너는 괴물이 아니야"라며 안심시켜 주길 바라죠. "죽어라고 도망가! 가 버려!"라고 악을 쓰며 그들을 밀쳐 내고 있으면서도 말이에요. 그러면서 또 한편으로는 이렇게 말하고 싶어 해요. "혹시 날 안아 줄 수 있나요? 하지만… 너무 많이는 말고요. 나는 그런 걸 누릴 자격이 없으니까요."

나는 당신을 증오해─제발 날 떠나지 말아요

도널드: 매일같이 내 안에선 내가 너무도 사랑하는 사람들을 향한 적나라한 증오가 섬광처럼 번득이곤 해요. 내가 '분열'이라는 방식으로 그들을 보고 있으며[즉, 사람들을 흑 아니면 백으로, 이분법적으로 보며] 그 감정은 '진짜'가 아니라는 걸 알고 있음에도 그런 감정을 느낀다는 것이 내 마음을 아프게 합니다. 내가 치르는 전쟁의 절반은, 내 뇌를 바로잡아야 한다는 점과 내가 느끼는 것들은 실재가 아니라는 점을 아는 거예요. 당신이 뭔가가 사실이라고 느낀다 해서 그게 사실이 되는 것은 아니잖아요. 그걸 배우는 게 내게는 어려웠어요.

소피: '모든 사람이 내 앞에서 거짓말을 하고 있어. 아무도 진정으로 날 좋아하지 않아.' 내 뇌는 끊임없이 내게 이렇게 얘기해요. 이런 생각들을 몰아내기 위해 내가 할 수 있는 유일한 일은 친구들과 가족에게,

내게 거짓말을 하는지 혹은 정말로 나를 좋아하는지 반복해서 물어보는 거예요. 내가 그들에게 이런 질문을 너무 많이 하는 탓에 묻는 나나 대답하는 사람이나 지치고 진저리를 내죠. 나 자신과 그들에게 그런 짓을 하는 게 끔찍하게 느껴지지만, 그 질문을 어떻게 멈춰야 하는지 모르겠어요.

당신은 내 최악의 고통을 상상조차 할 수 없다
조디: 마치, 나는 도와 달라, 이해해 달라고 끊임없이 절규하는데 아무도 듣지 않는 것과 같아요.

이마니: 경계성 성격장애가 있다는 건 수시로 심장이 칼에 찔리는 것과 같아요. 자신을 증오하게 되죠. 어떤 때는 다른 사람들 모두를 증오해요. 뭘 어떻게 해야 할지 알 수가 없어요. 낯선 사람들과 있든 친구들과 있든 혹은 가족과 있든 간에 자신이 마치 밖에서 그들을 들여다보는 외계인 같다고 느낄 수도 있어요. 모든 사람이 당신을 헐뜯고 있는데, 당신은 실제로 형편없는 사람이니까 그들이 옳다는 걸 인정해야 해요. 십대들은 흡사 경계성인 것처럼 보일 수 있고, 경계성인 사람들은 꼭 십대 같아 보일 수 있어요.

바이랑: 세상은 내 마음의 고통을 중심으로 돌아가고, 나는 그게 끔찍하게 싫어요. 더는 살아 있고 싶지 않아요. 누군가에게 상처받을 가능성을 더이상 무릅쓰고 싶지 않아요. 삶이 너무 고통스럽기에 나는 그만 존재하고 싶어요. 이런 삶을 사는 것은 너무나 진이 빠져요. 나는 내가 가장 사랑하는 사람들을 밀쳐 내는데, 그러는 자신을 멈추지 못하

고 심지어 내가 무슨 짓을 했는지 깨닫지조차 못하다가 때가 너무 늦어버리는 것 같아요.

우리는 왜 이런 행동을 하는가

엘런: 우리는 고통 때문에 그토록이나 미친 듯 마구 행동할 수 있어요. 행동이 그렇다는 걸 부인하거나 변명하진 않을 거예요. 하지만 정직하게 말할 수 있는 건, 우리가 대단히 아프고 대부분의 사람은 상상도 할 수 없을 고통을 겪기 때문에 남들에게 피해를 준다는 거예요.

덴절: 당신이 날 이해하지 못 한다는 거 알아요. 나 자신도 이해 못하거든요. 내가 제일 많이 하는 생각은 이런 거예요—방금 내가 왜 그랬을까?

로드니: 자신이 거듭거듭 불 질러지는데, 아무것도 할 수 없다고 상상해 보세요. 거기에서 충동성이 발동해요. 시뻘건 불길이 우리의 살갗을 핥지 못하도록 뭐든 하는 거예요. 자해를 하고, 술을 마시고, 담배를 피우고, 마약을 하고, 큰돈을 쓰고, 위험한 섹스를 하고, 직장을 그만두고, 자살 시도를 하는 거죠. 어디선가 읽기로는, 마치 우리의 신경 말단이 겉으로 드러나 있는 것 같다더군요. 불이 붙은 사람에게 어떻게 논리적으로 생각하라고 하지요? 그런데 이상한 것은 내가 기분이 좋을 때도 그 느낌이 똑같이 강렬하다는 거예요.

알레한드로: 내가 사랑하는 누군가가 나를 버릴 거라는 걱정 때문에 제정신이 아닐 때, 나는 연민이 부족해서가 아니라 나를 압도하는 감정

앞에서 자제력을 잃기 때문에 그들을 아프게 해요. 나중에 한 발 물러서서 그 사건의 잔해를 살펴보면 죄책감과 자기혐오로 가득 차게 되죠. 버려질 거라는 두려움에 '필사적 모드'로 전환하고, 나는 대개 고약한 협박에 의지해요. 내가 그런 협박들을 실행에 옮기리라고는 생각지 않지만, 나의 충동성과 통제력 상실 경향을 고려하면 왜 사람들이 그런 협박에 겁을 먹고 멀어지는지 알 수 있어요.

나의 분노에 대하여

스테파니: 화가 날 때면 그 감정이 해일처럼 나를 집어삼켜서, 나는 사납게 공격하면서 못된 말들을 하고, 저주하고, 악을 써 대요. 그 순간에는 내가 사랑하는 사람들에게 상처를 주고 싶어요. 내가 어떤 느낌인지 그들이 알도록 말이죠. 대부분의 사람은 그 분노의 뿌리가 마음의 상처와 고통이라는 걸 알지 못해요. 그냥 발끈할 때도 있다는 걸 인정해야 하지만요. 분노가 수그러들면 나 자신이 부끄러워져요. 사과할 수 있지만, 이미 피해를 준 다음이죠.

| 생각 |

판단력: 경계성 성격장애가 있는 사람은 다른 사람들이 항상 자기를 평가하고 있다고 생각한다. 예를 들어, 십대 초반인 캐럴은 할아버지가 자기보다 오빠를 더 좋아하는 것 같아서 이젠 할아버지 집에 안 가겠다고 말한다. "할아버지는 지미 오빠를 더 사랑해. 오빠에게만 관심이 있어."

대상항상성: 외로울 때, 우리 대부분은 다른 사람들이 우리에 대해 갖고 있는 사랑을 기억하며 스스로를 달랠 수 있다. 나를 사랑하는 사람들이 멀리 있을 때, 심지어는 그들이 이미 세상을 뜬 경우에도, 그 사랑을 기억하는 것은 큰 위안이 되곤 한다. 상대가 물리적으론 곁에 없음에도 그들을 가까이 느끼는 이런 능력을 '*대상항상성(object constancy)*'이라고 한다. 경계성 성격장애가 있는 사람들 중 다수는 속상하거나 불안할 때 자신을 달래기 위해 사랑하는 사람의 이미지를 떠올리는 걸 어려워한다(Cardasis, Hochman, and Silk 1997). 경계성 성격장애인 사람은 상대가 물리적으로 눈앞에 혹은 가까이 있지 않으면 그 사람이 존재한다는 것을 정서적으로 느끼기가 더 어려운 것이다. 그런 이유로 당신의 아이는 당신과 다른 사람들이 자기 곁에 실제로 있기를 바라거나, 자주 전화를 하고 문자와 이메일을 보내길 바랄 수 있다. 나이에 따라선 '이행대상(transitional object, comfort object)', 즉 집이나 당신의 증표라 할 물건들이 경계성 성격장애 아이들이 스스로를 달래는 데 도움이 될 수 있는데, 특히 아이가 당신과 떨어져 있게 될 때 그렇다(Cardasis, Hochman, and Silk 1997). 사진 앨범이나 테디 베어, 실제 편지 같은 게 그런 대상들이다.

집중의 어려움: 경계성 성격장애가 있는 사람들은 때때로 느낌과 사실을 혼동하고, 사물을 이분법적으로, 즉 흑 아니면 백으로 보며, 편집증과 해리를 경험할 수도 있다. 여기에다 과대한 감정들과 정서적 민감성까지 더하면, 그들이 오랫동안 주의를 기울이고 집중하길 어려워하는 것도 놀랄 일이 아니다. 가슴에 생긴 멍울의 조직검사 결과를 들으려고 기다리면서 복잡한 수학 문제를 풀려 한다고 상상해 보라. 당신의 자녀가 매우 감정적인 상태일 때는 그 아이에게 논리적 사고를 기대하지 않는 게 좋다.

좋지 못한 의사결정: 정서적 고통과 미숙한 대처 기술 때문에 경계성 성격장애가 있는 아이들은 가끔 좋지 못한 결정을 내리게 되며, 이로 인해 혼란을 겪는다. 이런 아이들은 자기 행동의 결과와 그 여파를 철저히 따져 보는 데 어려움을 겪는다. 예를 들어, 십대 아이가 친구에게 컴퓨터를 빌려 주었는데 친구가 그걸 실수로 망가뜨리거나 아예 잃어버릴 수 있다. 자녀가 해야 하는 선택에 대해 당신이 알고 있다면, 아이에게 당신의 생각을 말하기보다 스스로 충분히 생각해 결정을 내리도록 도와주어야 한다. 이렇게 질문해 보라. "내일 보는 시험의 공부를 하지 않으면 어떤 결과가 따르리라고 생각하니? 그 시험에서 실패했을 경우, 너의 평균 평점이 올해 캠프에 갈 수 있을 만큼 좋을까?"

| 느낌 |

느낌이 곧 사실이다: 이에 대해선 1장에서도 얘기했지만, 중요한 점이기에 다시 언급한다. 대부분의 사람이 자기 앞에 놓인 사실에 근거하여 느낌을 갖는 데 반해(적어도 대체로는 그렇다), 경계성 성격장애가 있는 사람은 느낌에 근거해 사실을 판단한다. 뭔가에 대한 생각을 정할 때 우리 누구나 어느 정도는 감정을 개입시킨다. 이를 잘 아는 광고주들과 정치인들은 감정이라는 요소를 최대한 활용한다. 하지만 경계성 성격장애 아이들은 그보다 훨씬 더 나아간다. 7장의 인정(validation)에 관한 절에서 우리는 당신이 아이에게 더 효과적으로 대응할 수 있도록, 아이가 신경 쓰고 있는 이른바 '사실들'이 뭔지 어느 정도 알아내는 방법을 알려 줄 것이다.

공감 부족: 경계성 성격장애가 있는 아이들은 생존 전략과 그들의 멈추지 않는 고통에 사로잡혀 있기 때문에 다른 사람의 입장에서 상황을 보는 것이 힘들다. 이런 태도는 가족 구성원들에게 공감이 부족하거나 아예 없다는 인상을 준다. 예를 들어, 십대 초반인 제이슨은 급하게 식탁을 치우다가 엄마가 좋아하는 커피 잔을 깨뜨렸다. 엄마가 화를 내자 제이슨은 이렇게 말했다. "그냥 빌어먹을 컵일 뿐이잖아요!"

경계성 성격장애인 사람이 기분 상하거나 흥분했을 때 특히 두드러지는 이 같은 공감 능력 부족 때문에 가족 구성원들은 자기가 제대로 인정받지 못하며 혹사당한다고 느끼게 된다. 당신이 "부탁해요"나 "고마워요"라는 말을 듣고 싶을 때, 혹은 당신이 아프거나 도움이 필요할 때면 그렇다고 말하는 걸 두려워하지 말라. 아이에게 창피를 주지 않으면서, 당신이 어떻게 느끼는지 그리고 어떻게 대접받고 싶은지 설명하는 걸 두려워 말라는 얘기다. 아이들이 당신을 도울 생각을 안 한다고 해서 돕지 않겠다는 것은 아니다.

비판에 대한 민감성: 경계성 성격장애가 있는 아이들은 이미 스스로에 대해 아주 나쁘게 생각하고 있기 때문에 비판에 굉장히 민감하다. 이런 까닭에 당신은 가능하면 긍정적이 되어야 한다. 아이가 착하게 구는 걸 보면 그에 대해 언급하라. 예를 들어, 그 애가 식기 세척기에서 그릇을 꺼낼 차례고 그렇게 한다면, 고맙다고 하라. 잘못하는 것보다는 잘하는 것에 주목하라. 건강치 못한 행동을 중단하면—예컨대 짜증이 날 만한 상황에서 자제력을 보이면—충분히 인정하고 보상해 주라. 보상에는 미소, 칭찬, 긍정적인 표정이나 몸짓, 관심, 그리고 특전이나 선물로 바꿀 수 있는 점수 주기 등이 포함된다. 당신은 이렇게 말할 수 있다. "아주 현명하게[도움 되

게, 세심하게, 직관력 있게] 행동했어." 물론 사실이 그렇다면 말이다.

수치심과 자기혐오: 수치심은 경계성 성격장애가 있는 사람들이 느끼는 가장 고통스러운 감정의 하나다. 죄책감과 수치심의 차이는, 죄책감은 당신이 한 일과 관련된 것인 반면 수치심은 당신이 누구인지에 관한 것이라는 점이다(Brown 2012). 당신의 아이는 거부당하거나 버림받을지 모른다는 낌새가 조금이라도 있는지 늘 신경을 곤두세우고 있는데, 그런 낌새는 아이가 이미 믿고 있는 바를—즉 자신이 아무런 가치도 없다는 걸 사람들이 결국 알게 되리라는 것을—확인해 주기 때문이다. 예를 들어, 십대 초반의 한 아이는 이렇게 말하면서 현장 학습에 가지 않으려고 한다. "아무도 날 좋아하지 않는데, 그럴 만도 해요."

정서적 민감성: 경계성 성격장애가 있는 아이들은 그들의 정서적 반응성(emotional reactivity) 때문에, 즉 그들의 감정을 촉발한 게 무엇이든 그에 비해 지나치게 격렬히 반응하기 때문에, 대인관계를 유지하기가 쉽지 않다. 이 민감성은 그들의 뇌가 다르게 기능하는 방식과 관련된다. 그들의 감정은 더 강렬할 뿐 아니라 더 오래 지속된다. 이것은 당신을 '조종하려는' 시도가 아니라는 사실을 기억할 필요가 있다. 그들이 삶의 상황에 대처하는 하나의 방식일 따름이니까.

코넌: 우리 아들은 거부를 담은 것으로 보이는 단어, 뉘앙스, 말투, 냄새, 소리 하나하나에 굉장히 민감합니다(이것도 절제된 표현이에요!). 우리가 자신에 관해 뭔가 부정적인 생각을 하고 있는 것까지도 당장 알아차릴 수 있다고 믿어요. 그 애는 우리가 시간이 없거나 몸이 아

파도, 또는 자신의 요구가 누가 봐도 지나친 것일 때에도 자기를 위해 모든 걸 해 주길 원하죠. 그 아이는 IQ가 높은데도 학업이 아주 부진한데, 아이가 자기 성적이나 공부에 들이는 시간에 대해 줄곧 우리에게 거짓말을 했기 때문에(우리에게는 도서관에 간다고 말하고 실은 다른 짓을 하곤 했어요) 우리는 그 사실을 몰랐어요. 아이는 치료사를 여럿 거쳤고, 그 사람들로 하여금 자기 부모, 그러니까 우리가 제정신이 아니며 자신을 학대한다고 믿게 만들었어요. 이런 상황이 절망스럽게 느껴져요.

낮은 수준의 정서발달: 보통의 두 살짜리 아이는 뭔가 불만스러울 때면 성질을 부리면서 일상 루틴의 변화를 거부하고, 자기가 관심의 초점이 아니라는 이유로 질투를 한다. 이들은 기분 변화가 잦고, 자기중심적이며, 다른 사람의 필요나 욕구를 잘 인식하지 못한다. 경계성 성격장애가 있는 사람은 나이를 먹었어도 여전히 이런 발달과제들 중 일부와 씨름하는데, 이는 당신에게 좌절감을 줄 수도 있다. 그들은 두 살짜리 아이들이 직면하는 도전의 극복 방법을 아직까지 익히지 못하고 있다는 사실을 명심하라.

끊임없는 관심 요구: 대부분의 아이에게 성장한다는 것은 즐거운 일이다. 그들은 자랄수록 더 독립적이 되며, 혼자 힘으로 뭔가 하는 법을 배워나간다. 경계성 성격장애가 있는 아이들은 그 반대다. 부모가 그들을 대신해 무엇을 해 주는 것은 곧 사랑의 표시라고 생각한다. 그들은 부모가 조심스럽게 자립을 권하면 자신을 위협하는 것, 버리는 것으로 보기에, 격렬하게 저항함으로써 아주 어려운 상황을 초래할 수도 있다. 아이가 자기 행동의 당연한 결과를 겪지 않게 해 주려고, 혹은 아이가 마구 성질부리는

걸 피하고 싶어서 아이를 '도우려' 할 때, 아이는 성질을 부리는 게 효과 있다는 걸 알게 되고, 그 방법을 반복해서 사용한다. 이 책 8장에서 자세히 설명하겠지만, 이것을 '괴물(경계성 성격장애)에게 먹이 주기'라고 한다. 이런 방법은 경계성 성격장애를 더 악화시킨다. 32년 동안 '괴물에게 먹이 주기'를 하면서 나쁜 결과만을 얻은 부모의 이야기를 들어 보자.

카루나카르: 우리 딸은 끊임없이 애정과 관심을 요구해요. 어른이 되었는데도 여전히 우리에게 하루에 몇 번씩 전화하고, 걸핏하면 우리더러 자신을 도와 달라고 하거나 자신의 삶, 자기가 벌인 극적인 일들에 관여해 달라고 해요. 아이는 자신의 잘못된 선택이 어떤 결과를 빚어내는지 깨닫지 못해요. 우리는 아이가 변하길 바라면서 32년 동안이나 관용과 용서를 베풀려고 노력했어요. 하지만 소용없었고, 그래서 이제 아이는 자신이 한 선택의 결과들을 호되게 겪을 거예요. 어쩌면 그게 아이의 인생행로를 바꾸게 될지도 모르지만, 우리는 정말로 아이의 선택에 대해 아무런 통제권이 없어요. 우리도 60대 후반이고, 오랜 세월 신체적, 감정적으로 큰 대가를 치렀기에 이젠 힘겨워요.

낮은 욕구좌절 내성(low frustration tolerance): 아주 흔하게 보이는 이 특성은 많은 슬픔을 야기할 수 있다. 어떤 일이 설사 어렵더라도 그걸 꾸준히 계속하는 사람들은 행동하기에 앞서 생각을 할 수 있게 되는데, 경계성 성격장애가 있는 사람은 특유의 충동성 때문에 그렇게 하지 않을 때가 많다. 그래서 그들이 뭔가를 원할 때는 늘 일종의 위기가 조성되게 마련이다. 당신이 아이의 당면 욕구들을 그때그때 서둘러 채워 준다면 당신은 그 애에게 욕구의 좌절을 그냥 견뎌 내는 건 불가능한 일이라는 신호를 보내는 것이다. 고양이를 키워 본 사람이라면 알겠듯이, 정해진 시간이 되기 전에 고양이에게 굴복해 먹이를 주면 고양이는 다음 날 더 이른 시간에 먹이를 달라고 할 것이다. 이와 동일한 행동원리가 당신의 자녀에게서도 작동한다. 아이의 위기가 곧 당신의 위기가 되어서는 안 된다. 욕구의 좌절을 참아 내는 법을 배우는 것은 그 아이가 살아가면서 어떤 일을 만나게 되든 아주 중요하다. (욕구좌절 내성[耐性]은 '단기 쾌락주의(short-term hedonism)'라고도 하며, 이 내성이 낮다는 것은 불쾌하거나 불만스러운 느낌, 스트레스성 상황 따위를 잘 견뎌 내지 못한다는 뜻이다. '욕구불만 내성'이라고도 한다. -옮긴이)

| 행동 |

다른 사람들을 시험하기: 당신이 느끼기에는 아이가 가정을 좌지우지하는 것 같을지 몰라도, 아이는 당신이 그런다고 생각한다. 자기를 거부하거나 버리거나, 탓하거나 비난하거나, 다른 어떤 식으로든 자신의 기분을 비참하게 만들 뭔가를 할 힘이 당신에게 있기 때문이다. 이런 이유로 엄청난 긴장이 생겨난다. 성인 간의 연애 관계에서 경계성 성격장애가 있는 많은 이들이 그런 긴장에 대처하는 방식은, 파트너가 그 관계를 끝내기 전에 자신이 먼저 끝내 버리는 것이다. 당신의 자녀도 그와 비슷하게 행동한다. 부모와의 관계를 끝낼 수는 없기 때문에 당신의 지시에 도전하거나 극단적인 방식으로 행동하면서 당신이 애초에 말한 것을 그대로 밀고 나가는지 살핀다. 예를 들어, 에스더의 엄마는 에스더에게 쿠키를 하나 먹으라고 했다. 에스더는 두 개를 가져갔다. 엄마는 한 개만 먹으라 하지 않았느냐고 말은 했지만 두 개 가져간 걸 그냥 두었다. 그러자 다음 날 에스더는 세 개를 가져갔다. 청소년인 세르히오는 침실에 음식을 가져가면 안 된다는 것이 집안의 규칙이라는 걸 알고 있었다. 어느 날 엄마가 방에 들어가 보니 세르히오가 감자 칩을 먹고 있었다. 엄마가 규칙 얘기를 하자 세르히오는 이렇게 말했다. "이건 음식이 아니라 간식이잖아요."

거짓말하기: 이런 얘기가 달갑지 않을 수도 있지만, 경계성 성격장애가 있는 아이들 중 일부는 거짓말을 한다. 그것도 많이 한다. 경계성 성격장애가 아닌 아이들보다 거짓말을 더 많이 하는지는 모르겠으나, 이는 부모들이 극히 흔하게 호소하는 것이다. 때로 그 아이들은 뭔가를 진짜로 믿기 때문에(느낌은 곧 사실이다), 혹은 실제로 사실인 것보다 자기가 사실이길 바라는 것을 믿기로 했기 때문에 거짓말을 한다. 그런가 하면 관심을 얻거나 동정을 받기 위해 거짓말을 할 수도 있는데, 누군가에게 깊은 인상을 줌으로써 자기혐오에 대응하고 싶기 때문이거나, 아니면 마약 사용 따위의 용납되지 않는 정보를 감추고 싶기 때문일 수 있다. 무슨 이유에선지는 몰라도 아이가 자신이 아동학대를 당하고 있다는 끔찍한 이야기를 꾸며 내어 퍼뜨리고 있다는 걸 알게 된 부모도 한둘이 아니다.

경계성 성격장애 딸을 둔 엄마 샤론은 20년 동안 경계성인 아이의 부모를 위한 온라인 모임을 운영했다. 그녀는 이렇게 조언한다. "두 가지를 받아들여야 합니다. 당신의 아이는 거짓말을 할 것이며, 벌을 준다고 해서 그 사실이 달라지지는 않을 겁니다. 대신, 상황이 어떻게 돌아가는지 최대한 정확히 파악하고 있으려고 노력하세요. 아이가 거짓말하는 걸 알게 되면 그 애와 대화를 나누면서, 왜 자신에게 일어나고 있는 일을 넘어서려면 거짓말을 해야 한다고 생각했는지 이해하려고 노력하세요."

당신에게 효과가 있을 수도 있고 없을 수도 있지만, 샤론의 방법은 딸이 거짓말하는 이유를 스스로 밝혀 보도록 도와주면서(이는 밝히려는 노력에 대한 보상이다) 보다 나은 대처 방법을 제시하는 것이었다. 어떤 경우든, 아이가 거짓말을 하면 그 애에 대한 신뢰를 유보하는 것으로 책임을 묻고 당신이 왜 그러는지 말해 주는 게 아주 중요하다. 그래서 예컨대 아이가, 자신이 영화관에서 나오면 곧장 집으로 올 거라고 당신이 믿어 주기를 바라면서도 바로 전번엔 친구 집엘 갔다면, 아이에게 주는 벌은 당신이 이제 그 애를 믿지 않으며, 따라서 부모의 신뢰라는 특전을 더이상 부여하지 않는 것이다.

사랑하는 내 가족에게
(경계성 성격장애인 사람의 편지)

나도 여러분만큼이나 내가 이런 모습인 게 싫어요. 나로 인해 가족 모두가 큰 고통을 겪어 왔지만, 나 자신은 그보다 열 배는 더 괴롭습니다. 나는 사랑하는 사람들이 나를 떠날지도 모른다는 두려움과 매일같이 싸우며, 언젠가는 겪게 마련일 그 버림받음을 피하려고 필사적으로 노력할 때가 많아요. 여러분은 내 두려움이 비이성적이라고 생각한다는 걸 알지만—사실 그럴지도 모르지요—나에겐 그것이 너무나 사실적으로 느껴져요.

매일 아침 잠에서 깰 때 나는 하루가 어떻게 펼쳐질지 전혀 알지 못해요. 가족 여러분이 그러듯이 나도 행복하게 살 수 있었으면 하고 바랍니다. 어디를 가든 날 따라다니는 것 같은 혼란에서 벗어나서 말이지요. 내가 느끼는 혼란은 내 안에 야수가 살고 있는 것 같다고 설명하면 가장 적절할 거예요. 때때로 야수가 잠이 들면 그게 여전히 거기 있다는 걸 잊기 쉽지요. 나 자신조차 어쩌면 그 야수가 사라졌을지 모른다는 착각에 언뜻 빠지기도 해요. 내 안의 야수가 언제 깨어나서 나와 내게 소중한 모든 사람을 파괴하려 들지 나는 전혀 모릅니다. 내가 아는 건 그게 깨어나리라는 것뿐이에요. 여러분과 똑같이, 나 역시 내가 거의 언제나 살얼음판을 걷고 있는 것만 같습니다. 다만 가족들은 내가 두려워서 살얼음판을 걷고, 나는 내 안의 야수가 두려워서 살얼음판을 걷는 것이지요.

내 안의 야수가 그 흉한 머리를 쳐들 때, 내 세상은 뒤죽박죽이 되고 나는 통제력을 잃어요. 나는 자해를 할 수도 있고, 연애 관계에 성급히 뛰어들 수도 있으며, 싸우거나 술을 마실 수도 있고, 내가 지난 세월 동안 스스로 익혀 온 또 다른 대처 기제들을 뭐든 동원할 수도 있습니다. 있잖아요, 가족 여러분에게는 내 행동이 그저 파괴적으로만 보이겠지만, 나 자신에게 그 행동들은 내가 더는 어떻게 대처해야 할지 모를 때 사용하는 생존 기술입니다.

바깥세상 사람들이 볼 때, 나는 절대 용납될 수 없는 방식으로 행동합니다. 그들이 왜 그렇게 보는지 이해해요. 다만, 내 머릿속에서 어떤 생각이 일고 있는지 혹은 내가 어떻게 느끼는지는 아무도 모르는데, 바로 이런 것들이 내 행동 이면에 있는 원동력입니다. 그래요, 나는 지극히 감정적이고, 그래요, 나는 내 행동의 결과를 고려하지 않습니다. 그렇지만 지금의 나는 다른 존재 방식을 알지 못합니다. 이게 바로 나란 사람입니다. 이게 나예요.

나처럼 경계성 성격장애를 지닌 사람들이 받을 수 있는 도움이 있습니다. 이 장애를 완전히 치료할 방법은 없어도 관리할 수는 있어요. 내가 회복하는 것이 가족 여러분에게 절실한 것처럼, 나 또한 꼭 회복했으면 하는데, 여러분이 날 사랑하고 지지한다는 걸 알게 된다면 그 과정이 훨씬 쉬워질 것 같아요.

또 한 가지 꼭 해야 할 말은, 회복하기까지는 시간이 걸리며, 내가 퇴보하는 것 같다고 여러분이 느낄 때도 있으리라는 겁니다. 하지만 그렇진 않아요. 좋은 날도 나쁜 날도 다 여정의 일부일 따름이지요. 나는 우리가 함께 나의 이런 상태를 먼 기억으로 돌아볼 수 있는 때가 오길 바랍니다. 우리가 이 어려운 시간을 헤치고 나아가 더 든든한 모습으로 저 너머에 이를 수 있다는 걸 나는 알아요. 내가 가족에게 부탁하는 건 이해하고 인내해 달라는 것뿐입니다. 내 행동이 주위에 피해와 상처를 준다는 건 알지만, 그럼에도 내가 나쁜 사람은 아니라는 걸 부디 알아주세요. 나는 내가 선택한 것이 전혀 아닌 장애로 힘겨워하면서, 그 장애와 함께 사는 법을 배우고자 하는 사람입니다.

　　—셔리나 루니, 『경계성 성격장애의 모든 것에 관한 책(The Big Book on Borderline Personality Disorder)』

| 이 장에서 꼭 챙겨야 할 교훈 |

이제 당신의 자녀가 견디고 있는 내면의 갈등, 그리고 그 애가 그런 식으로 행동하는 이유를 더 잘 알게 되었기를 바란다. 다음은 이 장에서 기억해야 할 가장 중요한 사항이다.

● 당신의 자녀는 자기혐오, 비판에 대한 민감성, 정서적 고통, 그리고 생각과 집중의 어려움 같은 문제들과 싸우고 있다. 정서적으로 보면 그 애는 걸음마를 시작한 아기 수준에 머물러 있다. 그런 아이들은 자신이 왜 그렇게 느끼는지 혹은 왜 그렇게 행동하는지 이해하지 못할 때가 많다.

● 당신의 아이는 더 나아지고 호전될 수 있으며, 그 열쇠는 자신의 삶을 개선하는 책임을 받아들이려는 의지다.

경계성 성격장애에 흔히 동반되는 정신적 문제들

리지나의 딸 매디슨은 열한 살 때 우울증 진단을 받고 항우울제인 프로작으로 치료를 받았다. 조금 도움이 되긴 했지만, 매디슨은 여전히 학교와 집에서 어려움을 겪었다. 매디슨은 예를 들어 숙제를 하고 나서 밖에 나가 놀라는 말처럼 다른 아이들은 신경도 안 쓰는 사소한 것들 때문에 툭하면 부모나 다른 애들과 울면서 말다툼을 했다. 매디슨은 뭐든 자신을 위해 해 줬으면 하는 일을 다른 아이들이—부모도 마찬가지고—자동적으로 하지 않는 이유를 전혀 이해하지 못하는 것 같았다.

어느 날 매디슨은 제일 친한 친구인 제시카가 너무 싫다고 말했다. '잘난 체'한다는 것이었다. 그러고는 제시카 집엘 가서 아주 못된 말을 좀 한 것 같고, 쿵쾅거리며 집으로 돌아왔다. 하지만 다음 날이 되자 제시카에 대해 마음을 바꾸고 자신이 했던 말을 모두 후회했다. 그러나 제시카는 더는 친구 하기 싫다면서 매디슨에게 이제부터 문자도 하지 말고 점심시간에 같이 앉지도 말라고 했다. 매디슨은 자존감에 큰 상처를 받았다.

화를 내며 쏟아내는 말들이 관계에 영향을 미친다는 사실을 아직 배우지 못했던 매디슨은 며칠 동안 방문을 닫은 채 침대에 누워 울었고, 어떤 것에도 관심을 보이지 않았으며, 먹지도 않고 학교에도 가지 않았다. 매디슨은 몸이 쑤시는 게 가시지 않는다고 호소했으며, 슬프고 불안해 보였고, 하루 종일 잠만 잤다. 리지나와 남편이 매디슨의 정신과 의사에게 전화를 하자, 의사는 매디슨이 이미 진단받은 경계성 성격장애뿐 아니라 임상적 우울증도 있을 수 있다고 말했다. 의사는 매디슨의 부모에게 즉시 아이를 데리고 자기한테 오는 게 좋겠다고 했다.

경계성 성격장애를 앓는 것만으로도 충분히 힘든데, 이런 사람 중 아주 많은 이들이 동시에 하나 이상의 다른 정신의학적 문제를 갖고 있다. 이런 동반질환 또는 장애와 경계성 성격장애 중 한쪽이 다른 쪽보다 먼저 시작되었을 수도 있고, 양쪽이 동시에 발생했을 수도 있다. 때로 어느 한쪽 질환이나 장애가 없어져도 다른 쪽은 지속되거나 더 악화되기도 한다. 이렇듯 이미 있던 것 말고 다른 정신적 문제가 생기면 새로운 증상들이 기존 증상에 더해지면서 아이의 행동이 더 혼란스러워져(그리고 고통스러워져) 추가적인 치료가 필요하다. 이 장에서는 경계성 성격장애에 동반하여 흔히 나타나는 정신적 문제들을 다룬다. 아주 많은 사람을 대상으로 한 연구 조사들을 근거로 하여, 가장 흔한 것에서부터 드문 것까지 차례대로 살펴볼 것이다(Grant 외 2008; Friedel, Cox, and Friedel 2018; Weiner, Perroud, and Weibel 2019; Zanarini 외 2010).

●주요우울장애(경계성 성격장애가 있는 사람 중 80퍼센트 이상에서 삶의 어느 시점에 나타난다.)('임상적 우울증, 주요우울증'이라고도 한다.-옮긴이)

●불안장애와 공황발작 (60~90퍼센트)

●신경성 식욕부진증과 신경성 폭식증을 비롯한 섭식장애 (20~55퍼센트)

●외상후 스트레스장애(PTSD)와 복합 외상후 스트레스장애(CPTSD) (30~50퍼센트)

●자기애성 성격장애(NPD) (30~50퍼센트)

●제1형 양극성 장애 (30퍼센트)

●알코올 남용을 비롯한 물질남용 장애들 (65~80퍼센트)

●주의력결핍 과잉행동장애(ADHD) (15~40퍼센트)

안타깝게도, 경계성 성격장애에 다른 정신의학적 문제가 동반되면 당신 자녀의 이미 이상이 있거나 잘 조절되지 않는 생각, 감정, 행동들이 더욱 심각해진다. 따라서 치료가—그리고 삶이—당신과 아이 모두에게 더 힘들어진다. 예를 들어, 경계성 성격장애에 우울증이나 불안, 혹은 물질남용이 더해지면 자살 행동(suicidal behavior, 여기엔 자살 생각, 자살 시도 등 자살과 관련된 여러 가지 행동이 다 포함된다.-옮긴이)의 위험이 커진다. 이 장에서 우리는 이런 문제들에 대한 정보를 충분히 제공해서 당신의 자녀에게 문제가 있다면 알아차릴 수 있도록 해 줄 것이다. 동반된 정신의학적 문제와 관련해 아이가 치료사를 만나 볼 의향이 있다면, 이미 만나고 있는 경계성 성격장애 치료 전문가에게 두 장애 모두를 치료할 수 있는지 물어보라. 그게 안 된다면, 다른 전문가를 소개해 달라고 부탁하라. 특히 섭식장애와 물질남용은 각기 나름의 치료 프로토콜(protocol) 즉 절차와 지침이 있다.

| 주요우울장애 |

임상적 우울증(clinical depression)이라고도 하는 주요우울장애(major depressive disorder)는 미국에서 흔한 정신질환이며, 경계성 성격장애가 있는 사람 중 다수가(80퍼센트 이상) 임상적 우울증을 겪는다. 아마도 경계성 성격장애라는 골치 아픈 질환과 그것의 온갖 측면을 감당하느라 끊임없이 고투해야 하기 때문일 것이다. 치료가 적절하게 이루어지려면 당신의 자녀가 겪고 있는 것이 경계성 성격장애에 수반되는 전형적인 기분 변화인지, 아니면 동반하여 발생한 주요우울 삽화(major depressive episode, 여기서 '삽화'란 질환의 증상이 일정 기간 나타났다가 호전되기를 반복할 때, 그 개별적 발현 사례를 말한다. -옮긴이)인지를 정신건강 전문가가 식별해야 한다. 다음 표는 전미 경계성 성격장애 교육연합(National Education Alliance for Borderline Personality Disorder, NEABPD) 과학자문위원회의 일원인 로버트 프리들의 연구를 원용해, 주요우울 삽화와 프리들이 '경계성 우울증(borderline depression)'이라고 부르는 것(경계성 성격장애 증상들에 대한 당신 자녀의 정서적 반응)의 차이를 정리한 것이다.

〈경계성 우울증 대 주요우울 삽화〉

경계성 우울증	주요우울 삽화
1장에서 설명한 경계성 성격장애의 특징들과 함께 나타나는 고립감, 슬픔, 정신적.고통	지속적으로 저조한 기분 또는 지속적 슬픔

자신의 삶에서 벌어지는 일과 관련된 수면 문제와 식욕, 피로 문제들이 현재의 스트레스가 끝나면 대개 사라짐	식욕이나 몸무게의 변화(증가나 감소) 기운 없음
중요한 관계가 깨졌다든가 하는, 그 순간 그 사람의 삶에서 벌어지고 있는 일과 관련된 자살과 자해에 대한 강렬한 생각	급성 스트레스의 요인이 사라지고 나서도 우울증으로 유발되는 자살 생각(자살 사고, suicidal thoughts, suicidal ideation)
어떤 종류든 골칫거리였던 증상이, 스트레스를 주는 상황이 개선되면 나아짐	증상들이 제 스스로 좋아지지 않음

　우울증 치료에는 환자에게 항우울제를 주거나, 현재 투여 중인 항우울제의 복용량을 늘리거나, 지금의 항우울제가 효과 없다면 다른 항우울제를 써 보거나, 투여하는 항우울제의 효과를 높이기 위해 다른 약을 추가하는 것 등이 포함된다. 심리치료(psychotherapy)를 이용할 수도 있다. 앞에서 언급했듯이, 경계성 성격장애와 주요우울장애가 동시에 있을 때는 자살의 위험성이 높아진다. 자녀를 치료사에게 데려가거나 스스로 만나 보라고 권하라. 하지만 아이가 만 18세 이상이라면, 심리치료나 다른 도움을 찾는 것은 결국 아이 자신이 결정할 문제라는 걸 이해해야 한다.

　줄리아의 열다섯 살 된 딸 에밀리는 경계성 성격장애와 주요우울장애 둘 다를 진단받았는데, 가끔 자기 방에 24시간 틀어박혀서는 화장실에 갈 때만 나오곤 한다. 엄마나 다른 누구와도 말을 하지 않고, 뭘 먹거나 뭘 하지도 않으려 한다. 줄리아는 그 행동이 하루 더 지속되면 의사에게 전화해야겠다고 마음먹었다. 다음 날도 에밀리의 행동이 변하지 않았으므로 줄리아는 그 애의 정신과 의사에게 전화를 했고, 의사는 에

밀리를 다시 데려오라고 했다. 에밀리를 보고 나서 의사는 항우울제를 다른 것으로 바꿨고 임상심리학자(임상심리사)와의 치료 세션(session, 회기)을 매주 한 번으로 늘렸다.

| 불안장애와 공황발작 |

불안 고조와 공황발작(panic attack)은 경계성 성격장애가 있는 사람이 스트레스를 받을 때 생길 수 있는 증상들이다. 촉발 요인은 얼마든지 있을 수 있다(예컨대 치료사의 예정된 휴가를 생각하는 것, 학교에서 어떤 일에 선택받지 못하는 것, 혹은 집에서 뭔가로 인해 곤란에 처하는 것 등등). 불안을 겪는 사람은 종종 무언가 끔찍한 일이 금방이라도 일어날 것처럼 심란해하고, 신경이 곤두서며, 속을 끓인다. 때로 그들은 불안의 이유를 명확히 알지 못한다. 걱정은 불면증이나 다른 수면장애를 초래할 수 있다. 중등도 내지 고도의 불안은 두통, 복통, 과민성 대장증후군 같은 신체적 증상으로 이어질 수 있다. 범불안장애(generalized anxiety disorder)를 진단받은 사람은 집중하는 데 어려움을 겪거나 뚜렷한 이유 없이 갑자기 머릿속이 하얗게 비워지기도 한다. 그런 사람은 과민해지고, 기분이 언짢고, 극도로 피곤할 수 있다(NIMH 2016a).

공황발작은 불안의 블랙홀과 같다. 주변의 모든 것을 빨아들이고도 남을 중력을 가지고 있다. 공황발작이 일어나면 흔히 꼼짝할 수 없고 일상 활동 기능이 저해된다. 이 발작을 겪을 때 사람들은 일정 시간 극심한 공포를 느끼는데, 이때 다음과 같은 증상들 중 적어도 몇 가지를 보이며, 그런 증상은 갑자기 나타나서 천천히 혹은 빨리 없어질 수 있다(NIMH

2016b). (*DSM-5*에 따르면, 갑작스러운 증상의 발생은 차분한 상태나 불안한 상태에서 모두 나타날 수 있다고 한다. ─옮긴이)

- 죽을 것 같다는 공포
- 통제력을 잃거나 미칠 것 같다는 두려움
- 가슴 두근거림 혹은 심장 박동 수의 증가
- 어지럽거나, 불안정하거나, 멍한 느낌이 들거나 실신할 것 같음
- 땀이 나거나, 몸이 떨리거나 후들거림
- 숨이 가쁘거나 답답한 느낌
- 가슴 통증(흉통)이나 질식할 것 같은 느낌
- 메스꺼움이나 복부 불편감
- 감각의 둔화, 따끔거리는 느낌
- 춥거나 화끈거리는 느낌

불안이나 공황발작에 벤조디아제핀계 약물을 사용할 경우 주의하라

정신과 의사들은 흔히 불안장애와 공황발작의 치료제로 알프라졸람(alprazolam, 상품명 자낙스[Xanax]), 클로나제팜(Clonazepam, 상품명 클로노핀[Klonopin], 리보트릴[Rivotril]), 디아제팜(Diazepam, 상품명 발륨[Valium]) 같은 벤조디아제핀계 약물(benzodiazepines)을 사용한다. 이런 약들은 중독성이 있을 수 있고, 충동적으로 사용되면서 때로 과다복용을 초래할 수 있기 때문에 경계성 성격장애인 사람

들 일부에게는 적합지 않을 수 있다(Ripoll 2013). 분노 문제, 충동성, 불안, 편집증으로 고생하는 일부 사람들에게는 저용량의 항정신병 치료약물들이 유용할 수 있다(Ripoll 2013; Wasylyshen and Williams 2016). 그런가 하면, 약물치료만이 유일한 해결책은 아니다. 사람들이 자신의 감정을 변화시키고 행동을 수정해서 생각의 틀을 바꾸도록 돕는 인지행동치료(CBT)는 불안과 경계성 성격장애에 시달리는 많은 사람에게 도움을 주는 게 입증된 긍정적인 비약물적 치료 방법의 하나다(Matusiewicz 외 2010). 증상이 가벼운 경우, 약물을 쓰지 않고 할 수 있다.

| 섭식장애 |

경계성 성격장애가 있는 사람들은 일반 인구에 비해 섭식장애(eating disorders)가 있을 가능성이 더 크다(Zanarini 외 2010). 일부 전문가들은 충동성과 자해 욕구 같은 특정한 경계성 성격장애 증상들이 식이 문제로 이어질 수 있으며 이로 인해 결국 섭식장애가 올 수 있다고 주장한다. (섭식장애는 자신을 굶주리게 하거나 먹은 것을 인위적으로 제거하는 행동을 포함한다는 점에서 자해의 한 형태이기도 하다.)

경계성 성격장애와 섭식장애 둘 다 있는 사람들에 관한 연구는 식욕부진증(anorexia, 속칭 거식증. 진단명 아닌 증상을 말하기도 하며, 장애로 판정되면 진단명이 '신경성 식욕부진증[anorexia nervosa]'이다. -옮긴이)과 폭식증(bulimia, 진단명 '신경성 폭식증[bulimia nervosa]')에 초점을 맞춰 왔지만, 섭식장애에 이 두 가지만 있는 것은 아니다(Zanarini 외 2010). 식욕부진증이 있는 사람들은 몸무게가 느는 것을 비정상적으로 두려워하며, 마른 몸에 집착하고, 그 목표에 도달하기 위해 거의 먹지 않는다. 그들은 자신이 어떻게 보이는가에 대해 왜곡된 견해를 갖고 있다. 다른 모든 사람이 보기에는 위험할 정도로 말랐는데도 그들은—심지어 거울을 보면서도—자신이 거대하고 역겹다고 생각한다.

폭식증에 시달리는 사람들은 엄청난 양의 음식을 먹은 다음 그에 대한 보상(compensation) 행동으로 구토를 유도하거나, 완하제를 과도하게 사용하거나, 지나치게 운동을 한다. 그들은 이런 행동을 하루에 몇 번씩도 한다.

당신의 자녀가 다음의 징후들 중 몇 가지를 보인다면 그 아이에게 섭식장애가 있을 수도 있다.

●걸핏하면 끼니를 거르고는 핑계를 대거나 식탁에 앉아서 '배고프지 않다'면서 밥을 먹지 않으려 하는 등 음식과 관련해 별나게 행동한다.

●식사 도중 화장실에 가거나 식사를 마치자마자 쏜살같이 사라지는데, 아마도 음식을 토하든지 변으로 내보내든지 하여 제거하려는 것 같다.

●비정상적으로 많은 양의 음식을 먹는데(폭식), 그러고 나서는 먹은 것을 토하는 등의 제거 행동을 할 수도 있다. (음식을 몸에서 제거하거나 과도한 운동을 하는 등으로 폭식에 대한 보상을 하지 않을 때, 그것을 폭식장애[binge-eating disorder]라고 한다). (폭식장애는 신경성 폭식증과 별개의 장애다.―옮긴이)

●먹는 일에서 일종의 의례(儀禮) 같은 방식이 있다. 예를 들면, 사과를 먹을 때는 언제나 열여섯 조각으로 자르고 한 조각을 30초씩 씹는다.

●강박적으로 몸무게를 잰다.

●휴가로 어딜 갔을 때나 할머니 집에서 식사를 할 때처럼 자신이 먹을 음식과 식사 환경을 통제하지 못하는 상황이 되면 속상해한다.

●음식과 몸무게에 대해 끊임없이 얘기하는데, 특히 자신이 이미 너무 말랐는데도 얼마나 뚱뚱한지에 대해 자꾸 얘기한다. 늘어진 피부를 꼬집으면서 '군살'이라고 주장한다.

●친구들과 어울리지 않으며 사람들과의 활동에 참여하지 않는다.

●강박적으로 운동을 한다.

●자신의 몸이 어떻게 보이는지에 집착하며, 저울이 보여 주는 숫자에 따라 그날의 기분과 자신에 대한 느낌이 달라진다. 음식과 몸무게에 대한 몰두가 삶에서 워낙 큰 자리를 차지하므로, 이전에 좋아하던 사람과 물건들에 대한 관심을 잃는다.

●비밀스러운 식습관이 있다.

주의해서 봐야 하는 신체적 징후도 몇 가지 있다.

●생리 중단

●몸무게의 심한 변동

●얼굴과 등, 팔에 가느다랗고 보송보송한 잔털이 자람

●현기증을, 특히 일어섰을 때 느끼며 항상 한기를 느낌

●잦은 구토의 후유증: 치아 문제(법랑질 부식, 충치, 치아 변색, 치아 시림), 손가락 마디 윗부분의 상처와 굳은살(손가락으로 구토를 유도하기 때문), 변비

| 외상후 스트레스장애(PTSD)와
복합 외상후 스트레스장애(Complex PTSD) |

정신과 의사 블레이즈 아기레는 저서 『청소년의 경계성 성격장애』에서, 매클레인 병원에서 자신이 이끄는 청소년 변증법적 행동치료 센터에 입원한 경계성 성격장애 환자 중 50퍼센트에 이르는 사람들이 외상후 스트레스장애(post-traumatic stress disorder, PTSD)도 갖고 있다고 했다(Aguirre 2014, p.126). PTSD는 성폭행이나 다른 신체적 폭행 같은 심각한 트라우마를 겪은 사람에게 생길 수 있는 질환이다. 미국 국립정신건강연구소(NIMH)에 따르면 그 증상에는 문제의 트라우마를 준 사건(외상성 사건)의 플래시백(flashback), 악몽을 꾸는 것, 쉽게 놀라는 것 등이 포함된다(NIMH 2019a). (심리 현상으로서의 '플래시백'이란 갑작스럽게, 그리고 대개 아주 강렬하게 과거의 어떤 경험이나 그 요소들을 본인의 의지와 무관하게 떠올리고 거기에 몰입하는 것이다.―옮긴이)

그렇다고 경계성 성격장애인 사람의 50퍼센트가 PTSD를 갖고 있다는 것은 아니라는 데 유의하라. 단지 아기레의 입원 환자들 중 50퍼센트에게 PTSD가 있다는 얘기다. 그는 또한 자신의 환자 중 33퍼센트가 어떤 아동기 트라우마를 겪었다고 추정하는데, 앞에서 언급했듯 이는 흔히 PTSD를 낳는다. 안타깝게도, 트라우마와 PTSD의 관련성에 대한 전문가들의 인식 때문에 부모들이 자신의 아이에게 해를 끼쳤다고 부당하게 비난받는 경우가 종종 있어 왔다. 아이에게 경계성 성격장애가 있다면 그건 틀림없이 부모의 잘못 때문이리라고 생각하는 것이다.

그 결과 오랜 세월 동안 사람들은 아이의 경계성 성격장애를 부모 탓으로 돌리곤 했는데, 이런 말이 암시하는 바는 그 부모가 자식을 학대했다는 것이었다. 사실 경계성 성격장애가 있는 사람 중 많은 이들이 예전에 학대받은 경험이 있다. 다만, 흔히 그 학대는 (부모가 아니라) 그들이 아는 다른 누구, 또는 낯선 사람에게서 받은 거였다. 예를 들어, 회고록『키라의 경계성 인격장애 다이어리(The Buddha and the Borderline)』의 저자인 키라 밴 겔더는 남자 베이비시터에게 학대를 당했다고 말한다. 그리고 키라의 부모는 이 학대에 대해 전혀 몰랐다(Van Gelder 2010).

PTSD와 경계성 성격장애는 서로 오진될 경우가 있는데, 이들 장애를 지닌 사람들이 흔히 정서조절(감정조절), 자아상(self-image), 대인관계 문제 등의 범주에서 같은 증상을 보이기 때문이다. 다음 표는 당신이 자녀의 치료사에게 장애와 관련된 아이의 정확한 이력을 제공해서 아이에게 PTSD가 동반 발생을 했는지 여부를 더 정확히 진단토록 하는 데 도움이 될 것이다(Dierberger and Lewis-Schroeder 2017; Cloitre 외 2014).

〈외상후 스트레스장애와 경계성 성격장애의 차이점〉

외상후 스트레스장애	경계성 성격장애
실제의 학대나 상해, 폭력, 또는 그런 위협에 노출되는 것이 원인이다.	생물학적 요인과 환경적 요인의 결합에 의해 야기된다.
환자는 대인관계를 피하는 경향, 사회적 소외감을 심하게 느끼는 경향이 있다.	대인관계가 불안정한데, 특히 분열(splitting) 성향과 버림받는 것에 대한 극심한 두려움이 그 원인이다.
자신의 정체성에 대한 인식이 안정적이지만, 인식 내용은 일관되게 부정적일 수 있다.	자신의 정체성에 대한 인식이 불안정할 수 있으며 자아감(sense of self)이 극적으로 변동할 수 있다.

플래시백, 악몽을 비롯해 트라우마의 기억(외상 기억)들과 직결된 여러 증상이 나타나는 수가 많다.	기억의 플래시백과 무관하다. 부정적인 느낌들도 대개는 트라우마를 준 어떤 사건과 결부되지 않는다.
치료의 주안점은 트라우마를 치유하고 트라우마의 기억이 정서에 미치는 영향을 줄이는 것이다.	치료의 주안점은 자살경향성(suicidality)과 자해를 줄이고, 감정을 조절하며, 대인관계를 개선하고, 더 건고한 자아감을 발전시키는 것이다.

| 자기애성 성격장애(NPD) |

동시에 두 가지 성격장애를 갖는 것도 가능하다. 사실 경계성 성격장애(BPD)와 자기애성 성격장애(narcissistic personality disorder, NPD)가 동시에 생길 수 있다는 것은 널리 알려진 사실이다(Grant 외 2008). 경계성 성격장애가 있는 사람 중 다른 이들을 이용하고, 남들을 과도하게 비판하며, 자신에게는 아무 문제도 없다고 생각하고, 치료를 받으려 하지 않고, 자신의 모든 문제를 남의 탓으로 돌리는 사람들의 경우 특히 그렇다. 치료를 받으려 하고, 자해를 하고, 자신이 하지도 않은 일에 대해 스스로를 탓하는 사람들에게는 자기애성 성격장애가 훨씬 드물게 나타난다. 이 성격장애는 또한 미성년자보다 성인 자녀에서 더 흔하다.

경계성 성격장애가 있는 사람들은 자신의 기분을 다른 사람들이 관리해 주길 기대하는 반면 자기애성 성격장애인 사람, 즉 나르시시스트는 자신의 낮은 자존감을 다른 사람들이 떠받쳐 주고 자신을 지지해 줘서 깊이 뿌리 내린 수치심을 부정할 수 있도록 해 주길 바란다. 나르시시스트들은 스스로 자존감을 만들어 내지 못하기 때문에, 다른 이들이 감탄과 칭찬을 해 주고, 관심과 부러움을 표하고, 특별대우를 하고, 두려워하고, 인정과 동의와 존경과 갈채를 보내고, 유명인사로 대접해 주는 등, 그들이 특별한 존재로 보이도록 하는 어떤 방법으로든 무한한 '자기애적 공급(narcissistic supply)'을 해 줘야 한다(Mayo Clinic 2017).

자기애성 성격장애가 있는 사람이, 마치 수영을 못하는 사람이 뒤집힌 보트에 매달리는 것처럼 자기애적 공급을 움켜잡을 때 이들은 자신을 위한 거품을 하나 만드는데, 그렇게 해서 자기가 예전부터 언제나 강하고 영향력 있으며 똑똑하고 인기 있고 승자였다는 나름의 서사(이야기)를 유지해 나간다. 견딜 수 없는 느낌들은 아주 깊숙이 묻혀서 보통 때에는 드러나지 않는다. 오직 '자기애적 손상(narcissistic injury)'(예컨대 소셜 미디어 사이트에서 받은 모욕, 무시당했다는 인식, 배우자의 이혼 요구, 혹은 선거 패배 따위)만이 거품 속 작은 생태계를 위협할 수 있다. 이런 손상은 나르시시스트의 거품을 터뜨려 자신이 심각하게 취약하다는 느낌, 수치심, 무능하다는 느낌을 촉발한다. 이에 대한 반응으로 그들은 자신을 '손상한' 사람을 공격하거나 그에게 앙갚음하려 들 수도 있다.

| 양극성 장애—제1형과 제2형 |

양극성 장애(bipolar disorder, 예전 명칭 조울증)에는 제1형과 제2형, 두 가지 형태가 있다. 제1형 양극성 장애가 있는 사람은 적어도 일주일 혹은 그 이상 지속되거나 기간과 관계없이 입원치료가 필요할 정도로 심각한 조증 삽화(manic episode)를 겪곤 한다. 조증 삽화를 겪는 사람은 행복감에 차고 의기양양해지거나, 과민해지고 신경질적이 된다. 수면에 대한 욕구가

감소해 밤새 깨어 있으면서 온갖 생각이 질주하듯 이어지는 가운데 예컨대 암 치료법이나 세계 평화를 이룰 방법을 찾아내려 들 수도 있다. 조증 삽화를 겪는 사람이 이처럼 고귀한 목표들을 이루려고 노력하는 것은, 이 시기에는 자신이 실제보다 더 재능 있거나 중요한 존재라고 느낄 수 있기 때문이다. 그들은 안절부절못하거나 뭔가로 아주 흥분하고 긴장한 듯 행동하고 마치 의식의 흐름을 따라가듯이 여러 가지 다른 주제에 대해 혼자 계속 지껄이면서 먹기를 거부할 수도 있다. 안전치 못한 성관계를 하거나, 너무 많이 먹고 마시거나, 지나치게 많은 돈을 쓰거나 남에게 주어 버리는 것 같은 위험하고 무모한 일들을 충동적으로 해 버리기도 한다(Friedel, Cox, and Friedel 2018).

그러다 조증 삽화가 물러가고, 이후 우울 삽화(depressive episode)가 찾아와 보통 2주 혹은 그 이상 지속된다. 이때는 시속 150킬로미터로 말하는 대신, 아이가 학교에서 낙제 점수를 받고 발을 질질 끌며 집으로 갈 때의 속도로 말한다. 그들은 말을 할 경우에도 할 말이 하나도 없다고 느낀다. 간단히 말해, 주요우울 삽화와 같은 증상을 보인다. 즉 자살 충동을 느끼고, 과민해지고 희망을 잃으며, 자신이 아무짝에도 쓸모없다고 생각하고, 간단한 일들조차 하지 못한다. 이전엔 즐겁게 하던 활동에 흥미를 잃고, 집중하거나 결정을 내리는 데 어려움을 겪는다. 이들은 또한 우울 상태와 조증 상태 사이를 빠르게 오가기도 한다. 이 같은 삽화들 사이의 시기에는 제1형 양극성 장애가 있는 사람들도 정상적인 감정 상태에 있을 수 있다.

제2형 양극성 장애가 있는 사람 역시 우울 삽화를 겪지만, 제1형 양극성 장애에 전형적으로 나타나는 완전한 조증은 겪지 않는다. 대신 그들에겐 '경조증(hypomania)', 즉 약한 조증 삽화가 오는데, 앞에서 설명한 조증의 경우보다 지속 시간이 짧고 덜 심하다. 그리고 우울 상태와 경조증 상태

사이를 빠르게 오갈 수도 있다. 경조증은 또한 심각한 불면증, 과민성, 초조, 불안, 집중의 어려움 등으로 나타나기도 한다. 우울 삽화와 경조증 삽화 사이의 시기에는 제2형 양극성 장애인 사람도 정상적인 감정 상태에 있을 수 있다(NIMH 2018).

경계성 성격장애와 양극성 장애는 다음의 특성들을 공유한다.

- 기분 변화
- 충동성
- 극단적 행동
- 자살 생각
- 알코올과 약물의 남용 가능성
- 문제가 많고 불안정한 관계의 이력

하지만 현저하게 다른 점들도 있는데, 다음 표에서 설명하는 세 가지가 그렇다(NIMH 2018; NIMH n. d. [no date]).

〈경계성 성격장애와 양극성 장애의 차이점〉

	경계성 성격장애	양극성 장애
기분 순환(mood cycle)의 주기	아주 짧아서, 몇 시간에서 며칠	몇 주에서 몇 달

순환의 원인	그 사람의 삶에서 일어나는 사건들	그 사람의 삶에서 일어나는 일과 관련되는 경우가 경계성 성격장애보다 덜하고, 내적 요인에서 비롯되는 경우가 많다. 심각한 스트레스 요인들이 양극성 삽화를 촉발할 수 있다(Fast and Preston 2006).
순환하는 감정 유형	질투, 불안, 두려움, 사랑, 분노, 좌절 등 모든 감정의 강도가 자주 변동한다.	경계성 성격장애인 사람에게선 모든 감정의 강도가 변동하는 것과 달리, 우울증과 조증만 그 강도가 줄거나 는다.

좋은 소식이라면 양극성 장애의 치료에 관해 상당히 많은 자료가 있다는 것이다. 이 병은 심리치료와 약물로 성공적으로 관리할 수 있으며, 친구 및 가족과의 관계가 크게 좋아질 수 있다(Fast and Preston 2006). 하지만 경계성 성격장애와 마찬가지로 양극성 장애는 대개 평생 지속되는 질환이며, 많은 경우에 약물치료와 심리치료를 적절히 병행해야 한다. 때에 따라서는 입원이 필요할 수도 있다.

당신의 자녀가 양극성 장애 진단을 받았다면

우리의 경험으로 볼 때, 경계성 성격장애가 있는 아이들은 다른 어떤 질병보다 양극성 장애로 잘못 진단되는 수가 많으며, 양극성 장

애 아이들은 경계성 성격장애로 흔히 오진된다. 두 장애 모두에서 기분 변화가 자주 나타나므로 임상전문가들이 두 장애를 혼동하게 되는 것이다. 때로 부모들은 양극성 장애 진단을 쉽게 받아들이지 못하는데, 그건 이 진단이 그들 자녀의 증상과 행동을 전부가 아닌 일부만 설명하기 때문이다. 두 장애의 치료 방법이 같지 않기 때문에 올바른 진단이 매우 중요하다.

치료사는 왜 양극성 장애로 오진할 수 있는 걸까?

●첫째, 일부 치료사는 아이에게 경계성 성격장애 진단을 내리는 것이 그 아이에게 의미 있는 치료 방법이 결여된 장애가 있다는 '꼬리표'를 붙이는 것이라고 믿는다(그들은 이런 아이들에겐 치료법이 없다고 잘못 생각하고 있다).
●둘째, 일부 치료사는 아이들에게도 경계성 성격장애 진단을 할 수 있다는 사실을 알지 못한다. *게다가* 효과적인 치료 방법들이 있다는 것도 모른다.

부모인 당신은 아이가 자라는 내내 수천 가지 상황에서 그 애의 행동을 살펴보았다. 그런 당신이 보기에 진단이 잘못된 것 같다면, 자격 있는 임상전문가들에게 2차 의견(second opinion. 2차 소견), 3차 의견을 구하라. 그들 역시 당신의 생각을 무시하거나 아이들에겐 경계성 성격장애 치료를 할 수 없다고 고집하면, 또 다른 전문가를 찾아 의견을 구하라.

| 물질남용 장애들 |

물질남용 관련 장애에는 불법 약물 복용, 알코올 남용, 처방 약 오용을 비롯해 건강에 해롭거나 자기파괴적인 모든 기분전환용 물질(향정신성물질)의 사용이 포함된다. 약의 종류가 무엇이든 목적은 같다. 경계성 성격장애의 극심한 정서적 고통을 무디게 하는 것이다. 물론 감각 둔화는 그 물질을 다음번 투여할 때까지만 지속될 뿐이며, 물질남용에 따르는 중독은 일군의 새로운 문제들로 이어져(여기엔 과다복용의 가능성도 포함된다) 또 다른 고통과 위험이 초래된다. 경계성 성격장애가 있는 사람에게만이 아니고 가족 구성원들에게도 그렇다.

자녀가 물질을 남용하고 있는 동안에는 치료를 받더라도 의미 있는 진전을 보기가 대단히 어렵다. 심리치료란 자신의 감정들을 어떻게 느껴야 할지, 또 어떻게 그 감정들을 건강한 방식으로 관리할지를 배우는 과정이기 때문이며, 연구 결과 물질남용은 경계성 성격장애의 회복을 현저하게 늦추는 것으로 밝혀졌기 때문이다(Aguirre 2014). 불법 약물을 사용하면 또한 항우울제 같은 정신과 치료약물을 제대로 처방하기가 어려워지는데, 이는 약을 처방하는 사람이 어떤 효과가 불법 약물로 인한 것이고 어떤 효과가 처방한 약물에서 온 것인지 알 수 없기 때문이다. 물질남용 문제는 뒤의 14장에서 더 자세히 다루겠다.

| 주의력결핍 과잉행동장애(ADHD) |

주의력결핍 과잉행동장애(attention-deficit/hyperactivity disorder, ADHD)는 일반 인구에 비해 경계성 성격장애가 있는 사람들에게 적어도 다섯 배쯤 많이 발생한다(Friedel, Fox, and Friedel 2018). 다음 표는 두 장애의 유사한 증상과 상이한 증상 몇 가지를 보여 준다. 여기에는 모든 증상이 아니라 가장 중요한 증상들 일부만 담았다. 증상은 나이에 따라 다르므로, 표의 증상들도 연령대순으로 수록했다. 맨 위가 어린아이들이 보이는 증상, 맨 아래는 십대들이 보이는 증상이다(NIMH 2019b; NIMH n.d.).

⟨경계성 성격장애와 주의력결핍 과잉행동장애의 유사한 증상과 상이한 증상⟩

주의력결핍 과잉행동장애에서만 흔히 나타나는 증상	경계성 성격장애와 주의력결핍 과잉행동장애 모두에서 나타나는 증상
발끝을 까딱거리며 바닥을 두드리거나 몸을 꼼지락거리는 등의 행동을 많이 함	다른 사람의 필요를 인식 못할 때가 있음
마무리를 하지 못함	감정이 불안정함
듣고 기억하는 데 문제가 있음	학교에서 문제가 있음
과제나 활동을 체계화하는 데 서툶	우정/관계에서 어려움을 겪음
주의가 매우 산만함	기분 변화가 잦음
미루고 꾸물대는 경향이 있음	일단 화가 나면 원래 상태로 돌아오는 데 시간이 오래 걸림

| 이 장에서 꼭 챙겨야 할 교훈 |

이 장에서는 경계성 성격장애에 동반하여 발생할 수 있는 장애와 정신의학적 문제들을 모두 다루진 않고 가장 흔히 나타나는 것들만 소개했다. 그런 것들이 당신의 자녀에게 해당하는지 아닌지 감을 잡기에 충분한 정보를 제공했으며, 이는 아이가 올바른 진단을 받았는지 판단하는 데 도움이 될 것이다. 동반 발생하는 정신의학적 문제는 경계성 성격장애 치료 과정의 변화를 의미할 수도 있다. 당연한 말이지만, 가능하면 *유능한* 임상 전문가에게 정확한 진단과 치료를 맡겨야 한다. 당신이 아이를 다른 누구보다 잘 안다 해도 특정한 증상들이 경계성 성격장애를 나타내는지 아니면 다른 문제를 나타내는지를 판단할 수 있는 전문가는 아니기 때문이다. 자녀에게 동반 발생한 문제가 있는 것으로 확인되었다 해도, 그런 사람은 아주 많다. 같은 진단을 받은 아이들이 회복되었으며, 그들의 부모도 잘 해냈다는 걸 명심하라.

다음은 이 장에서 당신이 명심해야 할 핵심적 사항 몇 가지다.

● 경계성 성격장애가 있는 사람들에게 동반질환은 극도로 흔하게 발생하며, 우울증은 거의 모두에게서 나타난다.

● 현재 당신의 아이를 치료하는 사람이 문제의 동반질환도 다룰 수 있는지, 아니면 다른 전문가를 찾아가야 하는지를 확인하고 결정을 내려야 한다. 아이가 약물을 남용하거나 섭식장애가 있다면, 외부의 도움이 필요할 게 거의 확실하다.

● 아이가 약물을 남용한다면, 경계성 성격장애보다 먼저 혹은 그것과 동시에 약물남용에 대처할 필요가 있다(Aguirre 2014). 약물이나 알코올을

남용하는 사람들은 흔히 자신의 감각을 무디게 만들기 위해(즉 내면의 고통이 사라지게 하기 위해) 그렇게 하며, 따라서 심리치료 과정에는 그 고통을 면밀히 검토하는 것이 포함된다. 그리고 중독은 다른 여러 장애에서보다 경계성 성격장애의 치료와 회복을 훨씬 더 저해한다는 증거가 있다(Aguirre 2014).

●양극성 장애는 경계성 성격장애가 있는 아이들에게 아주 흔하게 내려지는 오진이다(Friedel, Cox, and Friedel 2018). 일단 당신이 두 가지 장애를 다 잘 알게 되면, 당신의 직감을 따르라고 말하고 싶다. 자녀가 잘못 진단받았다는 느낌이 든다면, 다른 전문가에게서 두 번째, 세 번째 의견을 구하라. 자녀가 경계성 성격장애가 있는데 양극성 장애 진단도 받았다면, 양극성 장애가 전문인 사람을 찾아서 아이가 올바른 치료를 받게 하라. 전문가들의 기량과 지식을 폄하하는 것은 아니지만, 자녀를 가장 잘 아는 사람은 당신이라는 사실에 유념하라.

무슨 치료가 있고 그걸 어떻게 찾나

클라우스: 심리치료와 약물치료 이후에 나는 완전히 다른 사람이 되었습니다. 여러 번 자살 시도를 한 후 나는 바닥을 쳤고, 내가 겪는 고통과 다른 사람에게 주는 고통이 어떠한지를 새삼 깨달았습니다. 내 삶은 바뀌어야 했고, 그러지 않으면 죽으리라는 걸 난 알았어요. 변증법적 행동치료를 두 차례 받았는데, 이제 내가 다른 사람이 된 것 같습니다. 충동적인 행동을 하기 전에 스스로 멈출 수 있습니다. 분노를 터뜨리는 횟수도 훨씬 줄었고요. 감정이 물밀 듯 밀려올 때도, 전보다 훨씬 덜 격렬합니다. 이제 상황에서 한 걸음 물러날 줄 알고, 내 느낌을 파악할 줄 알며, 상황을 어떻게 처리할 건지 결정할 수 있습니다. 내겐 계속 경계성 성격장애가 있을 겁니다. 단지 더 잘 관리하고 대처하는 법을 배운 거죠.

좋은 소식이라면 치료가 효과 있다는 것이다! 나쁜 소식은, 치료 효과가 나타나는 데는 대체로 여섯 달에서 열두 달 정도 걸린다는 것이다. 하지만 경계성 성격장애인 사람이 진정으로 회복하고자 할 경우, 올바른 치료를 받으면 증상들의 빈도와 강도를 줄이는 데 도움이 될 수 있으며 아마도 어떤 특성들은 완전히 없어질 것이다. 당신의 자녀가 더 노력할수록 치료에서 더 많은 것을 얻어 낼 수 있을 테며, 더 온전하게 회복될 것이다.

경계성 성격장애는 앓는 이가 병의 증상을 지속적으로 겪고 다뤄야 할 수 있다는 점에서 만성 신체 질환과 같다. 예를 들어 경계성 성격장애에서 회복 중인 사람의 경우, 버림받는 걸 두려워하는 경향은 여전하지만 그것이 반드시 충동적이고 무모한 행동으로 이어지는 것은 아니다. 치료를 받으면서 그들은 버림받는 데 대한 *두려움*—예컨대 파트너가 자기만 친구들과 즐거운 시간을 보내고 집에 늦게 왔을 때 촉발되는 두려움—과, 파트너가 아주 떠나는 경우처럼 *실제*로 버림받는 것을 구분하는 법을 배운다.

이 장에서 우리는 약물치료, 심리치료, 거주치료센터(생활치료센터), 병원 입원치료 등 흔히 사용되는 치료 방법 몇 가지를 다루겠다. 이런 정보로 무장한다면 당신은 자녀의 상황에 가장 잘 맞는 치료 방법을 선택하는—또는 자녀가 선택하는 것을 돕는—능력을 더 잘 갖추게 될 것이다.

| 경계성 성격장애 치료에 쓰이는 약물들 |

약물치료가 효과 있을 때, 그 약물들은 경계성 성격장애의 증상들을 완화하는 데 도움이 되며(경계성 성격장애 자체는 심리치료가 필요하다), 당신의 아이가 심리치료에 더 잘 집중하는 데도 도움이 될 수 있다. 하지만 약물이 항상 도움이 되는 것은 아니고, 경우에 따라서는 심각한 부작용이 나타날 수 있다. 경계성 성격장애 아동들을 위한 약물치료에 관한 정보는 거의 없는데, 아이들에게는 경계성 성격장애가 있을 수 없다는 잘못된 믿음 탓에 이 분야의 연구가 거의 이루어지지 않았기 때문이다. 그래서 이 절의 내용은 매클레인 병원의 의사로 경계성 성격장애 청소년 입원치료 프로그램을 이끌고 있는 블레이즈 아기레의 저서 『청소년의 경계성 성격장애』에 실린 의학적 정보들에 부분적으로 근거하고 있다. 경계성 성격장애가 있는 십대와 성인에게 사용하는 약물의 유형 몇 가지와 그것들로 치료하려는 증상들을 살펴보자(Aguirre 2014).

●*항정신병 제제*(*antipsychotics*): 불안, 편집증, 분노, 적대감 등을 줄일 수 있다. 이 약들은 대인관계 민감성(당신의 자녀가 자신에 대해 사람들이 하는 말이나 행동에 보이는 지극히 예민한, 발끈하는 반응)을 줄일 수 있으며, 따라서 대인관계가 개선될 수 있다. 이런 약물은 생각을 명료하게 하는 데도 도움이 된다.

●*항우울제*(*antidepressants*): 만성적 우울 증상을 줄이며 항정신병 치료 약물과 함께 작용해 충동적인 공격성도 줄인다. (충동적 공격성은 대부분의 사람이 '주어진 상황에서 정상적'이라고 할 반응을 크게 넘어서는 폭발적인 반응으로 특징지어진다. 이것은 조마조마해하던 일이 벌어지고, 조심조심 밟던 살얼음이 깨져서, 아이가 정신적으로 완전히 무너질 때 벌어지는 일이다.)

●*기분안정제*(*mood stabilizers*, 기분조절제)*와* 항경련제(*antiseizure [anticonvulsant] drugs*): 기분을 안정시킬 수 있다. 이 약들은 과민성과 분노, 대인관계에서의 격렬성, 충동적 공격성을 현저하게 줄인다(Aguirre

2014, p.191).

    지면 부족 때문에 약의 이름과 사용 시 나타날 수 있는 부작용을 따로 언급하진 않았는데, 부작용이 꽤 심각할 수 있다. 자녀가 경계성 성격장애 치료를 위해 약을 처방받았다면, 당신이 그 약을 처방한 정신과 의사와 오래 얘기를 나누는 것이 얼마나 중요한지 아무리 강조해도 부족하다. 그리고 *반드시* 정신과 의사여야 하는데, 경계성 성격장애의 치료는 약물로만 되지 않을 때가 많기 때문이며, 약의 효과와 부작용의 균형을 맞추려면 딱 알맞은 용량으로 투여해야 하기 때문이다. 이에 더해, 아동과 청소년이 대상일 때는 약의 투여량을 그들의 적은 몸무게를 비롯해 아직 발달 중인 신체와 연관된 여러 대사적 요소에 따라 조절해야 할 수도 있다. 또 유념할 것은, 약사들이 대부분의 의사보다도 약물의 부작용을 더 잘 얘기해 줄 수 있지만, 그들은 처방을 하지 않는다는 점이다. 자녀가 새로운 약을 처방받을 때마다 다음의 질문들을 하라.

- 이 약은 어디에 쓰는 것인가?
- 이 약은 어떻게 복용해야 하는가?
- 이 약이 효과를 내고 있다는 걸 내가 어떻게 아는가?
- 가장 흔하게 나타나는 부작용은 무엇인가? 잘 알려지지 않은 부작용은? 부작용이 나타나면 내가 어떻게 해야 하는가?
- 아이들을 대상으로 시험을 해 본 약인가?
- 이 약이 처방전이 필요 없는 일반 의약품과 영양보충제를 포함해 우리 아이가 먹고 있는 다른 약 중 어떤 것하고든 상호작용을 할 것인가?
- 이 약을 먹는 동안 우리 아이가 피해야 할 것이 있는가?

- 이 약의 효과가 나타나려면 얼마나 걸리는가?
- 아이에게 이 약의 과다복용 문제가 생길 수 있는가?
- 아이가 약 복용을 걸렀을 때 내가 어떻게 해야 하는가?
- 이 약의 복용을 중단했을 경우 어떤 부작용이 나타나는가?
- 이 약을 대체할 것들이 있는가?

대개의 경우 의사는 혹시 해로운 부작용은 없는지 확인하기 위해 처음에는 아주 낮은 용량을 처방하고, 이후 용량을 늘리면서 약이 효과가 있는지 없는지, 혹은 효과가 있긴 하지만 용납할 수 없는 부작용이 있는지를 판단한다. 만일 당신의 자녀에게 뒤쪽 두 결과 중 하나가 나타난다면 정신과 의사는 보통 다른 약을, 아마도 다른 약물군(群)의 것을 처방할 것이다. 안타깝게도 이 모든 과정은 시간이 걸린다. 어떤 약은 효과가 나타나려면 여러 주일이 지나야 한다. *이때 아주 중요한 것은, 새로운 약은 그게 무슨 유형에 속하든 한 번에 한 가지씩만 써 보면서, 당신과 의사가 어떤 약이 무슨 효과를 내며 무슨 부작용(들)이 나타날 수 있는지 확인하는 일이다.* 당신의 아이가 의학적 고려나 동반 발생한 질환 때문에 다른 약들을 먹고 있다면, 관련된 모든 의사에게 그 사실을 알려야 한다. 특히 자녀의 일차 진료의는 그런 약 전체의 목록을 갖고 있어야 한다.

자녀가 복용하고 있는 약들을 꼼꼼히 파악하여 각기의 용도와 복용량까지 기록해 두라. 어떤 부작용이 있으며 그게 얼마나 불편하고 괴로운지도 면밀히 살피라. 처방을 한 의사가 약의 부작용과 함께 아이의 행동, 기분, 활동성 수준, 식욕, 혹은 수면 패턴에 나타난 변화에 대해 당신이 관찰한 바를 물어볼 때 언제든 답할 수 있도록 준비하라. 이런 표적행동(target behavior, 분석이나 수정의 대상이 되는 행동—옮긴이)들을 잘 파악해 두면 의사가 당신 자녀에게 딱 알맞은 복용량을 결정하는 데 도움이 될 것이다.

아이에게 약을 주기

청소년이거나 십대 초반인 자녀의 약은 당신이 책임지고 그때그때 내줘야 한다. 정신과 약들은 효과가 강하므로, 당신의 아이는 성인이 될 때까지 자신의 약을 직접 관리해서는 안 된다. 아이가 나이를 먹고(적절한 나이는 당신이 판단할 문제다) 아마도 좀 더 믿을 만해져서 약을 남용하지 않으리라고 당신이 확신할 수 있게 되면, 아이가 자기 약을 알아서 먹게 해도 좋을 것이다. 당신의 직감을 따르라. 아이가 안전하기만 하다면, 그들이 단계적으로 조금씩 더 독립적이 되도록 도우라.

자녀가 자기 약을 알아서 먹게 하기

블레이즈 아기레는 저서 『청소년의 경계성 성격장애』에서, 당신의 아이가 자신의 약을 의사의 처방대로 알아서 복용할 가능성이 가장 커지는 것은 당신과 아이가 다음의 네 가지에 대해 생각이 일치할 때라고 했다(p. 184-85).

1. 약 복용의 목적
2. 투약 관리를 누가 할 것인가
3. 투약 지침에 관한 아이의 이해
4. 약의 유효성

이런 사항들에 대해 두 사람이 터놓고 솔직하게 이야기를 나누는 것이 꼭 필요하다.

| 표준화된 심리치료 |

이제 경계성 성격장애 치료용으로는 제일 처음 만들어졌고 가장 널리 쓰이는 표준화된 심리치료법에 대해 얘기하겠다. 바로 변증법적 행동치료다. (이후 다른 맥락에서 인지행동치료도 논의할 것이다). 그 밖의 치료법들도 있긴 하지만, 그런 것들은 찾아서 받기가 더 어렵다. '표준화된 (standardized)' 치료란 특정한 장애—이 경우에는 경계성 성격장애—를 위해 특별히 개발된 치료법을 말한다. 마치 패스트푸드처럼, 표준화된 치료는 어디에서 제공되든 프로그램이 동일하다.

변증법적 행동치료(DBT)

변증법적 행동치료(dialectical behavior therapy, DBT)의 개발자는 심리학자 마샤 리너핸으로, 자신도 경계성 성격장애가 있었으나 부분적으로는 불교 수행에도 힘입어 장애에서 회복했다. 변증법적 행동치료의 기본 개념에는 다음의 것이 포함된다.

● 환자에게 변하고자 하는 동기와 의지가 있어야 한다. 당신의 자녀가 이 기준을 충족하지 못한다면 변증법적 행동치료를 보류하는 게 최선일 수 있는데, 일주일에 두 번 치료를 받고 그 사이에는 집에서 과제를 수행하는 등 노력을 많이 들여야 하기 때문이다. 당신의 자녀가 그런 노력을 하려 들지 않는다면, 어떤 치료도 효과를 볼 수 없다. 당신이 든 보험 종류에 따라 다르겠지만 변증법적 행동치료는 비용이 적게 드는 편도 아니므로, 치료를 위해 많은 자원을 투입하기 전에 어떻게든 그 아이가 변하고 싶어 하도록 만드는 게 좋다.

●철저한 수용(radical acceptance), 즉 자신이 통제할 수 없는 것은 놓아버리고 상황을 있는 그대로 받아들이는 것이 회복에 대단히 중요하다. 상황이 이렇지 않다면 얼마나 좋을까 하는 생각만 끊임없이 하는 대신에 말이다. 이에 대해서는 5장에서 더 얘기할 것이다.

변증법적 행동치료를 받는 사람은 일주일에 적어도 두 번 치료에 참석한다(상담이나 치료를 받으러 오는 사람을 내담자[來談者, client]라고 한다.-옮긴이). 한 번은 담당 치료사와 개인적으로 만나며, 또 한 번은 집단 기술훈련을 받는다. 이중 집단 기술훈련은, 거기서 습득하는 기술 때문이 아니더라도, 많은 사람이 자신에게 힘을 주고 자신을 인정하고 존중해 준다고 생각한다. 변증법적 행동치료에는 네 가지 주된 기술 모듈(module, 규격화되고 독자적 기능을 지닌 구성 요소-옮긴이)이 있다. 핵심 마음챙김, 고통 견디기, 감정 조절, 대인관계의 효율성이 그것이다(Linehan 2015).

1. 핵심 마음챙김(core mindfulness): 마음챙김이란 공상에 잠기거나 앞날이나 지난 일을 생각하지 않고 현 순간에 존재하면서 주변에서 일어나는 일(여기엔 자신의 생각과 느낌도 포함된다)에 주의를 기울여 알아차리는 것이다(이럴 때 자기 자신, 자기가 처한 상황, 또는 다른 사람들을 비판하지 않는 것이 필요하다고 한다.-옮긴이). 마음챙김은 장애의 당사자뿐 아니라 모든 가족 구성원에게 유익한데, 이에 대해서는 다음 장에서 더 얘기하겠다.

2. 고통 견디기(distress tolerance, 고통 감내): 1장에서 얘기한 잘못된 고통관리 행동들로 상황을 악화시키지 않으면서 고통스러운 감정을 있는 그대로 받아들여 견뎌 낼 수 있게 되는 것이다.

3. 감정 조절: 부정적이고 압도적인 감정을 제어하면서 긍정적인 감정을

키우는 것이다. 이 모듈에는 세 가지 요소가 있다. 자신의 감정을 이해하기, 감정적(정서적) 취약성을 줄이기, 감정적 반응을 바꾸기 등이다.

4. 대인관계의 효율성: 사람들과 더 잘 지내는 것을 말한다. 여기서 목표는 대인관계에서의 혼란을 줄이고, 버림받는 것에 대한 두려움을 줄이며, 긍정적인 관점을 북돋우는 것이다. 이 모듈은 또한 자기주장을 명확하게 하는 것과 관련된 많은 정보도 포함하고 있다.

비헤이비어럴테크닷컴(https://www.behavioraltech.com)에 가면 당신이 사는 주나 지역의 경계성 성격장애 치료사를 찾을 수 있다. 경계성 성격장애 치료사를 찾지 못할 경우, 전문은 다르더라도 변증법적 행동치료의 원리와 기술을 활용하는 다른 치료사를 찾아보라. 그것도 어렵다면, 이 웹사이트에는 변증법적 행동치료 기술을 설명하는 책들의 목록이 실려 있다. 그중 일부 책들에는 이런 치료에서 내담자 즉 환자들이 사용하는 워크시트(연습 및 평가지)들도 들어 있다. 이 밖에 디비티셀프헬프닷컴(http://www.dbtselfhelp.com)을 비롯해 인터넷 곳곳에서 변증법적 행동치료에 관한 정보를 얻을 수 있다. 유튜브에도 변증법적 행동치료의 원리나 지침에 대한 영상이 넘쳐난다.

엘사: 때로 이런 느낌이 들 때가 있어요. 내가 비용을 치르는 그 모든 치료가 반항하듯 팔짱을 끼고 있는 아이의 한쪽 귀로 들어가선 바로 다른 쪽 귀로 나와 그대로 사라지는 것 같다고요. 한데 그러다 아이가 자기 고등학교의 온라인 아동발달 수업을 받는 걸 우연히 듣게 됩니다. 주제는 '아동기의 부정적 사건과 회복력'이에요. 그 순간 이런 생각이 들죠. 아이고, 이 수업 내용이 강력한 방아쇠로 작용해 결국은 아이가 폭

발해 버릴 거야. 하지만 얼마 안 지나, 심하게 수줍어하고 내성적인 우리 아이가 변증법적 행동치료 시간에 배운 호흡 기법을 머뭇거리며 내게 얘기해 주기 시작하는 거예요. 그때 깨닫게 되죠. 어떤 차원에서는 그 기술들이 아이에게 스며들고 있다는 걸요.

인지행동치료(CBT)

인지행동치료(cognitive behavioral therapy, CBT)는 여러 유형의 심리적 문제들에 사용되는 핵심적 치료법의 하나다. 변증법적 행동치료처럼 표준화되어 있지는 않지만 그렇다고 두 치료법이 아주 다른 것은 아니며, 변증법적 행동치료는 인지행동치료라는 포괄적 범주 안에 들어 있다. 대부분의 경우 인지행동치료는 단독으로 행해지지 않고 다른 다양한 방법과 함께 사용된다. 이 치료는 우리가 삶의 사건들을 생각하고 해석하는 방식은 우리가 어떻게 느끼고 결국 어떻게 행동하는지에 영향을 미친다는 이론에 바탕을 두고 있다. 다시 말해서 우리는 어떤 사건을 경험하고, 그것을 해석하며, 거기에 따라 특정한 방식으로 느끼게 되고, 그런 다음 그 감정에 근거하여 행동한다.

예를 들어, 학교에서 아이들이 당신을 놀리거나 괴롭히면(사건), 당신은 자신이 아무짝에도 쓸모없거나 나쁘다고 생각하게 될 수 있다. 만일 어떤 이유(주근깨가 너무 많다)로 괴롭힘을 당한다면, 당신은 주근깨가 '나쁜' 것이라고 믿게 될 수도 있다. 그 결과 아주 소심하게 행동해서 친구를 사귀기가 힘들어질지 모른다(행동). 인지행동치료를 하는 사람은 당신이 하고 있는 생각, 그러니까 자신이 쓸모없고 주근깨가 나쁘다는 생각(가정)을 잘 검토한 다음, 당신을 괴롭힌 그 아이들은 당신의 가치를 판단할 권한이 없으며 그들이 아름다움을 결정하지도 않는다는 사실을 당신이 깨닿도록 조심스럽게 돕는다. 그런 진실들을 내면화하기 시작하면서 당신은 점점 더 자신감을 갖게 되고 덜 소심해진다. 이에 따라 행동도 바뀌어, 당신은 사람들을 더 잘 만나고 친구를 더 잘 사귈 수 있게 되고, 그러면서 더 행복해진다.

인지행동치료는 변증법적 행동치료보다 훨씬 널리 퍼져 있으며(이 방법을 사용하지 않는 치료사를 찾기가 힘들다) 때로는 비용도 덜 비싸다. 당신이 사는 주나 지역에서 변증법적 행동치료를 하는 사람을 찾지 못한다면, 인지행동치료가 자녀에게 가장 좋은 선택이 될 수 있다.

치료사와의 관계

연구조사에 따르면 무슨 유형의 치료를 사용하는가보다 치료사와 환자 간 관계의 질이 더 중요할 수 있다고 한다. 몇몇 연구에서는 성공적인 치료 사례들이 지닌 공통 요소 중 가장 중요한 것이 치료사와 환자의 관계라고까지 했다. 미국심리학회(APA)의 한 특별연구팀도 내담자의 성공을 결정하는 데 내담자와 치료사의 관계가 치료 방법만큼이나 중요할 수 있음을 밝혀냈다(Norcross and Wampold 2011). 그렇다고 치료사가 아이의 '친구'가 되어야 한다는 얘기는 아니다. 치료사는 당신의 아이로 하여금 자신이 존중받고 인정받으며 이해되고 있다고 느끼도록 해 주되, 그와 동시에 아이가(혹은 성인이) 습득하길 우리가 바라는 경계(boundary) 유형들을 스스로 일관되게 설정하고 실천하는 것이 아주 중요하다.

절충적인 치료사 찾기

'절충적(절충주의적)' 치료사란 치료법들을 나름대로 혼합하고 여기에 개인적인 스타일을 가미해 사용하는 사람이다. 당신이 사는 지역의 치료사대다수가 아마도 이런 식으로 치료를 할 것이다. 경계성 성격장애가 전문인 치료사를 찾지 못하면, 만날 수 있는 치료사들을 꼼꼼히 평가해서 누가 당신의 자녀에게 적합한지 확인해야 한다.

나는 먼저 《사이콜로지 투데이(*Psychology Today*)》의 웹사이트에서 검색해 볼 것을 권하는데, 여기에는 방대한 데이터베이스가 있어서 아주 구체적인 조건들을 입력해 치료사를 찾을 수 있다. 예를 들어, 당신이 거주하는 주나 도시, 혹은 우편번호 구역에서 경계성 성격장애에 특별한 관심이 있는 치료사가 누군지 알아볼 수 있다. 각 치료사의 프로필에는 짤막한 소개, 사용하는 치료법, 직업적 관심사, 실무 경험, 사진 등이 올라 있으며, 받아들이는 건강보험 종류가 명시된 경우도 있다. 이 검색 방법으로 원하는 결과를 얻지 못하면, 다음의 몇 가지 방법이 더 있다.

- **소아과 의사나 다른 의사들.** 당신 아이의 소아과의나 내과의에게 아이의 가장 괴롭고 빈번한 행동들을 간략히 설명하고, 그들이 정신과 의사나 심리학자를 추천해 줄 수 있는지 알아보라.
- **지역의 대학.** 근처의 종합대학이나 단과대학에 심리학 석·박사 과정이 있다면 그곳의 교수나 관리자들이 당신 지역에 있는 치료사를 추천해 줄 수도 있다.
- **가장 가까운 의과대학.** 사는 곳에서 가장 가까운 의과대학의 정신의학과에서 경계성 환자를 치료하는 정신과 의사나 치료사를 추천해 줄 수 있다. 추천받은 의사 중 한 사람에게 전화를 할 때는 이러저러한 대학의 정신의학과에서 추천을 받았다는 얘기를 꼭 해야 한다. 이렇게 하면 그 의사와 얘기가 더 잘 통할 것이다. 그 의사가 환자를 받지 않고 있다 해도, 경계성 성격장애 환자를 받는 다른 정신과 의사를 알려 줄 수도 있다.

●소셜 미디어. 소셜 미디어를 이용하고 있다면, 당신이 가입할 수 있는 그 지역 경계성 성격장애 모임을 찾아보라. 가입 후 다른 회원들에게 의사 소개를 부탁할 수 있다.

성격장애 전문이 아닌 치료사들은 경계성 성격장애를 효과적으로 다루지 못할 수 있으며, 어떤 경우에는 상태를 더 악화시킬 수도 있다는 데 유의하라. 이런 이유로 우리는 경험 있는 심리학자나 치료사 또는 임상 사회복지사, 그리고 약물치료가 필요할 수 있는 경우라면 정신과 의사를 포함해서 두 명의 정신건강 전문가로 이루어지는 팀에게 자녀의 치료를 맡기는 걸 추천한다.

가능성 있는 치료사 한두 명을 찾았다면, 다음 단계는 그들과 전화로 얘기를 나누는 것이다. (치료사는 이런 식의 전화 대화를 꺼리지 않을 수 있지만, 정신과 의사는 직접 와서 얘기하라고 할 가능성이 크다.) 전화에 앞서, 이전에 받은 치료 내용을—가능하면 처방받았던 약들도 포함해서—모두 정리하고 특정한 행동들을 비롯해 당신이 자녀에 대해 갖고 있는 우려를 목록으로 만들라. 어쩌면 통화를 못 하고 메시지만 남겨야 할 수도 있는데, 그들에게서 답신이 오지 않는다면 아마도 새 환자를 받지 않는 경우일 것이다. 그렇다면 다른 사람에게 전화하라. 어떤 정신건강 전문가들은 자신의 잠재적 환자와 전화로 얘기할 시간을 내지 못할 수도 있다는 데 유념하라. 치료사가 평판은 좋지만 환자로 받아들이기 전에는 당신과 전화로 얘기하지 않으려 한다면, 직접 방문할 약속을 잡는 걸 고려해 보라.

여기에 당신이 물어보는 게 좋을 몇 가지 질문이 있다.

- 경계성 성격장애가 있는 사람이 좋아질 수 있다고 믿는가? (그렇게 믿지 않는다면, 다른 치료사를 선택하라.)
- 동반 발생 장애를 치료하는 데 익숙한가?
- 치료에 약물을 사용하는 걸 어떻게 생각하는가?
- 얼마나 자주 우리 아이를 볼 것이며, 진료 시간 후에도 연락이 가능한가?
- 부모인 나와 어떻게 협력할 것인가? (자녀가 미성년자인 경우 실질적 의미가 있는 질문이다.)

이것은 당신이 할 수 있는 질문의 몇 가지 본보기일 뿐이다. 전화를 하기 전에 아이에게 필요한 게 무엇인지 시간을 갖고 생각해서, 아이에게 적합한 치료사나 의사를 구하는 탐색의 과정에 잘 대비해야 한다.

자녀에게 경계성 성격장애 진단에 관해 말해 주는 것의 장단점

자녀가 경계성 성격장애 진단을 받았을 때 그 사실을 본인에게 얘기할지 여부는 당신 스스로 결정해야 한다. 당신이 아이를 가장 잘 안다 해도 이것은 어려운 결정이며, 그래서 우리는 찬반 양쪽의 논리를 다 소개하려 한다.

자녀에게 그 얘기를 하든 안 하든, 친구와 지인, 친척들이 다들 알게 만드는 것은 권하지 않는다. 이 장애에는 워낙 많은 오해가 있고 큰 오명이 따라붙기 때문이다. 책과 TV와 영화에서 경계성 성격장애가 있는 것으로 묘사되는 허구의 인물들 대부분은 실제 그런 사람들의 모습과 거리가 멀다.

그렇다 해도 당신에게는 지지가 필요하다! 당신을 평가하거나 비판하려 들지 않고 지지해 주며 그 장애의 복잡한 내용에 관해 얘기를 늘어놓아도 기꺼이 들어 줄 아주 가까운 친구나 친척이 있다면, 당장이라도 당신을 지지해 주는 팀의 일부로 삼으라. 또 온라인 지지모임도 찾아보라(부록 C 참조). 당신이 아이에게 진단명을 말하지 않기로 한다면, 경계성 성격장애라는 용어를 사용하지 않으면서 그것이 아이에게 어떤 영향을 미치는지 설명할 수도 있다(6장 참조).

솔직히 얘기하는 것의 장점

● **경계성 성격장애인 사람을 안심시킬 수 있다**: 아이들에게 그들의 진단명에 대해 알리는 가장 좋은 이유 중 하나는 아이가 스스로 알게 되는 일을 피할 수 있다는 것이다. 요즘에는 얻을 수 있는 자료가 워낙 많아서, 당신의 아이가 우연히라도 관련 정보를 발견하고는 자신에게 경계성 성격장애가 있다고 결론 내리는 일이 없으리란 보장이 없다. 경계성 성격장애가 있는 사람들은 종종 자신이 뭔가 잘못되어 있다고 느끼는데, 이 장애에 관한 정보가 넘쳐나므로 그들 중 일부가 자가진단을 하는 것도 충분히 상상할 수 있다. 또한 아이가 자신의 진단명에 관한 얘기를 당신에게서 듣는다면, 그 장애가 익히 알려진 것이며, 다른 사람들도 그 장애를 가지고 있고, 그들에게서 지지를 얻을 수 있다는 것, 그리고 무엇보다도 치료 방법이 있다는 것 등도 같이 들을 터이므로 어느 정도 안심을 할 수 있다. 사실 뭐가 잘못된 건지 모르면 상황이 더 나쁘게 생각되기도 하지 않는가. 가슴이 울렁거리는 게 소화불량 때문인지 심장발작 때문인지 몰라 겁이 덜컥 나는 경우를 상상해 보라.

● **동지애와 배움으로 이어질 수 있다**: 경계성 성격장애에 관해 아주 많은 웹사이트, 자조(自助) 서적, 체험기, 블로그, 다큐멘터리, 유튜브 영상이 있다. 그리고 이중 다수가 경계성 성격장애가 있는 사람의 시각에서 만들어진 것이다. 당신의 아이가 자신의 진단명을 알지 못한다면 이런 유용한

자료들을 접하지 못할 것이다.

●**당신이 침묵에 의한 거짓말을 하지 않아도 된다:** 어느 시점에, 아마도 성인기에 들어, 당신의 아이는 자신에게 경계성 성격장애가 있다는 사실을 알게 될 것이다. 새로운 치료사나 자신에 관한 케이스 파일, 보험회사 등을 통해 알게 되거나 그냥 우연히 알게 된 많은 사람이 그러듯이, 당신의 아이도 당신에게 '왜 그런 말을 해 주지 않았느냐'고 물을지 모른다.

솔직히 얘기하는 것의 단점

●**낙인을 찍는 온라인 정보들:** 자녀에게 솔직히 얘기하기 전에, 경계성 성격장애에 대해 온라인 검색을 해 보라. 당신의 자녀도 진단명을 듣고 나면 분명 그럴 것이기 때문이다. 온라인상에는 암울하고 낙인을 찍는 정보가 아주 많다. 이것은 우리의 경험으로 보면 대체로, 경계성 성격장애가 있는 사람 대부분이 자신은 잘못된 게 전혀 없다고 생각하기 때문이다. 그들은 자기가 겪는 문제들이 다른 사람의 잘못 때문이라고 생각하며, 자신의 모든 고통과 자기혐오를 다른 사람에게 투사한다(심리 이론에서 투사[投射, projection]란 방어기제의 일종으로, 자신의 어떤 성격, 감정, 행동 따위를 다른 사람, 다른 것의 탓으로 돌리는 일이다. 투영[投影]이라고도 한다.—옮긴이). 이런 비난의 표적이 된 가족 구성원들은 큰 충격을 받는데, 그들 중 일부는 학대적인 행위를 당한 것에 화가 나고 그렇다면 자신의 이야기도 해야겠다고 생각해, 온라인상에서 그간의 사정을 솔직히 털어놓기도 한다.

●**정신의학의 진단명은 고정불변이 아니다:** *ICD-11*(WHO의 『국제질병분류』 제11판, 2018)과 *DSM-5*(미국정신의학회의 『정신질환의 진단 및 통계 편람』 제5판, 2013) 같은 진단 매뉴얼들은 정례적으로 개정되며, 정신과적 질환들과

그 증상군(群)에 대해 우리가 알고 있는 내용도 자주 변한다. 그러므로 정신과 진단은 다른 일부 의학 진단들처럼 고정적인 게 아니다. 그뿐 아니라, 정신과 의사와 임상전문가들은 특정 진단을 어떻게 확정할 것인지에 대해 종종 의견이 다르다. 그러므로 당신이 자녀에게 해 주는 설명 내용이 몇 년 후에는 맞지 않을 수 있다.

●부수적 이득: 아이들은 경계성 성격장애를 구실로 집이나 학교, 일터에서 책임을 지지 않으려 들 수도 있다.

●지나친 꼬리표 달기: 어떤 사람이 경계성 성격장애로 진단받으면(다른 장애라도 마찬가지다), 자신의 행동이나 감정, 생각이 주어진 상황에 대한 지극히 자연스러운 반응이거나 아니면 전혀 다른 무엇의 증상일 수 있을 때에도 '그 장애로 인한' 것으로 보게 되기 쉽다. 예를 들면, 당신의 아이는 친구가 자기를 속여서 화를 내 놓고도 그 분노를 그저 '경계성 행동'으로 넘겨 버릴 수 있다. 혹은 잦은 기분 변화가 사실은 양극성 장애 같은 다른 심리적 문제를 나타내는 것일 때에도 그것을 경계성 성격장애와 관련된 것으로만 볼 수도 있다.

앞에서도 말했듯 자녀를 가장 잘 알고 있는 사람은 당신이므로, 아이에게 진단 얘기를 할지 말지는 당신이 지닌 모든 정보에 근거하여 스스로 결정해야 한다. 많은 부모가 이 문제로 고심한다. 당신만 그러는 게 아니라는 얘기다. 한 엄마가 열세 살 된 딸아이에게 진단명 얘기를 해 줘야 하는지 물었을 때 다른 엄마 몇몇이 보인 반응을 소개하겠다.

재니스: 저라면 얘기 안 할 거예요. 아이가 너무 어리잖아요. 시간은 많아요.

이디스: 우리는 열네 살 된 딸아이에게 그 애의 치료사와 함께 얘기했어요. 아이에게 이렇게 말했죠. "네가 곧 이 병인 것은 *아니야.* 이 진단명이 너를 규정하지는 *않는다는* 얘기지. 이것 말고도 넌 아주 많은 것을 가지고 있고, 우리는 네 곁에서 널 도울 거야. 너는 나아질 수 있어. 변증법적 행동치료를 받으면 넌 이 진단의 요건들을 충족하지도 못하게 될 거야. 이 진단 때문에 너에 대한 우리의 사랑이 변하지는 않아.

니셸: 우리는 딸아이가 열아홉 살이 되어 이 일을 감당해 낼 만큼 성숙할 때까지 기다렸어요. 진단명에 대해 너무 일찍 알려 주는 건 이미 활활 타고 있는 불에 기름을 붓는 것 같겠다고 생각했거든요. 그 나이에도 아이는 이야기를 듣고 힘겨워했지만, 스무 살이 되니 드디어 어느 때보다도 잘 하고 있어요.

메이절: 우리 집에서는 열여덟 살 된 딸아이와 그 애의 치료사, 그리고 우리 부부가 다 함께 얘기를 했어요. 치료사는 경계성 성격장애의 특성들을 하나하나 설명하면서 그런 식으로 느끼거나, 그 같은 행동을 하거나, 그것에 대해 생각한 적이 한 번이라도 있는지 아이에게 물었어요. 모든 특성을 다 살핀 뒤에 치료사는 아이의 진단명에 대해 말했어요. 딸아이는 그보다 이삼 년 전에 우울증 진단을 받았죠. 그래서 경계성 성격장애도 순순히 받아들였어요.

캐스린: 남편과 내가 열세 살 난 딸아이에게 말해 줬어요. 열 살인 아들은 자폐증이 있어요. 우리는 네 남동생처럼 너의 뇌도 세상을 남들과 다른 식으로 보고 느낄 거라고 설명했죠. 다르다는 것이 나쁘다거나

부족하다는 뜻은 아니지요. 그냥 다른 거죠. 우리는 딸아이에게 이 세상엔 너 같은 사람이 필요하단다, 모든 사람이 똑같다면 세상이 따분할 테니까라고 얘기했죠. 그리고 우리가 항상 의견이 같거나 잘 지내진 못할 테지만, 여전히 너를 사랑하고 함께 걸어갈 거라고 말해 줬어요.

세스카: 우리는 말해 주지 않았어요. 어떤 진단을 받으면 그것에 매달리고, 그것에 대해 지나치게 공부하고, 그런 다음 주로 더 큰 관심을 받기 위해 자신의 행동들을 더욱 부풀림으로써 악화시키는 아이의 성향 때문이었어요. 아이는 이전에 진단받은 폭식증과 외상후 스트레스장애, 불안장애에 대해서도 그랬거든요. 우리에게 그것은 최선의 결정이었어요. 한번 엎질러진 물은 다시 담을 수 없으니까, 말해 주느냐 마느냐는 아이의 치료 팀과 신중하게 의논해야 할 아주 중요한 문제예요.

애니카: 병원에서는 우리가 치료하는 것은 증상이므로 딸아이에겐 그 증상들에 대해, 그러니까 진단명은 말고 조절부전 문제에 대해서만 얘기하라고 했어요. 당신이 아이에게 진단명을 얘기하기로 결정한다면, 이 진단이 종신형 판결 같은 게 아니라는 사실을 알려 주는 게 중요하다고 생각해요. 얼마든지 치료할 수 있는 장애이고, 아이가 스스로 극복하거나 통제할 수 있어요. 회복되기를 *원하기만* 하면 말이죠.

치료 세션에 가도록 아이를 설득하기

일단 치료사를 선택했다면, 그 다음에 넘어야 할 커다란 장애물은 경계성 성격장애인 미성년자 자녀가 치료 세션에 가도록 하는 일이다. 아이는 치료받으러 절대 안 가려 하는데 당신이 억지로 가게 만든다면, 아마도 치료에서 별 효과를 얻지 못할 것이다. 아이가 치료받기를 조심스러워하는 것도 이해할 만하다. 감정들을 상세히 검토하면서 스스로도 좋아하지 않는 자신의 이런저런 부분을 들여다보는 건 아주 힘든 일이다. 그럼에도 치료사가 유능할 경우 신뢰에 바탕을 둔 유대가 생겨날 테고, 이에 더해 아이가 치료에 필요한 노력을 하려 든다면, 아이는 틀림없이 좋아질 수 있다.

그러니 당신이 자녀로 하여금 치료를 받게 하려고 애쓸 때 할 수 있는 일이 뭐가 있을까? 아이에게 다음과 같이 말해 볼 수 있다.

● 네가 나 말고 얘기할 사람이 있다면 도움이 되지 않을까 싶은데 어때?

● 너는 이따금 아주 불행하고 슬퍼 보여. 그래서 내 마음이 너무 아파. 누군가와 그에 관한 얘기를 나누면 네 기분이 좀 나아질지도 몰라.

● 한번 받아 보면 어떨까? 잘 안 돼도 잃을 게 없고, 도움이 될 수도 있으니까.

● 그래, 치료받는 게 힘들 수 있어. 때로는 치료사가 네게 고통스러운 것들에 대해 얘기하라고 할 테니까. 하지만 네가 그런 얘기를 하지 않으면, 그런 것들은 너를 떠나지 않으면서 널 계속 비참하게 만들 거야. 치료를 받으면서 네가 그런 것들을 검토하고 분석하면 그것들은 상당 부분 힘이 빠져서 널 쉽게 해치지 못할 거야.

● 만일 그 치료사나 치료 방식이 네 마음에 들지 않으면, 다른 치료사로 바꿀 수도 있어.

● 많은 사람이 치료사에게 간단다. 치료사를 만난다고 해서 네가 뭔가 잘못되었다는 얘기는 아니야. 단지, 네 곁에 너만을 위해 있으면서 네가 상황을 이해하도록 도울 누군가가 필요하다는 뜻일 뿐이지.

● 많은 사람이 치료를 받으러 가. 유명인이나 운동선수들도 마찬가지야.

●네가 치료를 받는다는 사실은 너와 나만의 비밀로 할 거야. 우리 말고는 아무도 알 필요 없어.

성인 자녀를 설득하는 거라면, 이런 말을 해 볼 수 있다.

●네가 이 집에서 살고 싶다면 몇 가지 조건이 있어. 그중 하나는 네가 좋은 치료사를 찾아서 열심히 치료를 받는 거야. 치료사 찾는 건 내가 도와줄게. 네가 정말로 치료에 노력을 기울이는지 판단할 수 있도록 내가 가끔 치료사와 얘기해도 된다고 네가 허락해야 할 거야.

말보다 행동이 더 중요하므로 이렇게도 할 수 있다.

●솔선수범하여 당신 자신도 상담을 받으러 간다.
●자녀의 어떤 행동이 특정한 방식으로 눈에 띄게 변하면 치료를 보류하겠다고 제안하면서 협상한다. 이럴 경우, 아이가 문제의 행동을 재개하면 치료를 다시 밀어붙일 각오를 해야 한다.
●가족상담(family counseling)을 한다. 이런 상담에서는 '문제가 되는 사람'을 지적하지 않는다. 어떤 문제에서든 당신도 한 원인을 제공했음을 인정하는 자세를 가져야 한다.
●특정한 횟수만(이를테면 여섯 번) 치료를 받으러 가되 치료 작업에 마음을 다하여 참여해야 한다는 내용의 계약을 아이와 맺는다. 그 이후에 치료를 계속할지 여부는 아이 자신이 결정한다.
●온라인 상담을 고려한다. 자녀가 상담자를 선택하는 걸 돕는다.
●치료를 특정한 보상을 받기 위한 필수 조건으로 제시한다. 자녀가 치

료를 받을 때는 스스로 노력을 많이 해야 하므로 이런 타산적인 맞바꾸기가 최선의 전략은 아니지만, 아이를 일단 치료사에게 데려가려는 게 미지의 것을 극복하거나 두려움을 가라앉히도록 하기 위한 거라면 이것이 효과적인 방법일 수도 있다.

| 거주치료센터 |

아이의 행동이나 감정에 문제가 있지만 부모가 집에서 이런 문제들을 감당할 수 없을 때, 그리고 다른 대안들이 효과가 없을 때 장기간의 거처를 제공하는 곳이 거주치료센터(residential treatment center, RTC. 생활치료센터)다. 이런 시설에 보내는 것이 합당할 수 있는 경우를 몇 가지 보자.

●아이가 자기파괴적이라든지 해서 아이를 집에 두는 것이 안전하지 않다.
●아이가 행동화(acting out)를 자주 한다든지 해서 가족이 가정에서 아이와 함께 있는 것이 안전하지 않다. ('행동화'란 내면에 억눌려 있는 고통이나 그와 연관된 충동을 흔히 나쁘거나 반사회적이라고 간주되는 행동으로 표출하는 감정 해소의 한 방법이자 방어기제의 하나다. -옮긴이)
●당신이 경계를 정하고 유지하지 못하는 등, 안전하고 치료 작업을 뒷받침하는 환경을 제공하지 못한다.

거주치료센터는 상담 및 치료와 함께 연중무휴 24시간 돌봄을 제공하며 정신과 의사, 임상심리학자(임상심리사), 간호사, 사회복지사, 정신건강상담사 등을 포함할 수 있는 숙련된 직원들이 있다. 모든 거주치료센터가

118

경계성 성격장애 전문은 아니며, 다양한 문제를 지닌 아이들을 위한 곳일 수 있다는 점에 유념하라.

거주치료의 장단점

거주치료를 이용해 본 많은 부모가 이런 형태의 풀타임 치료에는 여러 장점이 있다고 말할 것이다. 그중 하나는 전문가들이 당신의 자녀를 지켜보면서 안전하게 돌봐 준다는 것이다. 또 다른 장점은, 당신의 자녀가 그 치료를 견뎌 낼 수 있다면 시설을 떠날 때 이전보다 건강한 삶을 꾸려 갈 능력이 더 키워져 있으리라는 점이다.

거주치료센터에는 단점도 있다. 자녀를 이런 센터에 보낸 걸 후회하는 부모들도 있는데, 아이의 치료에 대해서뿐 아니라 아이를 언제 볼 수 있는 지(심지어 과연 볼 수나 있는지)에 대해서도 통제권을 잃었기 때문이다. 어떤 부모들은 자기 아이가 있는 센터의 상담사들이 경계성 성격장애를 이해하지 못하며, 복잡한 상벌점수 제도처럼 경계성 성격장애를 치료하는 데 대체로 효과가 없는 치료법들을 사용한다고 말하기도 한다. 어떤 부모는 자기네가 이용했던 거주치료센터에는 주로 약물 중독 환자들이 있었으며, 그들이 자기 딸에게 약에 취하면 얼마나 기분이 좋은지에 대해 얘기했다고 말했다.

올바른 치료사를 고를 때나 약물치료가 자녀에게 적절한지 여부를 판단할 때처럼, 자녀를 거주치료센터에 보내려 할 경우에도 사전에 그곳이 어떠한지 평가해 봐야 한다. 그럴 때 고려해야 할 몇 가지가 있다(American Academy of Child and Adolescent Psychiatry 2016).

- 가능하다면 당신의 집과 가깝거나, 적어도 아이를 주기적으로 방문

하기가 어려울 정도로 멀지는 않은 거주치료센터를 찾으라.

●온라인상에서 거주치료센터에 대해 최대한 많이 알아보라. 지지모임들의 부모 중에 당신이 고려하고 있는 시설을 이용해 본 사람이 있을지 모르며, 그렇다면 자신이 알게 된 것들을 당신에게 알려 줄 수도 있다.

●거주치료센터의 직원에게 그곳에서 경계성 성격장애 증상의 아이들을 치료하는지 물어보라. 약물중독 문제가 있는 아이들을 주로 치료하는 곳이라면, 당신의 아이가 바람직하지 못한 행동을 배울 수 있다.

●직원들에게 그 시설에서 개인치료와 집단치료를 다 제공하는지 물어보라. 그들이 대답이 "그렇다"여야 한다.

●아이들이 학교에서 뒤처지지 않도록 그 시설에서 치료와 함께 학습도 제공하는지 알아보라. 그렇다고 하면, 교사들이 주에서 자격을 인정받은 이들인지 확인하라.

●거기가 인가받은 시설인지 물어보라. 그런 다음 해당 인허가 기관에 문의해서 그 인가가 지금도 유효한지 확인하라.

●아이가 그곳에서 치료받을 의향이 있다면 현장 방문이나 시설 견학을 요청하라. 거주자들에게 얼마나 많은 자유가 허용되는지 잘 알아보라.

●감금 시설은 비자발적 입원(강제 입원)을 위한, 그러니까 그곳에 있고 싶어 하지 않는 환자들을 위한 시설이다. 자해를 하는 아이들에겐 이런 곳이 더 안전할 수도 있다.

●모든 약속과 방침을 서면으로 받아 두라.

●직원들의 자격증에 대해, 그리고 그 시설에서 직원을 채용하기 전에 신원조사를 하는지에 대해 문의하라.

●아이가 인후통을 일으키거나 발목이 부러졌을 때처럼 응급처치가 필요한 상황에 어떻게 대비하고 있는지 시설의 책임자에게 물어보라.

●아이들의 치료 성공을 어떻게 정의하는지 시설 책임자에게 문의하라.

●직원들이 규율 문제를 어떻게 다루는지 물어보라.

●방문에 관한 시설의 방침은 뭔지, 아이들이 집에 전화할 수 있는지를 문의하라.

●비용에 대해 묻고, 당신의 보험회사에 연락해 보장 범위를 확인하라.

대니얼 로벨의 임상전문가 코너

거주치료센터에 가는 걸 아이가 원치 않을 수도 있는데, 그럴 경우 잠시 갈등이 생길 수 있다. 아이는 자신이 배신당했다거나 버려졌다고 느낄 수 있기 때문이다. 하지만 장기적으로 볼 때, 그곳에서의 치료가 성공한다면 당신의 아이는 부모가 자신을 위해 그렇게 한 것이라는 사실, 알고 보니 자신을 집에 그냥 두기로 하는 것이 부모로서 나쁜 선택이었으리라는 사실을 깨닫게 될 것이다. 집에서 거주치료센터로 옮겨 갈 때 아이가 받을 충격을 최소화하기 위해, 당신이 그런 시설을 고려하고 있다는 사실을 본인이 최대한 미리 알아야 한다. 거기로 가게 될 수도 있다는 걸 가능한 한 일찍, 그러나 위협적이지 않은 방식으로 말해 주는 게 좋다. 집에 있으면서 치료받는 것이 성공적이 아니라면 그 편이 본인을 위해 가장 좋은 선택이라고 설명하라.

| 병원 입원 |

아이의 상태가 심각한 경우, 마지막 수단으로 병원 입원이 필요할 수 있다. 입원의 목표는 당신의 아이를 치료하거나 항구적인 변화를 불러오려는 게 아니다. 그 목표는 당신의 아이가 자살할 위험이 있을 때 그 애와 가족을 안전하게 지키며, 아이를 안정시켜서 당장의 위해 가능성에서 벗어나도록 하는 것이다. 입원해 있는 동안 아이는 다양한 정신건강 문제를 지닌 사람들과 함께 집단치료 세션에 참여할 것이다. 이런 세션들에서는 자신의 정신건강을 관리하거나 기분 상태를 개선하는 데 도움이 되는 기술들을 배운다. 병원의 정신과 의사가 아마 아이를 매일 볼 것이다. 의료진은 아이에게 자살 충동이나 우울, 불안, 그 밖의 정신건강 문제가 있는지 면밀하게 관찰해서 아이가 좋아지는지, 더 나빠지는지, 아니면 그대로인지 살피게 된다. 입원 환경에서는 환자의 장애를 세세하게 살피는 일보다 환자를 안전하게 지키는 것에 중점을 두기 때문에, 개인 심리치료는 대개 별 도움이 되지 않는다. 하지만 환자가 퇴원하면 병원에서 추천하는 치료사에게 가도록 하는 수가 많다.

그렇다면 어떤 경우에 입원을 고려해야 할까? 아이가 상습적으로 자살 생각을 하거나, 자살 생각이 자살 *계획*으로 발전하고 그걸 행동으로 옮기려 들 때, 혹은 자해가 의학적 관심이 필요할 만큼 심각해졌을 때다. 아이가 이에 더해 주요우울 삽화까지 겪는다든지 아이의 물질남용 문제가 악화되고 있는 경우라면 더욱 입원을 생각해야 한다.

폴: 딸아이가 열다섯 살이었을 때, 나는 그 애를 주에서 운영하는 소아청소년 정신과 병원에 입원시킬 수 있었어요. 아이는 1년 동안 그곳에

있으면서 변증법적 행동치료를 비롯해 자신에게 필요한 도움을 집중적으로 받았습니다. 딸아이는 지금 스물네 살입니다. 직업이 있고, 그 일을 1년 가까이 하고 있으며, 차를 사려고 돈을 모으고 있습니다. 행동이 엄청나게 변한 거죠.

리사: 내 딸 앤지는 극단적으로 자해를 했고 자살 생각이 심했습니다. 나는 아이로 하여금 입원, 거주치료, 부분입원(partial hospitalization, 환자가 매주 며칠, 낮이든 밤이든 하루에 몇 시간씩 병원에 있으면서 구조화된 치료를 충분히 받도록 하는 제도-옮긴이) 등 온갖 치료를 받게 했어요. 어느 시점엔 일주일에 25시간씩 치료를 받기도 했습니다. 그러다 아이가, 자신이 노력하지 않으면 그런 상황에서 벗어날 수 없다는 걸 깨닫고 나자 생각이 뭔가 달라져서, 치료를 제대로 받아들이게 됐어요. 입원의 효과는 훌륭했고, 아이가 현실 생활에 적응하는 데 도움이 되었습니다. 이제 아이가 훨씬 좋아졌다고 말할 수 있어서 나는 행복합니다. 그 애는 지난 넉 달 동안 자해를 하지 않고 있어요. 나는 딸아이가 아주 자랑스럽습니다.

| 이 장에서 꼭 챙겨야 할 교훈 |

아이들은 다 다르기에, 한 아이에게 효과가 큰 특정한 치료—치료법, 치료사, 약물치료, 또는 치료 시설 따위—가 다른 아이에게는 효과가 별로 없을 수 있다. 필요한 정보를 많이 찾아보고, 질문을 하고, 기록해 두라. 그리고 당신의 직감을 믿으라! 당신은 잘 해낼 수 있다! 다음은 당신이 이 책을 읽어 나가면서 계속 염두에 두어야 할 몇 가지 키포인트다.

●치료는 효과가 있다! 단, 당신의 자녀가 치료 과정에서 스스로 노력할 의향이 있어야 하며, 삶을 살 가치가 있는 것으로 만드는 데 전념해야 한다(여기엔 자신의 고통에 대한 책임을 일부나마 지는 것도 포함된다). 이런 태도는 당신이 선택하는 치료 유형보다 아마 더 중요할 텐데, 아이가 일단 동기 부여가 되어 있다면 치료사가 자신과 잘 안 맞거나 제대로 못 할 경우 다른 치료사와 해 보려 할 것이기 때문이다. 유감스럽게도 당신은 자녀의 태도를 통제할 수 없지만, 바람직하지 않은 행동을 강화하지 않는 것으로 아이의 태도에 영향을 미칠 수는 있다. 이 주제는 나중에 다시 다루겠다. (행동과학에서 강화[reinforcement]에는 두 가지 방식이 있다. 긍정적[positive, 적극적] 강화는 행위자가 바람직한 특정 행동을 했을 때 보상을 함으로써 이후 비슷한 상황에서 그런 행동이 나타날 가능성을 높이는 것이다. 아이가 장난감을 잘 치우면 사탕을 주고, 학생이 좋은 성적을 받으면 선생님이나 부모가 칭찬하는 것 따위가 그 같은 예다. 한편, 부정적[negative, 소극적] 강화는 바람직한 행동을 했을 경우 불쾌한 상황이나 자극을 제거해 줌으로써 이후에도 그렇게 행동할 가능성을 키우는 것이다. 아이가 자기 방을 정리하면 부모가 늘 하던 잔소리를 중단하는 것이 부정적 강화의 예다. 흔히 부정적 강화를 '특정 행동을 안 하게 만들려고 불쾌한 결과나 자극을 주는 것'으로 알고, 글에서도 그렇게 사용되는 경우가 많은데, 이는 강화가 아니고 별도의 개념인 '처벌[punishment]'이다. ─옮긴이)

●치료가 효과 있다고 해도 완치가 되는 것은 아니다. 경계성 성격장애의 완치가 가능한지에 대해서는 논쟁이 좀 있다. 정상적인 생활을 하고, 일하고, 만족스러운 관계들을 맺을 수 있을 정도로 증상이 완화될 수는 있다. 나아가 경계성 성격장애 진단의 공식적 기준들을 더이상 충족하지 못할 정도로 상태가 좋아질 수도 있다. 하지만 심장병이 있는 사람들이 계속해서 건강한 생활 방식을 유지해야 하듯, 경계성 성격장애가 있는 사람들

도 그들을 촉발하는 요인(trigger, 경계성 감정이나 생각, 행동을 격발하는, 마치 방아쇠 같은 자극—옮긴이)들에 주의해야 하고, 상황이 위험해질 때 사용할 기술들을 가지고 있어야 하며, 지원 체계를 마련해 놓아야 하고, 십중팔구는 치료사를 계속 만나야 할 것이다.

●치료용 약물에 대해 많이 물어보는 것이 아주 중요하다. 그 약이 어떤 작용을 하는지, 부작용은 무엇인지, 그것이 다른 약들과 상호작용을 하는지 등에 관해 질문해야 한다. 약을 안전하게, 가급적 열쇠로 잠글 수 있는 곳에 보관하라. 당신의 아이가 그 약을 먹는 동안 어떤 상태를 보이는지 계속 관찰하라.

●어떤 종류든 치료를 선택할 때, 당신의 직감을 믿으라. 당신이 고른 치료사가 마음에 들지 않으면, 다른 치료사를 찾아서 맡기라. 병원이나 거주치료 시설이 필요할 수 있겠다는 느낌이 든다면, 당장 그에 관한 조사를 시작하라. 위기가 닥칠 때까지 기다리지 말라.

●자녀에게 거주치료 시설이나 병원 입원이 필요하다고 해서 당신이 나쁜 부모인 것은 아니다. 그저 자녀의 경계성 성격장애가 매우 심각하다는 뜻이다. 아이를 돌보는 일에서 얼마간 벗어날 수 있다는 것에 당신이 안도감을 느낀다 해도 뭐랄 사람이 없다.

●자녀가 열여덟 살이 되고 나면 그들이 치료를 받으려 하든 말든, 치료를 받으려 할 경우 일이 어떻게 진행되든 당신에게는 통제권이 전혀 없다는 사실을 명심하라. 자녀가 집에 들어와 살게 해 달라는 등 당신에게 뭔가 바라는 게 있을 때에나 그걸 들어주는 조건으로 심리치료나 다른 치료를 받으라고 할 수 있으며, 그런다 해도 아이 자신이 치료에 노력하지 않는다면 당신은 시간과 돈을 낭비할 수 있다.

5

당신 자신의 정신건강을 개선하기

엘리나: 위기가 오기 전에는 저는 자신을 돌보는 걸 우선시하지 않았어요. 내 모든 시간과 에너지를 경계성 성격장애에다 신경성 식욕부진증까지 있는 딸과 가족에게 쏟아야 할 것 같았기 때문이죠. 제게는 좋은 부모, 좋은 아내가 되는 것이 무엇보다 중요했습니다. 저 자신의 필요는 미뤄도 그만이었어요. 누구의 기대도 저버릴 수가 없었으니까요. 가족들 곁에 있기 위해 저는 야간 근무를 택했죠. 딸아이의 병에 제가 어떤 식으로든 책임이 있다고 생각했기 때문에 저는 속죄를 하고 있었습니다.

그러다 딸이 자살 충동을 느끼기 시작했고, 아이가 고통스러워하는 모습을 보는 것이 견디기 힘들었습니다. 딸이 자살을 시도해서 성공한다면 나도 죽어야겠다고 마음먹었지요. 그럴 경우, 제 종교적 믿음에 따르면 우리 둘 다 더 좋은 곳에 있게 될 것이었어요. 이렇게 애를 태우다 결국 저는 3주 동안 입원을 해야 했는데, 제가 아이와 가족 곁에 꼭 있어야 한다고 생각했기 때문에 이 시간이 굉장히 힘들었습니다.

제 정신과 의사는 저더러 가족을 돌보느라 완전히 지쳤으며, 텅 빈 잔에서 물을 따라 주려고 애쓰고 있는 격이라고 했어요. 자기돌봄(self-care)이 가장 중요하다고 강하게 말하더군요. 시간이 좀 걸리긴 했지만, 결국 저는 자기돌봄이 제 평안에 필수적이라는 사실을 깨달았어요. 이제 저는 필라테스, 수영, 명상을 해요. 치료사를 만나고, 친구들을 만나 커피도 마시죠. 제게도 도움이나 지지가 필요하다고 생각하는 것에 죄책감을 느끼지 않으려 해요. 자기돌봄을 하지 않으면 어떻게 되는지를 힘들게 배웠기 때문에 일부러 시간을 내서 나를 돌봅니다.

당신이 이 책을 읽고 있다는 사실은, 경계성 성격장애가 있는 아이를 당신이 소중히 여기며 아이가 그토록 고통을 겪는 것에 대해 괴로워한다는 걸 의미한다. 사랑하는 누군가가 신체적이거나 정신적인 고통을 겪는 것을 볼 때 우리는 무슨 마법이라도 부려서 그 사람의 고통을 대신할 수 있었으면 하고 간절히 바라게 된다. 하지만 그토록 사랑한다고 해서 경계성 성격장애가 있는 자녀를 키우는 데는 엄청난 희생이 따른다는 사실이 바뀌지는 않는다. 그러한 희생 때문에 온 가족에게 불편과 분노, 낙담, 슬픔, 정서적 고통이, 그리고 불안스러운 실제적 문제들이 초래될 수 있다. 가족은 지치고, 짓눌리며, 무너진다. 부모도 마찬가지다.

부모가 자신의 정신건강을 경계성 성격장애가 있는 자녀의 정신건강과 똑같이 중시하는 걸 꺼리지 않을 때, 가족은 잘 무너지지 않는다. 우리가 이 책 7장에서 9장에 걸쳐 소개할 의사소통 전략들과 양육 기법들을 당신은 최선을 다해 배우고 실행해야 한다. 다른 모든 장에 나오는 기법들도

마찬가지지만 말이다. 경계성 성격장애가 있는 자녀를 양육하는 사람들 중 일부는 상황에 잘 대처해 나가는 데 비해(이 장애에 대해 더 많이 배울수록 더 잘해 내게 된다), 그보다 훨씬 많은 사람들이 아무 진전 없이 제자리걸음만 하거나 깊은 수렁에 빠져 허우적대고 있다. 어느 시점에 자살 충동까지 느끼는 부모들이 있는가 하면, 아이에게 너무 많은 것을 주어서 더 줄 것이 그야말로 하나도 남지 않고, 성인이 된 그 아이와 계속 연락하고 싶다는 바람마저도 소진되어 버린 부모도 있다.

비행기를 타 본 사람은 누구나 알겠듯이, 비상 상황이 일었을 때의 수칙은 우선 자신부터 산소마스크를 쓰고 *나서* 다른 사람을 도우라는 것이다. 그 이유가 뭔지 생각해 본 적이 있는가? 다른 사람을 먼저 도우려 들면 당신은 산소가 부족해져서 자신이든 남이든 *아무도* 도울 수 없게 되기 때문이다. 경계성 성격장애 자녀를 양육하는 일도 그와 아주 흡사하다. 이 경우, 자신에 대한 산소 공급에 해당하는 것은 '*나*'를 위한 시간을 좀 내어서 비어 가는 당신 자신을 다시 채우는 일이다. 당신에게 있는 걸 다 내줘 버리고 의식을 잃는 일이 없도록.

당신에겐 그럴 시간이 없다고 생각하는가? 시간을 만들라. 당신은 자녀의 치유에 단연코 가장 중요한 요소다. 그뿐 아니라 그 아이의 세상에서 가장 중요한 사람이다. 만일 아이에게 주고, 주고, 또 주고, 그러면서 보답으로 아무것도 받지 못한다면(혹은 받는 게 적대감일 뿐이라면), 당신은 아이의 존재가 덜 즐거워지거나, 늘 분하고 억울한 마음으로 살게 되거나, 혹은 공감피로(compassion fatigue)를 보이게 될 수 있다. 이 경우의 공감피로는 자기 자신을 충분히 돌보지 않은 결과 심신이 소진되어 버린 느낌이 드는 것을 말한다. 늘 신경이 곤두서 있는 당신의 아이, 주차요금 징수기에 자기 동전이 잘 들어가지 않는 걸 갖고도 자신이 거부당한 것처럼 느끼는 그 아이는 당신의 에너지가 바닥나고 아이를 향한 연민 또한 소진 되었을 때 그걸 바로 느낄 수 있다. (본디 '공감피로'란 극도의 스트레스, 트라우 마, 재해, 질병을 겪었거나 겪고 있는 이들을 돕는 직업의 사람들[상담자, 경찰과 소방 관, 의사와 간호사, 아동보호나 사회복지 요원 등]이 대상자의 고통에 감정이입을 해 외 상후 스트레스장애와 유사한 증상을 보이는 것을 말한다. -옮긴이)

이 장에서 우리는 경계성 성격장애 자녀를 양육할 때 겪게 되는 중요한 정신건강 문제들인 트라우마와 슬픔, 스트레스에 대해 얘기하려 한다. 그 런 뒤 이들 문제에 대처하는 세 가지 조치, 즉 치료사 만나기, 철저한 수용을 실천하기, 자신이 상실한 것들을 애도하기(슬퍼하기)를 논의할 것이다. 그리 고 마지막으로, 경계성 성격장애가 있는 자녀를 양육하며 겪는 트라우마, 슬 픔, 스트레스를 줄이는 데 활용할 수 있는 몇 가지 기법을 다룰 것이다.

| 트라우마 |

자해와 자살 위협 또는 자살 시도를 목격하고 경계성 성격장애의 충동 적인 공격과 분노의 대상이 될 때 복합 외상후 스트레스장애(complex post -traumatic stress disorder, CPTSD)가 생길 수 있다. CPTSD는 PTSD와 거의 같지만, 차이점은 하나의 충격적인 사건(예컨대 자동차 충돌 사고)이 아니 라 오랜 세월 동안 이어진 보다 작은 사건들(예컨대 가정폭력)에서 비롯된 다는 것이다.

타냐: 내 아이가 한 행동이 부끄러워서 이제 난 다른 사람에게 관심 이나 도움을 청할 수가 없어요. 슬프고 무서워요. 내가 하는 일이라고

130

는 일터와 집을 오가는 게 다예요. 난 친구들도 멀리하는데, 누군가가 집에 오면 어떤 일이 생길지 전혀 알 수 없기 때문이죠. 정신적으로나 감정적으로 완전히 기진맥진해서 비명을 지르고 싶은 심정이에요.

켄: 이런 일을 겪고 어떻게 트라우마가 생기지 않겠어요. 이걸 버텨 내려면 내 몸의 모든 기운을 다 쏟아부어도 부족해요. 저는 공황발작을 일으키기 시작했고, 의사에게 약물치료를 받고 있어요.

프랜: 열여섯 살 된 내 딸은 아무런 예고 없이 자살 시도를 하거나 집을 완전히 부수고 다른 식구들에게 큰 상처를 입히곤 해요. 아이가 발길질을 하고, 깨물고, 긴 손톱으로 할퀴는 걸 못 하게 경찰을 불러 그애를 신체적으로 제압해야 했던 적도 있어요. 우리는 아이를 아주 많이 사랑하지만, 그 사랑의 한켠에는 늘 두려움이 따라요.

태미: 아들아이의 기분이 언제 어떻게 변할지, 어느 상황에서 무슨 파괴적인 행동을 할지 모르기 때문에 우리 가족은 늘 어떤 두려움을 갖고 살아요. 그러다 보니 항상 초긴장 상태에 있게 되었고, 내 경우에는 고혈압에, 그리고 남편과 나 모두 만성적인 불면증에 시달립니다.

델피나: 내 치료사에게 이렇게 말했어요. 내가 벗어나고 싶어도 그럴 수 없는 학대적 관계에 있는 것 같다고요. 이 세상의 다른 누구가 이런 행동을 한다면 내가 절대 참고 견디지 않을 거거든요.

트라우마를 겪을 때, 우리의 기억 기능과 우리가 스트레스 상황에 대처하는 방식 모두에서 중요한 역할을 하는 뇌의 영역에 변화가 생긴다. 그렇기 때문에 트라우마가 있으면 즉시 대처하는 것이 중요하다. 당신 자신을 위해서가 아니라도 가정의 다른 아이들을 위해서.

당신이 트라우마를 겪고 있을지 모른다는 징후들

트라우마의 영향은 신체와 정신 모두에 미묘하게, 또는 서서히 은밀하게, 아니면 대놓고 파괴적으로 나타날 수 있다. 당신이 트라우마를 겪고 있다는 걸 어떻게 알 수 있을까? 트라우마를 겪을 때는 다음 증상들 중 하나 이상을 어느 정도로든 느낄 수 있다(Center for Substance Abuse Treatment 2014).

트라우마의 정서적 증상들	트라우마의 신체적 증상들
부정	두통
분노	소화기 증상
두려움	피로
슬픔	두근거림(심계항진)
수치심	땀 흘림
혼란	기억 장애
불안	수면 부족
우울	집중 곤란
무감각(감각 둔화)	초조함(조마조마함)
과잉 반응	과각성(過覺醒, hyperalertness, 살얼
죄책감	음판을 걷는 느낌. 이럴 때 코르티솔이
절망감	라는 스트레스 호르몬이 분비되는데, 이
과민성	것은 시간이 지나면서 신체에 해를 미쳐
	가벼운 정도에서 심각한 정도까지 신체
	적 혹은 정신적 질병을 일으킨다.)

이런 정서적 혹은 신체적 증상들 중 어떤 것이든 겪게 될 경우, 너무 자책하지 말아야 한다는 걸 명심하라. 이런 것들은 *비정상적인* 상황에 대한 *정상적인* 반응이다.

| 슬픔 |

아이가 죽으면 가족과 친구들, 지역사회 사람들이 그 부모를 위로하지만, 정신적으로 아픈 아이 때문에 많은 것을 잃고 슬퍼하는 부모는 꽃 한 송이 받지 못한다. 이런 유형의 슬픔(grief, 상실을 슬퍼하는 것이기에 '애도[哀悼]'라고도 한다. ─옮긴이)은 정신건강 전문가들도 대개 다루지 않는다. 그 결과, 당신은 자신의 그런 슬픔을 제대로 인지하지 못하거나 그걸 스스로 처리하는 걸 외면하기도 한다. 그러면서 상황이 악화될 수 있다.

어느 엄마는 이렇게 말한다. "우리 마음을 지배하는 것은 그 스트레스와 트라우마예요. 뇌가 그것을 처리해야 하는데, 슬픔은 더 깊이 묻혀 있지요. 그 슬픔은 생각의 가장자리를 떠도는 무겁고 가슴이 내려앉는 듯한 느낌입니다. 우리는 그걸 무시하려고 노력하면서 그만 사라지기를 바라지만, 그 슬픔은 가슴 속에서 바위처럼 꼼짝 않고 있어요. 슬픔은 저 뒤쪽에 조용히 있다가, 아침에 눈을 막 떴을 때라든지 다른 엄마들이 소셜 미디어에 자기 아이의 성공 이야기를 올린 것을 볼 때처럼 전혀 예기치 못한 순간에 불쑥 나타납니다. 하지만 시간이 지나면 상황이 나아지게 돼 있고, 저는 잘되리라는 믿음을 절대 잃지 않을 거예요!"

당신과 같은 상황에 처한 부모들은 많은 것들에 대해 슬퍼하지만, 그 슬픔은 대개 두 가지 범주로 나뉜다. 경계성 성격장애가 있는 자녀에 대해 느끼는 슬픔과, 자신이나 다른 가족에 대해 느끼는 슬픔이다.

자녀에 대해 느끼는 슬픔

●부모로서 아이가 누리기를 바랐던 삶을 생각하며 한탄한다. "우리 아이는 제대로 된 결혼생활도 못 해 볼 거고 아이도 갖지 못하겠죠. 무도회나 친구, 풋볼 경기도 그 애의 삶에는 없을 거고요."

●어떤 부모들은 장애가 나타나기 전의 아이를 생각하며 한탄한다. "예전의 그 귀여운 소년은 대체 어디로 간 걸까요? 난 옛날 사진을 보면서 울어요. 아들을 사랑하지만 이제 그 애는 약에 빠져 있고 나쁜 사람들과 어울려 다녀요."

●아이가 그토록 고통스러워한다는 사실 때문에 한탄한다. "딸아이는 진정한 기쁨, 행복, 다른 사람들에 대한 공감을 결코 알지 못할 것 같아요. 그 암흑의 공간을 없앨 수 있다면 난 뭐든 다 내놓겠어요. 한데 내겐 아이가 고통받는 모습을 지켜보는 것밖엔 다른 도리가 없어요."

●아이가 지녔던 가능성의 상실을 한탄한다. "아이는 누구에게도 뒤지지 않을 훌륭한 음악가예요. 세계를 누비면서 모든 위대한 오케스트라들과 협주곡을 연주하고 싶어 하죠. 하지만 그 애는 오벌린 음악대학에 절대 갈 수 없겠죠. 아무리 괴로워도 상황을 바꿀 순 없다는 사실을 이해하고, 내 기대를 조정하고, 아이가 자신의 상황을 깨달아 더 현실적인 새로운 목표를 잡고 그걸 향해 노력하도록 돕기 시작하고 나서, 나는 이전보다는 잘 해 나가고 있어요."

자신과 가족에 대해 느끼는 슬픔

●자신이 바랐던 가족의 일상을 생각하며 한탄한다. "제가 '엄마로서

했던 일'을 이젠 못 하는 게 슬퍼요. 저는 우리 가족에 대한 바람이 컸어요. 두 아들이 친구처럼 지내길 바랐는데, 한 아이는 사납게 대들고 폭력도 쓰고 다른 아이는 자기 방에 숨어 있곤 하죠. 운전을 배우고 귀가 시간을 협상하고, 아이의 흥분과 기쁨을 보고, 추억을 만들던 그 순간들이 그리울 거예요. 우리가 그 아이를 잃고 또 잃는 느낌이에요. 죽지는 않았지만 죽은 것과 같고, 끝없이 고통스럽고, 무조건적인 사랑을 주는데도 아무런 호응이 없으니까요."

● 자신이 살고 싶었던 삶을 생각하며 한탄한다. "은퇴하고 남편과 함께 세계 여행을 할 수 없게 돼서 슬퍼요. 우리 아이가 언제까지나 우리와 함께 살 것 같거든요." 또 이렇게 말하기도 한다. "이 말이 이기적으로 들릴 수도 있지만, 슬픔의 많은 부분은 내 가족을 잃고 내 친구들을 잃은 것, 그리고 내 평화를 잃은 것과 관련돼요. 나는 아이의 병의 부수적 피해자예요. 그렇지만 다른 사람들도 말했듯이, 시간이 지나면서 점점 나아지긴 해요. 비록 문제가 실제로 사라지진 않지만요."

● 자신이 아이와 맺기를 원하고 기대했던 유형의 관계를 절대 이루지 못할 거라는 사실을 슬퍼한다. "나는 1년 동안 수시로 울었어요. 이제는 나와 아이 사이에 형성된 관계를 인정하고 받아들였어요. 내가 기대했던 유형의 것은 아니라 해도, 그 관계는 내 가슴을 채워 줘요."

슬픔을 어떻게 다룰까

앞에서 다른 부모들이 토로한 것들에 공감한다면, 슬픔을(앞에서 말한 두 종류 중 어느 쪽이든) 다루는 방법에 관한 다음의 조언들을 고려해 보라.

● 애도상담(grief counseling, 슬픔상담)을 받으라. 많은 부모가 이 상담이

매우 유익했다고 말했다.

- 당신의 느낌을 *애도*, 즉 상실에 대한 깊은 슬픔이라 이름하고, 자신에게 그걸 제대로 느낄 시간과 공간을 주라.
- 당신의 기대를 바꾸고, 자녀가 실제로 성취할 수 있는 새롭고 더 현실적인 목표를 향해 노력하도록 도우라.
- 믿을 만한 친구들, 가족 구성원들과 이야기하라. 온라인 지지 커뮤니티에서 경계성 성격장애 자녀가 있는 다른 부모들과 얘기해 볼 수도 있다.
- 경계성 성격장애가 있는 아이들을 옹호하고 지지해 주라. 변화를 불러오는 데 기여하라.
- 당신의 이기적인 슬픔을 부끄러워하지 말라. 아이가 상실한 것들뿐 아니라 당신 자신이 상실한 것들을 애도하는 일도 전혀 문제될 게 없다. 자신의 슬픔에 대해 옳고 그름을 따지지 말라. 그렇게 하면 그 슬픔이 더 악화될 뿐이다.
- 모든 사람이 다 다르게 슬퍼하며, 정해진 시간표 같은 것은 없다는 걸 기억하라. 자신에게 인내심을 가지라.
- 우울증의 징후들을 알아 두고, 그런 일이 당신에게 일어나면 조기에 치료를 받으라.
- 최선을 다해 자신을 돌보라.

| 스트레스 |

스트레스는 경계성 성격장애 자녀를 둔 당신과 늘 함께할 것이다. 아이와 관련해 어떤 일이 방금 일어났거나 지금 일어나고 있기 때문이며, 혹은

앞으로 뭔가 일이—그게 무엇일지는 아무도 모른다—일어날 것임을 당신이 알기 때문이다. 당신이 급성 스트레스에 시달릴 때, 예컨대 도둑이나 곰을 만났을 때는 화학물질이 몸속에 분출되면서 당신이 맞서거나 도망가도록 준비시킨다(이것을 '스트레스 반응'이라 한다). 이런 스트레스 반응은 거의가 일시적이다. 당신이 그 곰이나 도둑을 물리치거나 거기서 도망치고 나면 스트레스 반응은 없어진다.

하지만 자녀에게 경계성 성격장애가 있을 때는 매일이 '오늘은 또 어떤 위기가 닥칠지 아무도 모르는' 날이다. 당신은 극도로 경계를 하며, 늘 살얼음판을 걷는 느낌이다. 당신은 끊임없이 계속되는 스트레스 반응 상태에서 살고 있다. 코르티솔 같은 스트레스 반응 화학물질들이 당신의 핏속을 끊임없이 흐르면 심장병, 비만, 당뇨, 우울, 불안, 면역체계 억제, 두통, 허리와 목의 통증, 수면 문제 등등 스트레스와 관련된 병이 생기거나 악화된다.

트라우마가 그렇듯 스트레스의 징후들도 두 종류, 즉 신체적 스트레스와 정신적 스트레스로 나뉜다. 당신은 아마도 이런 증상들에 익숙할 것이다(American Institute of Stress 2019).

스트레스의 정서적 증상들

- 우울이나 불안
- 분노나 과민함, 혹은 안절부절못함
- 압도되거나 뭔가를 하려는 욕구가 없거나 초점 없이 멍한 느낌
- 계속 기분이 좋지 않거나 감정적이 됨
- 수면 과다 혹은 수면 부족
- 생각이 질주하듯 꼬리를 물거나 걱정이 끊이지 않음
- 기억이나 집중의 어려움

●현명치 못한 결정을 내림

스트레스의 신체적 증상들
●근육 긴장
●두통
●근골격계의 문제들
●음식을 지나치게 많이 먹거나 지나치게 적게 먹음
●변비나 설사
●오심(메스꺼움, 구역)이나 구토
●전보다 자주 아픔
●성욕(성 충동)의 감소나 발기부전
●심박수와 혈압의 변화
●약물이나 술, 담배, 섹스, 도박, 게임 등 정신을 무디게 만듦으로써 스트레스를 줄여 주는 어떤 것에 중독됨

| 당신 자신도 치료사가 필요하다 |

외상성 스트레스(traumatic stress, 트라우마를 주는 스트레스-옮긴이)에 관해 좋은 소식이 있다. 경계성 성격장애와 달리 외상성 스트레스에 대해서는 오랫동안 본격적인 연구조사가 이루어져 왔기에, 우리는 그런 스트레스의 영향을 줄이기 위해 어떻게 개입해야 하는지를 알고 있다. 치료를 통한 개입부터 살펴보자. 나는(크레거) 경계성 성격장애에 관한 일을 해 오면서, 치료사에게 다니는 부모가 그러지 않는 부모보다 더 자신감 있고 스스로 건

강하다고 느끼며, 그 결과 자녀 양육을 더 잘하게 된다는 사실을 아주 분명히 알게 됐다.

베스: 저는 제가 이미 가지고 있는 문제들뿐 아니라 아이를 돌보면서 생긴 복합 외상후 스트레스장애(CPTSD) 문제 때문에도 치료사를 만납니다. 아이에 대한 제 느낌을 누군가에게 인정받는 게 많은 도움이 돼요. 우리 아이를 다른 사람에게 설명하려 들면 그들은 그저 "전형적인 십대의 행동"이라고 말하기 때문이지요. 그에 더해, 치료사의 도움으로 저는 딸아이의 문제에 대해 과도하게 생각하는 걸 멈추고, 내 머릿속 생각에서 벗어나고, 상황을 받아들이게 됐으며, 심지어 아이가 다음에 무슨 행동을 할지 어느 정도 예측하는 법까지 익히게 되었습니다.

라넬: 내 치료사에게서 배운 가장 귀중한 사실은 내가 스스로를 몹시 불행하게 만들고 있었다는 거예요. 치료사는 딸아이의 행동의 한계를 어떻게 정할지, 아이를 도와줘도 괜찮은 때는 언제이고 스스로 서게 해야 하는 때는 언제인지에 관해 여러 가지를 나에게 알려 주었어요.

스콧: 내 경우, 치료사를 만나는 것은 가장 좋은 형태의 자기돌봄이에요. 치료사는 내가 경계를 설정하고, 내 안의 비판자가 하는 말에 주의를 기울이며, 정신적으로 아픈 아이의 부모 역할을 잘해 보려는 내 노력의 가치를 스스로 인정하도록 도와줘요. 치료사를 만나는 건, 내가 아이 때문에 아무리 걱정하고 스트레스를 받는다 해도 그 아이의 행동을 통제할 수는 없다는 사실을 깨닫는 데 정말 도움이 되었어요.

칼리: 아이에게 할 수 없는 말을 치료사에게는 전부 할 수 있기 때문에, 저를 위해 치료를 받는 것은 상황을 균형 있게 보는 데 도움이 돼요. 그냥 소리 높여 불평하고 한껏 빈정대면서 속에 쌓였던 모든 감정을 털어 낼 수 있는 거예요. 그뿐 아니라 저만의 치료사를 만나면서 딸아이와 저 자신에게 어떤 것들이 도움이 될지에 대해 전문가의 견해를 구할 기회도 생겼어요. 그런 기회는 내게 아주 소중해요.

치료사 찾기에 대한 정보는 앞의 4장에 나와 있다.

| 철저한 수용 |

치료에 더해, 철저한 수용(radical acceptance)은 부모가 트라우마와 스트레스에 대처하는 또 하나의 방법이다. 철저한 수용이란 무엇인가? 어떤 것을 아주 깊이 받아들여서 온몸 구석구석에서, 이를테면 새끼발가락에서까지 그걸 느끼게 되는 것이다. 변증법적 행동치료(DBT)를 창시한 심리학자 마샤 리너핸은 사람들이 불행이나 불운에 반응하는 방식을 면밀히 관찰하고 나서 그 반응을 네 개의 일반적 유형으로 분류했다(Linehan 1993).

1. **상황을 바꾸려 든다.** 예를 들어, 당신의 자녀가 근사한 콘서트의 티켓을 가지고 있는데 그날 밤 일을 해야 한다고 치자. 아이가 가장 먼저 할 법한 행동은 다른 사람과 근무 시간을 바꾸거나 그날 밤은 일을 쉬겠다고 하는 것이다. 즉 상황을 바꾸는 것이다.

2. **그 상황에 대한 감정을 바꾸려 든다.** 근무 시간을 맞바꾸지도, 밤 근

무에서 빠지지도 못한다면, 당신의 아이는 그 밤에 일을 해서 벌게 될 돈에 대해 생각할 수 있다. 아이는 자신이 바꿀 수 없는 것에 대해 조바심쳐 봐야 소용없다고 생각하고 대신 새로운 음악을 잔뜩 다운로드한다.

3. 계속 불행해한다. 당신의 아이는 콘서트가 끝나고 2주가 지나도록 자신의 얘기를 들어 주는 누구에게나 그 상황에 대해 불평한다. 그리고 이 사건을 자기 인생에서 일어난 최악의 일들 중 하나로 기억한다.

4. 상황을 평가하거나 비판하지 않고 그냥 받아들인다. 당신의 아이는 콘서트에 갈 수 없다. 갈 수 있기를 바랐지만, 만약 갔다면 그 애의 인생에서 또 어떤 것이 달라졌을지 모를 일이다. 어쩌면 완전히 취한 채로 역시 만취한 친구의 차를 타고 집에 오다가 차 사고를 당했을 수도 있다. 앞으로도 밴드와 콘서트는 얼마든지 있을 것이다. 그 콘서트엘 못 갔다고 해서 삶이 망가지지는 않을 테다.

'정신이상이란 같은 일을 계속 반복하면서 다른 결과를 기대하는 것'이라는 말을 아마 들은 적이 있을 것이다. 철저한 수용은, 당신의 희망과 현실이 상응하지 않는다고 해서 벽에다 머리를 찧어 대는 식으로 헛되게 애쓰는 것을 그만둘 때 온다.

철저한 수용이 다음을 의미하지는 않는다.

- 현실을 좋아하는 것
- 현실을 수긍하는 것
- 그 상황에 만족하는 것
- 당신에게 잘못을 저지른 사람을 용서하는 것

철저한 수용을 더 알아보기 전에, 당신에게 '희망의 철학' 얘기를 해 주고 싶다. 이 은유는 원래 아이들이 아니라 문제를 안고 있는 성인 파트너들을 위해 만들어진 것이지만, 자신이 절대 달라지지 않으리라는 사실을 오랫동안 보여 준 성인 자녀가 있는 독자에게도 해당된다(이 책 독자들 중 적어도 3분의 1이 여기에 속한다). 이런 유형의 희망은, 지금까지 온갖 반대되는 증거를 보았으면서도 언젠가는 자기 아이가 저절로 좋아질 거라고 생각하는 부모들이 갖는 것이다. 이것은 배우고, 성장하고, 치료를 받고, 자신의 길을 찾는 아이들에게는 해당되지 않는다. 그런 행동들은 그들이 언젠가는 회복할 가능성이 있음을 나타낸다.

메기 희망

〈메기(*Catfish*)〉는 실제 상황을 바탕으로 온라인 데이팅의 세계를 파헤치는 미국의 TV 다큐멘터리 시리즈다(2012년에 시작됐다. 온라인 데이팅은 인터넷 웹사이트 등을 통해 데이트 상대를 찾아 주로 온라인으로, 때로는 실제로 만나며 교제하는 것이다. ─옮긴이). 여기서 '메기'란, 아무 의심 없이 좋은 상대를 만날 희망에만 차 있는 사람들을 꾀어 자신과 사랑에 빠지게 하려고 소셜 미디어에 가짜 사진 등 거짓 프로필을 올리는 사람을 이른다. 각 회마다 진행자들은 온라인 데이트 중인 커플 중 한쪽의 요청에 따라 상대를 조사해서 그 사람이 메기인지 아닌지를 판단한다. 거의 모든 회에서, 희망을 품고 진위 확인을 요청한 사람은 결국 충격적인 진실과 맞닥뜨리며, 자신이 "사랑해요"라고 말했던 그 사진들이─그리고 인터넷 속의 그 유령 같은 인물이─의도적으로 자기를 속여 온 가짜라는 걸 알고는 울음을 터뜨린다.

이런 이들 거의 모두에겐, 상대와의 '관계'가 위험하다고 알려 주는 신호가 도처에 있다. 예를 들어, 어떤 사람이 5년 동안이나 온라인 교제를 하면서도 직접 만나거나 전화 통화를 하지 않으려 한다면, 이는 그 사람이 자기가 말하는 그런 사람이 아니라는 분명한 신호다. 상대에 대한 희망을 품은 모든 사람이 마음 깊은 곳에서는 이 사실을 알지만, *그들에게 이 사람은 진짜여야 한다. 그들은 이 사람과 미래를 계획했다. 그들은 이 사람에게 감정적으로 취약하다.* 그래서 그들은 다른 대부분의 사람에겐 잘 보이는 그 모든 위험 신호를 놓치거나 무시한다. 아주 간절한 마음으로 그 사람과의 관계가 진짜이길 바라기 때문에, 메기가 하는 모든 변명을 믿고 만다.

엄청난 사실이 밝혀진 후, 희망을 품었던 사람은 큰 고통과 분노에 빠진다. 처음에 그들은 문제의 메기에게 분노한다. 하지만 결국 그 최면 상태에서 벗어나고는 자신이 왜 그런 거짓말에 속았는지 의아해한다. 그들은 이렇게 말한다. "제 주위의 모든 이들이 이 사람을 믿지 말라고 했지만, 저는 아랑곳하지 않고 그냥 믿었어요." '메기 희망(*catfish hope*)'의 요체는 이런 것이다—*내 이야기가 암울해 보이지만, 결국 내 상황은 특별한 경우가 될 것이다. 나는 이후 내내 행복하게 살 것이니까.* 가족 구성원 중 하나가 경계성 성격장애인 사람들은 자신이 만든 메기 희망의 피해자가 될 수 있다.

나는 너무도 우울하고 슬픕니다. 내 아들에게 경계성 성격장애가 있다는 사실을 계속 부정했어요. 이 사실을 어떻게 받아들여야 할지 정말 괴로워요. 내가 아이의 빚을 또 갚아 주면 아이가 뭔가를 깨닫고 좋아지지 않을까 하는 생각을 매번 했지요. 나는 아이에게 긍정적 피드백과 지지를 많이 해 주었어요. 하지만 여전히 아이는 좋지 않은 유형의 여자들과 잇따라 관계를 맺고, 그러다 예기치 않은 임신을 시키죠. 자기가 부양할 수 없고 거의 보지도 않는 아이들이 생기는 거예요. 아이는 술집에서 싸움을 벌이고는 병원에 가서 진통제를 요구해요. 온 시내의 의사들에게서 처방전을 받는 것 같아요. 아이의 재정 상태는 오래전부터 엉망이었어요. 파산 선고를 받는가 하면 채무상환 판결도 받았고, 급하면 고금리 대출업소에서 돈을 빌리곤 하지요. 우리 부부가 급여담보 대출로 수만 달러를 갚아 줬지만, 아이는 곧바로 예전 행태로 돌아가서 예전과 똑같이 엉망이 될 뿐이었어요. 아이가 돈 관련 서류들에 우리 연락처를 적는 탓에 채권회수 대행업체들에서 계속 집으로 전화를 해요. 우리는 아이가 경험을 통해 스스로 깨달아서 변할 거라고 늘 기대하죠. 하지만 지금까지는 그렇게 되지 않았어요. 아이가 과연 변하기는 할까라는 의구심이 들기 시작해요.

'메기 희망'을 버리기

철저한 수용은 희망에 찬 사람의 눈이 아니라 사안을 편견 없이 평가할 수 있는 관찰자의 눈으로 주어진 상황과 거기에 이르기까지의 사연을 있는 그대로 바라볼 때 가능해진다. *그리하여 진실을 철저하게 수용할 수 있게 되면, 적절한 행동을 취할 수 있다.*

진실: 당신의 딸은 경계성 성격장애가 있다. 적어도 지금은 그렇다. 두 살 된 아이가 책장을 조립하길 기대할 수 없듯, 그 딸이 언제나 당신 눈에 논리적으로 보이게 행동하리라고 기대하지 말라.

결론: 당신은 현실을 부정하기를 멈추고 경계성 성격장애가 있는 아이를 어떻게 양육해야 하는지 배워야 할 것이다. 철저한 수용 없이는 당신은 이 장애에 대해 스스로 배우지 못할 것이다.

진실: 당신의 아들은 집에서 나갈 거라고 말하면서 일 년째 나가지 않고 있다. 아마 공짜로 먹고 잘 수 있는 데다 청소와 빨래까지 해 주기 때문이 아닌가 싶다. 진실은, 당신의 아들은 집에서 나가지 않으리라는 것이다. 집에서는 공짜로 먹고 자고 게다가 얼마든지 자유롭게 지낼 수 있는데, 만일 나간다면 자신의 뒤치다꺼리를 스스로 다 해야 할 것이니까 말이다.

결론: 그곳은 당신의 집이고, 그러니 규칙을 정하는 사람도 당신이다. 방과 식사에 대해 비용을 청구하고, 공짜로 빨래와 청소를 해 주지 말라. 당신이 진실을 철저하게 수용하지 않는다면, 아들은 당신이 세상을 뜰 때까지 그 집에서 살 것이다.

고통스러운 현실에 맞서면서 분노만 하면, 원치 않는 그 현실을 그냥 인정할 때보다 사실 더 큰 괴로움이 생긴다. 다시 말해, 괴로움은 우리가 자신의 고통 위에 스스로 쌓아 올리는 감정이다. 현실이 아무리 싫다 해도 그걸 인정하고 받아들이면 우리는 괴로움을 피할 수 있다. 그게 바로 철저한 수용이다. 고통은 피할 수 없다. 하지만 괴로움은 선택하지 않을 수 있다. 철저한 수용을 거부한다면 계속 불행해질 수밖에 없다. (이 절의 앞부분에서 언급한 마샤 리너핸의 '불행이나 불운에 대한 네 가지 반응 방식' 중 셋째 유형을 기억하는가?) 우리는 또 다른 '깜짝' 위기가 생길 때마다 거듭 실망하고 슬퍼한다. 현실에 계속 분노하는 대신 그것을 받아들이기로 한다면 어떻게 될까?

마그릿: 딸아이는 나와 같은 방식으로 상황에 반응하지 않을 거라는 사실을 철저하게 수용한 나 자신이 자랑스러워요. 아이는 뭔가 아무 것도 아닌 이유로 내게 화를 냈고, 한 달 동안 내 전화를 받지 않는 것으

로 나를 벌했어요. 보통 때 같으면 나는 굉장히 상처를 받고, 분노하고, 속이 탔겠죠. 하지만 그게 아이가 갈등에 대처하는 방식이라는 사실을 철저하게 수용하고 나서는 아이가 그와 다르게 행동하지 않는다는 이유로 끊임없이 실망하지 않게 되었어요. 철저한 수용을 실천할 때 나는 이렇게 말해요. "이미 벌어진 일 때문에 괴로워하지 않을 거야." 그렇게 하면 피해자가 된 듯한 느낌을 멈추는 데 도움이 돼요.

당신은 이렇게 생각할지도 모른다. '내 앞의 진실을 어떻게 철저히 수용할 수 있을까? 반복해서 자해를 하고 자살 위협을 하는 딸아이를 어떻게 철저하게 수용할 수 있지?' 그 답은, '우리가 다른 모든 것을 받아들이는 걸 배우는 것과 같은 식으로'다. 우리 중 누군가는 자신이나 다른 가족원이 불치병에 걸렸다는 사실, 가족 중 하나가 교전 지역에 갈 거라는 사실, 혹은 자기 아버지나 어머니가 추방당할 것이며 언제 다시 만날 수 있을지 모른다는 사실 따위를 받아들여야 하듯이 말이다.

리오: 철저한 수용이란 밝은 면을 보거나 긍정적 자세를 가지는 게 아니에요. 철저한 수용은 있는 그대로를 정확하게 보면서, 그게 존재한다는 사실을 받아들이고, 그래요, 때로는 추함 속에서 아름다움을 보고 어둠 속에서 아주 작은 불꽃들을 보는 거예요.

데스티니: 나는 철저한 수용을 실천하는 법을 배우는 건 불안 부수기 기법을 배우는 것과 같다는 걸 알게 되었습니다. 이 방법의 기본 사항들을 배우기는 비교적 쉬웠지만, 여기에 숙달하는 것은 훨씬 어려웠습니다. 요령을 정말 제대로 익힐 때까지 많은 연습이 필요했지만, 일단 익

숙해지고 나니 예전에 살던 방식으로 절대 돌아가고 싶지 않아졌어요. 이런 식의 수용은 처음엔 확실히 낯설고 이질적으로 느껴졌죠. 그 요체는 지금 내가 처한 현실을 인정하는 것이라는 사실을 기억해야 했어요. 이제 나는 철저한 수용을 마음챙김과 함께 가야 하는 것, 지금 이 순간, 지금 이 장소에 존재하는 것으로 봐요.

한 번에 모든 것을 철저하게 수용할 수는 없다. 작은 것들부터 시작해야 한다. 철저한 수용을 출구가 많은 고속도로로 상상해 보자. 당신은 그 도로에 계속 있으려 하지만, 어떤 것은 받아들일 수 없다는 걸 깨닫고는 거기서 빠져나오면서 슬픔이나 분노나 다른 어떤 감정을 느낀다. 그러다 준비가 되었을 때, 다시 그 고속도로로 들어서라. 필요한 만큼 몇 번이든 고속도로에 들어갔다 나왔다 하라. 그것은 목적지라기보다 과정이라 할 수 있다. 고속도로에 계속 다시 들어가면서 철저한 수용을 연습하라.

소피: 철저한 수용을 실천하는 것이 내게는 아주 중요했어요. 그러는 걸 좋아해야 한다는 얘기는 물론 아니에요. 단지 우리가 바꿀 수 없는 것들이 있기 때문이며, 과거도 그중 하나라는 거죠.

| 그 밖의 대처 기법들 |

우리가 이 장에서 다룬 세 가지 주요 방법—치료사 만나기와 철저한 수용을 실천하기, 자신이 상실한 것들을 애도하기—말고도, 스트레스와 슬픔, 트라우마에 대처하는 데 활용할 수 있는 여러 다른 기법이 있다.

한정된 지면 때문에 여기서는 그중 두 가지, 마음챙김 명상(mindfulness meditation)과 자기연민(self-compassion, 자기자비)만 설명하겠다. 마음챙김을 선택한 이유는 이것의 효과가 많은 연구조사로 뒷받침되었으며 부모들이 유용한 대처 도구로 자주 언급하기 때문이다. 그리고 자기연민은, 불완전한 존재인 자신에 대한 연민이 없다면 불완전한 자녀에 대한 연민도 느낄 수 없기 때문에 소개한다.

마음챙김 명상

*마음챙김*은 판단하지 않으면서 자각하는 것이다. 다시 말해, 현 순간 자신의 감정과 신체적 감각, 그리고 자신이 지금 하고 있는 행동을 있는 그대로 알아차리고, 그러면서 그것들에 대해 어떤 비판이나 판단도 하지 않는 것이다(마음챙김은 불교 수행 전통에 뿌리를 두고 있는 위빠사나 명상의 핵심 개념이다. '알아차림, 깨어 있음, 주의깊음, 마음집중, 마음지킴, 수동적 주의' 등으로도 번역된다. ─옮긴이). 마음챙김의 반대는 흔히 '원숭이 마음(monkey mind)'이라고 하는 상태다. 원숭이 마음 상태에 있을 때 우리는 직장에서의 문제, 경계성 성격장애가 있는 아이와 관련된 문제, 점심에 뭘 먹을지 또는 이제 어딜 갈지의 문제 등등 온갖 일들이 머릿속에서 요란하게 덜그럭거리는 가운데 일상 활동을 해 나간다.

마음챙김을 명상의 한 형태로 수행할 수 있는데, 조용히 앉아서 깊이 호흡하면서 매 순간 알아차리는 것에 온 정신을 집중하는 것이다. 그러다 예컨대 오늘 밤 파티를 위해 만들어야 하는 생일 케이크 생각이 휙 떠오른다면, 그 생각을 떠다니는 구름처럼 여기고 그냥 흘러가게 두라. 그리고 명상으로 돌아와서 계속 현 순간에 집중하고, 들이마시고 내쉬는 호흡에 집중하라. 또 다른 생각들이 떠오르면('아, 나 이거 정말 못하겠어!'), 그것들 또한 흘러가게 두라. 이렇게 하는 데는 연습이 필요하다.

자애명상(loving-kindness meditation)이라는 것을 해 보자. 이것은 시대를 초월해서 수행되어 온 마음챙김 방식이다. 아래의 지침은 심리학자이자 불교 승려이면서 마음챙김 명상 지도자인 잭 콘필드의 명상법 중 하나에 기초한 것이다(Kornfield 2008).

1. 조용하고 사적인 공간에서 의자에 앉아 복식호흡(belly breathing)을 하라. 횡격막(가로막)을 위아래로 움직이며(수축과 이완) 숨을 깊이 들이마시고 내쉰다. 현 순간에 집중하고, 당신이 짊어지고 있는 부담, 당면한 문제 등등 다른 모든 것은 던져 버리라. 햇빛이 정수리로부터 얼굴 근육과 목을 지나 발끝까지 꿀처럼 흘러내리면서 가닿는 부분마다 긴장을 풀어 준다고 상상하라.

2. 눈을 감으라. 당신이 사랑하거나 사랑했던, 살아 있거나 죽고 없는 누군가의 얼굴을 떠올려 보라. 그 사랑과 연민을 떠올려서 그것이 당신의 온몸을 흐르게 하라. 그 사람이 당신 바로 옆에서 사랑을 보내고 있다고 상상하라. 그리고 '당신에게 자애(慈愛)가 가득하기를', '당신의 몸과 마음과 정신이 모두 안녕하기를', '당신이 평안하고 행복하기를' 같은 말을 머릿속에서 되뇌라. (무슨 얘긴지 알 것이다. 원한다면 당신 나름의 문구를 직접 만들어도 된다.)

3. 이제 당신 자신을, 자기 앞에 던져진 일을 처리해 낼 수 있는 유능하고 자신만만한 성인의 모습으로 떠올리라. 그리고 다음과 같은 구절들을 되뇌라. '내게 자애가 가득하기를', '내 몸과 마음과 정신이 모두 안녕하기를', '내가 평안하고 행복하기를'. (어떤 부모들은 자신에게 연민을 보내는 것을 어렵게 여긴다. 그러기가 힘들다면, 작게 시작하라. 처음에는 당신

자신에게 좋은 하루를 바라고, 매일 조금씩 더 나아가라.)

4. 자녀를 생각하면서 그 아이의 이름을 넣어 위의 구절들을 되풀이하라.

5. 누군가 다른 사람을 생각하면서, 그의 이름을 넣어 위의 구절들을 되풀이하라. 그러면서 자신이 좀 대담해지는 느낌이 든다면, 당신이 좋아하지 않는 누군가를 생각하며 그렇게 해 보라. 그들의 평안을 빌어 주라. 그러고 나면 기분이 더 좋아질 가능성이 크다.

6. 눈을 뜨고 다시 현실로 돌아오라. 이 명상을 하루에 한 번 하고, 당신이 느낀 기분을 일지에 계속 기록하면서 명상이 도움이 되는지 살펴보라. 아마 놀랄지도 모른다.

어떤 유형의 명상이든 매일 적어도 5분씩은 하라고 나는 진심으로 권한다. 명상을 하면 삶과 세상을 보는 관점이 엄청나게 개선될 수 있다. 연구 결과를 보면, 마음챙김 명상으로 반추(rumination, 즉 어떤 것에 대해 강박적으로 생각하는 것)이 줄고, 작업 기억(working memory, 주어진 정보를 일시적으로 유지하며 이해·학습·판단 등 각종 인지적 과정을 계획하고 수행하는 작업장으로서 기능하는 인지 시스템—옮긴이)이 향상되며, 집중력이 높아지고, 감정적으로 덜 민감해지고, 생각이 더 유연해지며, 사람들과의 관계가 더 만족스러워질 수 있다(Davis and Hayes 2012). 명상을 하면 스트레스와 불면증, 불안, 고통, 우울, 고혈압이 줄어든다고도 흔히 보고된다.

조지아: 나는 자애명상 덕에 딸아이에 대해 진정으로 선하고 정겹고 사랑을 담은 생각을 할 수 있게 되었고, 딸아이도 그걸 알아차리고 있다고 믿어요. 가장 큰 변화는 내가 시도 때도 없이 질문하는 걸 멈췄다는 겁니다. "네 방 청소 좀 할래? 몇 시에 출근하지? 고양이 배변 상자

모래 좀 갈아 줄래?" 내 질문들은 마음과 마음의 소통은 전혀 없는, 이를테면 실용적이고 사무적인 것이었어요. 이제 나는 아이와 함께 앉아서 얘기를 듣고 그 애 마음의 근저에 있는 느낌을 반사해 주려고(자신의 말로 옮겨서 들려준다는 뜻—옮긴이) 노력하고 있습니다. 이게 바로 모든 전문가가 권하는 대응 방법이에요.

자기연민

당신이 실수를 했다고 생각할 때 당신을 못살게 구는 내면의 비판자가 있는가? 대부분의 사람이, 그들 마음 한 구석에 살면서 "거봐, 넌 그걸 할 수 없어", 혹은 "넌 멍청해", 혹은 "넌 네가 원하는 걸 절대 얻지 못할 거야"라고 말하는 내면의 비판자를 가지고 있다. 다른 사람이 당신에게 그렇게 말할 때만큼이나 내면의 비판자도 당신에게 해를 끼칠 수 있다는 것이 믿어지는가? 사실이 그렇다.

자기연민의 요체는 어려운 상황을 겪는 좋은 친구를 대하듯이 당신 자신을 대하는 것이다(Neff 2011). 자기연민은 그 내면의 비판자를 정반대로 바꾼다. 자기연민을 실천할 때, 우리는 스스로에게 이렇게 말한다. 완벽한 사람은 없으며, 자신을 부드럽게 대해야 하고, 모든 사람이 원하는 걸 얻는 건 아닌데 그건 그들의 잘못이 아니라고. 자기연민을 지닌 사람은, 인간은 누구나 때때로 자신이 부족한 존재라고 느끼곤 하며 그게 인간 경험의 일부라는 걸 이해한다.

당신이 자신의 불완전함을 받아들이지 못한다면, 어떻게 당신 주변 사람들의—특히 당신 자녀—불완전함을 받아들일 수 있겠는가? 그뿐 아니라, 내면의 비판자는 우리가 더 잘해 나가도록 동기부여를 하지도 않는다. 내면의 비판자가 하는 그 부당한 비난의 말들은 다른 사람이 우리에게 그런 말을 할 때와 똑같이 우리를 무너뜨린다(Neff 2011). 처음에는 어렵다 해도 자기연민을 기르라. 경계성 성격장애가 있는 자녀를 키우고 있기 때문에 당신은 대부분의 사람들보다 연민의 정을 이미 더 많이 지니고 있을 가능성이 크다. 당신이 해야 할 일은 그 연민을 자신에게도 보내는 것일 뿐이다.

유익하다는 증거가 있는 다른 활동들

당신의 삶에서 트라우마와 스트레스, 슬픔을 줄이는 방법에 관한 또 다른 아이디어가 몇 가지 있다.

미술을 비롯한 창조적인 노력: 하루에 단 45분의 창조적인 활동으로 스트레스를 줄이고 당신의 문제들에서 주의를 돌릴 수 있다(Scott 2020). 그림을 그리거나, 뜨개질을 하거나, 정원에 꽃이나 나무를 심거나, 춤을 추거나, 천에 밀랍 염색을 해 보라.

잡동사니 치우기: 잡다한 물건들로 주위가 어질러져 있으면 스트레스를 느끼고, 불안하고, 우울해질 수 있다. 잡동사니를 치우고 정돈하는 것은 집중력과 정보 처리 능력, 생산성의 향상에 도움이 된다. 또한 좋은 운동이 되며, 성취감을 느낄 수도 있다(Sander 2019).

운동: 몸을 움직이면 기분이 좋아지고, 잠이 잘 오며, 일상적 활동도 더 잘할 수 있게 된다. 운동을 하면 에너지가 증진되고, 재미를 느낄 수 있으며, 근육이 튼튼해지고, 몸의 이상이나 질환이 예방되거

나 나아지고, 성생활이 개선된다. 당신이 좋아하는 운동, 그래서 실제로 할 가능성이 가장 큰 운동을 선택하라(Mayo Clinic 2019).

우정: 다른 사람들과 친밀한 관계를 맺을 때 당신은 소속감과 목적의식이 높아지고, 더 행복해지며, 스트레스가 줄어들고, 자신감과 자존감이 커지고, 트라우마에 더 잘 대처하게 되고, 건강치 못한 생활 습관을 바꿀 용기가 생긴다(Mayo Clinic 2019). 경계성 성격장애가 있는 자녀 때문에 스스로를 고립시키지 말라. 아이의 경계성 행동이 부모인 당신에 대해 말해 주는 건 단지 한 가지, 당신에겐 지금 피하고 있는 바로 그 사람들의 지지가 필요하다는 것뿐이다. 어디든 당신 집 이외의 장소에서 친구들을 만나라.

일반적으로 남자들의 우정은 함께 뭔가를 하면서 생기기 때문에, 그냥 얘기 나눌 친구를 찾는 것이 그들에겐 더 어려울 수 있다. 그래서 위험을 감수하고 고등학교나 직장 혹은 대학에서의 절친한 친구에게 터놓고 얘기를 해야 할 수도 있다. 이럴 때 그 친구에게 말하라. 문제를 해결해 주길 바라는 게 아니며, 그저 들어만 주면 되고, 들은 말은 혼자만 알고 있으라고. 그러면 어색한 분위기가 가시고, 도움이 되는 대화로 이어질 수도 있다.

감사: 부정적인 일들을 자꾸 되새기지 말고 당신 삶의 모든 긍정적인 일들에 대해 생각하는 시간을 갖는 것은 당신이 자신의 행복을 위해 할 수 있는 가장 바람직한 일이다.

자연: 자연 속에서 매주 두 시간을 보내면 정신건강은 물론이고 (걷기도 할 경우엔) 신체 건강도 좋아질 수 있다. 숲으로 가서 걸으라. 공원에 가라. 시티 트레일(도시에 조성된 산책 및 자전거 주행 도로-옮긴이)에서 오랜 시간 자전거를 타라. 자연의 소리를 들어도 비슷한 효과를 얻을 수 있다(Denworth 2019).

당신을 지지해 줄 사람들을 모으라

경계성 성격장애가 있는 자녀를 양육할 때 당신은 다른 사람들의 지지가 필요하게 마련이다. 당신에게 파트너가 있다면, 최소한 그 사람이 해를 끼치거나 아이를 돌보는 당신의 능력을 깎아먹지 않도록 가능한 대로 상황을 조정하라. 당신이 아이 외에 어른 하나까지 양육할 필요는 없다. 지지해 주는 사람들 일부는 심부름을 해 주거나 식사 준비를 하는 등 실제적인 도움을 줄 수 있으며, 다른 이들은 정서적으로 지지하거나 기대어 의지할 어깨를 내주며 당신의 하소연을 들어 줄 수 있다. 또 다른 사람들은 법률 문제나 학교와의 협업처럼 도움이 되는 분야에 관해 전문성을 갖고 있을 수 있다.

| 이 장에서 꼭 챙겨야 할 교훈 |

이 장에서는 자기돌봄을 위해 아주 중요한 주제 몇 가지를 다뤘다. 경계성 성격장애가 있는 자녀를 키우는 부모는 자신을 돌보는 것이 얼마나 중요한지 간과할 경우가 많다. 자신을 돌보지 않는다면, 그들의 여정은 불가피한 정도보다 훨씬 더 힘들어질 것이다. 다음은 당신이 머릿속에 새겨야 할 몇 가지 요점이다.

● 자녀를 도울 수 있으려면 먼저 당신 자신을 도와야 한다. 때로는 당신이 우선이다. 그렇게 하지 않으면 당신은 아이를 제대로 도울 수 없다.

● 바꿀 수 없는 것들을 인정하고 상황을 있는 그대로 받아들일 때 당신에겐 상황을, 또는 그 상황과 관련하여 자신을 바꾸기 시작할 심신의 여유가 생긴다. 그리하여 많은 시간과 에너지를 자신을 돌보는 데 쓸 수 있게 된다.

● 트라우마와 슬픔, 스트레스는 경계성 성격장애가 있는 자녀를 양육할 때 당신이 대처해야 할 세 가지 큰 문제일 테다. 치료사를 만나고, 철저한 수용을 실천하고, 자신이 상실한 것들을 애도하는 것이 이들 문제에 대처하는 데 도움이 될 것이다.

● 시간이 지나면서, 자애명상(그리고 마음챙김 명상 일반)은 당신의 여정을 함께해 줄 가장 좋은 새 친구가 될 것이다.

● 당신이 같은 문제를 겪는 가까운 친구에게 그럴 것처럼 스스로에게도 연민을 보이라. 다른 사람을 대할 때와 똑같은 친절함으로 자신을 대하라.

경계성 성격장애가 가족 전체에 미치는 영향

알코올 중독이 그런 것처럼 성격장애도 가족 모두가 같이 겪는 병이다. 가족 중에 알코올 중독자가 있으면 모든 것이 중독자와 그 사람의 음주를 중심으로 돌아간다. 가족 중 누군가가 경계성 성격장애라면, 모든 것이 그의 기분과 욕구, 행동 등등을 중심으로 돌아간다.

딸아이가 집에서 나가고 나니 갑자기 집에 공간적, 심리적 여유가 더 생겼어요. 거실에서 그저 쉬거나 텔레비전을 볼 수 있다는 게 낯설게 느껴졌죠. 딸이 집에 있을 때는 우리의 모든 에너지가 그 아이를 자극하지 않는 데 쓰였거든요. 식탁 어느 자리에 누가 앉을지, 식구들이 어떤 순서로 샤워를 할지, 심지어는 장거리 자동차 여행까지도 모두 딸의 별스러운 성격에 맞춰 가며 결정됐었지요.

경계성 성격장애가 있는 사람의 가족 구성원들은(대개는 부모가) 다음
과 같은 문제들을 겪는다는 것이 연구 결과 밝혀졌다(Kay 외 2018).

- 불편한 느낌들
- 상당한 정신적 고통
- 사회적 굴욕
- 재정적 압박
- 부부 간의 불화
- 돌봄의 어려움
- 상황에 짓눌리는 느낌
- 도저히 대처할 수 없을 것 같은 느낌
- 스트레스로 탈진한 느낌
- 평가절하 되고 지지받지 못하는 느낌

조사 결과 다음과 같은 사실도 밝혀졌다(Kay 외 2018).

- 경계성 성격장애 진단을 받은 사람이 가족 구성원들에게 주는 부담은
다른 정신질환을 가진 사람의 경우보다 훨씬 크다.
- 정신과 의사들은 경계성 성격장애 환자들에 대해 부정적 태도를 갖고
있다.
- 경계성 성격장애 진단을 받은 사람의 가족 구성원들은 의료 서비스 기
구들을 상대할 때 종종 어려움과 차별을 겪으며, 이 때문에 부담이 더욱 커
진다.

가족 구성원들에게 이런 부담은 아주 현실적인 문제다. 예를 들어, 임상심리학자 크리스털린 솔터스페드노는 경계성 성격장애가 있는 사람을 치료하는 임상전문가들이 환자 관리를 가족 구성원들에게 크게 의존한다는 점을 지적한다(Salters-Pedneault 2020a). 가족들은 치료 스케줄을 짜고(여러 임상전문가들에게 각기 다른 수준의 치료와 보살핌을 받으므로), 이 장애가 그들이 사랑하는 아이에게 하루하루 어떻게 영향을 미치는지를 파악해 기록하고, 아이가 약을 잘 먹고 치료사에게 시간 맞춰 가도록 돕는다. 이런 이유로 환자를 주로 돌보는 사람뿐 아니라 가족 전체가 피해를 입으면서 스트레스를 받고, 심지어 트라우마까지 겪는다.

가족 중 한 사람이 고통을 받고, 자살 충동을 느끼거나 실제로 자살 시도를 하고, 자해하겠다고 위협하거나 실제로 자해를 하고, 집 안의 물건이나 집 자체를 파괴하는 것을 지켜보는 일은 스트레스와 트라우마의 또 다른 근원이다. 솔터스페드노는 이처럼 위험성이 큰 행동들을 계속 보는 일은 극심한 심리적 트라우마를 초래할 수 있다고 보고한다(Salters-Pedneault 2020a). 우리도 같은 의견이다. 우리가 함께 작업하거나 만났던 부모들 중 많은 이가 자신이 외상후 스트레스장애(PTSD)를 앓고 있다고 생각한다.

경계성 성격장애 진단이 가족에 미치는 영향에 대해 이제 막 얘기하기 시작했을 뿐이지만, 당신은 이미 짓눌리는 느낌이 들지 모른다. 그렇다 해도 이제부터 이 책에 나오는 내용들은 그 부담을 감당해 내는 데 도움이 될 것이라는 점을 명심하고 책을 계속 읽어 나가라. 예컨대 당신은 말다툼을 줄이고, 아이의 행동에 한계를 설정하는 기술을 향상시키고, 두려움과 죄책감을 줄이는 방법들을 배우게 될 것이다. 또한, 당신이 삶의 질을 개선하고 더 나은 기분을 느끼게 되는 데 큰 역할을 하는 것은 자기돌봄의 습관화인데, 이는 앞 장에서 이미 얘기했다. 비행기에서 뛰어내리는 사람에게 낙하산이 필요하듯 당신에게는 자기돌봄이 필요하다. 설사 그것이 중요하지 않다거나 당신이 너무 바쁘다는 생각이 든다 해도, 우리가 설명한 자기돌봄 기법 중 하나를 고르거나 혹은 또 다른 기법을 찾아서 매일 해야 할 일의 하나로 넣으라. 그러지 않으면 당신은 기력이 바닥나서 자녀에게 들일 힘이 하나도 남지 않을 것이다.

우리는 경계성 성격장애가 어떻게 형제자매와 결혼생활에 직접적인 영향을 주는지를 비롯해 그것이 가족의 삶에 지장을 줄 수 있는 몇 가지 주요한 방식을 살펴보려고 한다. 그리고 당신과 경계성 성격장애가 있는 자녀를 이러쿵저러쿵 평가하고 비판하려는 사람들을 대하는 방법들을 알아보고, '드라마 삼각형'이라는 것과 그걸 피하는 방법에 대해 얘기하려 한다.

| 가정 |

클로디아: 우리 집은 마치 교전 지역에 있는 것 같아요. 아이가 고통 때문에 그렇게 행동한다는 걸 아는데도, 끊임없는 고함 소리와 폭력에 시달리다 보면 심신이 평안치 못하게 되고, 그러면 다른 기본적인 문제들을 처리하는 능력도 저하돼요. 우리는 삶이 하루하루 어떻게 될지 정말이지 전혀 몰라요.

스탠: 정신적으로 아픈 아이와 5년을 살고 나서 저는 일과 결혼생활, 다른 자식들과의 오붓하고 귀중한 시간에 집중하기가 얼마나 어려운지를 깨닫고 충격을 받았어요. 심지어는 아내와 대화를 나누는 것조차

쉽지 않아요.

질: 어떻게 피해 갈 방법이 없어요. 경계성 성격장애가 있는 아이는 가정에 큰 지장을 주죠. 당신의 집—당신의 안전한 공간이어야 할 곳—이 교전 지역 같다면, 더는 도망갈 곳이 없다는 느낌이 들 수도 있어요. 대체 뭘 할 수 있겠어요?

경계성 성격장애가 있는 자녀가 행복하지 않은데 당신더러 행복해지려고 노력해야 한다고 하면 도리에 맞지 않는 말처럼 들릴지도 모르지만, 그렇게 해야 한다. 아이와 함께 롤러코스터에 올라탄다고 해서 당신이 더 좋은 부모가 되는 것은 아니다. 그렇게 하면 더 나쁜 부모가 될 테다. 아이의 흥분에는 전염성이 있으므로, 당신은 그 감정에 영향받지 않기 위해 더 노력을 해야 한다. 아이가 화가 났거나 슬프거나 신이 났다고 해서 당신도 그래야 하는 것은 아니다.

당신이 할 일은 균형 잡힌 감정을 보이는 것이다. 그리고 행복해지고, 자녀를 위해 곁에 있어 주고, 결혼생활을 잘 하기 위해 노력을 기울이는 것이다(당신과 배우자가, 경계성 성격장애 자녀에 대해 얘기하는 것 말고 다른 뭔가를 하라는 얘기다). 당신의 삶에 경계성 성격장애가 끼어들어 있다 해도, 당신은 여전히 충만한 삶을 살아야 한다. 당신 가족의 다른 모든 구성원들도 마찬가지다. 자녀는 그렇지 못한데 당신이 행복해지거나 기분 좋아지려고 노력한다 해서 당신이 못됐거나 존중심이 없는 것은 아니다.

이 책은 당신의 자녀를 도울 방법들을 아주 많이 알려 줄 것이다. 당신은 여러 해에 걸쳐 경계성 성격장애 자녀를 위한 양육 전략을 익히고 실천할 수도 있지만. 그러면서 삶의 다른 모든 부분, 즉 가정과 결혼생활, 일이 무너지도록 놔둔다면 그런 전략들을 배운 게 헛된 일이 되어 버릴 것이다. 당신이 정서적으로 더 좋아질수록, 경계성 성격장애가 있는 자녀뿐 아니라 그 애의 형제자매도 더 잘 양육할 수 있다. 또한 결혼생활을 더 잘 할 수 있으며, 삶을 더 잘 살 수 있다.

| 형제자매 |

예상할 수 있겠듯이, 경계성 성격장애가 있는 형제나 자매와 함께 성장하는 일은 쉽지 않다. 당신의 다른 자녀들도 경계성인 아이의 행동을 당신과 똑같이 겪고 있는데, 그들에게는 균형감이나 성인 같은 대처 능력이 없다. 경계성 성격장애인 여동생과 함께 자란 파멜라는 경계성인 동생이 없었다면 자신이 지금과 아주 다른 사람이 되었으리라고 생각한다. 그녀는 이렇게 말한다.

경계성인 여동생과 자라면서 오늘날의 제가 만들어졌어요. 저는 원래 행복하고, 남들을 잘 신뢰하며, 에너지가 넘치는 어린아이였지만 불안해하고, 침울하고, 공동의존적이며, 트라우마가 있는 어른이 되었습니다. 부모님은 경계성인 동생의 안녕과 그 애의 다음번 위기에 온 정신을 쏟다시피 했지요. 그리고 남는 힘이 있으면 아버지는 직장 일(아버지가 탈출하듯이 가는 곳)에, 어머니는 집에서 벌어지는 일들을 처리하려고 애쓰는 데 썼습니다. (공동의존[codependency, 공의존, 동반의존]이란 중독이나 성격장애, 질병 따위 때문에 주위에 의존하는 사람을 오랜 기간 돌볼 때 나타날 수 있는 현상으로, 그 주요 형태는 돌보는 이가 자신의 욕구와 감정을 낮은 순위에 두면서 상대의 욕구 충족과 문제 해결에 지나치게 몰입하고, 거기서 자신의 가치와 정체성을 찾는 것이다. —옮긴이)

그들 자신이 상황에 짓눌리다 보니 부모님은 제가 아직 뇌가 다 자라지 않은 아이이며, 그들의 뒷받침이 거의 없는 가운데 점점 더 심해지는 혼란 속에서 사는 데 필요한 대응기제들이 전혀 없다는 사실을 제대로 인식하지 못했습니다.

그 결과 저는 너무 빨리 성장했으며, 과도하게 책임감을 느끼는 십대가 되었습니다. 저는 좋은 성적을 올렸고, 전혀 말썽을 피우지 않았으며, 아르바이트를 했고, 방과 후 활동도 많이 했어요. 이렇게 한 것은 가능한 한 많이 집에서 벗어나 있으려는 제 바람 때문이기도 했지요. 게다가 한눈에 봐도 다른 일은 감당할 기력이 없었던 부모님에게 어떤 스트레스도 더 주면 안 된다는 압력을 직감적으로 강하게 느끼기도 했고요. 제게 어떤 문제가 있어도 저는 그 문제를 최소화하고 스스로 해결하는 데 모든 노력을 기울였습니다.

또한 저에게 최선의 선택은 애초에 어떤 문제도 일으키지 않는 거라는 걸 알았고, 그 결과 저는 늘 갈망과 불안에 시달리는 과잉성취자(overachiever, 기대 이상의 성과를 올리거나 성공을 이뤄 내는 사람. '초과성취자, 과성취자, 초과성과자'라고도 한다. —옮긴이)가 되었어요. 누구도 제게 이런 말을 한 기억은 없지만, 저는 여동생이 부모님을 크게 실망시키니까 제가 그걸 '벌충'해 드려야 한다는 책임감을 마음속으로 늘 느꼈고, 그래서 뭔가를 특출하게 하고자 했습니다.

부모님은 언제나 제게 자랑스럽게 말해요. "네 걱정은 조금도 한 적이 없단다! 너는 말썽 한 번 안 피웠고 언제나 아주 잘 해냈지!" 하지만 사실을 말하면, 제 내면세계는 무너지고 있었고, 저는 점점 더 트라우마에 시달렸을 뿐만 아니라 성인들의 세상에서 제대로 살아가는 데 필요한 삶의 기술들을 배우지 못하고 있었어요. 게다가 부모님은 우리 집의 '애어른'이었던 제게 걸핏하면 여동생 돌보는 일을 도와주길 바랐죠.

제게는 아무런 권한이나 양육 기술이 없었는데도 부모님에겐 동생의 양육은 '다 함께 하는 일'이라는 기대가 있었고, 그래서 자신들이 집에 없거나 너무나 힘겨울 때는 제가 동생을 보살피고 상황을 처리해 주리라고 생각했어요. 바로 여기서 제 평생에 걸친 공동의존과의 싸움이 시작되었고, 동생에 대한 제 책임감은 20대와 30대 때까지 이어졌습니다. 저는 일에서는 의욕적이고 성취도 높은 어른이 되었지만 대인관계에서는 고전했고, 누군가가 자신을 구해 주는 걸 전혀 원치 않았던 동생을 구하려 애쓰느라 많은 세월을 허비했어요. 저는 치료받느라 20년을 보냈으며 외상후 스트레스장애(PTSD)뿐 아니라 범불안장애(generalized anxiety disorder) 진단까지 받았습니다.

파멜라의 얘기에서 알 수 있듯, 경계성 성격장애를 가진 아이의 형제자매 역시 그 병의 영향을 받는다. 비록 겉으로는 그래 보이지 않는다 해도 마찬가지다. 그리고 대부분의 경우, 그들은 다 자라서 집을 떠나고 한참이 지나도록 그 트라우마의 영향에서 벗어나지 못한다. 그러니 경계성 성격장애가 있는 아이뿐 아니라 다른 자녀들에게도 항상 마음을 쓰는 것이 중요하다. 그들을 도울 수 있는 몇 가지 방법을 여기 제시한다.

주기적으로 다른 자녀들의 상황을 점검하라. 가정에서 일어나는 일로 당신이 스트레스를 받고 트라우마가 생긴다면, 다른 자녀들은 그 모든 것뿐 아니라 더한 것까지 느낄 가능성이 크지만 그런 내색을 하지 않을 수 있다. 장애가 없는 자녀들은 당신이 묻지 않으면 이런 얘기를 안 할지 모르지만, 그 애들은 부모인 당신이 시간을 내어 그들을 직접 돕거나 도움받도록 해 줄 수 있으며 실제로 그렇게 하리라는 것을 알 필요가 있다.

그들에게 경계성 성격장애를 잘 아는 치료사를 구해 주겠다고 제안하라. 아이들이 거절하더라도 포기하지 말고 가끔 한 번씩 같은 제안을 거듭하라. 그들에게 치료가 필요하다고 생각하면 그렇게 하자고 고집하라. 트라우마 치료에는 조기 개입이 가장 중요하다.

성인들의 지지 체계를 만들라. 숙모나 이모, 삼촌, 조부모, 친구의 부모, 코치, 교사 같은 사람들에게 도움을 청해서 장애가 없는 당신 자녀들을 보살피도록 하라. 당신은 슈퍼히어로가 아니므로, 아이들에게 당신이 필요할 때마다 그들 하나하나의 곁에 다 있어 주기는 어려울 테다. 아무리 그러고 싶다 해도 말이다. 아이들은 부모 말고도 믿을 만한 어른들이 곁에 있어서 의지할 수 있어야 한다. '아이 하나를 잘 키우려면 온 마을이 필요하다'는 속담처럼, 그야말로 주위 사람이 모두 필요할 때가 있는 것이다.

은폐나 과잉성취욕에 주의하라. 당신의 다른 자녀들은 자신의 힘든 일들을 감춰야 한다고 생각할 수도 있고, 경계성 성격장애가 있는 형제나 자매가 일으키고 있는 문제를 '보상'하기 위해, 혹은 거기에서 벗어나기 위해, 아니면 둘 다를 위해 과잉성취를 할 필요성을 느낄 수도 있다. 잘 지내고 있는 것처럼 보인다고 해서 반드시 그 아이들이 괜찮은 건 아니다.

그들을 안심시키라. 다른 자녀들에게, 당신이 시간을 내어 그들 각자의 어려움이 뭔지 듣고 함께 의논할 거라고 자주 알려 주라. 그들의 문제가 비록 경계성 성격장애 아이의 문제만큼 크거나 극적이지는 않다 해도 그것들 역시 중요하다는 걸 분명히 말해 주라.

그들을 '도우미'로 이용하지 말라. 경계성 성격장애가 있는 자녀를 다루는 일 중 어른들이 해야 할 부분에 다른 자녀들을 관여시키지 말라. 다른 자녀의 나이가 몇 살이든 그들은 경계성인 아이의 부모가 아니며, 당신이 속사정을 털어놓는 절친한 친구도 아니다. 그들에게 어떤 식으로든 책임을 지우게 되면 훗날 살아가면서 다른 사람들의 삶에 대해 부적절한 책임을 떠맡곤 할 소지가 아주 커진다.

그들의 우려를 인정해 주라. 자녀 중 누군가가 와서 경계성 성격장애가 있는 형제나 자매에 대한 우려를 털어놓는다면 그 걱정을 일단 인정해 주되, 일어나고 있는 일들은 당신이 책임지고 다룰 것이며 당신에게 도움이 더 필요하다면 전문가들과 상의할 것이라고 하면서 아이를 안심시키라.

그들이 자신에게 가능한 최선의 삶을 살도록 격려하라. 자녀가 경계성 성격장애가 있는 형제나 자매를 도우려고 개입하거나 노력하는 걸 본다면, 그 깊은 정과 염려하는 마음을 칭찬해 주되 그들은 자신의 삶에 집중하고 양육은 당신에게 맡겨도—그리고 정신건강 문제는 전문가에게 맡겨도—정말 괜찮다고 분명하게 얘기해 주라.

취미 활동과 스포츠를 하도록 격려하라. 장애가 없는 자녀가 집 밖에서 자신에게 중요한 무언가를 찾는 걸 도우라. 그게 뭐든 다른 식구들은 전혀 관여하지 않는 것이어야 한다. 취미 활동과 스포츠를 하면 일정한 시간 동안 집안의 문제에서 벗어나 편안하게 있을 수 있는—그리고 사람들이 보다 건강한 방식으로 상호작용하는—장소를 갖게 될 수 있다. 취미 활동과 스포츠는 또한 당신의 자녀로 하여금 자기 삶의 어떤 부분을 스스로 통제한다고 느끼게 해 줄 수 있다.

문호개방 정책을 유지하라. 당신의 다른 자녀들은 경계성 성격장애가 있는 아이에게 벌어지는 일들에 대해 실은 당신보다 훨씬 많이 알지 모른다는 점에 유념하라. 경계성인 아이가 당신의 시야에서 벗어나 있어도 다른 자녀들은 볼 때가 많기 때문에 학교와 동네에서, 그리고 친구들과의 관계에서 벌어지는 다양한 일들을 알고 있다. 경계성인 아이는 형제나 자매를 비밀을 털어놓는 친구로 이용할 수도 있고, 자기와 뭔가를 공모하자고 강요하거나 꼬드길 수도 있다. 그런 것들을 일러바치라고 다른 자녀에게 요구하지 말고, 언제든 걱정되는 게 있다면 당신에게 와서 의논해도 된다는 것만 확실히 알려 주라. 어떤 걱정이든 아주 진지하게 받아들이라. 걱정 내용이 아주 별스러운 것이라 해도 마찬가지다. 당신은 경계성 성격장애가 있는 아이의 현실 중 일부분만을 보고 있을 뿐이며, 가장 나쁜 부분들은 아이의 형제자매가 보거나 듣고 있을 가능성이 크다.

트라우마를 주의 깊게 살피라. 당신의 다른 자녀가 경계성인 아이의 자살 위협이나 시도, 섭식장애, 폭력, 폭언(언어적 학대), 극단적 분노, 약이나 알코올 중독, 또는 자해에 노출되어 있다면, 그 자녀에겐 트라우마가 생겼거나 생기고 있을 가능성이 크며 그 문제를 극복하기 위해 전문가의 도움을 받아야 할 것이다.

그들은 '생존자의 죄책감(survivor's guilt)'을 느낄 수도 있다. 경계성 성격장애가 있는 아이는 형제자매가 성공하거나 찬사를 받으면 부정적 반응을 보일 수 있는데, 이 때문에 장애가 없는 아이들이 죄책감을 갖게 될 수 있다. 이런 경우, 그들이 죄책감을 느낄 이유가 전혀 없으며 경계성 성격장애인 아이의 느낌은 그들의 책임이 아니라는 사실을 당신이 분명히 얘기해 주는 것이 중요하다. 다른 자녀가 뭔가를 성취하면 축하하는 것을 잊지 말라. 자녀들은 자신이 이루어 낸 것을 인정받아야 하는데, 가정 평화를 지키려 들다 본의 아니게 자녀의 그런 필요를 무시하는 일이 없도록 하라는 얘기다. 이렇게 하려면 어느 정도 창의성을 발휘해야 한다.

'분열(splitting)'에 주의하라. 경계성 성격장애가 있는 아이는 때로 형제자매를 '분열'이라는 이분법적 사고방식으로 가르려 든다(사고 유형이자 방어기제인 '분열'은 앞에서도 설명했듯이 사람이나 사안을 흑 아니면 백으로, 전부 아니면 전무[全無]로 보는 것이기 때문에 대상의 좋은 점과 나쁜 점을 통합적으로 파악하지 못한다.—옮긴이). 형제자매 중 한 사람은 다 좋고 자신과 트라우마로 맺어진 비밀 수호자가 되는 반면, 다른 하나는 다 나쁘기만 해서 매번 자신의 불안을 투사하며 공격해야 할 표적이 된다. 가끔 경계성 성격장애 아이는 형제나 자매 한 사람을 분열시켜 흑과 백의 두 모습을 번갈아 투사하기도 한다. 이럴 경우 그 대상이 된 자녀는 엄청난 트라우마를 겪을 수 있으며, 그런 혼란스러운 상호작용을 헤쳐 나가려면 주위의 지지가 필요할 것이다.

정직하라. 자녀들을 안심시키려고 당신 가정에서 일어나고 있는 일이 정상이며 걱정할 게 전혀 없는 것인 척하지 말라. 아이들은 두려운 일이 일어나고 있다는 걸 안다. 이런 현실을 대수롭지 않은 것으로 축소하려 드는 것은 아이들을 가스라이팅하고 그들에게 자신이 인식한 것을 믿지 말라고 가르치는 게 된다.

장애 없는 자녀가 장애가 있는 형제나 자매를 돌봐 주길 기대하지 말라. 또한 경계성 성격장애가 있는 자녀가 다른 아이들을 돌보도록 허용하지 않는 것도 고려하라. 책임감 있는 성인 시터를 고용하는 것이 가족 전체의 안전을 위해 좋다.

이혼하는 경우. 자녀들을 나누어서, 부모 중 한쪽은 경계성 성격장애가 있는 아이만을 맡고, 다른 쪽은 나머지 아이들과 사는 것을 고려해 보라. 부모 한쪽이 혼자서 자녀 모두를 풀타임으로 돌보게 하는 것은 부담이 지나치며, 자녀들의 가정생활도 더 불안정해질 가능성이 크다.

긴급 상황에 대비한 계획을 세워 두라. 당신이 예기치 않은 사고나 질병 등으로 정상적인 생활을 못 하게 될 경우, 또는 당신이 사망할 경우, 경계성 성격장애 아이가 새로이 의지할 사람은 누가 될 것인가? 그 아이가 당신에게 재정적으로 의존하고 있다면, 당신 없이 어떻게 살아갈 것인가? 다른 자녀들이 적절한 나이가 되었을 때, 당신이 세워 놓은 비상시의 대책들을 얘기해 줌으로써 자신들이 어느 날 어쩔 수 없이 당신의 역할을 떠맡게 될지 모른다는 두려움 속에서 살지 않게 하라.

그들의 다툼에는 경우에 따라 적절하게 개입하라. 자녀들 사이에 정말로 무슨 일이 일어나고 있는지를 파악하려면 노련한 안목이 있어야 한다. 때로 그 아이들은 보통 가정의 형제자매들과 똑같이 티격태격할 것이다.

또 어떤 때에는, 경계성 성격장애가 있는 아이가 싸움을 시작하고는 다른 형제자매에게 책임을 뒤집어씌우려 꾀할 수도 있다. 표면 아래에서 더 많은 일들이 벌어지고 있을지도 모르므로, 당신이 보기에 상황이 이상하다면 유심히 관찰하는 것이 중요하다.

자녀들 모두가 성인이 되고 나면 관계도 변할 것이다. 다음은 그런 시점에 유념해야 할 몇 가지 중요한 사항이다.

성인 형제자매 간의 다툼에 관여하지 말라. 자녀들이 성인이 되고 나면 당신은 가정에서 중립적인 입장으로 옮겨 가는 것이 좋다. 그들이 아이였을 때 당신은 심판이고 중재자였다. 그런데 성인이 되었을 때도 당신이 그런 역할을 한다면 한쪽을 편드는 걸로 보일 것이다. 그들이 각기 당신에게 와서 서로에 대한 불평이나 문제 제기를 한다면, 중립을 지키면서 그들 모두에게 공감을 표하고, 각자의 입장을 적절하게 인정하라. 그들을 구조하거나 중재하기보다는 그들이 문제를 스스로 처리하는 데 도움이 될 수 있는 다른 자원들(치료사, 변증법적 행동치료 기술, 경계성 성격장애와 경계 설정에 관한 책, 지지모임 등)을 이용하도록 이끌라. 자녀들은 값지고 꼭 필요한 기술들을 배울 것이며, 당신은 그들 모두에게 안전한 사람으로 남을 것이다. 또 하나, 어떤 다툼에서든 그 결과에 대해 항상 중립을 지키라.

관계를 유지하라고 성인 자녀에게 강요하지 말라. 당신이 경계성 성격장애 자녀와 건강한 관계를 가질 수 없다면, 아마 다른 자녀들도 그럴 것이다. 자녀들은 자유롭게 스스로를 돌볼 수 있어야 한다. 당신이 (노골적으로든 암시적으로든) 어떤 압력을 넣는다면, 그들을 학대할 수도 있는 사람과 관계를 유지해야 한다고 가르치는 것과 다름없다. 당신에겐 가족을 결속해야 할 이유가 많을지 몰라도, 다른 자녀들로서는 자신의 평안을 희생하면서까지 가족 결속을 이뤄 낼 책임이 있는 건 아니다.

당신의 좌절감이나 두려움을 자녀에게(그 아이가 몇 살이든) 분출하지 말라. 경계성 성격장애 자녀에 관한 다른 성인 자녀와의 대화는 그쪽에서 먼저 말을 꺼낼 때만 하고, 그 애가 말하는 것을 존중해 주면서도 중립을 유지하라. 상황을 부인하거나 숨기지 말되, 그 애의 걱정거리를 더 늘리거나 그 애와 경계성인 자녀 사이에 문제만 만들게 될 정보를 먼저 제공하지는 말라. 경계성 성격장애인 형제나 자매와의 관계가 어떤가에 관계없이 다른 자녀들도 그 형제나 자매를 몹시 걱정하고 있을 가능성이 크다.

진단명을 언급하지 않으면서 당사자에게 경계성 성격장애를 설명하기

경계성 성격장애가 있는 자녀와 그 질환에 대해 얘기하는 것은 쉽지 않은 일이다. 우선, '경계성 성격장애'라는 용어를 쓰면 아이가 자신에게 *꼬리표가 달렸다*고 느낄 수 있으며, 이는 아이가 자신을, 그리고 자신의 회복 가능성을 어떻게 보는지에 복잡한 영향을 미칠 수 있다. 하지만 경계성 성격장애의 행동적 측면을 거론한 다음 그 결과와 짝지어 설명하는 것에는 장점이 있다. 예를 들어, "네가 사람들에게 자꾸 소리를 지르면 그 사람들이 너를 피하게 되고, 그러다 보면 너는 버림받았다고 느끼게 되는 거야. 버림받았다고 느끼고 싶지 않다면 사람들에게 소리 지르는 걸 멈추는 게 좋아"라고 설명할 수 있다. 다음은 진단명을 사용하지 않으면서 경계성 성격장애 증상을 설명하려 할 때 고려해 볼 만한 각본이다. 아이의 행동을 다른 자녀들에게 설명할 때도 여기에서 제시하는 말들을 이용할 수 있다(아래에서 대괄호 즉 [ ] 부호 안의 말들은 지시문 한 군데를 빼고는 모두 다른 자녀와 대화할 때 쓸 표현들이다. -옮긴이).

모든 사람의 뇌는 조금씩 다르게 만들어졌어. 어떤 사람들은 다른 사람들보다 더 강렬하지. 네[네 형/동생/누나]의 느낌들은 대부분의 사람보다 더 강렬해.

모든 사람은 사물을 보는 방식이 달라. 어떤 사람들은 컴퓨터로 치면 애플 운영체제를 갖고 있고, 또 어떤 사람들은 PC 운영체제를 갖고 있는 것과 같지. 많은 사람이 검은색과 흰색 중간에 있는 수많은 회색 색조들을 다 분간해 가며 생각하지만, 네[네 형/동생/누나]를 포함해서 어떤 사람들은 검은색과 흰색으로만 생각하는 거야. [네 형/동생/누나는 흑백으로만 생각하고, 그래서 그 애가 너를 안 좋아하는 것처럼 행동하곤 하지만, 그럴 때도 그 애 안엔 여전히 사랑이 있어. 단지 한 번에 한 가지 색, 그러니까 하나의 느낌밖엔 감당할 수 없어서 그러는 거야.]

사람들이 지닌 대처 기술은 저마다 다르고, 맞서 싸우고 있는 주된 문제가 무엇인지도 사람마다 같지 않아. 이따금 너[네 형/동생/

누나는 대부분의 사람이 별로 중요하지 않다고 생각할 일에 흥분하는가 하면, 굉장히 화를 내거나 크게 소리 지르는[여기에 당신의 아이가 하는 다른 행동을 들 수도 있다] 등 극단적으로 행동하지. 우리는 네[네 형/동생/누나]가 자신의 감정을 더 잘 관리하는 방법을 배우도록 도우려 하고, 치료사도 같이 도와줄 거야. [이런 문제를 지닌 형제 곁에서 사는 게 어려울 수 있다는 걸 우리는 이해해. 그러니 네게 더 많은 지지가 필요할 때면 즉시 우리에게 와.]

네[네 형/동생/누나]의 병은 누구의 잘못도 아니야. 그리고 네[네 형/동생/누나]는 더 나아지기 위해 자신을 바꿀 수 있어. 우리는 그렇게 되도록 네[네 형/동생/누나]를 도울 것이고, 언젠가는 그렇게 스트레스를 느끼지 않게 될 거야.

네[네 형/동생/누나]는 어떤 일들에 대해선 다른 사람들처럼 책임감을 갖기가 훨씬 더 어렵지. 그러니 네[네 형/동생/누나]는 비록 힘들다 해도 책임감을 갖추기 위해 더 많은 노력을 해야 해. 처음엔 아마 실수도 할 테지만, 그래도 괜찮아! 계속 연습하면 점점 더 좋아질 거야.

우리는 네[네 형/동생/누나]가 극단적인 생각과 느낌, 행동을 잘 관리하도록 돕기 위해 네[네 형/동생/누나]와 많은 시간을 보낼 거야. [너와도 일대일로 얘기하는 시간을 가질 거야. 네 생각에 우리와의 시간이나 우리의 지지가 더 많이 필요한 것 같다면, 그렇다고 얘

기해 주면 좋겠어. 우리가 시간을 더 낼 테니까.]

　우리는 네[네 형/동생/누나]가 좋아지도록 함께 노력할 테지만, 시간이 좀 걸릴 거야. 진전이 더딜 수 있고, 때로는 두 걸음 앞으로 나아가고선 한 걸음 뒤로 물러나기도 해. [그 애가 열심히 노력하지 않는 것처럼 보일지도 모르지만, 사실은 노력하는 거야.] 네[네 형/동생/누나]가 노력할 때, 처음엔 다른 사람들이 다 그러듯이 너[네 형/동생/누나]도 실수를 할 거야. 하지만 시간이 지나면서 점점 좋아지고 또 좋아질 거야. 우리는 항상 곁에 있으면서 너[네 형/동생/누나]를 지지할게.

| 남들의 자의적인 평가와 비판 |

　이웃들, 대가족 구성원들, 나아가 사회 전체가 경계성 성격장애 아이들의 인지와 감정 및 행동상의 조절부전 배후에 놓인 이유들을 이해한다면 얼마나 좋겠는가. 하지만 대체로는 그렇지 않다. 사람들은 경계성 성격장애가 있는 아이들과 그 부모를 쉽게 평가하고 비판하려 든다. 이는 명백한 사실이다. 많은 사람이 경계성 성격장애가 있는 아이들의 부모는 자녀 양육에서 부족한 점이 있다고 생각하는데, '모든 게 결국은 부모의 잘못 때문이 아니겠는가'라는 식이다. 이런 자의적 평가와 판단은 정신질환 전반에 대해 행해지곤 하지만, 경계성 성격장애처럼 오명이 심하게 따라붙는 질환의 경우 특히 더 힘들게 다가온다. 우리는 "기운 차려. 그러면 다 좋아질 거야"가 좌우명처럼 된 사회에서 산다. 그 결과, 경계성 성격장애가 있는 아이들의 부모는 스스로를 고립시키게 된다.

가족과 친척들을 아들에게서 보호하고 아들을 그들에게서 보호하는 것이 내 삶의 방식이 되었습니다. 가까운 가족도 우리가 나날이 어떤 일을 겪는지 이해 못 할 때의 고립감을 나는 매일 느끼며 삽니다. 사람들은 자기네의 견해가 완전히 틀리고 전혀 도움이 안 되며, 그들 때문에 내가 자신을 더더욱 고립시킨다는 걸 몰라요.

사람들은 우리에게 이렇게 말해요. "십대가 다 그렇지 뭐. 크면 괜찮아질 거예요." 혹은 "그래, 우리 집 십대도 제멋대로여서 다루기가 힘들어." 나는 소리치고 싶어요. "당신들은 몰라요!" 그들은 우리 딸이 자기가 원해서 그러는 거라고 생각해요.

유감스럽게도 이웃들은 남 얘기 하는 걸 좋아한다. "그 집 딸이 옷 입는 거 봤어?" "일전에 보니 그 집 앞에 앰뷸런스가 와 있던데." 걸핏하면 다른 사람의 일을 캐내고 참견하기 좋아하는 동네 사람들 때문에 경계성 성격장애 아이들의 부모는 더욱 고립되는 경향을 보인다.

열여섯 살 된 내 딸은 동네에서 유명해요. 아이가 격분하고 폭력적이 될 때마다 우리가 불안해져서 경찰을 부르곤 하기 때문이지요. 딸아이는 또 아내가 있는 옆집 남자에게 추파를 보내기도 했는데, 그 아내는 모든 걸 다 알고 있었어요.

오랜 세월 경계성 성격장애를 연구하고 다뤄 온 우리의 경험에 근거하여 진심으로 말할 수 있는데, 경계성 성격장애인 사람을 가까이서 겪어 본 모든 이들—배우자, 성인 자녀, 형제자매, 친구, 새어머니 등등—은 자기네처럼 직접 경험하지 않은 사람은 누구라도 경계성 성격장애가 있는 사람과 삶이 엮이는 일이 어떤 것인지를 온전히 이해하지 못한다고 생각한다. 심지어 일부 임상전문가들도 진정 이해하지는 못한다. 부모들은 종종 말하기를, 경계성 성격장애 자녀와 사는 일이 어떤 건지 설명하는 것은 아이가 없는 사람에게 부모 노릇이 어떤 건지 설명하려는 것과 같다고 한다. 그러니 당신의 가족, 친구, 혹은 이웃이 당신이 어떤 일을 겪고 있는지 이해 못하는 것을 개인적인 공격처럼 기분 나쁘게 받아들이지 말라. 물론 이렇게 하는 게 말은 쉬워도 실천하기는 어렵다. 다음은 당신이 사람들의 뒷담화와 섣부른 비판에 대처하는 데 도움이 될 두 가지 구체적인 조언이다.

당신과 같은 처지에 있는 사람들을 언제든 쉽게 찾을 수 있다. 온라인 경계성 성격장애 커뮤니티에는 당신이 어떤 일을 겪고 있는지를 정확하게 알기 때문에 당신을 섣부르게 비판하지 않을 수백 명(어쩌면 수천 명)의 부모가 있으며, 이보다는 훨씬 적지만 대면 그룹에서도 그런 사람들을 많이 만날 수 있다. 그들은 질문에 대답하거나 조언과 정보를 줄 수도 있고, 그냥 얘기를 들어 주기도 한다. 페이스북의 '경계성 성격장애가 있는 아이의 부모들(Parents of Children with BPD)', 일주일에 몇 차례씩 회원들이 줌(Zoom)으로 만나는 '무빙 포워드(https://groups.io/g/MovingForward)' 같은 온라인 지지모임들도 있는데, 당신이 겪는 일을 진정으로 이해하는 커뮤니티 사람들의 배려와 지지를 받을 때 삶은 그래도 훨씬 수월해진다(페이스북에는 '경계성 성격장애가 있는 아이의 부모들' 그룹을 지지하는 별도의 모임도 있다. −옮긴이).

당신은 다른 사람들의 생각을 통제할 수 없다. 당신은 어머니에게서 이런 말을 들은 적이 있을지 모른다. "다른 사람들이 너에 대해 어떻게 생각하든 그건 그들의 문제지 너의 문제가 아니야." 정말 그렇다! 중요한 것은 *당신이* 자신에 대해 어떻게 생각하느냐다. 다른 사람들이 뭔가 비판하는 말을 해 올 때, 'JADE'를 하지 말아야 한다. 즉 정당화하거나(justify), 논쟁을 하거나(argue), 자신을 변호하거나(defend), 지나치게 설명하지(overexplain) 말라는 것이다(7장 참조). 대신 화제를 바꾸라. 사람들은 자신이 비판한 것에 대해 당신이 얘기하지 않으리라는 걸 금세 눈치 챌 것이다. 말하지 않는 것에 반응하기란 아주 어렵다. 당신이 이렇게 대응함으로써 어떤 상황을 만들 수 있을지 누가 알겠는가.

| 드라마 삼각형(drama triangle) |

경계성 성격장애 자녀가 있는 가정에서 가족들은 아이의 필요나 욕구에 굴복하거나 굴복하지 않는 법을 금세 배우는데, 굴복할 경우 그 장애를 더 악화시키고, 그러지 않을 경우 성질부리기, 격노발작(rage attack, 격렬한 분노발작을 말하며, '광포[狂暴]발작'이라 부르기도 한다.―옮긴이), 상징적 폭력(물건을 던지고, 주먹으로 벽을 쳐서 구멍을 내고, 기물을 파괴하는 등의 행동), 그리고 실제의 폭력을 촉발할 수 있다(14장 참조). 『어떻게 당하지 않고 살 것인가(*Stop Caretaking the Borderline or Narcissist*)』의 저자 마르갈리스 피엘스타드에 따르면, 경계성 혹은 자기애성 성격장애를 가진 사람의 가족 구성원들은 대개 그 사람의 욕구와 필요를 중심으로 가족의 규칙과 역할을 정하여 그 사람이 느낄 수도 있는 불안이나 압력, 좌절감을 없앰으로써 일상적 소통을 편안하게 만들어 준다. 이렇게 되면 문제의 불편한 감정들을 다른 가족 구성원들이 처리해야 하고, 그 결과 자신들의 뭔가를 포기해야 한다.

이 같은 역동(力動, dynamic[s], 어떤 집단 혹은 관계 구조를—이 경우엔 가족을—이루고 있는 개인들 사이에서 일어나는 일들과 상호작용. '역동성'이라고도 한다.-옮긴이)을 줄이는 한 가지 방법은 부모가 '드라마 삼각형'이라는 게 뭔지를 배워서 안 다음 그걸 피하는 방법을 익히는 것이다(정신의학계에서는 이를 '카프먼 삼각형[Karpman triangle]'이라고 한다)(Bansal 2020).

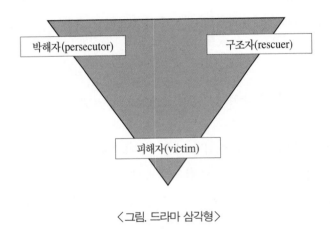

〈그림. 드라마 삼각형〉

〈그림〉은 가족 구성원들이 각자의 관점과 문제 상황에 따라 드라마 삼각형에서 맡는 상이한 역할들(피해자, 박해자, 구조자)을 보여 준다. 예를 들어 당신의 아이는 대부분의 경우 아마도 자신을 피해자로, 당신을 박해자로 볼 것이며, 반면 당신은 둘의 관계를 그 반대로 생각할 수 있다.

박해자는 이른바 악당이다. 박해자는 분노하고, 비판적이고, 통제하려 들며, 융통성 없이 엄격하다고 인식된다. 그들은 '그건 모두 네 잘못이야'라는 태도를 가지고 있다. 그들의 역할은 피해자를 탓하고 비판하는 것이다. 예컨대 당신의 자녀는 자신이 원하는 것을 주지 않을 때 당신을 박해자로 볼 수 있다.

피해자는 대개 '불쌍한 나'를 자기 입장으로 받아들인다. 대부분의 경우 그들은 자신을 속수무책으로 가망 없이 길을 잃고 방황하는 무력한 사람으로 본다. 자신이 할 수 있는 게 아무것도 없다고 확신한다. 살면서 나날이 자기 앞에 다가드는 과제들에 대해 아무런 행동도 취하지 않으면서, 자신에게는 해야 할 책무나 져야 할 책임 같은 게 전혀 없다고 생각한다.

구조자는 피해자에게 도움을 주려 하며, 피해자가 자기 행동의 결과를 감당하게 두지 않음으로써 그들을 행복하게 해 주려고 한다. 이것은 '조장(助長, enabling)'의 한 형태다. 예를 들어, 이 역할을 맡은 부모는, 자동차 대금을 납부해야 하는데 가진 돈을 모두 맥주 마시는 데 써 버린 자녀에게 돈을 줄 수 있다. 대개 구조자의 의도는 아주 좋은 것이다. 그들은 피해자가 고통받는 걸 보고 싶지 않다. 하지만 결과적으로 구조자는 피해자에게 실패에 대한 핑곗거리를 주면서 그들이 계속 의존적으로 살게 만든다. (정신건강 분야의 용어인 'enabling'은 긍정적으로는 개인에게 당면 문제를 극복할 힘이나 권한을 부여하는 것을 말하나 이 맥락에서는 부정적인 의미로, 즉 어떤 문제의 해결을 도우려고 하는 일이—예컨대 그 사람의 행동을 받아 주거나 책임져 주는 것이—오히려 문제를 지속시키거나 악화시킨다는 뜻으로 쓰였다. '허용, 조장'으로 옮기거나 원어 '인에이블링'을 그냥 쓰기도 한다.—옮긴이)

모든 갈등이 드라마 삼각형으로 이어지는 건 아니지만, 그 역동이 어떻게 전개되는지 알아 두는 게 좋다. 아주 단순화된 예를 하나 보자.

재닛과 제프에게는 경계성 성격장애를 앓는 열일곱 살 된 아들 샘이 있다. 재닛, 제프, 샘은 샘이 모든 과목에서 C 이상을 받으면 여름 캠프에 갈 수 있다고 합의한다. 그해 말, 샘은 여러 과목에서 C를 맞았지만 한 과목에서 실패한다. 샘은 그래도 자신이 캠프에 갈 수 있어야 하는 이유를 20여 가지나 적어서 부모님 침실 방문 아래로 밀어 넣는다. 그 글은 이렇게 끝난다. "저를 보내 주시지 않으면 엄마 아빠는 세상의 부모들 중 가장 나쁜 부모가 될 거예요." (샘은 피해자 역할을 하고 있고, 자신의 부모를 미리 박해자로 본다.)

제프와 재닛은 메모를 읽고 그 문제를 의논한다. 재닛은 만일 두 사람이 샘에게 캠프로 보상한다면(긍정적 강화), 그들이 앞으로 어떤 한계를 설정하든 그걸 지키기가 스무 배는 힘들어질 것이며 샘이 좋은 점수를 올리도록 부추길 인센티브가 없어지리라는 걸 알고 있다. 재닛이 제프에게 말한다. "샘에게 캠프는 없어요. 우리 합의했잖아요. 샘은 나쁜 성적에 대한 책임조차 지지 않으려 드니, 아무것도 배운 게 없는 거예요."

제프는 샘이 아빠인 자신을 좋게 생각하길 원하는 만큼 (그리고 이번 여름에 아내와 단둘이서만 시간을 좀 보내길 원하기에) 샘을 보내고 싶은 마음이 더 크다. 제프는 아들이 캠프에 가야 하는 이유를 계속 말하고, 결국 재닛은 지쳐서 굴복하고 만다. 이렇게 해서 재닛은 샘의 교육에 가장 좋은 것을 포기하고, 자기 신념의 일부를 포기하고, 앞으로 한계를 설정하는 일을 더 어렵게 만든다(여기서 재닛은 나쁜 사람 즉 박해자, 샘은 피해자, 제프는 구조자가 된다).

다음 날 아침, 재닛은 제프와 말을 안 하려 든다. 제프는 뭐가 문제인지 얘기해 달라고 재닛에게 간청한다. 재닛은 왜 자신이 피해자처럼 느끼는지 설명한다. 그녀의 마음속에서 제프는 박해자다. 두 사람은 얼마간 더 논쟁하고 나서 결국 샘을 캠프에 보내지만, 애초 생각과는 달리 단둘이 있는 시간을 즐기지 못한다.

드라마 삼각형에서는 승자가 없는데, 그건 모두가 맞붙어 겨루기 때문이다. 이것은 가족 전체에 좋지 않다. 이름이 드라마 삼각형이긴 하지만 여기에 꼭 세 사람이 있어야 하는 것은 아니다. 예를 들어 재닛이 혼자 샘을 양육하고 있으며, 아이에게 처음에는 안 된다고 하다가 나중에 마음을 바꾼다면, 그녀는 박해자와 구원자 역할을 다 하게 된다.

재닛과 제프가 이 모든 상호작용을 다시 할 기회를 가지며, 이번에는 드라마 삼각형을 피하고 올바른 방향으로 문제에 대처한다는 시나리오를 상상해 보자.

샘의 메모를 받자마자 재닛과 제프가 가장 먼저 하는 일은 지금 드라마 삼각형이 만들어지고 있는 건지 판단할 수 있도록 서로의 필요와 바람을 검토해 보는 것이다. 두 사람은 그런 삼각형이 형성되고 있다는 걸 알고 나서, 다음엔 자신들의 역할을 확인하는데, 이는 알아내기 쉽다. 재닛이 셋에서 한 약속을 지켜야 한다는 입장을 고수하면 그녀는 악당이 될 것이며, 제프가 아내와 단둘이 있고 싶은 마음에 짜잔 하고 나서서 샘을 캠프에 가게 해 준다면, 그는 샘이 보기에 구조자가 될 것이다.

재닛은 자신도 제프와 단둘이 시간을 좀 보내고 싶다는 말로 대화를 시작한다. 그러고는 차분하게 설명해 나간다. 두 사람이 굴복할 경우 샘은 부모가 설정하는 한계를 더이상 존중하지 않을 것이고, 그러면 두 사람은 아이의 성적에 아무런 영향도 미칠 수 없게 될 테니 앞날이 훨씬 힘들어질 것 같아 걱정된다고.

제프는 아내가 한 말을 생각해 보고 일리가 있다고 인정한다. 하지만 제프는 휴식이 절실히 필요하기도 하고, 아내와 사이가 멀어지고 있다고 느끼기 때문에 둘이서 시간을 보내고 싶기도 하다(첫 번째 예에서는 제프가 이 말을 꺼내기 전에 두 사람이 싸웠다). 둘 다 상대의 주장에 타당하고 중요한 점들이 있다고 인정한다.

두 사람은 머리를 맞대고 생각한 다음 타협안을 만든다. 샘을 여름 캠프에 보내기보다, 그 아이가 좋아하는 삼촌과 숙모, 사촌들과 함께 호숫가에 있는 삼촌네 농장(샘이 좋아하는 곳이다)에서 지내게 하고, 샘이 받은 모든 C에 대한 상으로 그 애가 좋아하는 놀이공원에 가는 비용을 대 주기로 했다. 캠프 비용이 나가지 않은 덕에 제프와 재닛에게는 혹시 모를 비상 상황에 대비해 샘의 삼촌 집에서 90분 거리에 있는, 아침식사가 제공되는 숙박 시설에 머물 돈이 넉넉하게 남았다.

드라마 삼각형과 거기서 각 참여자가 하는 역할을 제대로 알아볼 수 있게 되려면 연습이 필요하며, 그 삼각형을 아예 피하는 일에 능숙해지려면 아주 많은 노력을 기울여야 한다. 다음은 드라마 삼각형을 피하는 일에 참조할 몇 가지 조언이다(Bansal 2020).

● 누가 누구보다 열등하다거나 우월하다는 식의 비교나 단정을 거부하라. 더 좋다 혹은 나쁘다, 옳다 틀렸다, 비난받을 만하다 옹호받을 만하다는 식의 말도 마찬가지다. 누가 더 얻고 덜 얻는가, 누가 더 하고 덜 하는가 따위에 대해 다투지도 말라. 이것들은 모두 흑백논리로, 사안을 분열적 즉 이분법적으로 보는 방식이다. 진실은 대개 회색지대에 있다.

● 비난, 비판, 훈계, 꾸짖음, 위협, 설교, 혹은 과잉 반응의 어조를 띠지

말고 기대하거나 요구하는 걸 말하라. 당신의 목소리나 신체언어(몸짓언어,
보디랭귀지), 얼굴 표정에 1,000분의 1의 농도로라도 이런 느낌들 중 하나
가 묻어난다면 경계성 성격장애가 있는 자녀는 그걸 알아차릴 수 있으니
(아이가 늘 그런 걸 찾고 있다는 사실을 기억하라), 당신의 말투를 절제하
는 데 유의하라.

●경계성 성격장애가 단단히 자리를 잡았을 경우, 자녀가 회복 과정에
들어갈 때까지는 당신이 원하는 종류의 관계를 맺지 못할 수 있다는 걸 알
아야 한다. 당신 이전에 수많은 부모가 그런 일을 겪었고, 이후에도 겪을
것이다. 그리고 당신이 아무리 아이를 박해하지 않는다 해도, 그 애는 당
신을 박해자 역할에 밀어 넣으려 할 수 있다. 그렇다 해서 당신이 거기에
동조하거나 그러는 척해 줘야 하는 것은 아니다. 아이는 또한 당신을 구
조자 역할에 놓으려 할 수도 있다. 하지만 당신이 드라마 삼각형의 그 꼭
짓점을 맡아야 할 필요 역시 없다. 당신 혼자서도 그 역동의 양상을 바꿀
수 있다.

| 이 장에서 꼭 챙겨야 할 교훈 |

더 읽어 나가기 전에 기억해 두어야 할 몇 가지 핵심 사항을 보자.

●가족 중에 경계성 성격장애를 가진 사람이 있으면 나머지 가족 구성
원 모두가 영향을 받는다. 내가 이 장에서 언급한 모든 것뿐 아니라, 재정
문제, 약속 시간에 맞춰 아이를 의사나 치료사에게 데려가기, 의사 찾기,
처방전으로 약 받기, 약을 복용시키는 등 관리하기, 설정된 한계(경계)들을

계속 챙기고 준수하기, 새로운 의사소통 기법을 사용하기(7장 참조), 경계성 성격장애 전반에 관해 더 많이 알아 두기, 그리고 이런저런 결정 내리기 등이 다 식구들의 몫이다.

●당신이 어머니이고 남편이 아이 문제에 더 관여해 주길 바란다면, 남편에게 이 책의 부록 A를 보여 주라. 당신은 자신이 많은 스트레스를 받고 있는 사람이라는 걸 분명히 깨닫고 스스로를 잘 돌봐야 한다. 당신과 같은 일을 겪는 친구를 대하듯 자신을 대하라. 아이의 다리가 부러졌다면, 가족과 친구들은 많이 걱정할 것이다. 쾌유를 비는 카드와 꽃을 보내기도 할 테다. 그런데 정신질환에 대해선 이런 일이 자동적으로 일어나지는 않는다. 당신은 왜 당신에게 지지가 필요한지를 다른 사람들에게 설명하고 그걸 요구해야 한다. 수치심을 느낀다면(그럴 이유가 전혀 없지만) 그 같은 설명과 요구를 하지 않을지도 모르는데, 자녀에게 경계성 성격장애가 있는 것은 당신의 잘못이 아니며, 아이 자신의 잘못 역시 아니라는 걸 명심하라. 손을 내밀어 도움을 구하라.

●자녀의 감정에 따라 당신의 감정까지 오르락내리락하게 놔두지 않는다면, 당신은 더 좋은 부모가 될 것이다. 당신이 할 일은 나머지 가족, 특히 아이의 형제자매를 위해 차분하고 안정되고 온화한 태도를 유지하는 것이다. 당신 자신의 감정을 억눌러야 한다고 얘기하는 게 아니며, 이에 대해서는 바로 앞의 장에서 얘기했으므로 이미 알고 있을 테다. 내 말은, 행복을 느껴도 괜찮다는 얘기다. 당신이 균형 잡히고 안정된 심리 상태에 도달하는 일에서 자기돌봄은 아주 중요한 부분이 될 터이다.

●경계성 성격장애가 있는 아이의 형제자매에 대해 말하면, 그들은 장애를 겪는 아이에게 당신만큼이나 영향을 받는데도 아직 어린 나이여서 정신이 미성숙하고 경험이 부족하기 때문에 그 문제에 제대로 대처할 수가 없

다. 그 아이들을 위해 시간을 내고 그들의 필요와 욕구에 주의를 기울이는 데 유념하라.

삶을 바꾸는 의사소통 기법

당신이 알아야 할 중요한 사실은 [경계성 성격장애가 있는] 사람들은 자신이 느끼는 것이 '말이 안 된다'고 해서 그 감정을 그냥 꺼 버릴 수는 없다는 것이다. 당신은 이렇게 믿기 쉽다. 경계성인 사람이 자기가 어떤 감정을 느끼는 이유를 정확히 짚을 수 없다면 그건 이유가 없기 때문임이 분명하며, 이런 사실을 그들에게 지적해 주기만 하면 그들은 그렇게 느끼는 걸 쉽게 그만둘 수 있으리라고. 하지만 그렇게는 되지 않는다. 감정의 촉발 요인이 뭔지 말할 수 없다 해서 그것이 존재하지 않는 건 아니다.

—셰리 Y. 매닝, 『경계성 성격장애가 있는 사람을 사랑하기
(*Loving Someone with Borderline Personality Disorder*)』

당신의 아이와 의사소통하는 새로운 방식들을 배우는 것은 당신과 그 애의 관계에서 아주 중요하다. 의사소통은 관계 맺기가 이루어지는 가장

큰 무대이며, 그것이 잘못될 때 폭발이 일어날 수 있고 관계가 악화된다. 의사소통이 잘될 때는 관계가 좋아진다.

대부분의 의사소통에서, 당신은 그리 많이 생각지 않고 하고 싶은 말을 해 버린다. 경계성 성격장애가 있는 사람과는 그렇게 할 수 없다. 말을 할 때 당신은 대화를 어떻게 시작하는 게 좋을지, 혹은 아이에게 어떻게 반응할지를 충분히 생각해 봐야 한다. 이 장에서 우리는 도움이 되는 의사소통 도구들과 당신이 사용하면 안 되는 한 가지 '도구'를 이야기하겠다.

● 인정(validation): 당신이 자기 말을 알아듣고 이해한다고 아이가 느끼도록 해 주는 것이다. 인정은 말로 하는 포옹과 같다. 예를 들어, "네 말을 들으니 너 아주 우울한 것 같아"라고 말하는 것이다.

● SET-UP(support, empathy, truth—understanding, perseverance. 지지, 공감과 진실—이해와 안내): 이 의사소통 도구는 말로 하는 포옹-(지지와 공감)으로 시작하여 진실을 말하는 것으로 끝난다('진실' 뒤에 '이해와 안내'가 왜 들어가는지는 뒤의 해당 절에 나온다.─옮긴이). 예를 들면 "선생님이 널 미워한다고 네가 느낀다는 걸 알겠어. 그래도 학교에는 가야지"라고 말하는 것이다.

● BIFF(brief, informative, friendly, and firm. 짧은, 정보를 주는, 친근한, 단호한): 이것은 의사소통 도구들 중 가장 엄격한 것이다. 당신이 말다툼할 기분이 아님을 나타내는 방식으로 아이에게 당신이 설정한 한계를 상기시키고 뭔가를 확고하게 말하는 데 도움이 될 수 있다. 이 도구는 글과 말에 모두 쓸 수 있다.

● JADE: 이 두문자어(頭文字語)는 당신이 해서는 안 되는 것들, 즉 'justify(정당화하기), argue(논쟁하기), defend (yourself)(자신을 변호하기), overexplain(지나치게 설명하기)'을 나타낸다. 이 네 가지 의사소통 스타일

을 사용하는 것을 '제이드하기(JADEing)'라고 하는데, 이러지 않는 걸 배우면 그것 자체가 대단히 유용한 기술이 된다. (위의 도구들의 이름은 각기 '셋업, 비프, 제이드'로 읽는다.–옮긴이)

이 의사소통 도구들을 더 자세히 다루기에 앞서, 중요한 기본적 의사소통 기술 몇 가지를 알아보자.

| 건강한 의사소통 기술들 |

상기하라. 경계성 성격장애가 있는 사람에게는, 그게 실제건 상상이건 자신이 버림받거나 거부당한다는 걸 알려 주는, 혹은 자신이 아무 짝에도 쓸모없다는 느낌을 유발하는 단어나 말투, 얼굴 표정 따위를 샅샅이 탐지하는 특별 레이더가 내장되어 있다. 그러니 이런 촉발 요인들을 피하는 여섯 가지 방법을 살펴보자.

1. 당신의 목소리의 억양, 얼굴 표정, 그리고 신체언어를 의식하라. 신체언어와 언어적 의사소통이 일치하지 않을 때, 듣는 사람의 마음속에서는 비언어적 의사소통(nonverbal communication)이 우선한다(비언어적 의사소통이란 말이 아니라 시선이나 얼굴 표정, 손짓, 몸짓, 자세, 상대와의 거리 등으로 메시지를 전하는 것이다.–옮긴이). 경계성 성격장애가 있는 사람들의 경우엔 더더욱 그렇다. 예를 들어, 당신이 즐거운 목소리로 얘기하지만 얼굴을 찌푸리고 팔짱을 끼고 있다면, 무슨 말을 하든 듣는 사람은 당신이 기분 상했다고 생각할 것이다. "오늘 네 방 청소 좀 하겠어?" 같은 간단한 말도 어떻게 하느

나에 따라 여러 가지 다른 의미를 함축할 수 있다. 팔짱을 끼지 말라. 상대가 앉아 있다면 서 있지 말라. 자세를 편안하게 하고 중립적인, 또는 긍정적인 쪽에 가까운 표정을 지으라.

2. **당신의 메시지에 집중하라.** 당신이 말하는 동안 아이는 화제를 바꾸려 들 수도 있다. 이는 그 순간 당신과 아이가 겪고 있는 문제가 두 사람이 벌이고 있는 언쟁의 주제와 관련된 게 아니라 두 사람이 싸우고 있다는 사실 자체에 관한 것이라는 신호다. 아이는 아마 어떤 이유로 마음이 상해서 그 화풀이를 당신에게 하는 것이며, 당신이 그러기에 안전한 대상이어서 그러는 것일 수 있다. 당신의 주의를 다른 데로 돌리려는 시도를 무시하라. 그냥 계속해서 차분하게 당신의 생각을 밝히고, 나중에나 아이가 거론한 주제로 돌아가라(그러는 게 적절하다면 말이다).

3. **단순화하라.** 이 책 앞부분에서 나는, 감정에 휩싸여 있는 동안 논리적으로 생각하려 하는 것은 암 관련 조직검사 결과를 기다리면서 수학 문제를 풀려 드는 것과 같다고 했다. 짧고, 간결하고, 명료하고, 단도직입적인 문장을 사용하라. 잘못 해석될 여지를 남기지 말라.

4. **서로에게 보낼 '잠시 휴식' 신호를 정하라.** 당신과 아이 중 하나가, 혹은 둘 다 과부하가 걸렸다고 느끼거나 대화가 통제 불가능하게 과열될 것 같아 보일 경우, 휴식을 취하고 싶다는 신호를 보내어 그 갈등의 사이클을 멈추라. 우리의 경험으로 볼 때, 아이는 감정의 강도가 1에서 10까지의 눈금 중 6에 이르면 더는 제대로 사고할 수가 없다. 둘 중 누구라도 잠시 쉬는 게 좋겠다는 신호를 보낼 수 있다. 그런 의미의 언어적 혹은 비언어적 신호를 두 사람이 합의하여 정하면 된다. 참고로, 내 남편과 나 사이의 그런 암호는 '바나나'다.

첸: 딸아이는 내가 뭔가에 대해 안 된다고 말하자 곧바로 대들었어요. 나는 타임아웃을 제안했죠. "내가 그 문제에 대해 생각해 볼 시간이 있을 때 얘기하자"라고요.

"왜 생각해 봐야 하는 거죠?" 아이가 묻더군요.

"요즘 나는 한 템포 늦추는 게 좋거든." 내가 설명했죠. 딸아이는 30분쯤 뒤에 멋쩍어하며 사과했어요.

다음날 아침 우리는 전날 밤의 언쟁에 대해 얘기했고, 딸아이는 이렇게 말했습니다. "내가 요구한 걸 엄마가 주지 않아서가 아니었어요. 전부 내 감정 때문이었지요." 내 딸 같은 사람들은 맑은 정신으로 있을 때면 자신을 더 잘 이해할 수 있어요.

5. 흑백논리와 '하지만'이라는 말을 피하라. '항상'이나 '결코, 절대로' 같은 말을 최소한으로 사용하라. '하지만, 그러나' 따위는 아예 쓰지 말라. 대신 '양쪽 다'나 '그리고' 같은 말들을 사용하라. 예를 들어, "네가 올B를 받은 건 좋았어, *하지만* 영어에선 낙제했잖아"라고 말한다면, '하지만'이 앞의 칭찬에 찬물을 끼얹는다. "네가 올B를 받아서 좋았어. 그건 정말 대단한 거야. 네가 무척 자랑스러워! 딱 하나 영어 F가 있는데, 그건 어떻게 된 거야?"라고 말해 보라.

6. '나' 진술('I' statement)을 하라. 아이의 말에 대답할 때, 무슨 일이 있었는지 설명한 다음 '너' 대신 '나'를 주어로 하여, 아이가 한 행동 때문에 당신이 어떻게 느끼는지를 이야기하라. 이것을 '나' 진술이라고 한다(『잡았다, 네가 술래야』에서는 이에 대해 "경계성 성격장애가 있는 사랑하는 이에게 당신이 반응할 때는 '너'에 대해서 말하지 말고 '나'에 대하여 말하라. … 당신이 자신의 감정과 동기를 설명하고, 다른 사람은 그 자신의 감정과 동기를 설명하도록 한다면 문제가 생길 소지

가 별로 없다'라고 했다.-옮긴이) 그러니 예컨대 "땅콩을 다 먹다니, 넌 이기적인 아이야"라고 말하지 말고 *"내가* 땅콩을 가지러 가 보니 하나도 없더라. 땅콩이 다 없어져서 *나는* 정말 실망스러웠어. 난 땅콩을 정말 먹고 싶었거든"이라고 말하라. 이런 방식의 의사소통은 상대를 비난하는 느낌을 덜 준다.

자녀와 순조롭게 대화를 이어가는 데 도움이 될 간단한 의사소통 방법 몇 가지를 살펴보았다. 이제 이 장 첫머리에서 언급한 네 가지 도구를 하나하나 다룰 텐데, 그에 앞서 당신이 불안하거나 숨을 좀 돌려야 할 때 스스로 실행할 수 있는 기술 한 가지를 소개하겠다.

복식호흡

아이와 힘든 대화를 하려 할 때, 가장 먼저 하면 좋을 일은 당신 자신을, 그리고 당신의 감정을 달래는 것이다. 얘기를 시작하기 전에 복식호흡을 몇 번 하라. 복식호흡, 즉 횡격막 호흡(diaphragmatic breathing)은 다용도 주머니칼처럼 만능 도구다. 불안할 때, 스트레스를 받을 때, 잠을 자야 할 때, 명상할 때, 차 안에서, 또는 하루 종일 스트레스를 받고 나서 쉬어야 할 때, 복식호흡을 하면 좋다.

눕거나 앉아서 편안한 자세를 찾으라. 한 손은 배에 놓고 다른 손은 가슴에 놓는다. 당신의 배가 풍선이라고 상상하며 공기를 조금씩 마셔서 배꼽이 당신이 마주한 천장이나 벽을 향해 부풀어 오르게 하라. 그러고는 공기를 내쉰다. 평소에 호흡하듯이 몇 번 숨을 쉬라. 숨을 들이쉬고 내쉴 때마다 배가 오르내려야 한다. 그런 다음 같은 과정을 반복하라. 기분이 좋아지거나 도움이 되는 동안은 이 호흡을 계속하라.

복식호흡을 하면 당신은 스트레스 반응과 맞서 싸우고 지금 이 순간에 집중할 수 있게 된다(Bergland 2017). 또한 마음이 차분해지며 상호작용의 속도가 느려져서, 당신은 더 많은 시간을 갖고 어떤 의사소통 기법을 사용할지, 무엇을 말하고 싶은지에 대해 생각할 수 있다. 이 도구를 잘 연습해서 몸에 배도록 하라. 직장에서 좌절감을 느낄 때, 초조할 때, 혹은 화가 날 때 복식호흡을 해 보라. 치과에서 드릴링을 할 때도 해 보라(내가 해 봤는데, 도움이 되었다). 배우자와 의견 충돌이 있을 때도 하라. 이렇게 하다 보면 경계성 성격장애 아이와의 위기가 닥쳤을 때 준비가 되어 있을 것이다.

| 인정 |

인정(validation, '타당화'라고도 한다.—옮긴이)에는 자녀의 감정에 귀를 기울이면서 온전히 관심을 쏟고, 그 감정을 당신 자신의 말로 반사해 주며, 당신이 아이의 내적 경험을 완전히 이해했는지 확인하기 위해 질문을 하는 일이 수반된다. 아이의 감정(생각이나 행동이 아니라 느낌)을 인정할 때, 당신은 그 감정을 철저하게 수용할 뿐 아니라 당신의 아이도 온전히 받아들이게 된다. 당신은 "지금 네 느낌이 굉장히 강렬하다는 걸 알겠어. 그것 때문에 넌 분명 아주 힘겨울 거야"라고 말하는 셈이다. 그리고 이렇게 말하는 것일 수도 있다(진심이 이렇다면). "내가 네 입장이라면 나도 그렇게 느낄 거야."

자신이 단절되고 고립되었으며 아무런 가치도 없다고 느끼는 아이에게, 상대가 자기 말을 들어 주고 이해해 주는 것은 삶을 바꾸는 일일 수 있다.

어느 엄마는 자신이 우리의 조언에 따라 처음으로 딸의 감정을 인정해 주었을 때, 딸은 마침내 이해받았다고 생각해 울음을 터뜨렸노라고 내게 말했다. 경계성 성격장애가 있는 사람들은 끊임없이 좌절감을 느끼는데, 그건 아무도 그들의 고통이 얼마나 깊은지, 그들이 어느 정도로 자신이 무가치하다고 느끼는지를 이해 못하기 때문이다. 자신의 생각과 느낌을 전혀 헤아려 주지 않는 말을 들을 때 당신의 아이는 자기가 사람들의 눈에 보이지 않고, 오해받으며, 가치를 인정받지도, 사랑받지도 못한다고 느끼게 된다.

동의하지 않아도 인정해 주기

상대를 인정해 주기 위해 꼭 그의 생각이나 행동에 동의할 필요는 없다. 어떤 사건에 대한 누군가의 경험을 *인정한다*는 것이, 같은 일이 당신에게 일어난다면 당신도 똑같이 느끼리라는 걸 의미하지는 않는다. 인정한다는 것은 당신 아이의 감정(직접 드러낸 감정과 말로 표현된 감정 모두)에 귀 기울이면서 온전히 관심을 쏟고, 그 감정을 당신의 말로 정리해 아이에게 들려주고(반사), 그런 감정이 그 애에겐 진짜라는 사실을 알아주고, 그런 식으로 느껴도 괜찮다고 아이에게 말해 주는 것이다. 당신은 아이가 그런 식으로 느껴 *마땅하다*고 생각지 않을 수도 있으며, 특히 그 감정이 당신에 관한 것일 때 그렇다. *하지만 당신의 아이는 그렇게 느끼고, 느낌에는 IQ가 없다.* 당신의 현실 너머로 손을 내밀고 아이의 손을 편안하게 잡아 주라. 아이는 장애가 있고, 치료를 하지 않으면 당신의 현실로 올 수 없기 때문이다.

중요한 점 한 가지. 자녀가 당신에게 말하는 방식(목소리를 높이거나 욕을 하는 것을 비롯해 당신에게 많은 스트레스를 일으키는 언행)이 불편하게 느껴진다면, 아이가 진정되어서 의미 있는 대화를 나눌 의향을 보일 때까지 기다리라. 그리고 이렇게 말해 보라. "난 네가 무얼 어떻게 느끼는지에 신경을 많이 써. 네가 걱정하는 것들에 대해 같이 얘기해 보고 싶어. 하지만 지금보다는 상황이 안정된 뒤에야 마음 편히 얘기할 수 있을 것 같구나." 여기서 "네가 소리 지르는 걸 멈추면"이라고 하지 않았다는 데 주목하라. 비난이 담긴 그런 말을 아이는 도전으로 받아들일 것인데, 당신의 목표는 일단 대화를 끝내고 상황을 진정시키는 것이다. 이렇게 말해 볼 수도 있다. "한 시간 뒤에 다시 얘기하자. 그때 너의 걱정이 뭐고 느낌이 어떤지 듣자꾸나."

인정의 세 단계

사안을 단순화하기 위해 자녀를 인정해 주는 과정을 다음의 세 단계로 정리했으니 시도해 보라(Manning 2011).

1단계: 지금 이 순간에 집중하며 당신의 몸 전체로 얘기를 들으라. 아이에게 온 관심을 기울이고, 당신의 신체언어에 주의하라. 아이가 앉아 있으면 앉고, 아이가 서 있으면 서라. 당신의 얼굴 표정을 의식하라. 표정에서 배려와 걱정이 보여야 한다. 아이의 말을 들으면서 당신이 어떤 판단도 내리지 않는 것이 아주 중요하다. 아이는 당신을 자신의 삶에 들이고 있는 것이니, 존중을 표하라.

2단계: 자녀의 말을 주의 깊게 들은 다음, 아이의 감정을 조금 다른 표현을 사용해 아이에게 반사해 주라. 그 상황에서 아이가 느낄 수 있는 다른 감정들이 무엇일지 짐작할 수 있다면, 그것에 대해 물어보라. 더 알기 위해, 그리고 당신이 듣고 있다는 걸 보여 주기 위해 질문을 하라.

3단계: 당신의 아이가 보이는 감정적 반응을 다른 사람들도 보일 수 있는 정상적인 것으로 표현하라. 실제로 그렇다면 말이다. 당신도 그런 상황에선 같은 식으로 느끼게 될지 숙고해 보라. 같은 식으로 느끼리라고 생각되면, 아이에게 그렇게 말하라. 당신 자신은 그렇게 느끼지 않을 거라고 생각하지만, 문제의 사건이나 상황에서는 아이가 마음 상하고 흥분할 수 있다는 걸 알 경우엔 이렇게 말할 수 있다, "내가 봐도 이건 딱 네가 정말 속상할 그런 일이네." (이 말은 언제나 진실이다.) 여기서 관건은 아이의 상태를 병적인 것으로 묘사하지 않고, 또한 아이에게 뭔가 결함이 있는 것처럼 들리게 하지 않으면서 그 애의 행동을 이해할 만한 것으로 얘기하는 방법을 찾는 것이다. 아이의 감정을 정상적인 것으로 표현하는 몇 가지 예문을 보자.

- 우리 모두 그렇게 느낄 때가 있어.
- 많은 사람이 그렇게 느낄 거야.
- 누구라도 그렇게 느낄 거야.
- 그건 이해할 만한 반응이야.

인정하기를 활용하는 예를 하나 보자. 당신의 딸 캐리는 오빠 조시의 친구들이 그에게 특별히 마련한 야유회에 함께 가자고 하면서 자신은 초대하지 않아 속이 무척 상했다고 하자. 캐리는 따돌려지고 거부당했다고 느껴서 외롭고 비참하다. 그래서 저녁에 늘 하던 일인 식탁의 접시 치우기를 하지 않고 네 시간 동안 자기 방에 틀어박히는 것으로 반응한다. 그러다 반은 화가 나고 반은 체념한 상태로 방에서 나와 조시에 대해 불평을 늘어놓는다.

조시에게는 자기만의 친구들이 있으며 얼마든지 캐리를 빼 놓고 그들과 재미있게 놀 수 있다고 당신이 생각한다는 사실은 딸아이의 느낌을 인정해 주는 일과는 무관하다. 인정은 딸아이도 같이 갔어야 하는지 여부, 그 애가 보인 반응의 강도, 또는 그 애가 꼭 방에 틀어박혔어야 했는지 여부에 관한 게 아니다. 인정은 단지 그 애가 바로 지금 느끼고 있는 감정과 그 감정에 대한 당신의 반응에 관한 것이다.

그러니 당신은 어떻게 해야 할까? 캐리가 자기 방에서 나오면, 잠깐 시간을 내서 뭐가 문제인지 당신에게 얘기할 마음이 있는지 물어 보라. 상황을 봐서 괜찮을 것 같으면 거실에 함께 앉으라. 그러고는 다음과 같이 한다.

1. *얘기를 나누는 매 순간에 집중하고 온몸으로 들으라. 어떤 평가나 판단도 내리지 말라:* "오빠에게 너무나 화가 나!" 캐리가 말한다. 눈물이 두 뺨으로 흘러내린다. "내가 못 가는 건 너무 불공평해. 이제 나는 아무데도 갈 데가 없고, 집에 갇혀 있으니 따분하고 속상하고, 내 친구들은 이미 계획이 다 있고, 나는 그 애들에게 호수에 놀러 갈 거라고 이미 얘기했단말이야!"

2. *캐리의 말을 주의 깊게 들은 다음, 아이의 감정을 조금 다른 표현을 사용해 아이에게 반사해 주라. 그 상황에서 아이가 느낄 수 있는 다른 감정들이 무엇일지 짐작할 수 있다면, 그것에 대해 물어보라:* "아이고 우리 딸, 네가 거길 못 따라가서 정말 실망하고 속상했구나. 갔으면 즐겁고 재미있었을 텐데 말이야. 일이 그렇게 되어서 정말 안됐구나."

3. *캐리가 보이는 감정적 반응을 다른 사람들도 보일 수 있는 정상적인*

것으로 표현하라. 캐리 같은 성장 배경을 지닌 사람은 특히 그렇다는 말
도 덧붙이라: "나한테 그런 일이 생겼다면, 나 역시 실망했을 거야. 네가
그릇 치우는 걸 내가 도와주면 어떨까. 그리고 네가 좋아하는 밴드의 음
악을 같이 들을 수도 있고, 그런 다음엔 또 영화를 볼 수도 있겠지. 오늘
이 3일이니까 스트리밍 서비스들에 새 영화들이 다 올라와 있어." (캐리가
싫다고 하면 이렇게 말한다, "한 시간 뒤에 다시 물어볼게." 캐리 대신 그
릇을 치우지는 말되 캐리에게 평소보다 시간을 많이 주어서, 그날 안에만
그릇을 치우면 되게 하라.)

인정의 뜻을 담은 질문과 진술들

다음의 질문과 진술들 중 일부는 공인 임상 사회복지사인 어맨
다 스미스의 블로그(hopeforbpd.com) 포스트 「인정의 뜻을 담은 37
가지 진술(당신이 무슨 말을 해야 할지 모를 때를 위한 즉석 커닝 쪽
지)」(Smith 2020)에서 가져온 것이다.

인정의 뜻을 담은 질문들
- 그러곤 어떻게 됐어?
- 너는 어떤 느낌이야?
- 정확히 무슨 일이 있은 거야?
- 넌 안전해?
- 좀 더 얘기해 줄 수 있어?
- 나한테 화났어?

●이해를 못 하겠어. 내가 이해하도록 도와줄 수 있어?

●내가 어떻게 도와줄까?

●전에 이런 기분일 때가 있었어?

●내가 그냥 들어만 주면 좋겠어, 아니면 널 도와줬으면 좋겠어?

●그 일이 너에게 어려웠어?[속상했어? 끔찍했어? 힘들었어?]

●그 일 때문에 너는 실망했어?[외로웠어? 슬펐어? 걱정했어? 화났어?]

●그 일 때문에 너는 정말 좌절감을 느꼈어?[역겨웠어? 놀랐어?]

●너 슬픈[창피한, 짜증이 난, 불안한, 겁먹은, 따분한, 무관심한] 것처럼 들려. 그렇게 느끼는 거야? 지금 우울해?[분해? 재미있어? 혼란스러워? 샘이 나? 죄책감을 느껴? 부끄러워? 애정을 느껴?]

인정의 뜻을 담은 어구들

●와, 무척 힘들겠구나.

●정말 불쾌한 일이네!

●그건 말도 안 돼!

●답답하기 짝이 없는 일이군!

●정말 곤란한 상황이구나.

●저런, 그게 너한테 얼마나 의미가 큰 건지 알아.

●네가 노력하고 있다는 걸 알겠어.

●네가 얼마나 애쓰고 있는지 알겠어.

●이것이 네게 중요하다는 걸 알겠어.

- 네가 지금은 언니에 대해 기분이 별로 좋지 않다는 걸 알겠어.
- 네가 무슨 생각을 하고 있는지 말해 줘.
- 네 말을 들으니[네 표정을 보니] 네가 화났다는 걸[기뻐한다는 걸, 슬퍼한다는 걸, 무서워한다는 걸] 알겠어.
- 그러니까 네가 지금 하는 말은, 이 일이 일어났을 때 네가 화가 났다는[기뻐했다는, 슬퍼졌다는, 무서워졌다는] 거야?
- 네 목소리를 들으니[눈물을 보니] 네가 화났다는 걸[기뻐한다는 걸, 슬프다는 걸, 무서워한다는 걸] 알겠어.
- 그렇게 믿는다면 넌 분명 끔찍한 기분일 거야. 이 일 때문에 네가 기분 상해서 정말 미안해[안됐구나].

사랑과 지지를 담은 어구들
- 난 너를 믿어.
- 우리는 이 상황을 잘 견뎌 낼 거야.
- 내 인생에 네가 있어 줘서 고마워.
- 우리는 이 일에서 한 팀이야.
- 네가 화내는[기뻐하는, 슬퍼하는, 무서워하는] 것도 당연해.
- 네가 ＿＿＿라고 생각하는 것도 당연해.
- 너의 오전[오후, 하루, 밤]에 관해 듣고 싶어.
- 내가 보니까 너는 ＿＿＿하더구나.
- ＿＿＿하는 데 네 도움이 필요해.
- 내가 믿을 수 있는 사람이 되어 줘서 고마워.

> - 네가 ____ 했을 때 그건 내게 의미가 아주 컸어.
> - 나는 ____ 할 수 있는 네 능력을 높이 사.
> - 우리가 함께 이 문제의 해결책을 찾을 수 있다고 생각해.
> - 나는 네가 자랑스러워.

인정할 때 흔히 저지르는 실수

이 장에서 소개한 인정 기법을 실제로 써 보려 할 때, 다음과 같은 흔한 실수들에 주의하라.

문제 해결로 건너뛰는 것. 부모들은 아이의 문제를 해결하는 일에 곧바로 나서려는 충동을 잘 참지 못한다. 하지만 해결해 달라고 스스로 말하지 않는 한, 그건 아이가 당신에게 원하는 게 아니다. 당신이 그러는 것은 첫째, 아이를 인정해 주는 일이 아니며, 둘째, 아이가 자신의 문제를 해결할 수 없다고 암시하는 셈이기 때문이다. 만일 당신에게 이런 경향이 있다면, 아이가 이야기하는 상황에 대한 관심을 좀 줄이고(아이의 감정을 인정하는 일에서 그런 건 중요하지 않다), 그 아이의 감정에—그게 표현된 것이든 아니든—바짝 귀를 기울이라.

아이의 감정에 대해 얘기하지 않는 것. 많은 부모가, 인정하는 일이 갖는 의미와 중요성을 완전히 놓치고 반응하기로 바로 넘어간다. *인정을 할 때는 문제의 상황이 정확하게 어땠는지에 대해서는 잊으라.* 당신 자신을 아이가 느끼고 있는 감정을 콕 짚어 내려 하는 탐정이라고 상상하라. '느

낌과 감정의 목록'이라는 어구를 사용해 온라인 검색을 해 보라. 그렇게
해서 찾은 목록은 자녀가 하는 말을 늘 똑같이 반복하지 않고 표현을 바
꾸어 말하는 데 도움이 된다.

부모 자신이 동의하지 않는 것들도 '인정'해 줘야 한다고 생각하는 것.
다시 말하지만, 인정은 생각이나 견해, 행동과 아무 관계가 없다. 인정은
실증적 진실이 아니라 아이의 내적 현실에 관한 것이다. (앞쪽 박스 '동의하지
않아도 인정해 주기' 참조. -옮긴이)

감정이 촉발되어선 그것을 대화에 개입시키는 것. 때로 아이는 당신에
게 화를 내거나 마음이 상할 것이다. 이럴 경우, 설명을 늘어놓거나 자신
을 변호하거나 아이의 억측을 바로잡으려 들지 않으면서 아이의 감정에
반응하는 데는 연습이 필요하다. 만일 아이가 잘못 생각하고 예컨대 "엄
마는[아빠는] 날 사랑하지 않아요"라거나 "제게 엄마가[아빠가] 필요할
때 곁에 있어 준 적이 없잖아요"라고 말한다면, 이렇게 대답해 보라. "내가
그게 사실이라고 생각한다면, 나 같아도 너처럼 ＿＿＿＿할 거야[밑줄 부분
은 아이가 보이고 있는 감정]." 나중에 "난 정말 널 사랑해" 같은 말을 하
면서 아이의 오해를 바로잡을 기회가 있을 것이다. 이러지 않고 당신이 아
이의 말을 반박하고 나선다면, 그 애를 인정해 주지 않는 것으로 보일 테
다. 아이에게 너는 나름의 느낌을 가질 권리가 없다고 말하는 것과 같다
는 얘기다. 간단한 규칙으로 요약하자면, "그게 사실이라면…"이라는 어
구를 넣어 말하는 걸 잊지 말라.

올바른 어조를 사용하지 않는 것. 인정해 주는 일이 이따금은 어려울

수 있지만, 그렇다 해도 너무 기계적인 말로 들리지는 않도록 주의하라. 아이가 당신을 속상하게 만들 때라도, 당신은 걱정하고 배려하는 어조로 말해야 한다. 그렇게 하기가 때로는 어려울 것이다. 연습을 하라.

절대로 아이에게 인정을 거부하지 말라

누군가를 '인정해 주지 않는다(invalidate)'는 것은 그 사람의 감정을 부정하거나, 그런 감정을 느낄 이유가 없다고 말하거나, 그 사람을, 또는 그 사람의 말을 진지하게 받아들이지 않는다는 걸 의미한다. 여기에 인정해 주지 않는 진술의 몇 가지 예가 있다(Hall and Cook 2012).

- 버릇없이 굴지 마. 할머니를 안아 드려.
- 넌 괜찮아질 거야.
- 왜 ____에 대해 흡족해하지 않는 거야?
- 넌 아직 배가 고플 리 없어.
- 바보같이 굴지 마. 많은 사람이 널 좋아해.
- 너는 더 ____해야 해.
- 그건 그리 대단한 일이 아니야.
- 네 언니는 이 일을 혼자 할 수 있잖아. 넌 왜 못하는 거니?
- 난 이해해. (당신에게도 경계성 성격장애가 있는 게 아니라면 이런 말을 하지 말라. 당신은 아이의 입장에 서 본 적도, 서 보았을 수도 없다.)
- 이 일에 그렇게 아기같이 굴지 마.
- 넌 핫도그에 머스터드소스 뿌리는 걸 좋아하잖아.
- 아니, 난 화나지 않았어(당신이 화난 게 분명해 보일 때).
- 이 일에 그렇게 속상해하면 안 돼.

- 네가 ____을 무서워하다니 놀랍네.
- 진정 좀 해.
- 그렇게 느낄 이유가 없어.
- 너는 너무 ____ 해.
- 그렇게 부정적으로 말하지 마.
- 내일이 되면 기분이 나아질 거야.
- 난 네가 이렇게 해야 한다고 생각해. (이렇게 말하는 대신, 상대가 당신에게 도움이나 의견을 구할 때까지 기다리라.)
- 너는 ____ 하게 느껴야 돼.
- 그렇게 말하지 마. 진심이 아니잖아.
- 너는 아주[너무] ____ 해.

다음과 같은 언행도 피해야 한다.

- 아이가 어떻게 행동했어야 하는지 설명하는 것
- 대화를 당신 얘기로 돌리는 것
- 아이에게 충고나 조언을 하는 것
- 아이의 생각이나 느낌을 비웃거나 아이에게 잘난 체하는 것
- 아이가 있는 자리에서 그 애를 무시하는 것
- 해도 되는 일은 뭐고, 하면 안 되는 일은 뭔지 아이에게 말하는 것
- 철학적으로 말하는 것("삶은 공평하지 않아.")
- 논리와 이치를 따져 가며 아이의 감정을 반박하는 것("그건 그렇게 대단한 일이 아니야.")
- 아이가 그 자리에 없는 것처럼 말하는 것

●당신 아이의 감정에 대해 본인의 허락도 없이 다른 사람들과 얘기하는 것

기억하라. 아이의 느낌, 생각, 혹은 행동에 꼭 동의해야 그것들을 인정할 수 있는 건 아니라는 점을. '네 상황을 알겠어. 네 말을 이해해. 네게 마음 쓰고 있어. 너에게 공감해'라는 메시지를 전달하기만 하면 된다.

인정하기에 관한 다른 부모들의 조언

수전: 당신의 자아는 한쪽으로 제쳐 놓아야 마음 상해서 반응하지 않고 아이를 인정해 줄 수 있습니다.

크리스틴: 누군가를 인정한다는 건 그 사람이 틀렸다고 생각될 때 그렇게 말해 주려는 충동을 물리치는 걸 의미합니다. 당신 자신과 당신의 행동을 변호하지 않기란 어려운 일이지요. 하지만 내 경험으로 보면 이런 방식은 백이면 백 효과가 있어요. 아들아이와의 말싸움을 피하는 데는 그 애의 느낌을 그대로 인정해 주는 것만 한 게 없습니다.

그레이스 리: 그게 우스꽝스럽게 느껴질 때도, 어쨌든 하세요. 식탁을 차리라고 시켰다 해서 아이가 마치 세상이 끝나는 것처럼 야단법석을 할 때라 해도요. 아이의 행동이 아니라 느낌을 인정해 주세요.

다이애나: 내가 줄 수 있는 가장 큰 힌트는 진실되라는 거예요. 당신의 아이에겐 인정이 필요하다는 사실을 믿으세요. 나는 엄청난 변화를

봤어요. 아이는 갈등을 확대하는 행동을 더는 하지 않았어요. 인정하는 것은 정말 상황을 완전히 바꿔 놓았어요.

게이츠: 인정해 주는 법을 배우는 일에서 가장 힘든 부분은 아이에 대한 나의 감정적 반응을, 그리고 양육이나 아이들과 관련된 나 자신의 촉발 요인들을 조절하면서 딸아이와 그 애의 감정에 집중하는 요령을 익히는 것이었어요.

프랜: 아이와 나의 의사소통이 개선된 것은, 내가 원하는 것을 일단 적은 다음 아이의 귀 기울여 듣는 능력, 이해하는 능력을 고려하면서 그걸 고쳐 썼을 때부터였어요, 말할 필요도 없이 그 두 버전은 아주 달라요.

| SET-UP(셋업) |

의사소통 도구의 하나인 SET-UP(support, empathy, truth—understanding, perseverance. 지지, 공감과 진실—이해와 인내)은 순간적으로 판단을 내려 반응하고, 감정적이며 비생산적인 상호작용에 끌려드는 걸 피하고 싶을 때 도움이 된다(Kreishman 2018). 이름 중간에 들어간 대시(—) 때문에 헛갈린다면, 이 두문자어를 '이해와 인내를 바탕으로 한 지지와 공감과 진실'로 풀어 읽으면 된다. 이 의사소통 도구를 사용하면 당신이 사랑하는 사람이 살고 있는 현실을 인정하면서도 그 사람을 당신의 현실로 데려올 수 있다. 인정이라는 도구가 그런 것처럼, SET-UP 또한 당신의 자녀에게 '난 너에게 마음을 쓰고 있어, 그리고 너에게 공감해'라는 뜻을 명확하게 전달한다. 하지만 인정과는 달리, 이 도구의 'T(진실)' 부분은 '나에게도 현실이 있고, 그것은 이러저러해'라는 뜻도 전달한다. 이 진실 부분은 '진실 진술'을 사용하는데, 이것은 또한 '이제 이렇게 될 거야', 혹은 '우리는 이런 식으로 일을 처리할 거야'라는 뜻을 내포하기도 한다.

SET-UP 도구에는 세 단계가 있는데, 이 단계들을 차례대로 따르는 것이 아주 중요하다. 그러지 않으면 이 도구가 무의미해진다. 경계성 성격장애가 있는 자녀를 상대로 SET-UP을 쓰기 전에, 이것의 사용이 자연스러워질 때까지 친구 및 가족 구성원들과 시험해 보는 게 좋다. 피드백을 받으면서 도구에 익숙해져라. 익숙해질 때까지는 위험부담이 낮은 상호작용에서만 아이에게 이 도구를 사용하라.

1단계—지지(support): 지지 진술은 대개 '나'로 시작하며 염려와 돕고 싶다는 바람을 표현한다. 이 진술은 '네 기분이 나아지도록 도우려고 노력하는 일이 내게는 중요해', 혹은 '이 문제가 네게 중요하다는 데 마음을 쓰고 있어'라는 뜻을 내포해야 한다. 아들아이가 버스를 놓치는 바람에 직장에 지각하게 생겨서 엄마가 차로 바래다주었으면 하지만 엄마는 그럴 수 없는 상황을 예로 들어 보자. 엄마는 이렇게 말한다. "그러니까 너는 내가 널 직장까지 태워다 주길 바라는구나. 너의 일이 네게 중요하다는 걸 나도 알고, 네가 제시간에 출근하는 것이 중요하다는 데에도 동의해."

2단계—공감(empathy): '너' 진술을 사용해 공감을 표현한다. '너' 진술은 당신이 상대의 입장에 서서 그들의 눈으로 세상을 볼 수 있다는 걸 나타낸다. 위의 예를 이어 가 보면, 엄마는 이렇게 말한다. "버스를 놓쳐서 네가 얼마나 속이 탈지, 직장에 늦을까 봐 또 얼마나 걱정될지 상상이 가."

3단계—진실(truth): 진실 진술은 현재의 상황에 대처하기 위해 할 수 있는 선택들 중 현실성 있는 것들에 초점을 맞춘 것으로, 주관적인 판단을 하지 않는 방식으로 표현하는 것이 가장 좋다. 엄마의 진실 진술은 다음과 같을 수 있다. "하지만 난 30분 안에 직장에 가야 하고, 오늘은 늦으면 안 돼. 그러니 미안하지만 널 데려다줄 수가 없구나[진실]. 너는 다음 버스를 타고 출근하고, 늦어서 못다 하는 업무는 시간외근무로 보충하면 되지 않을까."

SET-UP 도구 중 '진실'은 당신의 아이에게 가장 어려운 지점이 될 텐데, 이것이 상황을 회피하려는 아이의 시도에 정면으로 맞서기 때문이다. 여기에서는 또한 실제적인 문제 해결이 필요하다(이것은 9장에서 다룬다). 당신은 책임성을 강조하는데, 이는 경계성 성격장애가 있는 사람에겐 쉽지 않다. 수치심 위에 또 수치심을 더하는 것이기 때문이다. 바로 그래서 '지지'와 '공감' 진술들이 아주 중요하다.

| BIFF(비프) |

BIFF(brief, informative, friendly, and firm. 짧은, 정보를 주는, 친근한, 단호한) 의사소통 도구는 계획 중인 목표가 있을 때 사용하는 도구다(Eddy and Kreger 2011). 우리가 누군가에게 행동의 한계를 상기시켜야 할 때, BIFF가 도움이 된다. SET-UP으로 당신의 생각을 충분히 이해시키지 못해서 그저 '미안해, 세상이 다 그런 거야'라는 말이나 최대한 기분 상하지 않게 해 주고 말아야 할 때, BIFF가 있다. 또한 상대가 당신과 합의를 이뤄 내는 데 보다는 자신이 옳다는 걸 내세우는 데 더 관심이 있어서 당신의 주장을 반박하는 데 필요한 말만 귀에 담으려 할 때, BIFF로 그 논의를 끝낼 수 있다. 다음은 그 방법에 관한 설명이다.

짧은(brief): BIFF 진술들은 다 짧은데, 그건 당신의 아이가 그 말에서 뭔가 논쟁할 꼬투리를 잡아낼 수 없게 하기 위해서다. 이 진술들은 또한 각기 하나의 문제만을 다루므로, 당신의 아이가 더 쉽게 이해할 수 있다.

정보를 주는(informative): 상대에게 알려 줘야 할 정보가 있을 때 BIFF를 사용한다. 예를 들면 "나는 2시에서 5시까지 영화관에 있을 거야" 같은 것이다. 간명하게 말하라. (그들은 조직검사 결과를 기다리고 있으며 한 번에 너무 많은 정보를 받아들일 수 없다는 걸 상기하라.)

친근한(friendly): 마음이 내키지 않는다 해도, BIFF의 정보 부분을 친근하고 존중하는 방식으로 말하라. 상대가 그러지 않는다 해도, 통상적인 인사치레의 말들을 사용하라. 예컨대 "부탁해," "고마워," 혹은 "너와 얘기해서 참 좋아"라고 말하는 것이다.

단호한(firm): '진실' 진술을 다른 해석의 여지가 없도록 아주 분명하게 하라. "네가 집에서 마약을 사용했을 경우엔 집을 나가야 한다고 내가 말했지. 넌 어제 마약을 했고, 지금 나는 너에게 다음 달 1일까지 집을 나가라고 요구하는 거야."

자녀가 뭔가에 반대한다면(그 목소리가 아주 요란할 수도 있다), 당신은 이렇게 말할 수 있다. "이건 힘겨루기 싸움이 아니야. 내가 옳다고 생각하는 결정을 하는 거지." 혹은 "이건 내가 너를 통제하려 들고 말고의 문제가 아니라, 부모로서 옳다고 생각하는 일을 하는 거야"

나는 스물네 살 된 딸과 사이가 굉장히 나빴지만, 14개월 된 손녀는 아주 많이 보고 싶었어요. 손녀는 태어나서부터 최근까지 제 엄마하고 우리집에서 살았거든요. 그래서 나는 딸과 손녀를 점심 식사에 초대했죠.

딸은 독설과 비난으로 응답했어요. 그때 나는 BIFF를 막 배운 참이었고, 그래서 제법 괜찮은 BIFF 반응을 생각해 냈어요. "네 마음을 이해해. 네 기분은 내게도 중요하단다. 너를 볼 수 있으면 좋을 텐데. 일요일 점심이 괜찮은지 알려 줘." 놀랍게도 딸은 흔쾌히 응답하면서 그 일요일에 나와 만날 시간과 장소를 제시했어요! 그게 효과가 있었던 거예요! 대단하게 말이죠! 나는 그 방법이 굉장히 마음에 들었고, 아주 행복했어요.

실생활에서 흔히 볼 수 있는 상황에서 BIFF를 사용하는 방법을 살펴보자.

당신이 보니 아들아이가 거실에서 텔레비전을 보고 있다. 당신은 그 옆에 앉아서 아이에게 잠깐 얘기할 수 있는지 묻는다. 아이는 좋다고 하고는 텔레비전 소리를 낮춘다. 당신이 말한다. "얘야, 너도 기억하겠지만, 개미가 꼬이니까 네 방에 음식을 두지 말라고 내가 말했지[정보를 주는 말]. 네가 일주일 동안 그렇게 해 줘서 나는 고맙게 생각해[친근한 말이자 아이가 잘한 일을 알아주는 것인데, 이런 인정은 아주 중요하다]. 방금 보니까 네 방에 음식이 담긴 접시가 있더구나[정보를 주는 말]. 지금 접시를 주방으로 가져가서 설거지를 할 수 있겠니? 방에

210

음식을 두면 안 된다는 걸 네가 명심하는 건 아주 중요해[정보를 주는 두 개의 진술]. 네가 그렇게 하지 않으면, 우리는 네가 음식을 방에 아예 가져가지 못하도록 하는 걸 고려할 수밖에 없을 거야[단호하고 정보를 주는 말. 그리고 이 대화 전체가 짧막하다].

아이가 어떻게 반응하든 계속 BIFF하라. 어떤 경우에도 아이에게 JADE하지 말라(이에 대해서는 바로 다음 절에서 배울 것이다).

글의 형태로 BIFF를 사용할 수도 있다. 고약한 이메일을 하나 상상하는 것으로 시작해 보자. 엘리자베스는 자신도 잘 이해 못하는 이유로 딸 알리나와 사이가 멀어졌으며, 두 사람은 몇 달 동안 서로 말을 하지 않았다. 어느 날 엘리자베스는 이런 이메일을 받는다.

엄마. 내가 엄마한테서 그 모든 걸 겪고 나서도 이런 편지를 쓰다니, 참 기가 막히는군요. 하지만 언젠가 내게 줄 거라고 했던 그 진주 목걸이를 지금 당장 줬으면 해요. 그 목걸이를 하고 싶어요. 내일 그 목걸이를 가지러 갈 수 있어요. 아침이 나을까요, 아니면 저녁이 나을까요? 내가 빌려 간 돈 얘기는 하지 마세요. 줄 때가 되면 줄 거니까요.

엘리자베스는 더할 수 없이 화가 났다. 딸이 그 목걸이를 원하는 건 내다 팔고 싶어서라는 걸 엘리자베스는 알고 있다. 그 목걸이는 집안에서 3대째 내려온 것이다. 엘리자베스는 알리나가 이런다는 게 믿기지 않는다. 그래서 화가 잔뜩 담긴 이메일을 썼다가 그냥 지워 버리는데, 자신의 목적이 딸에게 망신을 주는 게 아니라 그저 안 된다고 단호하게 말하는 것이라는 걸 깨달았기 때문이다. 엘리자베스는 문제를 단순하게 하기 위해 알리나가 자신에게 빚진 돈 문제는 제쳐 둔다. 그건 또 다른 문제다. 엘리자베스는 BIFF를 활용한 답장을 쓴다.

네 메일을 받아서 좋았어. 네가 잘 지내고 있길 바라[친근한 말]. 내가 그 진주 목걸이를 언젠가는 네게 주겠다고 말한 건 사실이야. 하지만 그렇게 말했을 때, 나는 네 아빠와 내가 세상을 떠났을 때에 대비해 작성한 유언으로(정확히 말하면 '생전신탁'으로) 그걸 물려주겠다는 걸 분명히 했지. 그런 세부 사항을 네가 잊은 것 같구나[정보를 주는 말]. 우리는 그 방식을 바꾸지 않을 거야[단호한 말]. 혹시 너를 연말연시 휴일 때도 못 본다면, 크리스마스와 새해를 즐겁게 보내라[친근하고 짧은 말].

| JADE(제이드) |

당신과 대화를 하는 사람이 당신의 입장을 듣거나 공정한 태도를 보이거나 협상을 통해 해결책을 이끌어 내는 데는 별로 관심이 없을 때가 있다. 그들은 당신이 무슨 말을 하면 당신의 입을 막고 당신의 주장에 반박하고 당신의 반대를 누르고 싶어 하며, 당신이 얼마나 잘못되었고 자신이 얼마나 옳은지 지적하고 싶어 한다. 대화가 이런 유형으로 진행될 경우에 특히 JADE라는, 의사소통 '도구'라기보다는 지침이 도움이 된다. 이것은 알아넌(Al-Anon)에서 처음 쓰기 시작한 용어다('알아넌'은 알코올 중독자로 인해 삶에 영향을 받는 가족과 친지들이 서로 돕고 격려하기 위해 만든 국제적 조직의 이름 'Al-Anon[Alcoholics Anonymous를 줄인 말] Family Groups'의 약칭이다. –옮긴이). 당신의 말을 은화처럼 아끼고 JADE하지 말라. JADE는 'justify, argue, defend, overexplain(정당화하기, 논쟁하기, 자신을 변호하기, 지나치게 설명하기)'을 뜻한다.

경계성 성격장애가 있는 스물일곱 살 된 여성 베키와 그녀의 어머니 메리 케이의 전화 대화를 한번 보자. 메리 케이가 인정하기와 SET-UP, BIFF를 어떻게 활용하는지에 주목하라.

베키: 엄마, 한 시간 후부터 네 시간 동안 제이니[메리 케이의 손녀] 좀 봐 줄 수 있어요? 저한테 제이니 장난감 몇 개와 피넛버터 샌드위치가 있어요. 제가 일하는 식당 매니저에게서 전화가 왔는데, 한 시간 전에 트레이시가 전화해 아파서 출근 못 한다고 했다면서 저더러 나오래요. 저도 새 타이어를 사야 했기 때문에 시간외근무가 필요해요. 자정에 퇴근하니까 새벽 12시 30분에 제이니를 데리러 갈 수 있어요.

메리 케이: 아, 애야. 네 전화를 받으니 좋구나[친근한 말]. 그런데 이번에는 제이니를 봐 줄 수가 없겠어. 다른 계획이 있거든[단호하게 말하되, 이유가 뭔지를 대면서 거절을 *정당화*하지는 않는다. 베키가 그런 이유보다는 자신의 상황이 더 중요하다는 식의 반론을 제기할 수 있기 때문이다]. 네가 늦지 않게 다른 베이비시터를 구할 수 있으면 좋겠구나. 시간외근무를 할 수 있다니 잘됐네[친근한 말]. [메리 케이가 '친근한 말'이라는 빵 두 조각 사이에 '단호한 말'을 넣어서 BIFF 샌드위치를 만든 방식에 주목하라.] 일이 너한테 얼마나 중요한지 알아. 네가 이런 어려움을 겪는 게 참 안타깝구나[SET-UP 도구 중 '지지']. 하지만 난 오늘 아이를 봐 줄 수가 없어[단호한 말. 메리 케이는 이 상황에서 SET-UP만 사용할 수도 있었지만, 베키에겐 좀 더 강한 대응이 필요하다는 걸 알았기 때문에 BIFF를 사용했다].

베키: 뭘 하는데 그렇게 중요하다는 거예요? 엄마 손녀를 돌보는 것보다 더 중요한 일인가요?

메리 케이: [JADE, 즉 '정당화, 논쟁, (자기) 변호, 지나친 설명'의 함정에 빠지지 않는다.] 네가 속이 많이 상하고 화도 좀 날 수 있다는 걸 알지만[인정하기], 네 질문에 대답하자면 난 다른 계획이 있어.

베키: 그러니까 그게 뭔데요?!

메리 케이: 다른 계획이라니까. [이 말을 필요한 만큼 반복하라.]

베키: 아빠는 어때요? 아빠는 분명 해 주실 거예요! [아빠는 베키를 위해서라면 언제나 모든 걸 제쳐 두었지만, 이제는 부모가 뜻을 같이해야 하며, 특히 한계를 정하는 문제에서는 더욱 그렇다는 걸 알게 되었다.]

메리 케이: 아빠는 옆에 계셔. 안 된다고 고개를 저으시는구나. [이 말은 한 번만 하고 다음으로 넘어가라.]

베키: 아빠 좀 바꿔 주세요!

메리 케이: 아빠는 여전히 안 된다고 고개를 흔들고 계셔. 이렇게 되어서 네가 힘들고 실망하리라는 건 알아[인정]. 우린 지금 나갈 준비를 하고 있어. 분명 굉장히 속상할 거야. 넌 지금 돈이 필요한데, 갑자기 도와줄 사람을 구하는 건 어려우니까 말이야[SET-UP 도구의 '공감'].

네가 곤란한 상황이라는 걸 알아. 힘들 거야[인정]. 실비아와 톰에게 부탁해 보면 어떨까? 도와줄 수 있을지도 몰라. 우리가 바빠서 미안하구나. 너도 미리 연락을 받은 게 아니란 걸 알지만[친근한 말], 워낙 막판에 부탁하니 오늘은 도움을 못 주겠구나[단호한 말].

베키: [어쩔 줄 몰라 하며] 엄마, 난 그 돈이 필요해요! 꼭 해야 하는 중요한 일이란 게 대체 뭐예요?

메리 케이: 우리는 사전에 계획이 있었어[정당화하거나, 논쟁하거나, 자신을 변호하거나, 지나치게 설명하지 않는다]. 애야, 다음에는 가능할 거야. 네가 다른 사람을 찾았으면 좋겠다. 네가 그럴 수 있으리라고 믿어[친근한 말].

베키: 제가 제이니를 낯선 사람에게 맡기면 좋겠어요? 마약을 하는 사람일지도 모르는데요? 제이니를 사랑하지 않으세요? 무슨 엄마 아빠, 무슨 할머니 할아버지가 그래요? [정서적 협박과 그 세 가지 도구인 두려움(fear)과 의무감(obligation)과 죄책감(guilt), 즉 FOG를 사용하고 있다. FOG는 다음 장에서 설명하겠다.]

메리 케이: [FOG를 못 들은 체하면서] 네가 애를 맡길 다른 사람을 찾아서 가욋돈을 좀 벌 수 있다면 정말 좋겠다[SET-UP 도구의 '지지']. 이 일로 네가 속이 상했다는 걸 알아[공감]. 예고도 없이 널 나오라고 했으니 네가 설사 출근 못 한다 해도 매니저는 이해할 거고 이 일로 널 나쁘게 생각하지도 않을 거야[다시 지지]. 아무튼 우린 도와줄 수가 없

고 지금 나가야 해[진실]. 곧 만나자. 사랑해[친근한 말]. 다 잘 될 거
야. [전화를 끊고 나서 벨소리를 꺼 버린다.]

| 자녀의 격노에 대처하기 |

격노(rage)는 그 대상이 되는 사람에게는 언제나 두려운 것이지만, 경계
성 격노는 그 강도가 차원을 아예 달리할 수 있다. 한 여성은 경계성 성격
장애인 사람이 격노하는 상황을 이렇게 묘사한다.

격노했을 때, 그녀는 악령이 쓴 것 같았어요. 두 눈이 산 사람의 것이
아니었어요. 그냥 텅 비었죠. 그녀는 내가 누구인지, 혹은 자신이 내게
어떻게 상처를 주고 있는지 알지 못했어요. 협상할 방법이 전혀 없었고,
이치를 따지거나 주장을 펼치며 얘기해 볼 방법도 전혀 없었지요. 그녀
는 이성적인 논의를 이해하지 못했습니다. 그녀의 말소리는 더 빨라지
고 비난조가 되며, 더 모욕적이자 깔보는 투가 되고, 더 비이성적, 편집
증적이 되곤 했어요. 어조도 무척이나 급하고 공격적이어서 마치 나에
게 다다다 총을 쏘아 대는 것 같았죠. 그녀는 주위를 왔다 갔다 하면
서 아주 위협적으로 행동했습니다. 내가 두려워하면 할수록 점점 더 가
까이 다가오면서요. 더는 예전에 내가 알던 사람이 아니었지만, 그래도
나는 그녀를 설득해 혼미에서 벗어나게 하려고 있는 힘을 다했어요. 하
지만 전혀 소용없었죠. 그 격노 때문에 내가 죽을 지경이 되어도 그녀는
자기 마음이 누그러질 때까지 분노를 다 쏟아 내야 하는 것 같았습니
다. (Kreger 2008, p.30-31)

격노한 아이는 고통 속에 있는 아이다. 그렇다 해도, 어떻게 해서든 당신은 그 회오리바람의 진로에서 빠져나올 수 있어야 한다. 상대의 그런 행동이 당신의 평안에 미치는 영향을 가볍게 보지 말라. 그건 마치 번잡한 도시에 살면서 집과 차의 문을 잠그지 않는 것과 같다. 다른 사람들에게 분노를 폭발시키는 것으로 자신의 좌절감을 해소하는 아이는 언젠가 폭언, 즉 언어적 학대를 넘어 신체적 학대를 시작할 수도 있다는 사실을 알아 두는 것 또한 중요하다.

첫째, 아이가 당신을 학대하는 걸 허용하지 말라. 자녀가 그 정도로 화를 낸다면, 즉시 당신 자신과 다른 가족 구성원들(특히 어린아이들)을 그 상황에서 벗어나게 해야 한다. 다른 방으로 갈 수도 있지만, 그 아이가 격노한 상태이고 통제가 안 된다면 아마 집을 나와 다른 곳으로 가야 할 테다. 여분의 자동차 키와 얼마간의 돈을 포함해, 당신이 지갑이나 핸드백을 챙기지 못할 정도로 급히 나가야 할 때 꼭 필요할 것들을 뭐든 모아서 비상용 '안전 키트'를 만들어 가까이 두라. 어디로 갈 건지 미리 잘 생각해 놓으라. 가까운 친구에게 전화해서 무슨 일이 생기면 그 집으로 가도 되는지 물어보라.

그렇다면 경찰에 전화하는 것은 어떨까? 우리는 그것을 최후의 수단으로 생각한다. 안타깝게도 필요한 경우가 있긴 하지만, 선택에는 언제나 신중해야 할 수단이다. '심각한 정신질환을 시기적절하게 효과적으로 치료하는 데 장애가 되는 법적 및 기타 여건들을 제거하는 데 헌신하는' 비영리단체인 치료옹호센터(Treatment Advocacy Center)에 따르면, 치료를 받지 않는 심각한 정신질환이 있는 사람들은 경찰의 개입이나 제지를 받을 때 자칫 죽음을 당할 가능성이 일반인에 비해 열여섯 배 높은데, 경계성 성격장애 자녀를 둔 부모라면 이런 사실을 알아 두는 것이 중요하다. 그리고 이런 위험성은 경찰의 인종차별적 폭력 행사 경향에 의해 더욱 증폭되게 마련이다. 예를 들어 하버드대학교 공중보건대학원의 2020년 연구에 따르면, 미국 흑인들이 경찰에게 죽음을 당할 가능성은 평균적으로 백인의 세 배가 넘는다고 한다. 또한 경찰을 부르면 이 장에서 다룬 의사소통 기법들을 사용해 완화할 수 있는 갈등을 되레 악화시킬 수도 있다. 그러므로 언제든 어디서든 가급적이면 경찰이 아닌 응급대응 서비스나 기구들에—당신이 사는 지역에 그런 것이 있다면—연락하는 걸 먼저 고려하고, 갈등이 최고도에 이르기 전에 상황을 완화하도록 노력할 것을 권한다(물론 우리 중 일부는 경찰 이외의 수단을 찾는 데 한계가 있다는 것도 인정한다).

상황이 그리 심각하지 않으며, 당신의 자녀가 1에서 10까지의 눈금에서 5 혹은 그 이하의 상태에 있다고 하자. 화가 나 있는 아이를 대화에 끌어들이려면 다음 조언들처럼 해 보라.

1단계: 복식호흡을 하고(이 장 앞부분 참조) 자신에게 긍정적인 말을 해 주면서 스스로를 달래라. 몇 가지 본보기를 들겠다.
- 나는 이 문제를 처리할 수 있어.
- 이것들은 그냥 말일 뿐이야.
- 이건 아이 자신이 아니라 경계성 성격장애가 말하고 있는 거야.
- 아이는 큰 고통을 느끼고 있는데 내가 안심되는 상대이기 때문에 그 고통을 엉뚱하게 나에게 돌려 쏟아 내고 있는 거야.

2단계: 목소리와 얼굴을 비롯해 당신의 신체언어가 편안하고 느긋해 보이도록 하라. 당신의 말이나 표정, 몸짓에 긴장이나 반감, 분노, 혹은 좌절 따위가 조금이라도 섞여 있으면 아이는 금세 알아차릴 것이다. 격노한 아이와 맞닥뜨릴 일이 생기기 전에, 스트레스가 낮은 상황에서 이 기술을 연습하라. 위기에 처하면 당신의 몸은 자동적으로 투쟁, 도피, 혹은 경직으로 반응할 것이기 때문에 미리 연습해 둘 필요가 있다. ('투쟁, 도피, 혹은 경직[fight, flight, or freeze]'은 인간을 포함한 동물들이 자신에 대한 공격이나 해로운 사건, 생존에 대한 위협 등에 직면했을 때 보이는 세 가지의 대표적인 생리 반응이다.-옮긴이)

3단계: 인정하고, 인정하고, 인정하라. 필요하다면 앞에서 설명한 의사소통 기법 SET-UP(이해와 인내를 바탕으로 한 지지와 공감과 진실)과 BIFF(짧은, 정보를 주는, 친근한, 단호한)도 사용하되, JADE(정당화하기, 논쟁하기, 자신을 변호하기, 지나치게 설명하기)는 하지 말라. 아이의 느낌을 인정해 주고 나서, 문제가 뭔지 물어보라. 아이가 당신에게 말하는 방식 때문에 당신이 불편함과 속상함 등등을 느끼니까 말을 더 부드럽고 정중하게 해야(당신이 원하는 바를 구체적으로 지적하라) 얘기를 들어 줄 수 있다고 반드시 말하라.

4단계: 아이의 격한 분노가 누그러지지 않는다면, 이렇게 말하라. "상황이 지금보다 진정되어야 너와 이야기할 수 있겠어." (혹은—이건 내가 권하는 것인데—두 사람이 함께 만든 타임아웃 암호가 있다면 그걸 사용하라). 앞의 말이 주어 선택 등 표현 방식에 따른 어감의 차이를 어떻게 이용하는지 눈여겨보라. "네가 지금보다 진정이 되어야"라고 말하지 말라. 아이가 감정적으로 흥분한 상태일 때는 어떤 종류의 비판도, 그 애의 감정을 인정하지 않는 어떤 말도 피해야 한다. 당신이 없어도 아이가 안전하다면 그 자리를 떠나라. 다른 방으로 가거나, 다른 층으로 가거나, 마당으로 나가거나, 기분을 좋게 해 줄 어딘가로 차를 몰고 가라.

5단계: 아이는 당신을 계속 끌어들이려 할 것이므로, 단호하게 아이가 진정할 때까지 기다리라. 예컨대 "우리는 한 시간 뒤에 이 얘기를 할 거야"라고 말하라. 이 시간은 당신이 정하는 것이지만, 한 시간도 그들에게는 영원이라는 사실을 명심하라. 그런 다음 자리를 떠나라.

6단계: 아이가 진정되면, 그 격노와 연계된 문제에 관해 얘기하라. 질문을 하라. 아이의 분노를 촉발한 것은 어떤 사건 자체가 아니라 그 사건에 대한 아이의 *해석*이었을 수도 있다. 예를 들면 학교나 직장에서 누군가가 아이를 모르는 체했는데, 아이는 그 행동의 이유를 가장 나쁜 방향으로 상정했을 수도 있는 것이다. 가능하다면 아이가 그와는 다른 설명을 생각해 보도록 이끌라. "그 사람이 널 못 봤을지 모른다는 생각은 해 봤니?" 하는 식으로 말이다. 이제, 분노를 터뜨린 걸 갖고 아이를 비난할 게 아니라 그 애가 마음을 가라앉힌 데 대해 긍정적인 말을 해 주고 어쩌면 뭔가 추가적인 특전도 주면서 아이에게 보상을 할 때다. 당신이 그럴 수 있을 때면 언제나 긍정적인 피드백을 주라. 당신이 어떤 한계를 설정했는데 아이가 그걸 지키지 않는다면, 다음 날까지 기다렸다가 두 사람의 '문제 해결 시간'에 그 일을 함께 얘기하라.

7단계: 당신 자신을 축하해 주라. 지금까지의 단계들을 밟을 때, 당신은 아이가 욕구좌절 내성(욕구가 좌절되는 상황을 견뎌 내는 성질. 2장의 '느낌' 절 참조-옮긴이)과 자신의 행동(격노)에 대한 책임성, 그리고 자기위로(그들은 당신 없이 스스로를 진정시켜야 한다) 능력을 키우도록 가르치고 있는 것이다. 당신은 또한 아이에게, 훗날의 파트너나 직장 동료를 포함해 어떤 사람도 남이 자기한테 그런 식으로 말하는 걸 용인하지 않으리라는 걸 가르치고 있다. 그저 다른 방으로 가거나 집 밖으로 나가 버리는 것만으로도 이처럼 많은 걸 배우게 할 수 있는 것이다. 당신은 경계성 성격장애의 특성을 잘 감안한 양육을 훌륭하게 실천하고 있다.

경계를 설정하기

경계성인 자녀가 성인이고 당신 집에서 살고 있는데 툭하면 격노하는 경우, 당신은 그 자녀를 집에서 내보내야 할 것이다. 그 자녀가 전화 통화에서 격렬한 분노를 터뜨린다면, 전화를 끊고 더는(혹은 설정한 시간 동안은) 통화를 하지 말라. 전화로 또 격노하면, 설정한 시간을 두 배로 늘려라. 자녀가 미성년자일 경우엔, 특전을 주지 않는 것으로 벌을 대신할 수 있다. 세 끼 식사와 잠잘 방만 제공하고 매일 밤 숙제 검사를 하는 식이다. (아이가 넘어서면 안 될 경계를 설정한다는 것은 곧 아이에게 허용할 수 있는 행동에 한계를 정하는 것이다. 타인과 자기 자신에게 양방향으로 적용되는 이러한 경계 즉 한계를 각 개인을 중심으로 본 개념이 『잡았다, 네가 술래야』에서 자세히 설명하고 있는 '개인적 경계[personal boundaries, personal limits]'다. −옮긴이)

격노발작(rage attack)에 대처하기 위해, 가능하다면 부모는 마치 탐정처럼 아이의 격노를 낳은 미지의 사건이나 행동이 뭔지 찾아야 한다. 아이의 격노발작이 언제 발생하는지에 대한 자료를 모아서, 그 애를 폭발시키는

것으로 보이는 공통 요소나 다른 무엇을 찾으라. 당신은 그게 뭔지 전혀 모를 수도 있다. 이런 일이 발생할 때마다 가능한 한 빨리 관련 상황을 추적하고, 발작의 한 원인이 됐을 수 있는 것을 안다면 그걸 기록해 두라. 예컨대 자녀의 근무나 수업이 끝난 직후 당신이 그 애에게 무슨 얘기를 했다는 것 따위다(Aguirre 2014).

"첫 단계는 예방이다. 여기서 무엇보다 중요한 점은, 경계성 성격장애가 있는 청소년들은 어떤 요소들이 자신을 그런 [격노] 사건에 취약하게 만드는지 알 필요가 있다는 것이다. 그런 격노가 잠을 제대로 못 자는 밤에 발생하는가? 약물의 영향으로 발생하는가? 특정한 친구들과 말다툼을 할 때인가? 기말시험을 볼 때나 스트레스를 많이 받을 때인가? 과민함과 기분변화의 조기 징후들을 알아채는 것이 상황이 더 악화되는 걸 예방하는 데 아주 중요할 수 있다. 어떤 면에선 부모들은 과학자가 되어서 이런 요소들에 관한 데이터에 주목해야 한다." (Aguirre 2014, p. 42).

다음은 격노하는 아이에 대처하는 데 도움이 될 다른 몇 가지 조언들이다.

● 자녀가 마다하지 않는다면, 5장에서 배운 긴장완화 기술들을 아이에게 가르칠 수도 있다. 아이가 안절부절못하는 것 같을 때, 그 기술들을 사용해 보라고 하라.
● 알고 있겠지만, 아이의 장애에 먹이를 주지 말라. 화난 아이에게 굴복하지 말라는 얘기다. 장기적으로 볼 때 그 아이에게 이득이 되지 않는다. 아이에게 지고 들어가는 것은 그 애가 다음에 뭔가를 원할 때 또 분노를 격렬히 터뜨리도록 부추기는 일이 될 뿐이다.

●약물치료를 고려하라. 경계성 성격장애를 전문으로 하는 정신과 의사와 상담하라.

●아이의 관심을 다른 데로 돌려 보라. 현재 일어나고 있는 일과 전혀 상관없는 뭔가에 대해 얘기하거나, 아이를 어떤 활동에 참여시키라. 이런 것들이 자칫 아이를 더 흥분하게 만들 수도 있으므로 신중히 해야 한다. 때로는 시시한 말장난이나 유치한 농담이 긴장을 깨는 데 도움이 될 수도 있다.

아들의 격노에 대처하기

아들이 내게 격렬하게 분노를 터뜨리며 큰 소리로 외설적인 욕설을 내뱉을 때, 나는 곧바로 집을 나가곤 했다. 이제 내가 제일 먼저 하는 일은 인정하고, 인정하고, 인정해 주는 것이다. 나는 아이에게 네가 내게 몹시 화가 났다는 걸 알겠다고 말하고는, 가만히 있으면서 아이가 말을 하게 둔다. 하지만 그의 격노가 너무 심해지고 인정도 효과가 없으면, 나는 그 자리를 뜨고는 아이가 자제력을 되찾을 시간을 준다. 그 사이에 아이는 물건 몇 개를 부술지도 모르지만, 적어도 나를 부수지는 못할 것이다! 그리고 시간이 좀 지난 다음 나는 돌아가서 자리에 앉아, 아이가 진정된 상태에서 하는 말을 들어 준다. 만일 상황이 악화돼서 신체적 폭력에까지 간다면, 나는 마지막 수단으로 경찰을 부를 것이다. 지금까지는 그럴 필요가 없었지만, 나 자신을 보호하기 위해서라면 그렇게 할 것이다.

| 욕설 |

자녀가 당신에게 욕설을 하거나, 끊임없이 당신을 비난하거나, 당신이 다른 사람에게 들었다면 참지 못했을 못된 말들을 해 댄다면, 당신 자신을 위해서뿐 아니라 아이를 위해서도 그런 행동을 멈추게 해야 한다. 이런 식으로 당신을 대해도 아무런 벌을 받지 않는다는 걸 알게 되면, 그 아이는 분명 다른 사람들도 같은 식으로 대할 것이다. 사람들을 고약하게 대하면, 아이는 세상살이에서 성공하지 못할 테다. 욕설이나 그 비슷한 행동에 대해서는 '내용 이전에 형식'이라는 규칙이 적용된다. 즉, 의사소통의 형식이 부적절하거나 무례할 때는 그 내용을 인정하지 않는 것이다. 이 경우, 그 형식은 폭언과 욕설이다.

당신이 경계성 성격장애에 대해 잘 아는 부모라 해도, 욕설이나 비난, 혹은 전반적으로 못된 행동이 당신에게 아무 영향도 못 미친다고 생각할 수 있다. 하지만 그렇지 않다. 우울해지고, 좌절감을 느끼고, 혼란스럽고, 절망감이 들며, 자신이 끔찍한 부모 같고, 스스로를 돌보기가 어려워지는 것은 자녀의 학대(그렇다, 그것은 학대다)가 당신에게 영향을 *미치고* 있다는 징후다. 만일 자녀가 당신에게 언어적 학대를 가한다면, 5장을 다시 읽은 다음, 거기서 제시된 자애명상 등의 자기돌봄 기법들 중 적어도 하나는 해 보겠다고 스스로에게 약속하라. 당신은 갈림길에 서 있다. 눈앞의 두 길 중 '자기돌봄'이라는 이름표가 붙은 길은 더 나은 미래로 이어지고, '지금과 똑같이 한다'라는 이름표가 붙은 길은 부모 역할의 실패와 심리적 와해로 이어져서 아이에게 줄 것이 하나도 남지 않게 되며, 아이 곁에 있고 싶은 마음마저 사라진다.

폴라: 나는 경계성 성격장애 아이를 위해 도움과 지지를 구하느라 다른 사람들을 지치게 했습니다. 보건의료 종사자들은 내가 잘 대처하고 있다고 생각하는 것 같았어요. 내 아이는 아주 공격적이었는데, 전문가라는 사람들이 내가 겪고 있는 학대를 이해하지 못했어요. 아무도 나에게, 내가 학대받는다고 느끼는지 묻지 않았어요. 내가 그 사실을 잘 숨겼는지도 모르죠. 자신이 부모 학대의 피해자라고 인정하는 데에는 수치심이 좀 따라요. 무능함, 실패, 가망 없음을 인정하는 것이니까요. 나는 굉장히 외롭고 죄책감을 느끼는데, 왜 그래야 하죠? 이건 말이 안 돼요.

그러니까, 나라고 왜 부모 노릇을 못 하느냐는 거죠. 그 일을 아주 훌륭하게 해내고 있는 듯한(표면적으로는요) 사람들을 주위에서 수도 없이 보는데 말이에요. 내 생각에는, 우리가 사는 지역사회(도시의 작고 부유한 동네였어요)에서 남들의 비판을 받을까 봐 늘 두려워했던 것 같아요. 그런 환경에 배어 있는 어떤 기대치가(기준이랄까요) 있었어요. 그리고 내가 상담사에게 학대에 관해 언급했을 때도, 그들은 그냥 무시해 버렸어요. 한 사람은 내 극기심을 칭찬하기까지 했죠. 그들이 관심을 둔 것은 아동 학대였고, 부모 학대가 실제로 엄연히 존재한다는 사실에 대해서는 거의 혹은 전혀 몰랐던 것 같아요. 나는 여전히 혼자예요. 아주 많이 외롭습니다.

폴라가 그랬던 것처럼 당신이 혼자이며 외롭다고 느낀다면, 다른 사람의 지지를 구하라. 언어적 학대에 홀로 맞서지 말고, 그것을 용납하지도 말라. 앞 절에서 얘기한 단계들이나 이 책의 다른 부분들에 나오는 기법들을 활용해 그것에 대처할 수 있다.

대니얼 로벨의 임상전문가 코너

당신의 자녀는 형식과 내용을 모두 사용해 당신과 의사소통한다. '내용(content)'은 그들이 말하는 단어들로 구성된다(예를 들어, "친구들하고 놀러 나가도 돼요?"). '형식(form)'은 그들이 당신에게 얼마나 공손하고 예의 바르게(예를 들면 소리 지르거나 사회적, 종교적으로 불경한 말들을 쓰거나 욕설을 하지 않고) 말하는가이다.

자녀가 용납할 수 없는 형식으로 당신에게 말할 때, 그 내용은 무시하고 이렇게 얘기하라. "네가 차분한 말투로 대화할 준비가 되면, 그때 다시 얘기할 거야." 그 애가 계속 거칠게 행동하면, 다른 방으로 가거나, 밖으로 나가거나, 차를 몰고 떠나고, 만일 이런 일이 늘 일어나며 자녀가 성인이고 주위에 매우 부정적인 영향을 미치는 존재라면, 당신은 법원에서 접근금지명령을 받아 낼 수 있다. 이 같은 가이드라인을 전화 통화에도 적용하라. 당신이 물러서지 않고 계속 이런 방식으로 대응한다면, 자녀는 뭔가를 원하거나 필요로 할 때 어쩔 수 없이 어조를 달리할 것이다(뒤의 9장에서 '경계[한계]'에 관해 더 자세히 얘기하겠다). 자녀와의 의사소통 문제에서는 언제나 형식이 내용에 우선한다는 것을 기억하라(Lobel 2018).

| 이 장에서 꼭 챙겨야 할 교훈 |

이 장에서는 당신이 경계성 성격장애가 있는 자녀와 의사소통을 더 잘하는 데 도움이 될 유용한 기법 몇 가지를 소개했다. 의사소통은 관계가 '일어나는' 곳이라는 걸 기억하고, 이 방법들을 완전히 터득할 때까지 공부하라. 의사소통을 하는 중에 책을 참고할 수는 없으므로, 당신이 신뢰하는 사람과 *미리 연습하라*. 자녀를 상대로 해서는 우선 가벼운 상황에서 써 보고, 이후 보다 복잡한 상황에도 적용하라. 긴가민가할 때, 혹은 상황이 가열될 때는 일단 인정부터 해 주라. 이것은 많이 할수록 좋다. 인정해 주는 일을 단어에 비유한다면 거의 정관사 'the'만큼이나 흔하게 쓰는 게 좋다는 얘기다. 뭔가 의견이나 주장을 제시해야 할 때라면, SET-UP을 사용하라. 이것은 당신이 두 번째로 흔하게 사용하는 수단이어야 한다. 중요한 생각이나 주장을 펼칠 필요가 정말 절실할 때(그리고 아마도 어떤 행동을 하거나 하지 않을 필요가 있을 때)는 BIFF를 사용하라. 마지막으로, JADE는 하지 말라.

이 책을 읽어 나가면서 계속 유념해야 할 이 장의 중요한 교훈 몇 가지는 다음과 같다.

- 좋은 의사소통 기술을 연습하라.
- 자녀에게 인정을 거부하지 말라. 그건 아무것도 안 하는 것보다 더 나쁘다.
- 당신의 메시지에 줄곧 집중하라. 필요하다면 같은 말을 되풀이하라. '고장 난 음반' 기법, 즉 했던 말을 반복하고 또 반복하기를 활용하라.
- '내용 이전에 형식' 규칙은 모든 경우에 적용된다. 아이에게, 네가 차분

하게 사안에 대해 얘기할 수 있을 때 귀 기울여 듣겠다고 말하라. 당신에게 소리를 질러도 아무 문제가 없으면, 아이는 그런 행동을 더 자주, 더 심하게 할 수도 있다.

경계성 성격장애에 정통한 양육 기법(1)
문제의 조장을 피하고 두려움과 의무감, 죄책감에 대처하기

토요일이다. 앤더슨 가정, 즉 팻과 조 부부와 열세 살 난 돈, 경계성 성격장애가 있는 열한 살 에이미의 '가족의 날'이다. 지난주엔 가족이 함께 어디 갈지를 에이미가 결정할 차례였고, 에이미는 디즈니 영화를 보러 가자고 했다. 돈은 영화를 끝까지 함께 보긴 했지만 그 영화가 너무 감상적이라고 느꼈기 때문에, 가족이 갈 곳을 자신이 선택하게 될 날만 고대하고 있었다. "오늘은 볼링 하러 가고 싶어요." 돈은 자신의 팬케이크를 열심히 먹으면서 기분 좋게 말했다. 부모는 그러자고 했다. 하지만 에이미의 눈빛이 험악해졌다. 모두가 서로를 쳐다보았다. 그 표정이 무얼 뜻하는지 다들 알고 있었다.

에이미가 소리쳤다. "나는 볼링 하러 가기 싫어. 팔에 힘이 모자라서 누구랑 하든 늘 지기만 한단 말이야! 나는 볼링 잘 못 해. 오빠는 자기가 나보다 잘하니까 볼링을 하고 싶어 하는 거야." 부모는 에이미를 논리적으로 설득하려 해 보았다. 하지만 아무 소용이 없었고, 에이미는 성질부리기에 막 들어갈 참이었다. 에이미의 부모는 에이미가 같이 가지 않는 한 그게 어디건 누구도 가지 않으리라는 걸 알았다. 엄마가 물었다. "돈, 다른 걸로 고를 수 없겠니? 에이미도 하고 싶어 할 걸로 말이야." 돈은 무표정한 얼굴로 중얼거렸다. "아무거나요."

며칠 뒤 팻이 친구에게 말했다. "열한 살짜리 아이가 온 집안을 휘두르고 있어. 언제나 에이미 마음대로야. 무언가 원하는 게 있으면 그 애는 그걸 얻어 낼 때까지 우리를 코너로 몰아붙여. 원하는 대로 해 주지 않으면, 우리 집에 평화란 절대 없어. 에이미에게 규율을 지키게 하는 건 불가능해. 용돈을 안 주는 것 같은 전통적인 방법들은 소용이 없어. 그러니 그 애의 요구를 들어 주는 쪽이 더 편하지."

위의 이야기는 경계성 성격장애에 정통한 부모가 되려면 꼭 이해해야 하는 핵심 개념 하나를 보여 준다. 우리는 그걸 '괴물에게 먹이 주기'라고 한다. 팻과 조는 괴물에게 먹이를 주는 일에 이골이 났는데, 이는 경계성 성격장애 아이를 키우는 완전히 잘못된 방법이다. 여기서 '괴물'은 경계성 성격장애 자체이지 아이가 아니라는 사실을 명확히 하는 것이 중요하다.

대니얼 로벨의 임상전문가 코너

경계성 성격장애가 있는 아이들은 종종 자기 아버지 어머니에게 나쁜 부모라고 말한다. 이것은 아이가 자신의 행복에 대한 책임을

부모에게 지우기 때문이다. 부모는 아이의 이런 비난과 연관된 죄책감 때문에, 그러면 안 된다는 걸 알면서도 아이에게 꺾이고 마는 경우가 많다. 혹은 심한 갈등과 괴롭힘에 지쳐서 굴복할 때도 있다. 경계성 성격장애 아이의 부당한 요구에 굴복하는 것, 즉 괴물에게 먹이를 주는 것은 그 장애를 키우는 결과를 낳을 뿐이다(Lobel 2018).

당신이 괴물에게 먹이를 주고 있었는지를 어떻게 알 수 있을까? 괴물에게 먹이를 주는 부모의 아이들은 다음의 특징들을 보이는 경향이 있다.

● **참을성이 없고 화를 잘 낸다**: 이 특징은 부모가 아이로 하여금 뭔가를 기다리면서 불만과 좌절을 경험하도록 놔두지 않기 때문에 생겨난다. 아이가 당장 대답을 요구하거나 *지금* 뭔가를 원할 때, 당신에게 편리한 시점까지 아이를 기다리도록 하라. 이렇게 해야 앞 장에서 얘기한 '욕구좌절 내성'을 아이에게 길러 줄 수 있다.

● **대단히 공격적이다**: 이 특징은 아이가 과거에 성질을 부리거나 격노하는 것으로 자신이 원하는 걸 얻었기 때문에 생겨난다. '내용 이전에 형식' 규칙을 기억하라. 아이가 공격적인 방식(분노, 성질부리기)으로 원하는 것을 얻게 해서는 절대 안 된다.

● **공감, 즉 감정이입을 할 줄을 거의 모른다**: 이 특징은 아이가 다른 사람의 감정을 고려할 필요가 전혀 없었기 때문에 생겨난다. 예를 들어, 이 장 앞머리의 예화에서 에이미는 오빠의 감정과, 가족이 뭘 할지 오빠가 선택할 차례라는 사실을 고려하지 않는다. 당신이 해

야 할 일은 당신이 설정한 경계를 끝까지 지키고, 다른 사람의 입장에 서 본다는 게 어떤 건지 아이에게 설명하는 것이다.

●**자신에게만 몰두한다**: 이 특징은 아이가 언제나 관심의 초점을 차지하도록 허용했기 때문에 생겨난다. 아이가 다른 사람의 축하 행사(예컨대 생일이나 결혼 따위)를 가로채어 잡치지 못하게 하고, 부정적인 방식으로 관심을 끌려고 들 때 그 행동에 과잉 반응을 하지 말라. 예컨대 아이가 부적절한 옷을 입고 학교에 가는 것에 대해 너무 법석을 떨지 말아야 한다. 어떤 게 적절한 건지 얘기는 하되, 아이의 그런 행동은 당신을 자극해 반응을 유발하기 위한 것일 가능성이 크므로, 그 행동을 가지고 위기를 만들지 말라. 그보다는 아이가 무난하거나 긍정적인 방식으로 행동할 때 더 많은 관심을 기울임으로써 그 같은 행동들을 강화하라.

●**취약하다**: 당신의 아이는 보통 사람보다 정신적으로 여리고 자기혐오에 빠지거나 자해를 할 가능성이 더 크다. 이런 취약성은 아이들이 자기위로(self-soothing)나 유연성 같은 대응기제를 키울 기회를 갖지 못했기 때문에 생겨난다. 마음속 깊은 곳에서 혼자 힘으로 자신을 돌볼 수 있을지 의심하기 때문에, 스스로 역부족이라고 느낀다.

●**기능이 크게 떨어진다**: 비슷한 맥락에서, 경계성 성격장애가 있지만 부모가 괴물에게 먹이를 주지 않는 아이와 비교할 때 이 아이들은 거의 독립적이지 못하고 자기 일도 제대로 해내지 못한다. 그건 이 아이들이 다른 사람들로 하여금 자기 일을 해 주게 만드는 데 워낙 능숙해서, 혼자 힘으로는 일을 해낼 수 없게 되었기 때문이다.

경계성 성격장애가 있는 아이가 학대적이거나 독성인 행동을 하면 자신이 원하는 걸 얻을 수 있다는 걸 알게 될 때, 아이는 그 방법을 더 자주 사용할 것이다('독성 행동[toxic behavior. 유독성 행동]'이란 타인이나 자기 자신에게 해롭거나 파괴적인 행동을 말한다.-옮긴이). 이는 긍정적 강화(positive reinforcement, 보상을 통해 특정 행동을 유도하는 것. 4장 끝부분 '강화' 개념에 대한 옮긴이 주도 참조-옮긴이)의 기본적 행동 원리이기도 하다. 다시 말하면, 아이의 어떤 행동에 부모가 굴복할 때 그 행동(성질부리기, 징징거리기, 애원, 격노 등)은 긍정적으로 강화되어 발생 빈도가 높아진다. 마음 상하게 하는 아이의 행동에 굴복할 때, 당신은 그 아이가 앞으로 자신이 바라는 걸 얻는 주된 수단으로 이 행동을 이용할 가능성을 크게 높이는 것이다.

한데 문제는 이게 다가 아니다. 그 마음 상하는 행동은 시간이 지나면서 더욱 심해질 것이며, 그러면서 괴물(경계성 성격장애)에게 먹이를 주지 않으려는 부모의 의지는 약해질 것이다. 이처럼 상황이 계속 악화되면 부모는 점점 더 무력감과 절망감을 느끼며, 인내의 한계점에 꾸준히 가까워지다 결국은 아이와 시간을 보내고 싶지 않게 된다. 아이와 관련된 모든 것이 극도로 고통스럽기 때문이다.

괴물에게 먹이 주는 걸 피하기 위해 사용할 수 있는 네 가지 주요 기법이 있다. 이 장에서는 처음 두 가지, '본의 아니게 문제를 조장하는 것을 멈추기'와 '정서적 협박에 넘어가지 않기'를 얘기하고, 나머지 두 가지는 9장에서 다룰 것이다. 이런 기법들을 확실히 이해하면 당신은 경계성 성격장애에 밝은 부모가 되고 괴물에게 먹이 주기를 멈출 수 있는데, 이는 당신과 경계성 성격장애 자녀가 더 충만한 삶을 사는 데 도움이 될 것이다. 문제를 조장하는 걸 멈추는 방법부터 알아보자.

| 본의 아니게 문제를 조장하는 것을 멈추라 |

조장하기(enabling, 6장 '드라마 삼각형' 절의 옮긴이 주 참조-옮긴이)는 아이가 자기 행동의 부정적인 결과를 감당하지 않게 해 주는 방식의 하나다. 이것은 지지해 주는 것과는 다르다. 지지란 신발 끈을 묶는 일처럼 아이가 혼자 힘으론 못 하는 뭔가를 할 수 있도록 돕는 것, 혹은 아이에게 치료받으러 가라고 권하는 등 아이가 자신의 행동이나 삶에 대한 통제권을 갖게 되도록 촉진하는 것이다. 이에 반해 조장하기는 괴물에게 먹이를 주는 한 가지 형태인데, 왜냐하면 당신이 이렇게 할 때 아이는 자신의 실수에서 배우지 못하기 때문이다. 당신, 그러니까 자애로운 엄마와 아빠가 늘 아이를 곤경에서 벗어나게 해 주기 때문에 아이는 성숙하게 자라나지 못하고, 책임감을 키우지 못하며, 독립적이 되기를 원하지 않는 것이다.

이처럼 조장되는 아이들은 부모의 집을 떠나지 않는 아이, 일자리를 얻지 않거나 하던 일을 그만두는 아이, 부모보다 자신을 더 잘 돌봐 주겠다는 사람과 결혼하는 아이, 혹은 부모가 저 애는 자신의 힘으론 절대 잘 살아가지 못할 거라고 걱정하는 아이다. *당신의 아이를 조장해서는 아무런 좋은 결과도 얻을 수 없다.* 조장하기는 당신이 남은 인생 내내 아이를 재정적, 정서적으로 부양하는 길로 가는 확실한 방법이다(이럴 경우, 당신이 죽고 난 다음 아이가 어떻게 될지를 무척이나 걱정하게 되리라는 것은 말할 필요도 없겠다). 과장된 말로 들릴지 모르지만, 사실이 그렇다.

대부분의 아이들은 나이를 먹어 가면서 자신이 점점 더 독립적이 되고 있다고 느끼는 걸 좋아한다. 하지만 당신이 경계성 성격장애가 있는 아이에게 뭔가를 스스로 해 보라고 권할 때, 그 아이는 나무 위의 둥지에서 이제 날아 보라고 떠밀려 10미터 아래 거름이 가득한 트럭 적재함으로 떨어지는 느낌을 받는다. 그래서 불평하거나, 피해자처럼 행동하거나, 격노하거나, 당신에게 '나쁜 부모'라고 말하거나, 다른 방식으로 당신에게 가혹하게 굴 수 있다. 그들이 아는 것은 당신의 요구를 듣고 나서 자신의 기분이 엉망이 된다는 것, 그러니까 모든 게 당신 탓임이 분명하다는 것뿐이다. 물론 그건 사실이 아니다. 당신이 한 일은 버림받거나 거부당하는 데 대한 그들의 두려움을 촉발한 것이었다. 이런 두려움은 경계성 성격장애 때문에 생긴 것이며, 당신은 단지 아이의 감정을 격발하는 방아쇠이고, 아이가 감정을 퍼부어 댈 곳으로 지정된 표적이었을 따름이다. 그러니 아이의 행동을 당신 개인에 대한 공격으로 기분 나쁘게 받아들이지 말라. 당신이 아이에게 뭔가를 스스로 하라고 할 때 아이가 부정적으로 반응한다면, 당신은 올바른 일을 하고 있는 것이다.

부모는 아이가 자신의 삶을 어떻게 책임질지 터득하는 능력을 차츰 키워 주는 방식으로 그들을 인도할 수 있어야 하며, 그런 다음 아이가 더 큰 책임을 감당할 수 있음을 증명해 나갈 때는 점차 더 큰 자유를 줄 수 있어야 한다(이런 뒤에도 아이가 도움을 청할 수 있도록 한다). 예를 들어 십대 아이가 자신에게 허용된 스크린 타임(스마트폰, 컴퓨터, TV, 게임기 등 화면이 달린 장치를 이용하는 데 쓰는 시간-옮긴이)의 한도를 준수할 수 있다면, 부모는 아이가 무슨 이유에서든 추가로 30분을 더 달라고 할 때 좀 더 유연하게 응해도 된다.

줄리: 서른한 살이 된 내 아들은 거리에서 살았어요. 길거리 연주로 먹고 살았죠. 항상 단정치 못한 모습으로 여기저기를 돌아다녔고, 그러는 내내 자신이 실천할 수도 없는 아주 멋지고 진보적인 아이디어들로 세상을 바꾸고 싶어 했어요.

이제 그 아이는 풀타임으로 일하고 있어요. 자기 힘으로 자동차도 마련했고요. 일을 계속 유지하고, 일찍 일어나고, 이런 모든 걸 다 해요. 잡은 직장이 잘 안 풀리면 며칠 안에 다른 직장을 구했어요. 나는 믿을 수가 없었는데, '예전의' 롭은 뭔가가 잘 안 풀린다 싶으면 언제 일어날지 모르게 마냥 침대에 누워만 있었거든요.

그렇다고 상황이 완벽하고 정상적이라는 얘기는 아니에요. 희망이 있다고 말하는 거지요. 내가 볼 때 경계성 성격장애는 당뇨병처럼 계속 관리를 해야 하는 거예요. 즉각적인 해결책은 없어요. 아이들의 상태는 기복을 보일 겁니다. 우리 누구나 그러는데, 다만 그들의 기복은 훨씬 더 큰 것 같아요. 우리가 할 일은 조장하기를 멈추고 최선의 정서적 지지를 해 줄 방법을 배우는 거예요. 그건 내가 지금껏 배워야 했던 것 중 가장 어려워요! 나는 믿음을 갖고 늘 강인하게, 희망적으로 지내려고 노력해요. 그리고 무엇보다 아이를 사랑하려고 노력하고 아이가 자신의 방식으로 삶을 살게 하려고 노력해요.

경계성 성격장애에 정통한 부모의 주된 특징 하나는, 한 사람으로서 혹은 부모로서의 자존감을 경계성 성격장애 자녀에게 의존하지 않는다는 것이다. 경계성 성격장애가 있는 아이들은 자신에 대한 인식이 불안정하다(정체성 문제). 다른 사람들이(특히 부모가) 그들의 필요를 충족해 줄 때, 그들은 스스로를 사랑받아 마땅한 존재로 본다. 반면 다른 사람들이 그런 필요를 충족해 주지 않을 때, 그들은 자기혐오를 느낀다. 당신에 대한 아이의 느낌도 양극을 오가는데, 그에 따라 당신이 스스로를 어떻게 생각하는지가 달라진다면, 당신은 아이에게 모든 것을—설령 그게 아이에게 나쁜 것이라 해도—허락하게 될 테다. 당신은 아이를 조장하는 사람이 되어서 괴물에게 먹이를 줄 것이다. 정서적 협박의 경우에도 마찬가지다.

| 두려움, 의무감, 죄책감에 넘어가지 말라 |

정서적 협박(emotional blackmail)은 강력한 유형의 조종(manipulation)으로, 우리와 가까운 사람들이 자기가 원하는 걸 우리가 해 주지 않으면 벌을 주겠다고 직접적 혹은 간접적으로 위협하는 것이다. 경계성 성격장애 전문가 중 많은 이들이, 이 장애가 있는 사람들은 결코 타인을 조종하지 않는다고 말할 것이다. 그보다는 생존하기 위해 최선을 다하고 있을 뿐이라는 얘기다. 하지만 아이가 정서적 협박을 해 올 때 그 애를 장애와 분리하여 생각하기는 힘들다.

당신의 자녀는 어떤 상황에 놓이든 그것을 생사가 걸린 싸움으로 여기는 수가 많다. 그래서 그 아이는 강력한 무기 한 세트를 꺼내 든다. 수전 포워드가 FOG라고 이름한 '두려움(fear), 의무감(obligation), 죄책감(guilt)'이 그것이다(Forward 1997). 화가의 도구가 물감과 붓인 것처럼, 이것들은 정서적 협박자의 도구다. FOG가 스며들면 모든 것이 흐릿해져서 당신은 혼란스러워지고, 결국 괴물에게 먹이를 주게 된다. 아이의 정서적 협박은 의도적일 수도 있고 무의식적인 것일 수도 있다.

두려움, 의무감, 죄책감을 이용하는 정서적 협박의 몇 가지 예를 보자.

● 나를 사랑한다면 이걸 해 줄 거예요[이런 걸 하지 않을 거예요].
● 좋은 부모라고 생각했는데, 내 생각이 틀린 것 같아요.
● 날 위해서 이걸 해 주지 않으면 손목을 그을 거예요.

●내가 거길 못 가게 한다면, 엄마는[아빠는] 정말로 지구상에서 제일 형편없는 부모예요!

●내 친구의 부모님들은 그렇게 해 줄 거예요[그렇게 안 할 거예요]. 왜 그분들처럼 되지 못하는 거죠?

●엄마는[아빠는] 나한테 빚진 게 있잖아요.

●어떻게 자기 자식한테 이럴 수 있어요?

정서적 협박을 이용하는 경계성 성격장애 아이들은 자신에게 필요한 것을 얻는 더 나은 방법을 대개 모른다. 그들은 자신이 안전하며 사랑받고 있다고 느끼려면, 그리고 버림받았다고 느끼지 않으려면 절박하게 필요하다고 생각하는 것을 얻기 위해 당신에 대해 알고 있는 것들—당신이 민감하게 반응하는 부분, 취약한 부분, 내밀한 사정들—을 이용한다. 당신과 자녀의 관계에서 정서적 협박이 주된 요소의 하나라면, 치료사를 만나 보고, 포워드의 저서 『사랑하는 사람이 나를 조종할 때(*Emotional Blackmail: When the People in Your Life Use Fear, Obligation, and Guilt to Manipulate You*)』를 읽을 것을 권한다.

포워드는 경계성 성격장애가 있는 당신의 아이가 정서적 협박을 해 올 때의 대처법으로 다음 방책들을 추천한다(Forward 1997).

시간을 끌라: 아이가 아무리 강하게 압력을 가한다 해도 빨리 결정하지 말라. 이 시점이 횡격막 호흡 즉 복식호흡을 할 때인데, 그 같은 시간 끌기는 당신에게도 아이에게도 쉽지 않은 일이기 때문이다. 숨 돌릴 여유를 좀 갖기 위해 당신은 이렇게 말할 수 있다.

- 이 문제에 대해 생각할 시간이 좀 필요해.
- 지금 당장은 너에게 해 줄 대답이 없어.
- 조금 있다가 이 문제를 의논해 보자.
- 내가 이 문제에 대해 어떻게 느끼는지 잘 모르겠어. 생각해 볼 시간이 좀 필요해.
- 너는 중요한 질문을 하고 있어. 그러니 그에 걸맞게 충분히 생각하고 싶어.
- 네 아빠와 얘기해 봐야겠어.

아이는 당신이 결정을 내리는 데 시간이 얼마나 필요한지 알고 싶어 할 것이다. 잘 모르겠으면 "필요한 만큼"이라고 답하라. 시간이 얼마나 걸릴지를 안다면 당신 자신을 위해, 그리고 아이가 욕구좌절에 대한 내성을 키우는 걸 돕기 위해, 원래 생각했던 시간에 여유분을 좀 보태어 제시하라. 아이가 거론한 사안에 신청 마감 일시 따위의 최종 시한이 딸려 있다면, 그게 사실인지를 별도로 확인하라. *시간은 당신 편이다.*

조사하라: 필요하다면 아이의 요청과 관련된 정보를 좀 수집하라. 다음의 사항들을 고려하라.

- 요청하는 방식이 예의 발랐는가?
- 이게 아이에게 좋은 건가?
- 아이가 이것에 대해 감정적으로, 지적으로 준비가 되어 있는가?
- 이전에 아이가 이와 같은 걸 한 적이 있는가? 그랬다면 결과가 어땠는가?

● 뭔가가 잘못될 경우 당신은 전화를 받을 수 있는 상황이겠는가?

● 아이가 가겠다고 하는 곳에 당신이 믿을 만한 다른 사람이 있겠는가? 당신이 모르는 사람이나 당신이 보기에 아이와 잘 맞지 않을 사람은 없겠는가?

● 이것이 아이에게 자립성이나 책임감처럼 중요한 뭔가를 가르치는 데 도움이 되는가?

아이에게 당신의 결정을 알리라: 당신의 결정이 아이가 원하는 것과 어긋날 경우, 어떤 반응을 보일지 예상하고 대비하되, 결정을 알리면서 방어적인 태도를 보이지는 말라. 먼저 아이의 실망을 인정해 주라. 필요하다면 의사소통 전략인 SET-UP(이해와 인내를 바탕으로 한 지지와 공감과 진실)을 활용하라. 그래도 아이가 당신이 얘기하는 바를 이해하지 못한다면, 더 강력한 BIFF 방법(짧은, 정보를 주는, 친근한, 단호한)을 이용하라. JADE(정당화하기, 논쟁하기, 자신을 변호하기, 지나치게 설명하기)는 하지 말라(이 모든 전략은 7장에서 다루었다). 필요하다면 그 자리를 떠나라. 불가피할 경우, 그 방이나 집에서 나가라.

암리타: 다섯 살 때 내 아들 데브는 경계성 성격장애 증상을 보였어요. 소아과 의사는 아이를 자기 방에 두고 문을 잠그라고 했는데, 그랬더니 아이는 방 안을 부쉈어요. 아이가 고등학생이 됐을 즈음엔 상황이 워낙 나빠져서 우리는 그 애를 홈스쿨링 해야 했어요.

아이가 열네 살이 되자 나는 치료사를 만났어요. 그녀가 말하더군요. "당신이 다른 사람을 통제할 수는 없어요." 내가 말했죠. "참 이상한 말을 하시네요. 그건 부모가 해야 할 일에 대해 제가 배운 모든 것에 어긋나는 얘기예요. 부모는 아이를 통제해야 하는 것 아니에요?" 그러자 치료사가 말했어요. "당신은 다른 사람을 통제할 수 없는데, 바로 그것 때문에 지금 미칠 것 같은 거예요. 당신은 다른 사람을 바로잡거나 구할 수도 없어요. 당신의 평온과 행복이 다른 사람에 의해 좌우되는 한, 당신은 그 평온과 행복을 전혀 통제하지 못해요."

이제 상황이 변했습니다. 아이의 상황이 아니라 내 상황이요.

아들은 지금 중독 때문에 허덕이고 있어요. 그리고 거리에서 살죠. 얘기하자면 긴데, 아무튼 우리는 아이를 집에서 살게 할 수 없고, 아이는 중독치료 시설 같은 덴 가지 않으려 해요. 우리는 이 도시에서 아이에게 도움이 될 만한 모든 수단을 찾아봤고, 그걸 정리한 긴 목록을 그 애한테 주었어요. 그렇게 하는 것이 우리 마음의 평화를 위해 아주 중요했어요. 하지만 아이는 그것들을 이용하려 하지 않았죠. 나는 아들을 내 머리 위에 위태롭게 매달린 면도날 같은 상태로 더는 놓아둘 수 없었고, 아이가 죽는다면 그건 자신의 선택에서 비롯된 거라는 사실을 깨달을 수밖에 없었어요.

날씨가 추워졌을 때, 아들이 어느 날 전화를 해서 겨울 코트를 가져다 달라고 하더군요. 그래서 그 애가 기다리고 있는 한 교차로로 코트를 가지고 갔는데, 그때 본 아들의 모습은 헝클어지고 지저분했어요. 아이를 집으로 데려오지 못해 마음이 너무도 아팠어요. 아이는 중독치료 시설에 가느니 자살을 할 거라고 말했어요. 아이는 그 말을 오랫동안 정서적 협박에 이용해 왔거든요. 내가 말했죠. "아빠도 나도 집에서는 네게 필요한 걸 줄 수 없어. 내가 전화번호를 준 곳들로 전화를 해. 너는 더 체계적인 관리가 필요하고, 우리는 교도소장 노릇을 하고 싶지 않아." 그런 다음 나는 집으로 와서 흐느껴 울었어요.

우리의 선택은 올바른 것이었어요. 사흘 뒤에 아들은 전화를 해서, 자기가 재활시설에 가지 않으면 전에 발부됐지만 집행을 않고 있던 영장으로 감옥에 갈 거라고 말하더군요. 아이는 이젠 우리가 예전처럼 자신을 구해 주지 않으리라는 걸 알게 되었고—정말로 알게 된 거죠—도와줄 만한 친구들하고는 이미 관계를 다 끊어 버린 상태였어요.

여기까지 오기 위해 나는 당황해서 어쩔 줄 모르고 걱정만 하는 대신 공동의존에 관한 책들을 테이프로 듣고, '사랑하는 마음으로 자신을 분리하기'(앞 장에서 언급한 알코올 중독자 가족 및 친지들의 조직 '알아넌'에서 제시한 개념이다.—옮긴이)에 관한 글들을 읽고, 나 혼자라고 느끼지 않도록 중독된 자녀들의 부모를 위한 지지모임에 가입했어요. 내게는 아주 유능한 치료사가 있고, 항우울제도 먹어요. 수채화와 아크릴화를 그리기도 하고요. 또, 글쓰기 공모에 소설을 출품해요. 뭔가 전념할 일이 있는 게 도움이 되거든요. 나는 블로그도 갖고 있어요.

아들은 자신이 선택하는 것 때문에 죽을 수도 있어요. 어쩌면 이번에는 정말로 노력해서 멋진 삶을 살게 될 수도 있고요. 지켜봐야죠. 이번에는 아들이 해낼지도 몰라요.

지금까지 정서적 협박이 어떤 것이고 무슨 결과가 따르는지 등의 기본적인 사항들과, 당신이 아이에게 조종당하고 있다고 느낄 때 쓸 대처 방법들을 얘기했다. 이제 FOG(두려움, 의무감, 죄책감)의 구성 요소들을 더 자세히 살펴보자. 이것들은 정서적 협박에 동원되는 무기인 만큼, 그 내용을 좀 더 설명할 필요가 있다.

두려움을 느낀다

경계성 성격장애가 있는 아이의 부모들은 얼마나 많은 두려움을 느끼는지 모른다. 어떤 두려움들인지 보자.

- 아이가 자살할까 봐 두려워한다.
- 경계성 성격장애가 있는 아이가 형제자매에게 미칠 영향을 두려워한다.
- 아이가 평생 참된 사랑과 행복이 가득한 정상적인 삶을 살아 보지 못할까 봐 두려워한다.
- 아이가 어떤 약물에 중독되거나 감옥에 가게 될까 봐 두려워한다.
- 아이에게 단호한 태도를 취하고 아이로 하여금 설정한 한계를 지키도록 하는 걸 두려워한다.
- 자기들이 나쁜 부모여서 아이에게 경계성 성격장애가 생긴 걸까 봐 두려워한다.
- 자기들이 아이를 너무 방치하는 건 아닐까 두려워하는 동시에 아이를 위해 너무 많은 걸 하는 건 아닐까 두려워한다.
- 아이가 독립적으로 살면서 자신을 돌볼 능력을 평생 갖지 못하게 될까 봐 두려워한다.
- 아이가 나중에 자신을 돌봐 줬을 수도 있는 확대가족 구성원들을 멀어지게 할까 봐 두려워한다.
- 아이가 자해를 할까 봐 두려워한다.
- 아이가 고등학교를 졸업하지 못할까 봐 두려워한다.
- 자기들이 아이를 포기하게 될까 봐 두려워한다.
- 아이가 열여덟 살이 되면 아이의 치료에 대한 결정권이나 발언권을 잃을까 봐, 혹은 치료에 관한 정보를 얻지 못하게 될까 봐 두려워한다.

●손주들이 좋은 환경에서 살지 못하거나 방임되거나 정서적으로 학대 당할까 봐 두려워한다.

●도와주거나 진지하게 대해 주는 사람이 전혀 없이 자기들이 정서적 혹은 신체적으로 학대받을까 봐 두려워한다.

●자기들의 결혼 생활이 유지되지 못할까 봐 두려워한다.

●아이가 사랑과 연민을 배우지 못할까 봐 두려워한다.

●자기들의 정신건강에 대해 두려워한다.

●아이가 일자리를 얻지 못하거나 얻더라도 유지하지 못하고 결국 노숙자가 될까 봐 두려워한다.

●아이가 임신을 하거나 성병에 걸릴까 봐 두려워한다.

●자기들이 죽을 때까지 아이가 독립하지 못하고, 그 애를 돌보는 짐을 다른 자녀가 이어받게 될까 봐 두려워한다.

당신은 분명 이 두려움들 대부분에 공감할 것이며, 스스로도 이들 두려움 중 일부를 지니고 살 때가 많을 테다. 이 두려움들 전부를 항상 머릿속에 담고 산다면 당신은 아무것도 하지 못할 것이다. 두려움, 불안, 걱정을 계속 곱씹는다고 해서 그 두려움이 현실이 될 가능성이 줄어드는 건 아니다. 두려움이 하는 일은 5장에서 얘기한 스트레스 반응을 활성화하는 것이다. 스트레스 반응이 일어나는 동안 코르티솔과 아드레날린이 뇌에 세차게 몰려드는데, 5장에서 설명했듯 끊임없는 스트레스 상태에서 살면 신체적, 정신적으로 병이 날 수 있다. 그렇다면 두려움을 제어하기 위해 무엇을 할 수 있을까?

힘들기는 해도, '철저한 수용'이 최선의 방법이다(5장 참조). 철저한 수용은 시간이 걸릴 수 있다. 어쩌면 몇 년이 걸릴지도 모른다. 철저한 수용의 대로에 계속 오르면서, 당신은 그것의—'그것'이 무엇이든—원인이 아니며, 그것을 통제할 수 없고, 그것을 낮게 해 줄 수도 없다는 걸 거듭 상기하라. 당신이 아무리 아이를 사랑한다 해도, 그 애의 삶을 통제하는 운전대를 당신이 잡을 수는 없다. 그 차는 아이의 것이고, 아이는 거기 올라타서 너무 빨리 몰다가 정지 신호를 무시하고 달릴 수도 있는 것이다.

다음은 두려움을 다잡기 위한 훈련의 하나다. 연습해 보라.

경계성 성격장애가 있는 아이에게 생길 수 있는 가장 나쁜 결과를 상상하라. 종이에다 그게 뭔지, 당신은 그 일을 어떻게 처리하겠는지를 적으라. 상상한 그 결과가 현실화될 경우 당신에게 아무리 큰 심적 충격을 준다고 해도, 당신은 결국 이겨 내리라는 것을 명심하라. 당신에겐 다른 선택의 여지가 없을 테니까. 이제 당신이 아이를 위해 할 수 있는 것들을 생각해 보라(종이에 메모하는 것도 좋다). 예를 들어, 당신은 아이의 옹호자가 될 수 있으며, 아이가 동의한다면 가능한 최선의 치료를 그 애에게 찾아 주려고 노력할 수 있다.

당신이 할 수 없는 일이 아니라, 아이를 위해 할 수 있는 일에 집중하라. 이런 마음가짐은 두려움을 물리치는 데 도움이 될 것이다.

의무감을 느낀다

제시카: 스물한 살 된 아들아이가 툭하면 우리에게서 뭔가를 얻어내기 위해 갖은 수단을 다 쓰는 것에 이제 지쳤어요. 그 아이는 차가 고장나서 수리하려면 300달러가 있어야 한다고 말했어요. 우리는 수리비의

반을 대 주겠다고 했죠. 그런 다음 우리는 아이의 차가 멀쩡한 걸 알게 되었어요. 한바탕 말다툼이 있었고요. 두 달이 지나자 아이는 그런 일이 언제 있었냐는 듯 행동하더군요. 더는 친구들한테 얹혀살 수 없어서 아파트로 이사 가야 한다며 보증금을 좀 달라고 사정하더라고요. 우리는 아들이 거리에서 살기를 바라지 않았기에 집주인에게 직접 보증금을 줬죠. 그러곤 많은 시간을 들여서 아들에게 편지를 썼어요. 앞서의 300달러를 어떻게 갚을지, 우리가 그 애에게 줄 생각이 있는 것들은 무엇이고 아이 스스로 처리할 일들은 뭔지 등등과 관련해 확고하고 상세하게 경계를 설정하는 내용이었죠. 한데 아들이 이번엔 자동차 보험료 내는 걸 도와달라고 또 이메일을 보냈어요. 1년 사이에 사고를 세 번이나 내고 속도위반 딱지도 두 번을 받았기 때문에 보험 가입이 어렵다는 거예요. 남편은 나와 의논도 안 하고 아이에게 도와주겠다고 했어요. 남편은 그게 '우리의 의무'라고 생각해요. 그런 일이 대체 언제나 멈출까요? 멈추기는 할까요? 나는 정말 지쳤어요.

부모들은 경계성 성격장애가 있는 아이를 위해 많은 것을—건강한 다른 자녀들을 위해서는 절대 하지 않을 일이라도—해 줘야 한다고 생각한다. 그 결과 괴물에게 먹이를 주게 된다. 부모로서 당신의 의무는 아이가 세상에서 자립하여 살도록 최선을 다해 키워서 그 애가 직장을 잡고, 건강한 관계를 맺고, 살 곳을 마련하는 등 필요한 모든 일을 할 수 있게끔 하는 것이다.

자녀가 성장하는 동안 그 아이가 돈 관리와 자기 뒷정리 등 나날의 삶을 잘 꾸려 가는 요령을 배우도록 돕는 것도 당신이 해야 할 일 중 하나라는 걸 명심하라. 하지만 자녀가 성인이 되고 나면, 그 애를 데리고 살고,

아이에게 돈을 주고, 아이가 어지른 것을 치우고, 아이의 옷을 세탁하고, 아이에게서 당신이 그 애의 삶을 어떻게 망가뜨렸는지 듣고, 아이가 면허 취소를 당했거나 차를 완전히 망가뜨렸을 경우 그 애가 어딜 가든 차로 데려다 주고, 혹은 당신 집에서 아이가 마리화나를 피우게 해 주는 것 따위는 당신의 의무가 아니다. 의무감은 나이가 몇이든 자녀가 당신을 협박하는 데 사용할 수 있는 무기 중 하나다. 오직 당신만이 아이에게서 그런 무기를 빼앗을 수 있다. 아이에게 조종당하고 있는 듯할 때 의무감에 굴복하지 않음으로써 말이다.

죄책감을 느낀다

FOG의 마지막 요소는 죄책감으로, 우리 모두에게, 특히 경계성 성격장애 아이를 둔 부모들에게 지극히 친숙한 것이다. 여러 형태의 죄책감을 검토하는 간단한 연습을 하면서 우리가 자신의 죄책감을 균형 잡히고 유용한 시각으로 파악할 수 있는지 알아보자. 종이 한 장을 네 개의 세로 칸으로 나누고, 각 칸 맨 위에 다음의 제목을 넣으라.

1. 내가 전혀 통제할 수 없는 것이었지만 죄책감을 느끼는 일들
2. 내가 죄책감을 느끼나 바꿀 수는 없는 과거의 일들
3. 내가 정확한 원인을 알지 못하는 채 느끼는 이른바 부동성(浮動性) 죄책감, 즉 부풀려지고 질주하는 죄책감
4. 내가 지금 하고 있으며 죄책감을 느끼는 일들

칸을 나누고 제목을 달았으면, 당신이 죄책감을 느끼는 모든 일로 그 칸들을 채우라. 예를 들면 1번 칸에는 "아이가 경계성 성격장애가 있다는

걸 알기 전에 아이의 감정을 인정해 주지 않은 것"이, 2번 칸에는 "내 아이에게 이 장애가 생긴 데에 한 원인이 되었을 수도 있는 예전 파트너"가 들어갈 수 있다. 4번 칸에는 "아이의 경계성 성격장애 행동이 그 애 여동생에게 미칠 영향을 걱정하는 것"이 갈 수 있다. 각 칸의 내용들이 서로 조금 겹칠 수도 있는데, 그래도 괜찮다.

다 썼으면 당신의 목록을 훑어보라. 1번에서 3번까지의 칸들에 적힌 일들에 대해 죄책감을 느끼는 것은, 그게 당신에겐 아무리 당연한 것 같아 보여도, 아이에게 해롭다. 무엇보다도, 그런 죄책감 때문에 당신은 괴물에게 먹이를 주게 된다. 즉, 아이의 행동을 조장하거나 정서적 협박에 굴복하는 것이다. 둘째, 이런 죄책감들은 4번 칸에 있는 죄책감 문제들, 그러니까 당신이 정말로 뭔가를 할 수 있는 유일한 종류의 문제들을 해결하는 데 쓸 시간과 에너지를 빼앗아 간다. 그 에너지를 아꼈다가 이 같은 문제들을 해결하기 위해 창의성을 발휘하고, 관련 조사를 하고, 틀에 박힌 사고에서 벗어나는 데 쏟아야 한다. 1번 칸부터 3번 칸까지의 죄책감 항목들은 또한 당신이 아이나 그 형제자매에게 쓰거나 자기돌봄을 실천하는 데 쓸 수 있는 시간과 에너지를 빼앗기도 한다.

이 연습에서 당신이 지닌 어떤 중대한 문제가 모습을 드러내면 어떻게 할까? 당신이 죄책감을 느껴야 할 뭔가를 실제로 했다면 어떡하냐는 얘기다. 그런 죄책감에 대한 균형 잡힌 관점은 어떻게 찾을 수 있을까? 게일의 이야기를 듣고 생각해 보자.

저는 아이 아빠가 아들아이에게 신체적, 정서적, 정신적 트라우마를 주는 걸 그냥 둔 잘못과, 아이가 어릴 때 관심을 기울이지 않아 그 애가 정서적으로 손상되게 만든 잘못을 범했습니다. 저는 그렇게 빚어진 일을 되돌리고 아이의 신뢰를 되찾는 데 도움이 되도록 양육 방식을 바꾸면서 제 죄책감을 달래고 있습니다. 어떤 때는 그 죄책감에 짓눌리기 때문에, 거기에 대처하는 한 가지 방법으로 '잠시 멈추기'를 배웠습니다. 죄책감은 여전히 남아 있지만, 내가 할 수 있는 모든 걸 하고 있다는 걸 알기 때문에 이젠 그게 예전만큼 강하진 않아요.

돌이켜보면 아이가 어렸을 때 게일이 잘못했을 수도 있지만, 그녀가 자신을 용서하기까지 얼마나 오랜 세월을 '부모 감옥'에 있어야 하는 걸까? 게일의 이야기는 위의 4번 그룹, '내가 지금 하고 있으며 죄책감을 느끼는 일들'에 속하지 않는다. 그것은 2번 그룹, '내가 죄책감을 느끼나 바꿀 수는 없는 과거의 일들'에 해당한다. 부모들도 실수를 하며, 게일의 실수는 아이에게 경계성 성격장애가 있다는 걸 알기 전의 일이었다. 게일이 그 실수들을 돌이킬 수야 없지만, 현재의 양육 방식을 바꿀 수는 있다. 그리고 그녀는 그렇게 하고 있다.

당신이 느끼는 죄책감이 네 가지 중 어느 유형인지 곰곰 생각해 보면서, 오늘날 이용할 수 있는 경계성 성격장애에 관한 정보(책, 웹사이트, 블로그, 비디오)가 아주 많으며, 효과가 입증되어 확고히 자리 잡은 치료 방법들이 있고, 당신이 도움을 받을 수 있는 비영리단체도 많다는 사실을 상기하라(부록 C 참조). 1998년 『잡았다, 네가 술래야』(영어본)가 출간되었을 때만 해도 이런 것들 대부분이 존재하지 않았다. 아이가 그 시절에 경계성 성격장애 진단을 받았다면, 당신을 도와줄 사람이 *아무도 없었을* 것이다. 이제 그 장애를 전문적으로 다루는 임상의와 기타 전문가들이 있으며, 부모들의 지지모임도 많다. 그러니 당신이 바꿀 수 없는 과거에 묶여 있지 말고, 좋아진 여건들과 지금 이 순간에 집중하라. 기분이 나아질 것이다.

호프: 딸의 학교에 간 적이 있는데, 많은 아이들이 졸업반에 올라갈 준비를 하고 있었어요. 그날 나는 알고 지내는 몇몇 부모와 이야기를 하고는 집에 가서 울었어요. 내가 아이를 키운 경험이 그들과 너무나 달랐기 때문에 부모로서 완전히 실패한 것 같았거든요. 다음날 직장에서 수련회를 갔고, 나는 알고 지내긴 했어도 그리 친하지는 않은 사람과 한방을 쓰게 됐어요. 그녀는 딸들 중 자신에게 여러 해 동안 끔찍한 어려움을 겪게 한 아이에 대해 얘기하기 시작했어요. 내가 물었죠. "그 아이가 경계성 성격장애가 있나요?" 대답은 "그래요"였어요. 나는 흥분을 참지 못했는데, 엄청난 무게가 내 어깨에서 덜어지는 것 같았기 때문이었어요. 내가 아이를 키우면서 실수를 전혀 안 했다는 건 아니지만, 그동안의 자책이 깡그리 녹아 없어지는 것 같았어요.

| 경계성 성격장애에 정통한 부모들에게서 배우는 양육 기법 |

캐시: 제가 배운 것은 '이걸 혼자 하려고 들지 말라'는 거예요. 우리 아들은 잇따라 두 번 자제력을 잃고 심하게 성질을 부렸어요. 그때마다 저는 이건 나 혼자 처리할 수 없는 일이라는 사실을 철저히 수용할 수밖에 없었어요. 병원의 전문가들이 아이를 저보다 더 잘 다룰 수 있으리라고 믿었지요. 아이가 병원에 들어가고 없는 사이에 저는 자기돌봄 기법을 수행하고, 그 애가 동의해야 할 집안의 규칙들을 죽 적었어요. 이렇게 하면 우리 둘이 티격태격할 일이 없을 테니까요.

다음 날 아이가 전화를 해서 집에 와도 되는지 물었을 때 저는 "그래

라. 다만 조건이 하나 있는데, 네가 집안의 규칙을 따르겠다고 동의해야 한다"라고 말했어요. 놀랍게도 이후 석 달 동안 아이는 대부분의 경우, 정확히 말하면 85%인데, 그 규칙들을 따르고 있어요. 이젠 저도 부끄러움 없이 도움을 청할 수 있다고 생각하니 기분이 좋아요. 그 덕에 제가 아이를 더 잘 지지해 줄 수 있고 아이도 필요한 도움을 받을 수 있으니까요. 이제 저는 아이와 관련해 모든 걸 혼자 하려고 애쓰지 않을 거예요.

이저벨라: 나 자신을 위해서, 우선 나는 딸아이가 남들과 다르다는 걸 철저하게 수용해야 했어요. 둘째, 변증법적 행동치료를 받는 한편 많은 조사를 하면서, 갈등을 줄일 수 있는 더 효과적인 의사소통 방법들을 찾았어요. 셋째, 내 아이가 강렬하고 폭주하는 감정을 가지고 있으며 모든 것에 과도하게 반응하리라는 사실을 받아들였어요. 아이 자신도 어쩔 수가 없는 거예요. 그리고 넷째로, 이런 모든 게 효과가 없다면 외계인이 당신 자녀의 몸에 침입했고 당신이 상대하고 있는 사람은 그 외계인이라고 생각하세요.

폴라: 우리는 "안 돼"라는 말을 하지 않아요. 그 말은 분노를 촉발하는 큰 요인이거든요. 우리는 안 된다는 뜻을 전하는 다른 식의 말들을 찾았어요. "그건 너무 비싸구나. 우리한테 그런 걸 살 여유가 있을지 모르겠네", 혹은 "그건 여름에 하는 게 나을 것 같아. 이번 주는 너무 춥잖아"처럼요. 아니면 딸에게 그 문제에 대해 하룻밤을 생각하고, 그래도 여전히 좋은 생각 같은지 보라고 해요(우리 딸은 충동적이에요).

메이: 나는 유머를 많이 사용해요. 딸이 비현실적이거나 돈이 많이 드는 뭔가를 요구할 때, 나는 보통 "부자랑 결혼하렴"이라든지 "우리가 언제 카다시안 집안이 되었지?" 같은 식으로 응답해요. 이런 방법은 아이가 뭔가를 요구하거나 집안일과 숙제에 태만할 때 효과가 좋습니다. (카다시안[Kardashian] 가족은 미국의 셀럽 집안으로, 그 구성원 다수가 방송이나 연예, 패션, 사업 등의 분야에서 활동하고 있다.-옮긴이)

크리스틴: 나는 어떻게 하라고 요구하기보다 대화로 상황을 이끌어가는 것이 더 나은 결과를 얻는다는 걸 알게 됐어요. "가서 설거지를 해"라고 하지 않고 "얘야, 지금 바쁘니? 내가 설거지하는 걸 도와줄 수 있어?"라고 말해요. 그렇게 하면 딸아이는 그저 '엄마가 이걸 하라네'라고 생각지 않고 자기에게 선택권이 있다고 느끼죠.

태머라: 참을성이 도움이 되었어요. 그게 저의 가장 큰 장점이라고 생각해요. 제게는 참을성이 많아요. 저는 또 뭐든 편견 없이 받아들이는 성격이에요.

진: 나는 아이들을 위해 자기연민의 모습을 보여 주곤 해요. 실수를 해도 스스로를 비판하거나 '멍청하다'고 하지 않아요. 이런 행동은 자기비판이 가치 있고 적절한 반응이 아니라는 점을 아이에게 알려 주죠. 사실 자기비판은 상황을 더 악화시켜요. 안 그래도 경계성 성격장애가 아이의 안에서 늘 비난을 해 대는데, 내면적 비판자를 하나 더 키우게 하고 싶지는 않아요.

벨라: 아이의 행동을 당신 개인에 대한 공격으로 받아들이지 마세요. 고통에 짓눌려 우울하고, 불안하고, 충동적인 아이들은 말과 행동으로 많은 상처를 주는 게 사실이죠. 하지만 당신이 표적이라고 해도 그건 대개 당신 때문이라기보다 자신의 고통 때문이에요. 심호흡을 몇 번 하고 그 장애와 아이를 분리해서 보세요. "내 사랑은 너의 고통보다 깊어"라고 천천히 몇 번 되뇌고, 최대한 차분하게 아이에게 반응하세요.

| 이 장에서 꼭 챙겨야 할 교훈 |

동물들을 쓰다듬으며 즐길 수 있는 농장에 가서, 양이나 염소 한 마리에 먹이를 주는 순간 다른 녀석들이 모두 몰려드는 걸 본 적이 있는가? 당신에게 먹이가 다 떨어지면, 그들은 다음 사람이 먹이를 가지고 올 때까지 게걸스럽게 당신 주머니에 코를 대고 킁킁거리거나 당신의 손을 핥는다. 이 동물들은 사람들에게 뛰어가도록 긍정적으로 강화되었는데, 자연환경에서라면 아마도 하지 않을 행동이다.

당신이 괴물에게 먹이를 줄 때 바로 그 긍정적 강화의 원리가 작용한다. 당신의 자녀는 더 많은 것을 원하기에, 자신에게 줄 뭔가를 가지고 있는 사람에게 달려간다. 거듭거듭 그들은 이전에 자신이 원하는 것을 갖게 해준 그 행동을 할 것이다. 그러므로 당신은 어떤 종류의 행동을 보상해 줄지에 대해 아주 신중해야 한다. 당신이 경계성 성격장애에 밝은 부모라면 좋은 성적을 받는 것, 식탁을 차리는 것, 자제력을 잃고 성질을 부리거나 주먹으로 벽을 쳐서 구멍을 내지 않는 것 같은 *바람직한* 행동을 긍정적으로 강화할 것이다. 그러면 당신과 아이 모두 승자가 될 테다.

다음은 이 장에서 기억해 둬야 할 중요한 교훈들이다.

- 자신을 용서하는 법을 배워야 한다. 당신이 통제할 수 없는 일이나 과거에 일어난 일에 대해 죄책감을 갖는 것은 아이를 잘 양육하는 데 도움이 아니라 방해가 된다.
- 당신과 아이는 자율성과 독립성의 문제에서 서로 반대편에 있다. 당신은 아이가 이 두 가지 특성을 키우길 원하는 반면, 그 애는 이런 특성들을 심어 주려는 당신의 노력을 자신을 버리거나 거부하는 일로 본다. 이 같은 역학 때문에, 당신이 아이의 행동을 조장하거나 아이가 당신에게 정서적 협박을 함으로써 괴물에게 먹이를 주는 걸 피하기가 더 힘들어진다. 아이의 감정을 인정해 주거나 함께 시간을 보내는 등 다른 방식들로 아이를 안심시키라. 아이가 초등학교로 올라가는 걸 겁내고 당신도 아이와 떨어지는 게 편치 않았음에도, 아이의 장기적인 행복이 걸린 일이었기 때문에 당신은 그 애를 학교에 보냈다. 이것이 아이가 독립성을 얻어 가는 중요한 첫 단계라는 걸 당신은 알았다. 경계성 성격장애 아이를 이끌고 우리가 권하는 길을 따르는 것은 더 힘든 일이지만, 아이가 둥지에 앉아서 부모가 벌레를 물어다 주기를 기다리고 싶어 한다 해도 당신은 아이가 날개를 펴도록 격려해야 한다(그리고 아이가 그렇게 할 때 지지해 주어야 한다). 그렇게 하지 않으면, 자신이 날 수 있다는 걸 아이가 대체 어떻게 알겠는가?

경계성 성격장애에 정통한 양육 기법(2)

경계 설정과 문제 해결

바로 앞 장에서, 우리는 '괴물에게 먹이 주기'라는 개념을 소개했다(괴물은 당신의 자녀가 아니라 경계성 성격장애다). 그러면 안 된다는 걸 알면서도 부모가 다음과 같은 일들을 피하기 위해 아이에게 굴복할 때, 괴물에게 먹이를 주게 된다(Lobel 2018, p.88).

- 아이의 학대적 행동
- 갈등
- 죄책감과 자신이 부족하다는 느낌
- 사람들 앞에서 창피당하는 것

앞의 8장에서는 당신이 자녀의 장애에 먹이를 주지 않으려 할 때 쓸 두 가지 중요한 기법을 얘기했다.

1. 본의 아니게 문제를 조장하는 걸 멈추기
2. 정서적 협박과 그 세 가지 수단—두려움과 의무감, 죄책감, 즉 FOG —에 넘어가지 않기

이 장에서는 두 가지 기법을 더 다루려 한다.

1. 한계(limits), 즉 아이가 넘어서는 안 될 경계(boundaries)를 설정하고 그걸 일관되게 시행하기, 그리고
2. 아이가 문제를 해결하는 걸 도움으로써 스스로 살아 나갈 수 있게 만 들기

| 경계 설정 |

경계성 성격장애가 있는 아이들은 정체성이 잘 바뀌고 기분 변화가 잦 으므로 경계(한계)와 체계, 규칙, 기대 사항 등이 필요하다. 아이가 처음엔 그것들을 따르지 않는다 해도 그렇다. 경계를 설정하고 지켜야 할 한계가 무엇무엇인지 아이에게 설명함으로써 당신은 자신의 견해를 명확히 알리 고, 당신이 통제할 수 없는 일들에 관한 싸움을 피하고, 가능한 경우엔 응 분의 대가(consequences, 행동 수정을 유도한다는 긍정적 목적 아래 아이에게 하는 부정적 조치를 의미한다. '후과[後果]'라고 할 수도 있다.─옮긴이)나 적절한 보상을 통해 당신의 견해를 받쳐 줄 수 있게 된다.

무조건적으로 사랑한다 해서 무조건적으로 인내해야 하는 것은 *아니* *다.* 이 점을 항상 기억하라.

아즈미: 경계를 설정하고 그걸 철저히 시행하는 것은 내가 지금껏 경험한 가장 큰 도전 중 하나였습니다. 경계 설정을 어떻게 해야 하는지에 대해 이것저것 읽어 보았지만, 막상 해 보려 드니 거듭 실패만 했어요. 나는 생각했습니다. '얘가 자해를 하면 어떡하지?' '또 자살 시도를 하면 어떡하지?' '가출하면 어떡하지?' 하지만 내가 발견한 것은 그런 게 아니라, 딸아이에겐 나의 일관성 있는 자세가 절박하게 필요하다는 점이었습니다. 아이의 경계성 행동을 허용하면서 나는 그게 딸아이를 안전하게 지키고 사랑해 주는 방법이라고 생각했지만, 정작 딸아이는 자기가 무슨 짓을 해도 '무사히 넘어가는' 걸 보면서 엄마는 자기 딸이 뭘 하든 상관하지 않는 사람이라고 생각한 거예요.

경계를 설정하는 게 쉬웠을까요? 절대 아닙니다! 족히 한 달은 싸우고, 소리 지르고, 울고, 그러면서 내가 그 애를 너무 사랑하기 때문에 두려움으로 계속 키울 수는 없다는 사실을 이해시켜야 했어요. 이제는 우리 둘 다 규칙과 응분의 대가가 어떤 의미를 지니는지 명확하고 올바르게 이해합니다.

보상과 대가

경계성 성격장애 아동의 부모 중 우리가 인터뷰한 이들의 거의 전부가 말하기를, 처벌(punishment)은 자기 아이에게 아무 효과도 없었다고 했다. 이는 그 원치 않는 행동이 경계성 성격장애라는 정신질환의 일부이기 때문일 것이다. 벌을 주면 경계성 행동이 사라지리라고 기대하는 것은, 양극성 장애가 있는 사람에게 벌을 주면 조증 삽화가 없어지리라고 기대하는 것과 같다. 처벌로 조증 삽화의 발생을 막을 수는 없지만, 삽화가 일단 시작됐을 경우 보상과 응분의 대가를 활용해서 아이가 하는 것(혹은 하지 않는 것)에 영향을 미치려 해 볼 수는 있다. 마찬가지로, 처벌로 당신의 아이가 느끼는 것을 못 느끼게 할 수는 없지만, 보상과 응분의 대가를 활용하면 그 애가 그런 느낌을 가질 때 자기 자신을, 다른 사람들과의 관계를, 그리고 주변의 물건들을 얼마나 손상하는지에 영향을 미칠 수 있다.

그러므로 자녀에게 경계를 설정하는 일에서는 처벌보다 *보상*과 *대가*라는 관점에서 생각하라. 자녀가 어떤 부분에서 신뢰성을 증명해 보이면, 당신은 더 중요한 일들에 대해서도 아이를 믿을 수 있다. 아이가 당신의 믿음을 저버린다면, 높은 수준의 신뢰가 필요한 행동을 허락하지 않는 등 응분의 대가를 치르게 해야 한다. 예를 들어, 십대 자녀가 일정 기간 동안 귀가 시간을 잘 지킨다면, 그 시간을 좀 늦추는 것으로 보상하라. 자녀가 그와 반대로 행동하면, 밤에는 못 나가게 하거나 귀가 시간을 앞당기라. 구체적인 내용은 당신이 정해야 한다. 아이마다 고유의 DNA를 가지고 있듯이, 스스로 중요하다고 여기는 보상이나 대가도 아이마다 다르다.

물론 그런 보상이나 대가는 당신이 통제해야 하며, 부모인 만큼 대부분의 경우 그렇게 할 수 있다. 예를 들어, 당신이 아이의 휴대폰 대금이나 요금을 내 준다면, 관련 계좌를 해지하거나 휴대폰을 압수할 수 있다. 보상과 응분의 대가는 더 강하고 더 많을수록 좋다. 나이가 몇이든 아이가 당신 마음에 드는 일을 하면—예컨대 쓰레기 내다 버리는 걸 잊지 않으면—그것을 알아주라. 또한 아이가 긍정적인 행동을 하면 반드시 잘했다고 인정해 주라. 예를 들면, 아이가 학생으로서 적절한 복장을 하고 등교할 때 그에 대해 언급하는 식이다. 누구나 뭔가 옳은 일을 할 때는 자기 행동이 주목받고 있다고 느끼고 싶어 한다. 주목을 받으면 그런 좋은 행동들을 더 많이 할 가능성 또한 커진다.

진심을 기울여 긍정적 강화를 하라

경계성 성격장애가 있는 사람들은 버림받는 것을 몹시 두려워하며, 이 때문에 관심을 얻기 위해 할 수 있는 건 뭐든 해야 한다고 생각하는 수가 많다. 그리고 경계성 성격장애 아이들은, 긍정적인 관심을 얻기가 힘든 경우엔 자신의 감정을 행동으로 표출하는 것이(이를 '행동화[acting out]'라고 한다.─옮긴이) 자신이 필요로 하는 것을 얻는 더 확실한 방법이라는 걸 경험으로 배웠을 수 있다(Aguirre 2014). 그러므로 아이가 긍정적인 행동을 하는 걸 놓치지 말고 그에 대해 보상을 해 주는 일이 아주 중요하다. 부정적인 행동을 바꾸는 경우에도 역시 보상할 수 있다. 처음에는 그저 아이의 행동을 알아차리고 미소를 지으며 고맙다고 말하기만 해도 충분하다. 당신의 신체언어(얼굴 표정, 어조, 자세)와 당신이 하고 있는 말이 서로 어울리게 하고, 아이에게 온전히 주의를 집중해야 한다. 아이가 긍정적으로 행동하는 게 없다면, 중립적인 행동에 대해서라도 보상하라. 보상의 몇 가지 예를 보자.

● 포옹을 하고 "고마워", "네가 자랑스러워", "잘했어" 같은 말을 해 주기(아이가 한 일에 당신이 정말로 주목했다는 걸 보여 주기 위해 세부 내용을 구체적으로 언급하라)
● 아이가 좋아하는 사람들과 보내거나 좋아하는 뭔가를 할 수 있는 별도의 시간을 주기
● 귀가 시간을 30분 늦춰 주기

- 좋아하는 음식을 해 주거나 좋아하는 레스토랑에 데려가기
- 차를 더 많이 쓸 수 있게 해 주기
- 주말에 자는 시간을 늘려 주기
- 스크린 타임을 연장해 주기
- 밤에 함께 영화를 보며 즐기기
- 아이의 방에 뭔가 새로운 걸 더해 주기
- 콘서트 티켓 선물하기
- 친구를 집에 불러 같이 자게 해 주기
- 새 옷 사 주기
- 달력에 황금색 별 붙이기
- 앱이나 게임을 구입해 주기

자녀가 바람직하지 않은 행동을 함으로써 관심을 끌려 할 때, 관심을 최소화하고 과잉 반응을 하지 말라. 아이가 위험에 처하거나 다른 사람을 위험에 빠트리지 않는 한 그렇게 해야 한다. 가족 행사에 부적절한 옷을 입고 참석하는 것처럼, 순전히 당신의 관심을 끌기 위해 삐딱하게 행동한다는 게 뻔히 보일 때가 있다. 아이의 의도는 당신을 약 올리고, 난처하게 하고, 당신이 아이에게 그렇게 행동하지 말라고 하면 말다툼을 벌이는 것이다. 이 사례에서는 '그렇게 옷을 입으면 너 자신이 창피하지 않겠느냐'고 아이에게 지적할 수도 있지만, 그런 다음엔 어떻게 옷을 입을지를 아이 스스로 선택토록 하라. 당신이 반응하지 않으면 아이도 이후엔 그런 식으로 관심을 끌려는 시도를 덜 할 것이다.

경계 설정 과정

경계(한계)를 설정하는 것은 단번에 해 버리는 일이 아니라 일련의 *과정*이다. 아이가 무슨 행동을 할지 당신이 확실히 알 도리는 없지만, 그래도 어떤 것들은 꽤 예측이 가능하다. 그러니 위기가 닥칠 때까지 기다리지 말라. 아이가 할 수도 있는 일을 내다보고 미리 경계를 설정하라. 이제 경계를 어떻게 설정하는지 그 과정을 한 단계 한 단계 당신에게 알려 줄 것이다. 배우자와 둘만 있는 조용한 시간에 함께 이 계획 과정을 밟으라. 이 작업을 위해 일부러 시간을 내어야 할지도 모른다.

어떤 경계가 필요한지 확인하라

큰 것이든 작은 것이든, 당신이 설정할 경계가 어떤 것들인지 확정하라. 그 경계는 가족 전체를 위해 최선인 것들에 더해 당신의 필요와 가치, 원하는 것과도 밀접하게 연계되어야 한다. 가장 우선시해야 할 사항은 당신 자신과 다른 자녀들, 그리고 경계성 성격장애가 있는 아이가 집 안에서 안전하게 지내는 것이다. 아이가 파괴적이거나 공격적이거나 위험한 행동을 보인다면, 당신은 우선 무엇부터 경계를 부과할지 신중하게 선택해야 한다. 그리 중요하지 않은 문제를 가지고 아이와 힘겨루기를 하는 것은 피하는 게 좋다. 처음부터 너무 지키기 어려운 경계들을 설정하지 말라. 초기에 아이가 어느 정도 성공하고, 그걸 토대로 차츰 더 어려운 경계들을 감당케 해야 한다.

모두에게 가장 안전한 환경을 만들기 위해 당신이 고려해 볼 수 있는 경계들은 다음과 같다.

- 집 안에서 다른 사람을 신체적으로 공격하는 것을 금한다.
- 허락 없이 낯선 사람을 집에 데려오는 것을 금한다.

- 어린 동생들이 있는 데서 부적절한 화제를 거론하는 것을 금한다.
- 집 안에서 불법 물질의 사용이나 음주를 금한다.
- 정서적, 언어적, 혹은 신체적 학대는 어떤 유형이든 금한다.
- 다른 사람의 방에 주인 허락 없이 들어가는 것을 금한다.

당신이 설정하고 싶은 경계들의 범위를 명확히 파악했으면 이제 보상과 응분의 대가를 생각해 볼 차례다.

보상과 대가들을 정하라

첫째, 아이가 당신이 설정한 경계를 준수하거나 뭐든 당신이 강화해 주고 싶은 긍정적인 행동을 했을 때 어떤 보상을 할 수 있을지 생각해 보라. 예를 들어 당신의 딸이 이번 주에 저녁 설거지를 다섯 번 한다면, 할 때마다 아이에게 고맙다고 말하라. 그 애가 2주 동안 남동생과 싸우지 않는다면 그 보상으로 아이를 자기가 고른 레스토랑에 데려갈 수도 있다. 그리고 준수하기가 어려운 경계일수록 보상을 더 크게 하는 것도 좋다. 예를 들어 욱하면 신체적 폭력을 행사하곤 하는 아들이 한 달 동안 용케 폭력을 쓰지 않았다면, 아이가 정말로 중요하게 여기는 뭔가로 보상해 줄 수 있다.

또한 아이가 경계를 준수하지 않을 때 그 애에게 어떤 응분의 대가를 치르게 할지도 생각해 내야 한다. 대가는 가능하면 아이가 어긴 경계에서 자연스럽게, 즉 당연하게 도출되는 것이어야 한다. 예컨대 자녀가 거짓말을 한다면, 그 대가는 당신이 더는 그 아이를 믿지 않는 게 되어야 한다. 이렇게 하면, 아이가 그 후 무슨 일에 대해 당신이 자기를 믿어 주길 바라다가 실망하게 될 테다. 아이가 방과 후에 기다리기로 약속했던 시간에 지정된 픽업 장소에 있질 않아서 당신이 15분이나 기다려야 했다면, 이후엔 아이를 태우러 가지 않는다. 아이가 부모 말에 따르지 않는다면 부모도 아이 말을 들어줄 필요가 없다.

치르게 할 대가는 위반의 종류와 심각성, 아이의 나이에 상응해야 하며, 가능하면 언제나 사전에 설명해 줘야 한다. 그것은 아이에게서 어떤 특전을 빼앗거나 아이가 할 수 있는 집안일을 시키는 것일 수도 있으며, 아이에게 중요한 다른 무엇에 관한 조치일 수도 있다. 순전히 유사시에 영향력을 발휘하는 수단으로 이용하겠다는 생각 하나로 아이에게 용돈을 줄 수도 있다. 당신은 설정해 놓은 경계를 매번 예외 없이 '지켜야'(즉 시행해야) 할 것이므로, 위반 시의 대가는 나름대로 중요할 만큼 큰 것이되 너무 부담스러울 정도는 아니어서 당신이 다음 날 업무가 있는 경우에도 밤 10시에 무리 없이 시행할 수 있는 것이어야 한다.

저항 행동에 대비하라

저항 행동(countermove, 반발 행동, 대항 행동)이란 당신이 대가를 부과하는 일에 얼마나 진지한지, 그걸 정말 철저히 시행할지를 확인하기 위해 아이가 당신이 정한 경계를 시험하거나 더 못되게 행동하는 것을 말한다. 예를 들면, 당신이 아이에게 현관문을 닫으라 했을 때 아이는 그렇게 하긴 하는데, 다만 있는 힘을 다해 쾅 닫는다. 이런 유의 저항 행동은 그냥 '일어날 수도 있는' 게 아니라 '언제 일어나느냐'가 문제인 것이므로 그에 대비해 계획을 세워야 한다. 당신은 아이를 내면적으로 성숙시키려고 애쓰지만, 그런 노력이 아이에게는 버림받는 것으로 느껴진다는 걸 기억해야 한다. 그러니 앞으로 두 걸음 나아가면 한 걸음 물러서게 될 걸 각오하라.

당연히, 당신이 경계를 설정하는 순간 아이는 당신이 정말로 그렇게 하려는 건지 확인하기 위한 테스트에 나설 것이다. 예를 들어 귀가 시한이 밤 11

시이고 아이가 보통 자정쯤에 슬슬 들어왔다면, 당신이 그 시간을 경계 설정에 포함시킬 경우 아이는 새벽 1시에 들어올 것이다. 당신이 경계 설정 과정을 꼼꼼하게 밟아 나가는 것은 이런 이유에서다. 당신은 아이가 경계를 위반했을 때 어떤 조치들을 할지 이미 윤곽을 잡아 놓았고, 아이가 그에 대응해 무슨 행동을 할지 생각했으며, 다양한 만일의 사태에 대비해 계획을 세웠다.

경계에 대한 이 같은 시험은 워낙 보편적인 것이어서 '저항 행동'이라는 이름까지 붙었다. '되돌리기' 행동('change-back' behavior)이라고도 한다. 『무엇이 여성을 분노하게 하는가(The Dance of Anger)』에서 해리엇 러너는 경계 설정의 필요성을 언급하면서 이렇게 말한다.

그러나 변화를 만드는 것은 절대 쉽고 순탄하게 할 수 있는 일이 아니다. 침묵이나 모호한 태도, 아무 효과 없는 싸움 같은 예전의 방식을 버리고 자신의 필요나 욕구, 믿음, 우선순위에 대해 명확하게 이야기하려 들 때면 으레 상대의 저항 행동 즉 '되돌리기' 반응을 마주하게 된다. 사실, '보언의 가족체계이론(Bowen family systems theory)'의 창시자인 머리 보언은 어떤 가정에서든 가족 구성원 한 사람이 보다 독립적인 자아를 표방하면 강한 반대에 부딪친다는 사실을 강조한다. 보언에 따르면, 그러한 반대는 한결같이 다음과 같은 연속적 단계로 진행된다.

1. "네 생각은 잘못됐어." 이 주장을 뒷받침하기 위해 많은 이유를 댄다.
2. "네가 이전의 너로 돌아간다면 다시 받아줄게."
3. "이전의 너로 돌아가지 않는다면, 이런 대가를 치러야 할 거야." 그런 다음 그 대가들을 나열한다.

저항 행동이란 분리와 변화에 대한 불안이 너무 커질 때 관계를 이전의 균형이나 평형 상태로 되돌리려는 상대방의 무의식적인 시도다. (…) 저항 행동에 직면해서 우리가 할 일은 자신의 입장을 명확히 밝히는 것이지, 그런 행동이 일어나지 못하게 막거나 상대에게 그런 식으로 반응하면 안 된다고 말하는 것이 아니다. 우리 대부분은 불가능한 것을 원한다. 자신의 결정이나 선택을 마음대로 하고 싶어 할 뿐 아니라, 그 결정이나 선택에 대한 상대방의 반응까지도 통제하고 싶어 한다. 우리는 변화를 이루고 싶어 할 뿐 아니라, 우리가 일으키는 변화를 상대방이 좋아하는 것까지도 바란다. 더 당당하고 분명하게 자기주장을 펴고 싶어 하면서도, 예전의 우리가 보인 익숙한 행동 때문에 우리를 선택했던 바로 그 사람들에게서 칭찬과 북돋움을 받기를 바란다(Lerner 2014, p. 34-35).

자녀와 얘기를 나누라

당신과 배우자가 일단 경계와 보상, 위반 시의 대가 등을 정하고 나면 아이와 함께 셋이 앉아서—솔직하고 평이한 말로—설정한 경계의 내용, 보상들 중 보다 공식적인 것들, 그리고 위반 시 치러야 할 대가 등을 적고, 이것들에 대해 아이와 의논하라. 당신이 생각하기에 합리적인 타협안을 아이가 제시한다면, 그 의견을 따르는 것도 고려해 보라. 예를 들어 당신은 아이가 수학에서 B를 받길 원하지만, 아이와 의논한 결과 영어에서 더 높은 점수를 받는 조건으로 수학에선 C를 받아도 된다는 타협이 이루어질 수 있다. 계약 내용을 적어서 누구나 볼 수 있는 곳, 이를테면 냉장고 같은 데 붙여 놓으라. 부모와 아이 모두 그 계약에 서명해야 한다.

당신이 설정한 경계를 준수하라

당신이 정한 경계를 아이가 지키면, 그 애에게 진심으로 미소를 지어 보이고 고맙다는 말을 하는 등으로 그 행동을 더 강화하라. 이렇게 하면 아이가 계속 그런 식으로 행동할 동기를 부여할 수 있다. 보상은 아이가 당신의 기대 이상으로 행동하도록 이끌 수 있는 것으로 알려져 있다. 예컨대 아이는 당초 얘기했던 사흘이 아닌 나흘 동안 식탁을 차릴 수도 있다. 아이가 당신이 정한 경계를 벗어나는 뭔가를 하고 싶어 할 때, 그건 경계 위반이라는 걸 명확하게 지적하라.

아마 알고 있겠지만, 자녀가 경계성 성격장애일 때 당신은 늘 다음에 분명 일어날 일을 예기하며 가슴 졸인다. 경계성 성격장애가 있는 아이들은 일이 너무 잘 되기 시작하면 일부러 자신을 방해한다. 또한, 자기가 너무 자족적인 것처럼 보이면 당신이 떠나갈까 봐 걱정한다(Lobel 2018). 이런 성향에 항상 유의해야 한다. 아이의 성취에 흥분하는 것은 좋으나, *지나치게 들뜨지는 말라.*

아이가 당신이 정한 경계를 준수하지 않으면, *매번 반드시* 응분의 대가를 치르게 하라. 경계를 지키고 저항 행동을 이겨 내는 당신의 능력에 따라 이번에 설정한 경계뿐 아니라 이후에 설정할 모든 경계들의 성패가 결정된다. 당신이 경계를 진지하게 생각하지 않는 모습을 보이면 아이 역시 그걸 진지하게 받아들이지 않을 것이다. 그렇기 때문에 (1) 아이의 행동에 영향을 미칠 수 있으며 (2) 당신이 매번 예외 없이 부과할 대가들이 뭔지 신중하게 생각하고 선택하는 것이 아주 중요하다.

아이가 어떤 경계를 어겼을 때는(아이들은 그렇게 마련이다) 침착함을 잃지 말아야 한다. 복식호흡을 깊이 하라. 근육을 이완시키라. BIFF를 사용하고(이후에 SET-UP과 인정하기도 사용해야 할지 모른다), 아이에게 문제의 경계와 위반 시의 대가를(둘 다 글로 적은 것을 가지고) 상기시키라. 그 대가는 경계 위반의 자연스러운, 즉 당연한 결과여야 한다. 심판하거나 비난하는 투로 들리지 않게 하라. 그 애는 이미 자기혐오를 느끼고 있다. 그걸 더 키울 필요는 없다. 나중에 상황이 진정되면 그 일에 대해 얘기를 나눌 기회가 있을 것이다. 우선 가장 좋은 방법은 아이의 행동과 치러야 할 대가 사이의 관련성을 그냥 설명하는 것이다.

경계 설정의 사례 하나

부모 두 사람이 딸을 대상으로 경계를 설정하는 과정을 서술한 사례를 하나 보자. 학대적인 행동에 대해서는 무관용 원칙을 적용해야 한다는 우리의 권고를 읽은 후 이리나와 남편 폴은 열세 살 된 딸 미란다에 대해 경계를 설정해야겠다고 결심했다. 미란다는 최근 엄마에게 소리를 질렀다. "왜 엄마가 하필 내 엄마가 된 거예요? 나는 엄마가 정말 싫어요! 아빠가 다른 사람하고 결혼했더라면 좋았을 텐데!" 그래서 경계를 세울 영역은 쉽게 결정되었다. 7장에서 설명한 '내용 이전에 형식'이 그것으로, 미란다는 예의 바른 태도로 엄마에게 말해야 한다는 것이었다.

보상과 위반 시의 대가를 설정한다: 미란다가 엄마에게 예의 바르게 행동할 때마다 이리나와 폴은 미란다에게 미소로—경우에 따라선 고맙다는 말도 하면서—보상하기로 했다. 그리고 위반 시의 대가와 관련해서는, 미란다가 가장 소중하게 여기는 물건은 휴대폰이며 그 비용은 부모가 대 주고 있다는 데 착안했다. 이리나와 폴은 휴대폰 사용 제한이(부모와 911[한국의 119]에만 전화할 수 있도록 원격으로 제한할 수 있었다) 가장 효과적인 조치라고 결정하고, 미란다가 경계를 넘어설 때는 일주일 동안 휴대폰 사용을 제한하기로 했다. 그 기간 안에 그 애가 엄마에게 다시 버릇없이 말하고, SET-UP이나 BIFF로 경계를 상기시키는 것으로도 태도가 변하지 않으면 그 일주일에 하루를 더하기로 했다.

저항 행동에 대비한 계획을 세운다: 이리나와 폴은 미란다가 처벌을 가볍게 하거나 아예 없애기 위해 할머니(폴의 어머니)에게 도움을 구하리라는 걸 알았다. 그래서 그들은 할머니에게 전화해서 무슨 일이 있는지 설명했고, 간섭하지 않겠다는 확답을 받았다.

아이와 얘기한다: 이리나와 폴은 미란다에게 함께 얘기를 좀 하자고 했다. 미란다는 자신이 뭔가를 잘못해서 벌을 받는 걸까 봐, 아니면 엄마 아빠가 자기에게 뭔가 나쁜 소식을 전하려는 걸까 봐 경계했다. 하지만 자신이 엄마에게 말하는 방식에 대해 상의하고자 하는 것임을 알고 나서는 안심했다. 미란다는 '휴대폰을 뺏는 것'은 *너무나* 지나치다고 생각했지만, 그건 미란다가 경계성 성격장애 때문에 부모의 입장에 서 볼 수가 없고, 따라서 딸이 그렇게 못되게 말할 때 부모가 어떤 마음일지를 알지 못해서다. 이리나와 폴은 경계 위반 시의 조치 기간 중에 미란다가 엄마에게 또 버릇없이 행동한다면, 당초의 일주일에 하루를 더할 거라고 설명했다. 미란다는 계약에 서명했고, 이리나와 폴은 그 계약서를 냉장고에 붙였다.

미란다는 바로 그날 밤 합의를 깨고 엄마에게 소리를 질렀다.

당초 설정한 경계를 지킨다: 이리나는 폴을 거실로 불러 도움을 청하기로 했다. 이리나는 폴에게 무슨 일이 있었는지 설명했다. SET-UP을 사용해서 두 사람은 딸에게 합의를 상기시켰다. 당연히 미란다는 폭발했다. 폴은 딸에게 이렇게 말했다. "네가 계속 이렇게 한다면, 우리는 조치 기간에 또 하루를 더할 거야." 미란다는 더 말하지 않고 자기 방으로 뛰어가 문을 쾅 닫았다.

이런 상황은 그 주에 몇 번 더 반복되었고, 그래서 위반에 따른 조치 기간에 며칠이 더해졌다. 경계에 대한 합의에 서명할 때만 해도 미란다는 욱하는 성질을 참는 게 얼마나 어려울지 미처 깨닫지 못했다. 부모는 미란다에게 변증법적 행동치료(DBT) 기술 교육을 함께 받자고(비디오와 보충 교재를 통해서), 아니면 기분이 상했을 때 스스로를 진정시키는 데 도움이 될 다른 도구들을 제공하겠다고 했다. 이리나와 폴이 이런 제안을 몇 번 하자 미란다는 좋다고 했다. 경계를 정하고 유지하는 일은 쉽지 않았다. 전혀 재미없는 일이었다. 하지만 그 과정을 거치면서 두 사람에겐 이전에 갖지 못했던 뭔가가 생겼다. 바로 아이에게 미치는 영향력이었다.

경계성 성격장애에 정통한 부모들에게서 듣는 경계 설정의 비결

이다나: 우리는 딸아이가 그날그날의 노력이나 행동을 통해 자신이 원하는 걸 얻도록 하고, 뭔가 잘못했을 때는 집안일을 시켜요. 예를 들어 아이가 자기가 쓴 식기들을 씻지 않거나 거실에서 음식 쓰레기를 치우지 않고 잠자리에 들면, 다음날 설거지를 해야 하는 거예요. 아이가 잘못된 선택을 할 때마다 그 대가로 뭔가를 하도록 하는 것은 효과가 있었어요.

알레시아: 딸아이는 처벌보다 인센티브에 훨씬 잘 반응해요. 비결은 아이가 뭘 좋아하는지, 어떤 유인책을 쓸 때 동기부여가 되는지 알아내

는 거예요. 나는 경계와 기대 행동을 설정하고, 아이가 그런 행동을 하지 않을 때 치를 대가를 정했어요. 그게 다예요. 그런데 이게 효과가 있어요. 왜일까요? 내가 아이의 허튼짓, 허튼소리를 받아 주지 않고, 흔들림 없이 끝까지 밀고 나가기 때문이며, 아이가 아닌 내가 주도권자이기 때문이죠.

조이: 딸이 마리화나를 갖고 있는 걸 발견한 후 우리는 딸아이와 서면 합의서를 작성해 아무 때나 그 애의 방과 휴대폰, 가방을 검사할 수 있도록 했어요. 그 애는 자칫 감옥에 갈 수도 있었거든요.

| 경계성 성격장애에 정통한
부모들에게서 더 배우는 양육 기법 |

조세피나: 우리는 한 달에 한 번 두 딸 각자와 일대일 데이트를 해요. 점심이나 저녁을 먹으러 가는데, 어느 쪽일지는 아이가 선택해요. 그런 다음 쇼핑을 하거나 아이가 원하는 활동을 하러 갑니다. 거기에 자기들 용돈을 쓰는 거죠. 우리는 또 목요일마다 집에서 함께 저녁을 만들어 먹고, 가족이 자주 밤에 모여서 영화를 보거나 게임을 하고, 매주 집에서 일대일로 이런저런 활동을 해요. 대개는 일종의 미술 프로젝트들이죠. 그런 식으로 우리는 두 딸 모두가 관심을 충분히 받도록 해요.

수전: 나는 딸의 거짓말을 크든 작든 하나하나 다 지적하고, 왜 그런 거짓말이 딸 자신과 거기 연관된 사람 모두에게 해로운 행동인지를 설

명해요.

샘: 내가 온전한 정신을 유지하는 데 가장 요긴했던 것은 딸아이의 감정은 그 애 자신의 것이라는 사실을 깨닫는 일이었어요. 나는 아이와 함께 롤러코스터를 탈 필요가 없었으며, 내가 덜 감정적이 될수록 아이는 더 빨리 진정이 되죠. 나는 자신에게 이렇게 말해요. 경험이 풍부한 어른인 내가 스스로의 감정을 통제하지 못한다면, 호르몬 변화가 심하고 정신적으로 아픈 십대 아이가 자신의 감정을 잘 관리하리라고 어떻게 기대할 수 있단 말인가?

후안: 나는 일과표 비슷한 걸 만들어서 어느 정도 성공했어요. 딸아이가 우울해할 때, 나는 샤워하기, 먹기, 그리고 그때그때 자신의 뒷정리를 하기 같은 기본적인 일들의 목록을 만들어요. 그리고 아이의 기분이 나아지면 나는 빵이나 과자 굽기, 강아지 산책시키기를 비롯해 뭐든 밖에서 하는 일들, 혹은 색칠하기(휴대폰 앱이 있어요) 같은 활동들을 계획에 추가해요. 다행히 아이는 글을 쓰고, 사진을 찍고, 미술 하는 걸 좋아하죠. '경계성 성격장애와 미술' 또는 '경계성 성격장애와 시' 같은 키워드를 넣어서 온라인 검색을 하면 엄청난 양의 자료를 얻을 수 있어요.

| 문제 해결 |

당신의 아이는 아마도 많은 문제들에 대해 당신과 의논하러 올 텐데, 그것들 대부분은 경계성 성격장애가 없는 같은 나이의 다른 아이들이라면 스스로 해결 방법을 배울 수 있는 문제일 것이다. 하지만 당신의 아이는 살아남기 모드와 고통 관리 모드로 워낙 많은 시간을 보내느라 문제 해결 기술들을 충분히 배우지 못했다. 아이와 함께 문제 해결 단계들을 거듭 거치면서 그 애가 혼자 힘으로 문제를 해결하는 방법을 배우도록 하되, 당신이 다시는 자기를 도와주지 않을까 봐 아이가 두려워할 정도로 많이 가르치려 들지는 말라.

　1단계—아이에게 어떤 종류의 도움이 필요한지 그 애의 말을 통해 정확히 알아내라: 아이가 도움을 구할 때, 문제가 무엇이며 어떤 종류의 도움을 원하는지 물어보라. 예를 들어, 아이가 당신에게 원하는 게 자기 말을 들어 주는 것인가, 조언을 해 주는 것인가, 아니면 어떻게 해야 할지 알도록 돕는 것인가? 아이가 감정에 휩싸여 대답을 못 한다면, 그 감정을 인정해 주라. "지금 당장은 상황이 절망적으로 보일 수 있지만, 우리가 함께 앉아서 그 문제에 대해 얘기할 수 있을 만큼 네가 안정되면 난 최선을 다해 너를 도울 거야." 아이가 준비될 때까지 기다리면서 "지금 당장은 혼란스러워해도 괜찮아. 때가 되면 네가 스스로를 통제할 수 있을 테고, 실제로 그럴 거야"라는 식으로 당신의 믿음을 전하라. "네가 전에도 그렇게 하는 걸 봤어"라는 격려와 함께.

　당신은 아이의 문제에 개입하고 싶을 수도 있고 아닐 수도 있으며, 혹은 어떤 지점까지만 개입하고 싶을 수도 있다. 예를 들어 아이에게 금전 문제가 있다면, 당신은 제한적으로만 개입하고 싶을지 모른다. 아이에게 채권자한테 연락해서 상환 계획을 정하는 게 좋겠다고 설명해 줄 수는 있지만, 당신이 직접 채권자에게 연락해 주는 것은 거절할 수 있다는 얘기다. 이럴 경우, 아이는 당신이 자기 곁에서 전화 통화를 듣고 그때그때 피드백을 해 달라는 등의 타협안을 제시할 수 있다.

   2단계—질문을 하라: 아이가 당신에게 기대하는 게 자기 말을 그냥 듣고 인정만 해 달라는 것 이상의 무엇이라면, 질문을 충분히 해서 상황이 어떠한지를 평가하라. 당신의 궁극적 목표는 이 문제 하나를 해결하는 것이 아니라, 아이가 문제들을 스스로 해결하는 방법을 배우도록 돕는 것임을 기억하라. 그러니 당신이 문제에 어떻게 접근하는지를 아이에게 보여 주라. 혹 당신의 방법이 커다란 문제를 작은 부분들로 나누는 것이라면, 그 방법을 아이에게 알려 주면 된다. *당신은 상황의 자초지종을 다 파악해야 한다.* 경계성 성격장애가 있는 아이들 중 일부는 자신이 나쁘게 보일 만한 세부 내용을 빠트리는 경향이 있다. 그런 부분이 빠져 있다면 기껏 들은 정보라도 쓸모가 없을 수 있다.

   멜라니아: 내가 배운 바로는, 문제 해결에 집중할 때 가족 구성원들은 아이가 나쁜 의도를 가졌음이 밝혀지지 않는 한 좋은 의도를 가지고 있다고 가정해야 하며, 진실은 단 하나가 아니라는 것을, 그리고 설령 상황이 원하는 만큼 좋지는 않다 해도 모든 사람이 나름대로 최선을 다하고 있다는 것 또한 가정해야 합니다.

   바라는 결과가 어떤 식의 것인지 아이에게 물어보라. 제기된 문제가 대인관계 요소가 있는 건가(즉 누군가와의 관계를 포함하는가), 여러 단계를 거쳐야 하는 건가(그리하여 가령 심적 압력을 다시 높이게 될 수도 있는가), 혹은 이 양쪽의 성격이 다 있는가? 문제가 무엇인지, 또는 어떤 식으로 해결이 되면 좋을지를 아이가 정확히 얘기하지 못한다면, 상황을 명확히 하는 걸 돕기 위해 할 수 있는 일을 하라. 주된 문제가 뭔지 물은 다음, 그걸 더 작고 다루기 쉬운 부분들로 나눌 수도 있다. 문제를 이해하지 못하면 해결 역시 할 수 없다는 것을 기억하라.

 3단계—자녀와 함께 브레인스토밍을 하며 해결책들을 분석하라: 사람들은 문제의 유형에 따라 다른 접근 방식을 쓴다. 어떤 문제들은 해결하는 데 시간이 걸리고, 민감하며, 다른 사람들이 연관되어 있는 반면, 또 어떤 문제들은 해결하는 데 단호함과 신속함, 그리고 조사가 필요하다. 아이가 문제에 대한 해결책을 생각해 내는 데 어려움을 겪는다면, 그나마 내놓은 안들에서 뭔가 좋은 점을 찾아 말해 주라. 그게 궁극적으로는 효과가 없을 방책들이라 해도 그렇다. 아이가 각각의 해결책 후보들이 지닌 위험성과 보상을 충분히 생각하도록 도우라. 하지만 그 해결책에 대한 책임은 당신이 아닌 *아이가* 져야 한다는 점을 분명히 하라. 당신은 조언을 하고, 결정은 아이가 한다. 그렇게 하지 않으면 해결책이 실패할 경우 아이가 당신을 비난할 수도 있다.
 아이의 노력을 보상해 주며 "나는 너를 믿는다"라고 말하라. 그렇게 하면 아이는 더 노력하고 결국 더 나은 해결책을 생각해 낼 것이다. 『경계성 성격장애가 있는 사람을 사랑하기』의 저자 셰리 매닝은 이렇게 말한다.

 당신이 사랑하는 사람에게 믿는다고 말하는 것은 조금 도움이 될 수는 있지만 충분하진 않다. 사실, 문제 해결에 거듭 성공하는 것만이 자신감을 키워 준다. 당신이 아이에게 굴복해서 대신 문제를 해결해 준다면 결국은 그 애의 자신감을 약하게 만들 뿐이라는 것 또한 명심하라. 문제가 은행에 가거나 누군가에게 전화하는 일 같은 거라면 당신은 함께 있어 주겠으되 얘기는 전부 아이 자신이 해야 한다고 말할 수 있다. 문제가 직장을 비롯해 당신이 같이 있어 줄 수 없는 곳에서의 상황이라면, 당신은 그 상황을 소재로 역할극을 해 보자고 할 수 있다(Manning 2011, p. 141).

다양한 해결책의 장단점을 알아보고, 발생할 수 있는 여러 가지 일들을 예측하라. 당신은 직감적으로 아는 것들이지만, 당신의 자녀에겐 그렇지 않을 수 있다. 두 사람이 함께 행동 방침을 정하라. 이 의사결정에 당신이 얼마나 적극적으로 기여할지는 해당 문제, 아이의 나이와 능력, 그리고 그 문제에 무엇이 걸려 있는가에 달려 있다.

4단계─당신의 역할을 규정하라: 문제 해결을 위한 계획에서 당신의 자리가 있는가, 아니면 아이가 문제를 해결하려고 시도해 본 다음 당신에게 다시 올 것인가? 당신은 아이가 자신의 능력에 자신감이 별로 없다는 걸 알게 될 수도 있다. 아이를 조금 지도하고 싶을 수도 있지만 문제 해결을 떠맡지는 말라. 다시 매닝의 말을 들어 보자.

당신에게 문제의 해결책이 있다면 그걸 알려 주되 … 아이가 당신의 도움을 원하는지 묻지도 않은 채 상황을 '해결'하려 들지 말라. 진심이 담기지 않은 어떤 말도 하지 말라. "우리가 해야 할 일은…"이라고 말하지 말라. 대신 이렇게 말하라. "네가 …를 하면 도움이 될까?" 이렇게 할 때 당신은 사랑하는 자녀에게 책임을 지우는 것이다. '네가 상황을 장악할 수 있기를 바라며, 그럴 능력이 있다고 믿는다'는 당신의 뜻을 아이에게 전하라(Manning 2011, p. 111).

선택권이 게임을 바꿀 수 있다

선택권을 싫어하는 사람은 없다. 당신이 맛있는 것을 찾아 먹을 때마다 늘 초콜릿 아이스크림콘을 선택한다 해도, 마음만 내키면 신기한 새로운 맛들 중 하나를 고를 수 있다고 생각하면 기분이 좋게 마련이다. 아이들도 선택권을 좋아하는데, 워낙 많은 사람이—선생님들이, 친구들이, 그리고 맞아, 부모들이—그들에게 늘 이래라 저래라 말하고 있기 때문이다.

예를 들어, 당신은 세 살짜리 아이를 지금 당장 차에 태우고 집에 가야 하는데 아이는 그 파티를 떠나기 싫어한다고 하자. 아이는 끝까지 남고 싶어 한다. 그러나 당신의 생각은 다르다. 그래서 아이에게 묻는다. "차까지 한 발로 뛰어갈래, 깡충깡충 뛰어갈래, 아니면 그냥 달려갈래?" 당신은 게임 자체를 바꿨다. "지금 차에 타지 않으면 단단히 혼날 줄 알아!"라고 말하는 대신 선택지를 제시했다. 그러면 아이는 자기가 차에 타고 싶어 하지 않았다는 걸 잊고는 어떤 방법으로 차까지 가는 게 제일 재미있을지를 생각한다.

다른 예를 보자. 열 살짜리 아이가 옷을 입어야 할 시간인데 계속 꾸물거리고 있다. 이때 당신은 "멋지게 차려입고 싶어, 오래된 옷을 입고 싶어, 아니면 엄마 걸 뭔가 하고 싶어?"라고 물을 수 있다. 이것은 많은 아이에게 아주 흥미로운 선택이며, 특히 당신의 뭔가를 택해도 된다는 부분이 그러한데, 그 품목은 스카프, 시계, 혹은 목걸이 따위일 수 있다. 이번에도 당신은 게임을 바꿨다.

성인 자녀가 아이 둘을 데리고 당신 집에서 살고 있다 하자. 식구가 늘면 일도 더 많아지게 마련이므로, 당신은 자녀가 그 일의 일부를 하길 원한다. 이때 자녀에게 선택지를 제시하는 걸 고려해 볼 수 있다. "진공청소기로 집을 청소할래, 화장실 청소를 할래, 아니면 세탁을 할래?" 당신이 자녀가 꼭 했으면 하는 특정한 일이 있다면, 그게 가장 바람직한 것으로 보이게 만들 선택지들을 제시하라. 또한 집안일을 정말로 좋아하는 사람은 아무도 없으므로, 일을 하고 나면 커피나 아이스크림, 또는 그 성인 자녀가 좋아하는 다른 뭔가를 즐기러 나가자고 보상을 제시할 수도 있다.

선택을 제시하는 것은 자녀가 나이를 먹을수록 힘들어질 수 있다. 특히 자기가 모든 걸 안다고 생각하는 십대 아이나, 자기가 모든 걸 안다고 생각진 않아도 부모인 당신보다는 더 많이 안다고 확신하는 성인 자녀가 대상일 때 더욱 그렇다. 그러니 당신이 십대 때나 그 나이의 성인이었을 때 어떤 선택지들을 원했을지 곰곰이 생각해 보라(금지 약물의 사용 따위는 당연히 선택지에서 제외된다). 다음은 당신이 원하는 뭔가를 자녀에게 요구하는 적절한(그리고 부적절한) 방법을 보여 주는 몇 가지 예다.

자녀가 해 주었으면 하는 것: 당신은 십대 아이나 성인 자녀가 설거지를 하길 원한다.

예전 방식의 요청: "네가 설거지 할 차례야. 지금 해!"

선택 제시: "설거지를 하고 나서 네가 말하던 그 프로그램을 보고 싶니, 아니면 네 친구 중 하나에게 전화를 하고 싶니?"

자녀가 해 주었으면 하는 것: 당신의 성인 자녀가 제시간에 일어나 출근하기를 원한다.

예전 방식의 요청: "지금 바로 침대에서 나오지 않으면 늦을 거야!"

선택 제시: "내일 출근 시간에 맞춰 일어나면 네가 좋아하는 아침 식사를 만들어 줄게."

자녀가 해 주었으면 하는 것: 당신은 자녀들이 서로 그만 싸우길 원한다.

예전 방식의 요청: "너희 둘, 지금 당장 말다툼을 멈춰! 누구 잘못이든 상관없어!"

선택 제시: "내게 생각이 하나 있어. 우리가 역할극을 좀 하면서, 내가 너희 중 하나가 되고 너희 중 하나가 내가 되어 보면 어떨까? 모두 돌아가며 다른 사람이 되어 볼 수 있어!"

자녀가 해 주었으면 하는 것: 당신은 십대 아이나 성인 자녀가 비디오 게임을 그만하고 바깥바람이라도 쐬기를 원한다.

예전 방식의 요청: "너는 그놈의 게임기에 중독되고 있구나! 뇌가 점점 망가질 거야!"

선택 제시: "다들 인터넷에 시간을 너무 많이 쏟기 때문에 나는 인터넷 연결을 끊을까 생각 중이야. 하지만 네가 다른 일에, 예를 들면 … 같은 것들에 시간을 더 많이 쓴다면 선을 그대로 둘 거야."

| 경계성 성격장애에 정통한 부모들의 추가적 조언 |

부모들을 인터뷰하면서 이내 분명해진 점은, 경계성 성격장애에 정통한 부모가 되는 비결은 이 장애에 대해 스스로 공부하는 것이라는 사실이었다. 경험, 건강한 경계, 그리고 자신에 대한 전반적인 믿음 또한 중요하다. 우리는 이 장을 마치기 전에 경계성 성격장애에 정통한 부모들의 조언을 더 많이 들어 보는 게 좋겠다고 생각했다.

코니: 나는 부모들이 경계성 성격장애를 잘 알게 되기 위해 최우선적으로 할 수 있는 일은 아이의 병에 대해 스스로를 탓하는 걸 멈추고 자기애(self-love)를 키우기 시작하는 것이라고 생각합니다. 사람들이 자신을 소중히 여기고 사랑할 때, 지켜야 할 경계들이 뭔지 자연스럽게 깨닫게 됩니다. 변증법적 행동치료(DBT)의 개념과 언어를 아는 것 또한 중요합니다.

캐서린: 아이의 정신질환과는 상관없이, 언제나 저는 버릇없는 행동은 전혀 봐주지 않는 엄마였고, 나 자신을 늘 소중히 여기는 엄마이기도 했어요. 그래서 경계를 설정하고 지키는 일이 제게는 늘 쉬웠지요. 저는 두려움으로 양육을 하거나 아이들이 저를 좋아하게 만들어야 한다고 생각한 적이 전혀 없어요. 그런 건 부모로서 제가 할 일이 아니잖아요.

로라: 내가 딸아이를 위해 하는 모든 일이 아이에게 가장 좋은 것들이며, 실수는 우리 둘 다에게 학습경험이라고 생각해요. 나는 아이로 인해 흥분한 순간에도 흔들리지 않아요. 딸은 걸음마를 시작할 때부터 경계를 시험하려 드는 아이라는 게 확실했고, 그래서 일찍부터 그런 시도에 대처하는 연습이 된 것 같습니다.

그렇다 해도 나 역시 걱정하고 두려워하느라 밤에 잠을 못 잘 때가 많았어요. 관련 서적들과 지지모임, 그리고 심리치료는 그렇게 힘겨운 밤들에 내가 좀 더 자신감과 평온을 찾는 데 도움이 되었지요. 그 병을 관리할 책임은 이젠 성인이 된 딸아이 자신에게 있다는 걸 아는 것 또한 도움이 돼요. 늘 배우고 늘 성장하는 거죠.

세리: 상황에 맞춰 양육 방식을 달리하는 법을 배워야 한다는 걸 깨닫는 게 가장 중요하다고 생각해요. 나는 부모님 두 분에게 입 좀 다물고 계시라고 말해야 하는 처지예요. '두 분은 내가 하는 일, 하지 않는 일에 대해 동의하지 않을 수도 있지만 내가 내 아이에게 필요한 엄마가 되기 위해선 그럴 수밖에 없다'는 얘기를 해야 한다는 거죠. 경계성 성격장애가 있는 내 아이는 내가 배운 것과는 완전히 다른 식으로 양육해야 해요. 짧은 시간에 많은 걸 익혀야 하는 어려운 상황이지요.

캐럴: 저는 확실히 경계성 성격장애를 잘 아는 엄마예요. 처음 엄마가 되었을 때 제가 주문처럼 되뇐 말은 "내가 한 말은 언제나 지켜야 해"였어요. 그래서 제가 아이에 대해 어떤 경계나 응분의 대가를 정하면, 아무리 힘들다 해도 그걸 확실히 지켰고, 지금도 그래요. 사람을 지치게 하는 일이지요. 하지만 제가 그렇게 하지 않으면 배 전체가 가라앉는다는 걸 알고 있거든요.

펄: 내가 경계성 성격장애를 잘 아는 부모가 되는 데 도움이 된 것은 이 장애가 있는 아이들의 양육에 관한 책 읽기와, 이 장애가 있는 사람들을 많이 치료해 본 임상전문가에게서 받은 나 자신의 심리치료, 그리고 경계 설정과 준수에 능한 사람들로서 나를 판단하려 들지 않고 내가 결점이라고 생각하는 것에 대해 스스로를 용서하고 앞으로 나아가는 법을 배우도록 도와준 좋은 친구 두 명의 한결같은 지지였어요. 나는 경계성 성격장애가 있는 사람에 의해 양육되었고, 그래서 부모와 아이의 관계에서 어떤 게 건강하고 어떤 게 그렇지 못한 건지를 배우는 데 아주 오래 걸렸습니다. 이제야 드디어 그 문제를 웬만큼 이해하게 된 것 같은

느낌이에요. 여전히 힘든 날들이 있고 실수도 하지만, 몇 년 전에 비하면 지금은 훨씬 나아졌지요.

재키: 나는 경계성 성격장애에 밝은 부모예요. 내 임무는 딸아이에게 이 세상을 어떻게 헤쳐 나가야 할지 가르치는 것이지, 그 애의 친구가 되는 게 아니에요. 그렇다고 내가 엄격했다는 건 아니지만 단호하긴 했어요. 내가 "아니"라고 할 때는 더는 그 문제로 왈가왈부 말라는 뜻이었어요. 딸과 함께 변증법적 행동치료의 집단 프로그램에 참석한 덕에 아이와 의사소통을 더 잘하는 법을 배웠죠. 나는 아이가 상황들을 어떻게 인식하는지도 알게 됐는데, 내가 인식하는 방식과 크게 달라요. 난 언제나 '도움이 되길' 원했지만 내가 생각한 '도움이 되는' 방식이 아이에게 전혀 도움이 안 된다는 것을 알았을 때, 그러는 걸 멈추고 아이가 더 독립적이 되도록 돕는 걸 배웠어요. 그것은 딸과의 관계뿐 아니라 다른 관계들에도 도움이 되었지요.

지금 당장은 이 모든 행동을 다 해야 한다는 게 엄청 부담스럽게 느껴질 수도 있다. 사실 처음에는 그럴 것이다. 어떻게 보면 당신은 부모가 되는 법을 기초부터 다시 배우고 있다. 다른 자녀에게 효과가 있었던 것이 경계성 성격장애 아이에게도 꼭 효과가 있는 건 아닐 테다. 당신도 이미 그런 사실을 알고 있다. 언젠가는 당신 역시 경계성 성격장애에 정통한 부모가 될 것이다.

| 이 장에서 꼭 챙겨야 할 교훈 |

다음은 이 장에서 기억해 둬야 할 중요한 사항들이다.

- 경계를 설정하고 아이에게 당신이 용인할 수 있는 것과 없는 것을 말해 주면 싸움의 횟수가 줄 것이다
- 하지만 그 경계를 당신 스스로도 준수하는 것이 중요하다. 한 번의 일탈도 그냥 넘어가서는 안 된다. 당신은 아이에게 밤 9시까지 집에 들어와야 한다고 했는데 아이는 자정에 들어오며, 그럼에도 당신은 '아 그래, 하지만 한 번뿐이잖아'라고 생각한다. 이러지 말라! 이 한 번의 눈감음으로 당신은 아이를 위한 프로그램 전체를 망친다. 그러니 당신이 시행할 수 있고 실제로 시행할 규칙들만을 정하라.
- 당신이 정한 경계와 그걸 지켰을 때의 보상, 위반 시의 대가에 대해 아이와 얘기하라. 함께 그 계획을 종이에 기록하라.
- 아이가 뭔가 긍정적인 행동을 하는 걸 보면 칭찬하라. 누구나 가끔씩은 옳은 일을 한다. 좋은 행동을 칭찬하면, 그런 행동이 더 많아질 것이다.
- 나이가 몇 살이든 아이는 당신이 정한 규칙을 따르지 않거나 아주 짜증 나게 행동하는 식으로 경계를 시험하리라고 예상해야 한다. 대개는 당신이 어떻게 반응하는지 보려는 것이다. 일단 설정한 경계는 끝까지 지키라. 그러면 아이는 당신이 말로만 그러는 게 아니라는 사실을 알게 될 것이다.

경계성 성격장애가 있는
청소년기 직전 아이 양육하기

그동안 부모들과 작업하며 얻은 경험으로 볼 때, 청소년기 직전 시기의 아이(preteen)에 관한 다음 이야기는 결코 특별한 게 아니다. 한데 그토록 많은 임상전문가가 이런 이야기를 듣고도 여전히 아이들이 18세가 되어야 경계성 성격장애 진단을 내릴 수 있다고 주장하니 놀랍기만 할 따름이다. ('preteen'은 'preteenager'의 준말로 보통 9~12세, 또는 10~12세의 아이들을 가리킨다. 청소년기 직전 몇 년간을 말하는 이 시기의 발달 단계 명칭은 'preadolescence', 즉 '청소년 이전기'이며, '전[前] 청소년기'라고도 한다. ─옮긴이)

내 아들 브랜던이 18개월 되었을 때, 그 아이는 온몸의 근육을 긴장시키면서 이글거리는 눈으로 나를 집어삼키기라도 할 듯 쳐다보았고, 그 통통한 두 팔로 내 목을 휘감고는 얼마나 힘주어 조이던지 자기 몸까지 떨곤 했어요. 또 자기 머리로 내 배를 아플 정도로 세게 누르기도 했죠. 내 친구에게 스팽키라는 이름의 나이 먹은 개가 있었는데, 한번은 브랜던이 스팽키를 안더니 그 개가 고통스러워서 깨갱거릴 때까지 꽉 조이는 거예요. 우리는 얼른 달려가 아이를 개에게서 떼어 냈어요. 그 이후론 스팽키가 우리 집에 왔을 때는 늘 아이와 다른 방에 두었지요.

아이가 자라면서는 오랜 시간 격렬하게 성질을 부리곤 했고, 그럴 땐 적어도 30분은 달래야 진정이 되었어요. 아이는 지나치게 열정을 보이거나, 심하게 매달리거나, 성질을 부리다가는 금세 더할 나위 없이 괜찮아져서 혼자서도 잘 놀고 행복해하곤 했어요. 아이의 기분 상태는 아주 어린 나이일 때부터 살얼음판 같았어요. 그때에도 아이가 식탁을 차릴 경우엔 과연 태연하게 해낼지, 아니면 완전히 자제력을 잃고 접시와 나이프, 포크 등을 방바닥에 내던질지 도통 종잡을 수가 없었죠.

내가 아이를 학교에 태우고 가서 내려 주면, 어떤 때는 기분 좋게 달려가고, 어떤 때는 발길질을 하고 소리를 지르고 몸을 마구 허우적거려서 결국 선생님들이 아이를 내게서 떼어 내야 했죠. 아이는 3학년까지 그랬어요. 아이의 기분과 성질부리기는 나이를 먹으면서 더 나빠졌습니다. 열한 살이 되자 툭하면 학교에 가지 않으려 했어요. 이전에는 학교를 좋아했는데 말이죠. 그러더니 죽고 싶다는 말을 하기 시작하는 거예요. 너무 겁이 나서 내가 죽을 지경이었어요.

열두 살 무렵에 아이는 자살 제스처(suicidal gesture, 자살할 뜻이 강하지 않은 상태에서 치명적이 아닌 자해 행위를 하는 것. '자살 시위'라고도 한다.−옮긴이)를 보이기도 하고, 나에 대한 가정폭력으로 체포되기도 했어요. 같은 나이에 두 번 정신과 병동에 입원도 했고요. 그리고 그해에 양극성 장애 진단을 받았어요. 다음 2년 동안 나는 아이의 정신과 의사에게 뭔가 이상하며, 그냥 양극성 장애가 아니라고 계속 말했어요. 양극성 장애는 사실은 경계성 성격장애가 있는 아이들이 전형적으로 받는 오진이라지요. 특히 남자아이들이 그렇다고 해요.

새로운 정신과 의사는 내 말을 듣고는 몇 번의 진료 시간 동안 브랜던과 이야기를 나눴고, 그런 다음 아이가 미성년자이기 때문에 공식적으로 경계성 성격장애 진단을 내리진 않겠지만 순환성 기분장애(DSM-5에서는 '순환성 장애'라고 한다. —옮긴이)라는 아이의 진단명 옆에 "경계성 성격장애의 임상적 기준을 충족한다"는 말을 병기하기로 했어요.

자녀에게서 언제 처음으로 경계성 성격장애의 특징을 보았으며 그게 어떤 것들이었냐는 질문을 받았을 때 몇몇 부모는 이렇게 대답했다.

빅토리아: 내 아이는 학교에서 항상 문제가 있었어요. 유치원에 간 첫 주부터 그랬죠. 아이는 늘 관심과 애정에 목말라했지만, 유치원에 가게 되니 떨어지는 걸 정말 못 견뎌 했어요. 아이는 자존감이 낮았고, 어떤 일이든 하려고 할 때마다 한참 전부터 아이를 준비시켜야 했어요. 심지어 슈퍼마켓 가는 것 같은 일에도 그랬다니까요. 아이는 또한 쓸데없는 두려움과 불안감이 많았어요. 정상 수준보다 훨씬 더요.

마리아: 제 아들은 열두 살 때 위험한 행동을 했고, 관계에 집착했으며, 사고방식이 극히 비관적이었어요. 보통 아이들보다 문제 행동을 많이 했고, 그에 대해 거짓말을 하고 다른 사람들을 탓했어요. 아이는 정서적으로 굉장히, 아주 굉장히 굶주려 있었어요. 제가 아이에게 아무리 많은 사랑을 줘도 늘 부족했죠.

새뮤얼: 내 딸은 일곱 살인데 경계성 성격장애일지 모른다는 의심이 들어서(엄마가 이 장애가 있어서 아이도 그럴 위험성이 상대적으로 높아요), 우리는 정신과 의사를 만나려고 대기 중에 있습니다. 아이는 극도의 불안에 시달리고, 심각한 성질부리기에 해리성 삽화가 따르기도 하며, 사소한 실망 하나 때문에 한 시간 동안 기분이 완전히 엉망이 되기도 해요. 나는 하루의 모든 계획과 그 세부사항을 거의 매 분 단위로 아이에게 얘기해 줘야 해요. 내 딸은 아이가 아니라 어른처럼 행동하죠.

아즈미: 다섯 살 때 내 아들은 우리가 자기를 아프게 하길 원했어요. 이렇게 말하곤 했죠. "내 배를 주먹으로 쳐 봐. 그냥 세게 쳐." 아이는 어떤 종류의 폭력이나 체벌도 당한 적이 없었어요. 여덟 살 때는 심각한 우울증을 보여서 걱정했죠. 아이는 친구 사귀는 걸 힘들어했어요. 우리가 다른 아이 부모와 함께 잡아 준 놀이 약속에 갈 때마다 뭔가에 기분이 상해서는 집에 오겠다고 했고, 자기 방에 박혀서는 시무룩해하며 피해자 행세를 했어요. 또 그 나이 즈음에 아이는 '허전함을 채우기 위해' 먹기 시작했어요.

히로: 아주 어린 나이 때부터, 그리고 오늘날까지도, 내 딸은 뭔가에 실망하면 그 느낌을 처리할 능력이 전혀 없어요. 가령 아이가 우리에게 저녁으로 뭘 먹을 거냐고 물어보았을 때 내가 "스파게티"라 했는데 자기는 이탈리아 음식을 먹을 기분이 아니라면, 아이의 하루 전체가 엉망이 되어 버리죠. 아이는 비참해하고, 때론 심하게 성질을 부리기도 해요.

우리는 청소년기 직전 시기 아이들의 부모를 상대로, 정신의학계에서 인정하는 경계성 성격장애의 특성들 외에 그들이 자녀에게서 어떤 특성을 발견했는지 조사했다. 그 결과를 요약한 것이 다음의 목록인데, 경계성 성격장애의 가장 일반적인 특징이라 할 버림받는 것에 대한 두려움이 청소년기 직전의 아이들에게서는 분리불안으로 표현되고 있다는 점에 눈길이 간다.

대니얼 로벨의 임상전문가 코너

경계성 성격장애로 진행할 위험이 있는 아이들에게서 나타나는 최초의 징후 중 하나는 과도한 분리불안이다. 아이들은 본디 어느 정도의 불안이나 불편함을 느끼는 게 정상이지만, 경계성 성격장애의 위험이 있는 아이들은 부모에게서 분리되었을 때 스스로 진정하지 못하고, 다른 사람들에 의해 진정되지도 않는다. 그들은 계속 상황에 대해 불평하고, 자기를 달래려는 주위의 노력을 거부한다. 이 아이들은 너무 속상하고 흥분해서 그 스트레스 때문에 토하거나 두통 혹은 복통이 올 수도 있는데, 이럴 경우 종종 부모들은 하던 일을 중단하고 아이를 도우러 가야 한다. 분리에 대한 저항과 그에 연관된 분노는 이후에 발생할 경계성 성격장애의 주된 특징인 버림받는 데 대한 과도한 두려움의 원초적 형태다(Lobel 2018, p. 11).

부모들이 많이 언급한 청소년기 직전 경계성 성격장애 아이들의 특성

- 자존감이 낮다.
- 쉽게 잠들지 못한다.

- 하나의 활동에서 다른 활동으로 옮겨 가기가 어렵다.
- 친구를 사귀기가 힘들다.
- 성숙도에서 기대치와의 차이가 매우 크다.
- 감각처리(sensory processing)에 문제가 있다.
- (부모에게는) 작은 일들이 어느 순간 큰 위기를 촉발한다.
- 정해진 일상에 변화가 있으면 몹시 속상해한다.
- 스케줄을 세세하고 철저하게 짜야 한다.
- 끊임없이 거짓말과 남 탓을 한다.
- 문제들을 내면화한다.
- 뭐든 떨쳐 버리지 못한다.
- 주의력결핍장애(ADD)가 있다.
- 분리불안이 있다.
- 규칙을 대놓고 무시하며 처벌이 효과가 없다.

부모라면 누구나 단언할 수 있듯이, 경계성 성격장애의 특성을 보이는 아이에게도 분명 나름의 '성격'이 있다. 그런데, 당신 자신도 아마 알게 되었겠지만, 치료사와 그 밖의 정신건강 전문가 대부분은 열두 살 이하의 아이들은 말할 것도 없고 청소년에게도 경계성 성격장애 진단을 내리지 않는다. 하지만 프랜 포터가 이 책의 머리말에서 적절히 비유했듯, 어린 자녀의 다리가 부러졌는데, 그걸 아이가 열여덟 살이 될 때까지 기다렸다가 치료할 것인가? 당연히 아니다!

아이가 경계성 성격장애의 특성들을 보인다면 공식적으로 진단을 받든 안 받든 가능한 한 일찍부터 치료를 받아야 한다는 주장에는 과학적 근거가 있다. 아이의 두뇌는 신체에 비해 천천히 발달하며, 20대 중반이 되어야 온전히 성숙한다(이에 대해서는 다음 장에서 더 얘기하겠다). 아주 단순화해서 말하면, 경계성 성격장애가 있어서 생각이나 감정, 행동이 잘 조절되지 않는, 즉 제멋대로인 아이는 뇌가 신경경로(neural pathway, 신경통로)들을 제멋대로 만들고 있어서 그러는 것이다. 그 경로들이 제멋대로 연결된 길이가 길수록 바로잡기가 더 힘들어진다(가능은 하지만 어렵다). 그러니 아이가 경계성 성격장애 진단을 받지 못하고, 따라서 부모와 아이가 필요한 도움을 받지 못할 때, 부모는 어떡해야 할까?

돌로레스에게는 열 살 된 딸이 있는데, 아이의 치료사는 그 애가 경계성 성격장애 증상을 보이고 있지만 그 나이의 어린이에게는 경계성 성격장애 진단이 '허용'되지 않는다고 말했다. 다행히 그 치료사는 아이의 감정을 인정하는 법(7장 참조)을 비롯해 경계성 성격장애 아이들에게 대개 효과가 좋은 기본적 기법들을 가르쳐 주었고, 이것은 돌로레스에게 엄청 큰 도움이 되었다.

> 돌로레스: 나는 딸아이를 도우려고 노력하면서 그 애의 감정을 크게 중요하지 않은 것으로 치부했어요. 그건 엄청난 실수였죠! 나는 당연히 했어야 하는 것과는 반대로, 아이를 인정해 주지 않았던 거예요. 이제 나는 아이의 느낌들을 인정하는 것이 얼마나 중요한지 알아요. 아이의 감정에 마음을 열어 주의를 기울이고 있으며, 아이에게 자신의 감정이 어떤 건지 알아보는 법도 알려 줘요. 내 생각에 그 애의 감정이 도를 넘었거나 말이 안 된다고 해도요. 그런 느낌들에 제 이름을 달아 주고 그것에 대해 얘기하는 것은 정말 도움이 돼요.

많은 치료사가 청소년기 직전 아이에게 경계성 성격장애 진단을 해 주지 않으려 하기 때문에, 부모가 아이에게 필요한 도움을 찾기가 힘들 수 있다는 걸 우리는 알고 있다. 사실 많은 사람이 어린이에겐 경계성 성격장애가 있을 수 없다고 잘못 생각한다. 그런 점을 고려하여, 이 장에서 우리는 당신의 아이가 앞에서 언급된 특성들 중 어느 것이라도 보이거나 실제로 경계성 성격장애 진단을 받았을 경우 활용할 수 있는 몇 가지 기법을 소개하고, 아울러 그런 아이들이 흔히 어떤 일들에서 문제를 보이는지도 살펴보려 한다. 혹시 앞의 8장과 9장을 아직 읽지 않았다면, 반드시 읽어 두라. 우리가 앞으로 계속 제시할 기술들은 그 두 장에서 설명한 것들을 기반으로 하고 있기 때문이다.

| 차분한 목소리로 말하라 |

아홉 살이나 열 살 즈음엔 아이들끼리의 상호작용이 격해질 수 있다. 어느 집에 모여서 노는 동안 아이의 친구가 당신 자녀의 장난감에 (처음 본 것이라) 혹했는데, 당신의 아이는 자기 장난감이 너무 재미있는 거여서 남과 같이 갖고 놀 수 없다고 마음먹을 수 있다. 이럴 때 아이에게 친구랑 같이 놀아야 착한 거라고 소리 지르는 부모도 있다. 어떤 아이도 누군가가 자기한테 소리 지르는 걸 좋아하지 않지만, 경계성 성격장애의 특성을 지닌 아이에게 큰 목소리는 자제력 상실과 심한 성질부리기의 촉발 요인이 될 가능성이 크다. (게다가 당신은 화가 나면 목소리가 커지는 모습을 아이가 본받길 원치 않을 테다. 아이는 당신을 늘 지켜보면서 어떻게 행동해야 하는지에 대한 힌트를 얻는다.)

그러니 부모는 어떻게 해야 할까? 아이가 친구와 시끄럽게 말다툼을 하거나 마음이 상해서 당신이 개입해야 할 때라고 판단되면, 조용하고 차분한 목소리로 어떻게 된 일인지 아이들에게 물으라. 이런 태도를 유지하려다 보면 스트레스를 받을 수도 있으므로, 당신이 차분하고 침착한 응급 전화 교환원이라고 상상하라! (실제 상황이 벌어지기 전에 미리 침실이나 욕실에서 이런 목소리를 연습해 두라. 결국은 그 목소리로 얘기해야 할 것이기 때문이다). 아이들의 불평을 진지하게 들으면서 얼굴과 신체언어로 당신이 그들에게 마음 쓰고 있음을(혹은 적어도 중립적임을) 표현하라. 두 아이의 감정을 모두 인정해 준 후에, 그들에게 해결책에 관한 아이디어가 있는지 알아보거나, 상황을 수습하기 위해 뭔가 당신이 할 수 있는 일이 있는지 직접 판단하라. 7장에 나온 의사소통 도구들을 활용하라.

할 수 있는 일이 아무것도 없고, 상대방 아이는 화가 나서 집에 가고 싶어 할 경우도 있다. 그래도 괜찮다. 당신 자신이 의식했든 아니든 당신은 침착하게 잘 대처하는 모습을 보였고, 아이는 당신의 행동을 알아보았다. 당신은 또한 흥분하며 화를 내지 않고도 갈등을 처리할 수 있다는 걸 행동으로 보여 주었다. 상대방 아이가 이후 당신의 아이와 놀지 않으려 한다면, 당신은 그 집에서 말다툼을 한 탓에 우정에 금이 갔다는 것을 아이에게 가르칠 수 있다. 어쩌면 그 우정을 어떻게 회복시킬지에 대해 당신에게 이런저런 생각이 있을 수도 있다. 어쨌든 당신의 아이는 행동에는 결과가 따른다는 걸 이미 배우고 있다. 당신은 언제 공감적으로 행동하고 언제 행동과 결과의 문제를 지적해야 할지 알게 될 것이다.

자녀가 자신은 보통 사람들과 다르게 세상을 본다는 것을, 혹은 자신이 '다르다'는 것을 깨닫고 그 이유를 궁금해한다면, 당신은 경계성 성격장애라는 용어를 사용하지 않으면서 그것이 아이에게 어떻게 영향을 미치는지 설명할 수 있다(6장을 참조하라). 딸이 자제력을 잃고 성질을 부릴 때 침착하게 행동하는 부모의 사례를 하나 보자.

경계성 성격장애의 특성을 보이는 숀다는 축구 경기를 하던 중 공이 숲으로 들어간 것이 누구의 잘못인가를 두고 다른 여자아이와 가벼운 말다툼을 했다. 두 아이는 코치에게 이 문제를 제기했지만, 코치는 누가 말다툼을 시작했는지, 혹은 누가 옳고 그른지에 대해선 듣고 싶어 하지 않았다. 대신 코치는 자기가 그 다툼을 끝내겠다고 말했다. 그의 해결책은 두 아이 모두 축구장 둘레를 달리게 하는 것이었다.

친구는 뛰기 시작했지만, 숀다는 발을 쿵쿵거리며 차를 향해 걸어갔다. "이건 불공평해요!" 숀다는 엄마 아델에게 이렇게 말하고는 덧붙였다. "집에 가고 싶어요! 축구가 싫어!" 아델은 숀다에게 문제가 좀 있다는 걸 알고 있었고, 이 일이 아이를 가르칠 수 있는 기회일 수 있다고 판단했다. 아델은 SET-UP(이해와 인내를 바탕으로 한 지지와 공감과 진실)을 사용키로 하고 말했다. "아니, 넌 축구를 정말 좋아하잖아. 그런데도 네가 그걸 그만두고 싶어질 만큼 안 좋은 일이 일어났으니 걱정이 되는구나(지지). 네가 화났다는 걸 알겠어. 아마 좌절감도 느낄 거야. 나 역시 내가 하지도 않은 일로 벌을 받는다면 그런 느낌이 들 거야(공감)." 이 시점에 아델은 둘 중 누가 잘못한 건지 모르므로 일단 딸 숀다의 주장을 믿어 준다. "그렇다 해도 분명한 사실은 네게는 선택권이 있다는 거야. 넌 코치 말대로 할 수도 있고, 아니면 네 말처럼 축구를 그만 해도 돼(진실)." 아델이 신경 쓰는 것은 당초 잘못한 게 누구인지, 혹은 누구에게 책임을 물을지 같은 게 아니라는 점에 주목하라. 아델의 관심은 숀다가 통제를 벗어나곤 하는 자신의 감정을 잘 관리하도록 돕는 데에 있다.

아델이 얘기를 계속한다. "넌 축구를 아주 많이 즐기잖아. 그래서 네가 축구를 그만둔다면 난 정말 속상할 거야. 우리 모두 너의 경기에 갔을 때 네가 골을 넣었던 것 기억하니? 넌 정말 기뻐하고 자랑스러워했잖아. 네가 그 팀에서 사귄 친구들과 얼마나 즐겁게 지냈는지도 기억나니?" 여기서 아델은 축구가 나쁘기만 한 건 아니라는 걸 지적하면서 쇼다가 분열(splitting), 즉 흑백논리에 빠지지 않도록 해 준다. "이렇게 하면 어떨까. 코치가 허락하면 같이 달려 보자. 나는 트랙 밖에서 뛰면서 널 응원할게. 어때? 해 보자!"

쇼다는 처음에는 그러는 게 별로였지만, 엄마가 부러 우스꽝스럽게 뛰며 응원하는 모습을 보며 웃음을 터뜨렸다. 이내 쇼다는 자신이 얼마나 화가 났었는지 잊어버렸다. "엄마, 내가 더 빨라요!" 쇼다는 소리치면서 뿌듯함을 느꼈다. 자, 이거야말로 엄마의 창의적인 발상이 아닌가.

| 자리를 떠나라 |

가끔은 자녀와 말다툼하는 자리에서 그냥 벗어나야 할 때가 있다. 당신이 뭘 하든 JADE, 즉 정당화하기, 논쟁하기, 자신을 변호하기, 지나치게 설명하기는 하지 말아야 하며, 특히 아이가 어리다면 더욱 그렇다. 당신이 그 애가 어떻게 하길 원하는지 명확하고 단순한 표현을 써서 이야기하고(아이들은 자주 헷갈린다) 바로 그 자리를 떠나라.

내가 말다툼하기를 거부할 때, 딸아이는 나에 대해 못된 말을 중얼거릴 수도 있지만 대개는 내가 하라고 한 일을 해요.

그리고 아이가 당신이 하라는 일을 했을 때, 반드시 그것에 주목하고 칭찬해 줘야 한다. 아이가 처음으로 그랬을 때는, 썩 훌륭하게 하진 않았다 해도 과장해서 칭찬하라. 그런 다음 아이가 좀 더 잘할 때까지 칭찬을 조금 참았다가, 아이가 약간이라도 좋아질 때마다 그 노력을 높이 사 주면 결국 아이들은 당신이 진심으로 칭찬할 수 있을 만큼 잘하게 된다.

| 아이의 주의를 다른 데로 돌리라 |

어떤 부모들은 너무 춥거나 비가 오거나 눈이 오는 날, 혹은 아이가 우울해하거나 몸이 약간 안 좋거나 따분해할 때 아이의 기분을 전환시키는 데 쓰려고 흥미로운 장난감들을 챙겨 둔다. 리베카가 바로 그렇게 했다.

열한 살 된 제이컵은 감기에 걸려서 학교에 가지 못하고 밖에도 못 나가고 집에만 있었다. 비디오 게임도 너무 해서 싫증이 난 아이는 그날이 "지금까지 살면서 최악의 날"이라고 했다.

아이는 자기 방의 문을 세게 차면서 거듭 소리를 지르기 시작했다. "심심해! 심심해! 심심하다고! 할 일이 아무것도 없고, 이게 다 엄마 탓이야!" 리베카는 물건을 망가뜨리는 데 대해 설정된 경계를 아이에게 상기시키고 일단 타임아웃을 준 다음, 자기 옷장으로 가서 딱 그런 때에 쓰려고 사 두었던 아프리카 악기 칼림바를 꺼냈다.

"이걸 가지고 놀면 어떨까. 방금 찾았어." 리베카가 말했다. 제이컵은 그게 생일이나 크리스마스 선물로 주려 한 건지 물었다. "글쎄, 그랬던가. 아무튼 어쩌다 보니 못 줬구나." 리베카가 대답했다. 제이컵은 그 장난감을 아주 흥미로워했다. 설명서를 읽고 나서 몇 시간 동안 그 악기를 가지고 놀았다.

경계성 성격장애의 특성을 보이는 자녀의 관심을 돌리는 일이 작은 것으로도 충분할 때가 종종 있다. 당신이 흔히 맞닥뜨릴 수 있는 상황에 관심 돌리기로 대처하는 예를 몇 가지 보자.

상황: 여덟 살 난 당신 딸 메리 앤이 올리비아와 인형 놀이를 하고 있다. 갑자기 메리 앤이 올리비아의 인형을 잡아채자 올리비아는 울기 시작한다.
잘못된 반응: "메리 앤, 그 인형 돌려줘! 친구랑 같이 놀아야 한다고 백 번도 넘게 말했잖아! 그리고 그런 표정으로 엄마 보지 마."
더 나은 반응: "우리 다른 걸 갖고 놀 수도 있을 거야. 아 그래, 엄마의 옛날 트렁크를 뒤져서 입어 볼 옷을 찾아보면 어떨까? 거기에는 별의별 옷이 다 있거든. 모자하고 신발들도 있단다!"

상황: 당신 아이가 고무 공으로 다른 아이의 머리를 툭 때린다. 그 애는 다치진 않았지만 화가 많이 났다.
잘못된 반응: "다른 아이의 머리를 때리면 안 되는 거야, 절대 안 돼! 네 친구가 뇌를 다치거나 그러면 어떻게 할 거야? 그 아이 부모가 우리를 고소라도 하면 어떡할 거고? 지금 당장 네 방으로 가서 네가 한 짓에 대해 생각해 봐!"
더 나은 반응: "아무도 정말로 다치지 않아서 다행이야. 하지만 너희가 풍선을 가지고 논다면 아프지도 않고 좋을 거야. 애야, 친구를 때린 걸 사과하지 그래. 그러곤 풍선들을 가지고 놀자꾸나."

상황: 당신의 아들 에두아르도는 자기 코에 휘핑크림이 묻은 걸 보고 지미가 웃자 기분이 상한다.

잘못된 반응: "지미야, 걱정하지 마. 에두아르도는 문제가 좀 있어서 걸핏하면 많이 흥분해. 별일 아니야."

더 나은 반응: "사람들이 보고 다들 웃는 일이라도, 그 일을 네가 당하면 재미없는 법이지. 지미는 네 코에 휘핑크림이 묻은 걸 보고 재미있다고 생각한 거야. 하지만 에두아르도 넌 그게 재미없었지? 잠깐만 기다려 봐. [당신이 자신의 코에 휘핑크림을 뿌리자 놀란 에두아르도가 웃는다.] 아, 조금 재미있었나 보구나!"

| 학교 문제 |

경계성 성격장애의 특성을 지닌 아이들에게 학교는 지옥같이 느껴질 수 있으며, 이런 경향은 사춘기 호르몬들이 급격히 증가하는 5학년이나 6학년에 주로 시작된다. 이 시기는 보통 아이들도 자신이 취약하다는 생각이 더 들고 다른 아이들은 물론 자신과도 화합하기 어렵다고 느낄 수 있는 때이기도 하다. 경계성 성격장애 아이들 역시 다른 모든 사람과 같은 감정들을 느끼는데, 단지 그것이 더 강렬하고, 더 빨리 다른 감정들로 선회하며, 감정 상태가 평상으로 돌아가는 데 시간이 더 걸릴 뿐이라는 것을 상기하라. 이런 문제들에 분열 즉 흑백논리 성향까지 더해지는 바람에 당신이 보는 바 조절 안 되는 행동들이 나타나는 것이다.

경계성 성격장애의 특성이 있는 아이들은 자기 안의 문제들과 워낙 힘겹게 싸우느라 학업을 완수하는 데 관심을 충분히 기울이지 않거나 못하는 수가 적잖다. 완수는커녕 시작조차 못 할 수도 있다. 부모는 선생님과 연락하면서 아이가 학업을 제대로 수행토록 하고 발생할 수 있는 문제들이 뭔지 알아 두어야 한다. 학업이 너무 어려울 수도 있고, 아이가 불안해하거나 우울해할 수도 있고, 아니면 학교에서의 괴롭힘(오늘날 흔한 문제) 같은 근저의 어떤 문제가 있을지도 모른다.

일부 초등학교와 중학교에서는 아이의 과제 제출 기한이나 제출 여부에 대해 온라인으로 확인할 수 있게 해 준다. 그런 수단이 제공된다면 반드시 활용하라! 아이의 학교에 문의해 보라. 놀랍게도 이미 그런 서비스를 하고 있을지 모른다. 학교와 관련된 다른 문제들을 몇 가지 살펴보자.

다른 학생들과의 문제

경계성 성격장애 진단을 받았거나 그런 특성을 보이는 아이들 중 다수가 학교에서 못된 아이들의 괴롭힘을 받는다. 그건 이 장애가 있는 아이들이 이상해 보이거나 보통 아이들과 달라 보이기 때문일 텐데, 학령기 아동에게 남과 다르다는 것은 좋은 일이 아니다. 남들 하는 대로 하는 것이 일종의 규범이며, 이런 규범을 위반하는 사람은 누구든 주목받게 마련이다.

아이에게 학교에서(혹은 소셜 미디어에서) 괴롭힘을 당하는지 물어보고, 그렇다고 하면 그 문제를 어떻게 처리할지에 대해 아이와 이야기하라. 거의 모든 학교에 폭력방지 방침이 있지만, 괴롭힘이 발생하고 있다는 사실을 학교 측에서 모른다면 아무런 조처도 취하지 않을 것이다.

개별화교육 프로그램(IEP) 이용하기

경계성 성격장애가 있거나 그런 특성을 보이는 아이들에게는 개별화교육 프로그램(individualized education program, IEP)을 적용해야 할 경우가 많다. 학교에서는 아이의 특수한 필요를 참작하여, 시험을 칠 때 시간을 더 준다거나 언어나 수학 같은 특정 과목에서 더 많은 도움을 주는 등 아이에게 필요한 특별 지원을 구체적으로 명시하는 계획서를 작성한다. 개별화교육 프로그램은 학습장애에 적용되는 경우가 가장 많지만 때로 '행동 문제'에 쓰이기도 한다.

하지만 많은 정신건강 전문가가 아이들에게는 경계성 성격장애 진단을 내리지 않으려 하기 때문에, 당신 아이의 행동 문제에 대해 그 진단을 받아 낼 수 없다면 다른 진단명을 가지고 개별화교육 프로그램을 이용해야 할 것이다. 경계성 성격장애 아이들은 거의 전부가 우울장애나 불안장애 같은 동반질환을 갖고 있는 만큼(3장 참조), 이런 진단들 중 하나를 이용하면 된다. 아니면 정서 문제가 있는 아이들을 개별화교육 프로그램의 적용 대상으로 규정한 '기타' 범주를 활용할 수도 있다. 어떤 부모들은 조력자를 고용해 개별화교육 프로그램을 이용하거나 새로 만드는 데 도움을 받는다(이런 조력자를 'IEP advocate'라 하며, 일부 부모는 더 나아가 전문 변호사를 고용하기도 한다.–옮긴이). 하지만 사람을 쓰지 않고 부모가 직접 그런 과정을 헤쳐 나가도록 도와주는 자료나 기타 자원이 많이 있다. 이 주제만을 자세히 다룬 책도 많다.

1973년 재활법(Rehabilitation Act, 특히 504 조항), 2004년 장애인교육법(Individuals with Disabilities Education Act, IDEA), 2008년 미국장애인법 수정법(Americans with Disabilities Act Amendments Act, ADAAA)은 개별화교육 프로그램에 관한 주된 연방법들이다. 이 법들에는 어떤 아이에게 개별화교육 프로그램이 필요한지, 프로그램에 무엇이 포함되어야 하는지, 언제 프로그램을 업데이트해야 하는지를 비롯해 아이들을 위한 특별 지원의 여러 측면이 규정되어 있다. 재활법 504 조항은 장애인교육법상으론 개별화교육 프로그램의 대상에 해당되지 않는 아이들도 개별적 절차를 거쳐 자신에게 필요한 특수교육 시설과 서비스를 제공받을 수 있는 여지를 두고 있다.

미국의 각 주는 연방법을 따라야 하며, 그러지 않을 경우 연방 정부의 자금 지원을 잃을 위험이 있다. 그렇다고 해서 개별화교육 프로그램을 이용하는 게 쉽다는 얘기는 아니다. 쉽지 않다. 이런 프로그램들에 대한 정보가 필요하다면 우선 법률 관련 자료를 무료로 제공하는 라이츠로닷컴 (https://www.wrightslaw.com)에 접속해 보라.

대부분의 학교에서는 아이들을 이용 가능한 연방 프로그램들 중 하나에 배정하길 꺼린다. 이미 너무 많은 아이가 개별화교육 프로그램을 이용하고 있기 때문이다. 이런 프로그램들로 인해 교직원들은 숱한 보고 의무뿐 아니라 아주 구체적으로 작성해야 하는 엄청난 양의 서류 작업 등 많은 추가 업무를 떠맡게 된다. 안 그래도 이미 과도한 업무에 시달리는 교육자들은 개별화교육 프로그램을 추가 부담으로 보는 수가 많다. 그러므로 자신의 아이에게 이런 프로그램이 필요하다고 생각하는 부모는, 그 문제로 좀 시끄러워지거나 학교 및 교사들과 의견 충돌이 생긴다 해도 적극적, 주도적으로 행동해야 한다. 당신은 자녀의 옹호자, 조력자가 되어야 하는 것이다. 당신 아니면 대체 누가 그 역할을 하겠는가?

교사들과 자주 연락하라

대부분의 교사가 경계성 성격장애를 이해하지 못한다는 것은 놀라운 일이 *아닌데*, 그건 대부분의 사람이 (자기애성 성격장애 외에는) 어떤 성격장애에 대해서도 전혀 들어 본 적이 없기 때문이다. 흔히 사람들은 경계성 성격장애를 양극성 장애와 혼동한다. 이 둘이 비슷하게 들리기 때문이며, 둘 다 기분과 관련되어 있어서다. 하지만 교사들은 학생이 이상하게 굴거나 뭔가 안 좋은 듯 행동하고 다른 아이들과 잘 어울리지 못하는 것 같으면 바로 알아차리며, 아이가 내적 고통과 감정을 행동으로 표출하는 것도 알아보게 마련이다. 아이의 교사와 얘기하면서 그 애가 학교에서 문제 행동을 보이지는 않는지 확인하라. 교사가 아이의 부정적인 감정을 인정해 줌으로써 그런 감정의 파괴력을 줄이는 일을 해 주려 들지 짚어 보는 것도 도움이 될 수 있다. 인정해 주기는 경계성 성격장애 아이들뿐 아니라 모든 아이에게 대단히 도움이 되는 도구다.

| 너무 많은 도움을 주려 하는 것 |

내 아들이 가능한 한 스트레스 없이 살도록 하는 게 나의 일이지만, 불쑥 나타나서 아이를 폭발하게 하는 문제들을 언제나 예측할 수 있는 건 아닙니다. 나는 대체 어떡해야 좋을지 모르겠어요. 이 정신질환 때문에 이미 아이는 충분히 어려움을 겪고 있지 않은가요?

아이가 어렸을 때는, 당신이 부모로서 할 일은 그 애가 편하게 살도록 해 주는 게 아니라 좌절을 견뎌 내고, 독립적이 되고, 자신의 행동에 대한 책임을 받아들이도록 가르치는 것이라는 점을 기억하기가 쉽지 않다. 당신에게 경계성 성격장애의 특성을 보이는 청소년기 직전 아이가 있다면, 당신은 청소년기나 성인기가 되어서야 그런 징후를 보이는 아이의 부모보다 엄청나게 유리하다. 아이가 나쁜 습관을 키우기 전에 맨 처음 단계에서부터 아이를 도울 수 있기 때문이다.

당신의 아이에게 어떤 행동을 기대할 수 있을지 알아내려 노력하는 것은 끊임없이 저글링을 하는 것과도 같다. 청소년기 직전 아이가 부모인 당신에게 자기를 대신해 문제를 해결하거나, 자기를 위해 뭔가를 하거나 주선해 주길 기대한다고 해도 그러지 말고 아이를 사랑하고 지지하는 데 집중하면서 아이로 하여금 조금 힘들더라도 스스로 해결책을 찾아내 보게 하라. 아이가 청소년이 되고 나면 당신은 그렇게 하길 아주 잘했다고 생각할 것이다.

| 팀 스포츠와 기타 팀 활동 |

넘어져도 괜찮다는 것을 배우고, 곧바로 다시 일어서는 법과 패배를 받아들이는 법을 배우는 것은 팀 스포츠에서 얻을 수 있는 중요한 교훈이다. 졸업 앨범 편집위원회나 체스 클럽 같은 팀 활동 또한 당신의 아이가 공동의 목표를 위해 다른 사람들과 함께 일해 볼 기회가 된다. 당신의 아이는 다른 사람과 협동하고, 임무를 완수하고, 갈등을 처리하고, 품위 있게 이기고 지는 법 같은 아주 귀중한 삶의 교훈들을 배우게 될 것이다

아이에게 팀 활동에 참가하는 걸 권장하는 경우, 혹시라도 아이가 다른 사람들에게 비판받는다고 느끼거나 자신이 실수했음을 알고서 활동을 그만두고 싶어 한다 해도 놀라지 말라. 혹은 교사나 다른 학생이 뭔가 건설적인 비판을 했을 때 당신의 아이가 자제력을 잃고 격하게 반응할 수도 있다. 이런 일이 일어나면 SET-UP을 사용해서 당신이 지지한다는 걸 보이고 공감해 준 다음, 계속 경기에 참여하는 것이 왜 중요한지 명확히 설명해 줘야 한다. 팀의 모든 구성원이 하나같이 중요하다는 점을 아이에게 상기시키라. 경기가 뜻대로 되지 않을 때라도 계속 뛰는 것에 어떤 장점이 있는

지 아이가 깨달을 수 있게 도우라.

루시는 아들이 걸핏하면 자기는 다른 선수들처럼 잘하지 못한다고 불평했기 때문에 그 애가 축구팀에 계속 남아 있을지 확신할 수가 없었다. 아이는 또 코치가 너무 비판적이며, 경기 규칙을 익히기가 어렵다고 생각했다. 그러던 어느 날 장애가 있는 아이가 팀에 들어왔다.

그 아이는 빨리 달리지 못했고, 또래에 비해 훨씬 작고 몸무게도 현저히 가벼웠지만, 확실히 누구보다도 열정적이었다. 언제나 최선을 다했고, 모든 사람이 그를 좋아했다. 연습할 때도 다른 팀원들은 어떻게든 그 애를 플레이에 참여시키려고 애를 썼다. 또, 경기 중에 그 애가 성공하면 열렬히 응원했다. 장애가 있는 아이를 보면서 루시의 아들은 무엇이든 나름대로 최선을 다하는 게 좋다는 사실을 깨달을 수 있었다.

| 남들의 조언 |

아이가 있으면 주위 사람들이, 심지어 슈퍼마켓이나 다른 어디서 만나는 생판 모르는 사람들까지도, 애를 어떻게 키워야 하는지에 대해 조언을 해 올 것이다. 그런 이들은 당신의 자녀를 모른다. 그들의 말을 일단 들어보겠다면 그렇게 하되, 그러고 나선 당신 생각에 최선인 것을 하라. 예를 들어 보자. 여덟 살 된 당신의 아이가 상점에서 심하게 성질을 부리기 시작한다. 그걸 본 어떤 사람들은 당신에게 아이의 엉덩이를 때려라, 소리를 질러라, 겁을 줘라 같은 참견의 말들을 할지 모른다. 이따금은 당신의 부모나 형제자매들이 그런 조언을 하는데, 그들의 말은 무시하기가 더 어렵다.

아이를 다시 그 상점에 데리고 가기 전에, 경계 설정 과정을 밟고 그걸 지킬 때의 보상과 위반 시의 대가—이런 경우 괜찮은 방법은 아이가 좋아하는 음식을 사 주지 않는 것이다—를 아이에게 이야기하라. 어느 것도 아이의 행동을 바로잡는 데 효과가 없다면, 아이를 집에 두고 당신이 정한 응분의 대가를 부과하라. 다른 사람들에게서 들을 수도 있는 도움 안 되는 조언들과, 거기에 반응하는 좋고 나쁜 방식의 예들을 보자.

친척이나 다른 사람들이 할 수도 있는 말: "토미는 어른을 전혀 공경하지 않는군요! 왜 아이에게 어른에 대한 공경을 가르치지 않는 거죠?"
당신이 하고 싶을 수 있는 말(이렇게 답하지 말라): "아, 그런가요? 그러니까 아이가 실수를 하면 야단을 막 치거나 아니면 당신이 그러듯이 아이를 때리거나, 아무튼 누구에게도 전혀 효과가 없는 방법을 써야 한다는 얘긴가요? 나는 그럴 생각 없어요."
당신이 보이면 좋을 반응: "다른 사람을 존중하는 걸 배우는 일은 하나의 과정인데, 토미는 지금 그런 과정에 있어요. 문제가 좀 있어서 그렇게 하는 게 쉽진 않지만, 아이는 노력하고 있어요."

친척이나 다른 사람들이 할 수도 있는 말: "올리비아는 아주 건방지고 못됐고 뭐든 자기가 좌지우지하고 싶어 하네요! 누가 아이의 콧대를 좀 꺾어 줘야 돼요."
당신이 하고 싶을 수 있는 말(이렇게 답하지 말라): "건방지고 못됐다니요! 세상에서 제일 잘난 체하고 못된 사람이 그런 말을 하는군요!"
당신이 보이면 좋을 반응: "올리비아는 때로 자신의 필요나 욕구를 다른 사람이 필요로 하거나 원하는 것과 구분하는 데 어려움을 겪어요. 하지만 우리는 그 문제를 개선하려고 노력하고 있어요."

친척이나 다른 사람들이 할 수도 있는 말: "말도 안 돼. 지미는 아무것
도 아닌 일을 가지고 울화를 터뜨리는군요! 열 살이나 난 아이가 두 살 난
아이처럼 말이에요!"

당신이 하고 싶을 수 있는 말(이렇게 답하지 말라): "아 그래요? 누군가
가 당신 자동차 문을 그어서 아주 조그만 흠집을 냈다고 당신이 완전히
이성을 잃었던 때는 어떻고요! 난 당신이 심장마비를 일으키는 줄 알았어
요. 자제력 얘기는 하지도 마세요."

당신이 보이면 좋을 반응: "지미는 가끔 자신의 감정을 통제하기가 힘들
지만, 그러는 법을 배우고 있고 우리는 그 아이를 돕고 있어요." (돕기 위해
당신이 무엇을 하고 있느냐는 상대방의 후속 질문에는 굳이 대답할 필요가
없다. 그저 당신이 노력하고 있다는 대답만 필요한 만큼 반복하라.)

| 롤 모델이 되기 |

이 장을 마무리하면서, 경계성 성격장애의 특성을 보이거나 그 장애로
진단받은 청소년기 직전 아이를 키우는 사람이 명심해야 할 조언 몇 마디
를 덧붙인다. 아이에게 롤 모델이 되는 데 관한 것이다.

●아이에게 거짓말을 하지 말라. 어떤 정보를 알려 주고 싶지 않다면,
그건 비밀이라고 하거나 그 얘기는 하고 싶지 않다고 말하라.
●가능하면 항상 약속을 지켜라. 지키기 어려울 것 같은 약속은 하지

말라.

●자녀가 상스러운 욕설을 하는 걸 듣고 싶지 않다면, 당신 자신이 그런 욕을 하지 말라.

●자녀가 인터넷에 시간을 덜 쓰길 원한다면, 당신부터 그렇게 하라. 디스크 골프(공 대신 플라스틱 원반으로 하는 골프 비슷한 스포츠-옮긴이), 자전거 타기, 혹은 하이킹같이 아이와 함께 할 수 있는 활동을 찾아보라. 우리 모두 바쁘게 살고 있는 만큼, 재미있는 시간을 보내기 위해선 따로 짬을 내야 한다면 부디 그렇게 하라!

| 이 장에서 꼭 챙겨야 할 교훈 |

이 장에서 우리는 경계성 성격장애의 특성을 보이는 청소년기 직전 아이에게 경계성 성격장애 진단을 받게 하려 할 때 부모가 겪는 어려움을 이야기했다. 아울러 이 장애의 공식적이고 비공식적인 특성들과, 정식 진단을 받지 못한다 해도 아이를 도울 수 있는 방법들도 살펴보았다. 다음은 이 장에서 기억해 둬야 할 주된 사항들이다.

●청소년기 직전 아이들은 감각처리와 친구 사귀기, 수면, 또는 하나의 활동에서 다음 활동으로 옮겨 가는 데 문제가 있고 루틴 즉 정해진 일상에 변화가 있으면 몹시 속상해하는 등, 같은 장애가 있는 성인들에게선 일반적으로 나타나지 않는 특징들을 보인다. 하지만 이 얘기는 사례들에 근거한 것이지, 연구 결과에 바탕을 둔 것은 아니다. 그럼에도 우리가 이 정보를 전하는 까닭은, 경계성 성격장애를 염두에 두고 12살 이하 아이들을 본

격적으로 연구하는 것은 아직 먼 훗날의 일일 것이기 때문이다.

●인정(validation)은 아무리 많이 해 주어도 과하지 않다. 당신은 아이의 생각이나 행동이 아니라 느낌을 인정하고 있다는 걸 기억하라. 인정해 주기와 경계의 설정 및 준수를 병행하라.

●청소년기 직전 자녀가 경계성 성격장애의 특성을 보인다고 믿거나 실제 그 장애로 진단을 받았다면, 아이가 적절한 치료와 적절한 학교 교육을 받을 수 있도록 노력하고 싸우라. 아이들의 머릿속 신경경로가 아직 발달 중인 지금 그렇게 하라. 다른 누구도 그걸 해 주지 않을 테다. 당신이 지금 행동한다면, 아이가 성장하여 성인이 되는 동안 당신과 아이 모두 많은 어려움을 덜 수 있을 것이다.

●당신의 청소년기 직전 아이는 자신이 경계성 성격장애가 없는 사람들과 다르게 생각하고, 다르게 감정을 표현하며, (어느 정도는) 다르게 행동한다는 걸 전혀 모른다는 사실을 기억하라. 아이는 자신과 그 장애를 구분하지 못한다. 아이는 다른 삶을 경험해 본 적이 없으며, 아이가 행동하고 느끼는 방식은 그 장애에서 자연스럽게 나오는 것이다.

●경계성 성격장애가 있는 사람들은 다른 사람에게 공감하기가 어렵다. 그 장애가 그들이 아는 모든 것이며, 그게 온 마음을 사로잡고 있기 때문이다. 당신의 청소년기 직전 자녀가 사람들과 잘 지내는 법을 모른다면, 그 애를 도와서 다른 사람의 입장에 서 보게 하라. 아이에게 그 사람과 비슷한 일을 겪으면 어떤 느낌이 들지 물어보라.

●이 나이의 아이를 상대할 때, 상황이 불안정해지면 유머와 관심 돌리기가 좋은 도구가 된다. 또한, 당신은 청소년기 직전 아이에게 주된 롤 모델이다. 이 사실을 진지하게 받아들이라. 아이가 언제나 듣고, 보고, 배우고 있기 때문이다.

●자녀가 스포츠 팀에 들어가도록 권하는 걸 고려해 보라. 집단 활동을 하면서 청소년기 직전 아이는 다른 아이들과 상호작용 하는 법, 패배를 받아들이는 법, 그리고 좌절에 대처하는 법을 배울 기회를 많이 얻을 수 있다.

●어떤 사람들은, 심지어 당신과 가까운 사람들까지, 청하지도 않은 조언을 해 올 것이다. "아이가 나쁜 행동을 한다면 그건 부모 잘못이죠. 안 그래요?" 그렇지 않다. 조언을 하는 사람이 모르는 사람이라면, 그 말을 그냥 잊어라. 당신이 좋아하는 사람이 그런다면, 이 책을 보여 주라.

●짧고 쉬운 말로, 경계성 성격장애가 당신의 아이에게 어떻게 영향을 미치는지 다른 사람들에게 설명하는 법을 배우라. 당신은 학교 선생님들, 의사들, 그 밖의 많은 사람에게 그런 설명을 해야 할 테다. 이때 '경계성 성격장애'라는 용어를 사용하지 않을 수도 있다. 예컨대 이렇게 얘기해 보자. "내 딸은 지금 어려운 시기를 지나고 있는데, 자신의 감정에 압도되어서 논리적으로 생각할 수가 없어요. 그런 고조된 느낌들 때문에 아이가 극단적으로 행동하는 거예요. 우리는 그 애에게 도움이 될 치료가 뭘지 찾고 있어요."

11

경계성 성격장애 청소년을 양육하기

대니얼: 열여섯 살 된 아들에게 경계성 성격장애가 있다고 나는 거의 확신합니다. 아들은 단 1분도 혼자 있는 걸 싫어하죠. 내가 아이하고 소파에 앉아 있다가 뭔가를 가지러 일어나서 방 저쪽으로 가려고 하면 아이는 울먹이는 소리로 물어요. "아빠, 날 두고 가는 거예요?" 아이는 자신이 텅 빈 것 같고 '실제의 사람'이 아닌 것 같다고 해요. 죽어 버리고 싶다고 말하기도 하고, 정신병원에 입원한 적도 두 번 있어요. 두 번 다 2주 동안 있었죠. 아이는 세 번 자해를 했어요. 사소한 일에도 극단적이며 도를 넘는 감정적 반응을 보이고, 아주 쉽게 모욕감을 느끼거나 기분 나빠해요. 그리고 끊임없이 피해자 행세를 하지요. 아내와 나는 언제나 나쁜 사람이고, 자기 생모는 구원자예요. 모든 게 잘 되어 갈 때도, 아이는 뭔가 언짢아할 걸 찾아냅니다.

경계성 성격장애가 있는 십대 청소년 아이를 감당하는 일은 때로 살얼음판을 걷는 정도가 아니라 유릿가루가 그득 깔린 바닥을 기어서 지나가는 일처럼 느껴지기도 한다. '정상'으로 여겨지는 십대 아이들조차 부모에겐 힘겨울 수 있다. 어떤 부모들은 말하기를, 경계성 성격장애가 있는 청소년을 키우는 일의 어려움은 10점 만점 기준으로 약 1,000점이라고 한다. 하지만 그런 아이를 돕기 위해 당신이 할 수 있는 일들이 *분명 있다.*

이 연령대(13~19세)는 경계성 성격장애라는 아이 안의 괴물에게 '먹이를 주지 않는' 일에서 가장 중요한 시기일 수 있다. 자녀의 청소년기를 위한 당신의 전반적인 목표는 그 애가 18세 내지 21세가 되었을 때 독립적으로 살 수 있도록 준비시키는 것이다. 당신이 괴물에게 먹이를 줄 때마다, 아이가 당신 집에서 사는 기간을 더 늘리고 있는 거라고 생각하라. 당신이 그 애를 너무 편하게 살도록 해 주었기 때문에 아이는 스스로 돌볼 수 없게 되는 것이다. 아이는 당신이 자기를 위해 뭔가 해 주는 것을 사랑과 동일시하므로, 독립적으로 행동하게 만들기가 어려울 것이다. 그러니 다른 수많은 방법으로 당신의 사랑을 보여 주겠다고 굳게 마음먹으라.

그 방법들을 알아보기 전에, 십대의 뇌에 대해 잠깐 이야기하자. 그동안의 연구 결과, 뇌는 성인기 초기에 들어서도 한참을 계속 성장하고 발달하는 것으로 밝혀졌다. (구체적으로 말하면, 십대 아이 뇌의 신경세포들은 감정에 관여하는 뇌의 영역과 의사결정을 주관하는 영역을 연결하는 과정에 아직 머물러 있다.) 사람이 부모 될 준비가 되기 *한참 전에* 이미 성적으로 성숙하는 것과 흡사하게, 당신의 아이는 뇌의 회백질이 완전히 '숙성되기' 전에 법적으로 차를 운전할 수 있게(그리고 다른 많은 것도 할 수 있게) 된다(American Academy of Child and Adolescent Psychiatry 2016b).

그래서 청소년들은 흔히 사안의 모든 측면을 충분히 생각지 못하며, 비이성적이고 위험하고 충동적인 방식으로 행동하곤 한다(그렇다, 충동적이고 또 충동적이다). '숙성이 끝나지 않은' 뇌 때문에 그들은 때로 좋지 않은 결정을 내리며, 또래의 압력에 굴복도 한다. 당신에게 십대 자녀가 있다면, 그 아이가 문제 해결이나 의사결정을 항상 잘하지는 못한다는 걸 당신은 알고 있을 테다. 이런 생물학적 사실에 대해 당신이 할 수 있는 일은 별로 없다. 기껏해야 십대 아이에게 이 사실을 얘기해 주고, 그 애가 뭔가 선택을 해야 할 때 그걸 상기해 주길 바라는 정도가 다일 것이다. 이처럼 기본적으로 미성숙한 뇌에 경계성 성격장애까지 더해지면, 안 그래도 다루기 힘든 행동이 한층 더 복잡해질 수밖에 없다.

다음 표는 경계성 성격장애가 있는 청소년의 행동이 보통 십대 아이들의 행동과 어떻게 다른지를 비교한 것이다. 기본적으로, 경계성이 아닌 십대의 행동들은 그 성장 단계에서 통상적으로 보이는 것인 데 비해, 이 장애가 있는 십대는 깊은 심적 고통, 강렬한 감정, 버림받는 것에 대한 두려움, 그리고 자기혐오에 나름대로 대처하느라 이런 행동들을 하는 수가 많다.

보통의 십대	경계성 성격장애가 있는 십대
자해를 시도하지 않고, 대개는 자해에 대해 생각하지도 않을 것이다.	자기 몸을 긋는 것(커팅) 등의 자해를 하면 자신이 더 '실재하고' 살아 있는 것처럼 느끼며, 그래서 자해는 그들이 상황에 압도되거나 속이 많이 상할 때의 대처 행동이 된다. 자해를 많이 할수록, 그것은 아이의 대처 기술로 더욱 고착된다.
귀가 시간을 어기고 밤 11시가 아닌 자정에 집에 올 때도 있다. 그리고 뉘우친다.	밤새 밖에 있다가 새벽 5시나 그 이후에 집에 와서는 부모에게 자기가 뭘 하든 상관하지 말라고 한다.

술이나 마리화나를 몇 번 해 보지만, 그게 삶 전반에 지장을 주지는 않는다.	십중팔구 술과 마리화나를 할 것이며, 오피오이드(opoid, 아편유사제)같이 중독성이 더 강한 약물을 사용할 가능성이 보통 아이들보다 훨씬 크다. 대개는 경계성 성격장애에 따르는 심한 정서적 고통에 대처하기 위해 약물을 사용하지만, 정신적, 감정적, 재정적, 직업적으로 치러야 하는 대가 때문에 거의 언제나 정신건강이 더 악화된다(Friedel, Cox, and Friedel 2018).
부모를 좋아하다가는 어느 순간 몹시 화가 나서 큰소리로 분노에 찬 못된 말들을 퍼부으며, 이 두 행동 사이를 오락가락한다.	부모를 이상화하거나 악마화하는 것이 보통 아이들보다 열 배 백 배 격렬하고 극적이다. 예를 들어, 아침에 칼리는 자신이 직전에 잃어버린 새 스마트폰을 다시 사 주려 하지 않는다는 이유로 엄마더러 아주 못됐다며 감옥에 가든지 아니면 그냥 죽어 버리면 좋겠다고 말했다. 그러다 오후에 휴대폰을 찾자 엄마를 와락 끌어안고는 자기가 좋아하는 간식을 만들어 줬으니 "세상 최고의 엄마"라고 했다.
남자친구와 말다툼을 하고 굉장히 속상해한다. 울면서 부모에게 엄마 아빠는 자기가 어떤 기분인지 전혀 이해 못할 거라고 말한다.	남자친구와 말다툼을 하고는 그가 자기를 업신여기며 자기는 아무런 가치도 없고 사악하다고 믿는다. 남자친구를 사악하다고 생각할 수도 있다. (경계성 성격장애가 있는 십대 아이는 관계가 불안정하며, 남자친구나 여자친구를 흑백논리로 재단한다[분열].)

성적이 오를 때까지 휴대폰 사용 시간을 제한하는 등 부모가 제약하는 것에 대해 화를 낸다. 부모가 자기를 이해하지 못하며, 자기를 미워하는 것이 분명하다고 말한다.	휴대폰 사용 제한에 대해 부모에게 통제 불능으로 화를 내며 당장 그 제한을 거두지 않으면 아동보호기관에 학대 신고를 할 거라고 말한다. 부모는 제한을 거두지 않고 아이는 CPS에 전화한다. CPS는 조사에 착수하고, 가족 전체가 마음의 상처를 받는다.
성장하는 과정의 하나로, 대개 한두 명의 파트너와 성관계를 해 본다.	다수의 파트너와 임신이나 성병에 무방비한 방식으로 성관계를 하는데, 그러는 까닭은 성관계를 하면 자신에 대한 기분이 좋아지고, 타인이 자기를 원하며 자기가 누군가와 연결되었다고 느낄 수 있고, 버려졌다는 느낌에서 벗어날 수 있어서다.
엄마와의 의견 충돌이 있으면 기분이 상해서 문을 세게 차기도 하지만 실제로 손상되지는 않는다.	의견 충돌이 있으면 엄마에게 크게 화를 내고 문에 유리잔을 몇 개나 던진다. 일부러든 실수로든 유리 조각을 밟고, 발에서 피가 많이 나서 엄마가 119에 전화해야 한다.

이 표에서 알 수 있듯이—혹은 직접 경험해서 이미 알고 있겠듯이—경계성 성격장애가 있는 십대 아이들의 행동은 장애가 없는 또래 아이들보다 극단적이다. 이 장에서 우리는 성생활, 소셜 미디어와 경계성 성격장애가 있는 당신의 십대 자녀를 둘러싼 문제들에 대해 얘기하고, 이들 영역에서 당신의 아이를 더 효과적으로 양육할 수 있는 방법들을 살펴볼 것이다.

| 성적 활동 |

그동안 우리가 실시한 조사들에서 많은 부모가, '성적으로 행동화(acting-out)를 하는 것'이 그들의 청소년기 자녀에게 매우 심각한 문제라고 답했다. 이것은 놀랄 일이 아니다. 우리의 경험으로 볼 때, 경계성 성격장애가 있는 사람들은 그렇지 않은 사람에 비해 나이와 상관없이 성에 더 집착하고, 더 어린 나이에 성관계를 시작하며, 캐주얼 섹스(서로 진지하게 사귀지 않고 정서적 애착이나 특별한 친밀감이 없는 상태에서 맺는 성관계-옮긴이)를 더 흔히 하고, 더 많은 사람과 성관계를 갖는 경향이 있다. 그들은 또한 성병 예방과 피임을 위한 기구를 사용하지 않거나 낯선 사람과 잠자리를 갖는 등 위험성이 큰 성관계를 한다. 우리가 부모들에게서 들은 얘기를 몇 가지 보자.

루시아: 내 딸은 공허하거나 무감각해지거나 외롭거나 따분할 때, 그에 대처하는 수단으로 섹스를 해요. 섹스를 하면 일시적으로나마 감정 반응이 긍정적이 되고, 다른 이에게 받아들여진다는 느낌이 생기죠. 많은 소녀와 여성들이 이렇겠지만, 특히 경계성 성격장애가 있는 십대들은 이런 경향이 25배 정도 커요. 남편과 나는 딸이 열다섯 살 때 피임 임플란트 시술을 받는 걸 허락했어요. 그러면서, 그걸 했다고 성병에도 안 걸리는 건 아니라고 아이에게 강조했죠. 그 시술이 모든 걸 막아 주지는 못하겠지만, 아무튼 아이는 엄마가 될 준비가 안 되어 있어요.

커네샤: 아들아이가 소셜 미디어에 이상하고 불편한 메시지를 많이 올려놓았어요. 우리는 그 애가 소셜 미디어를 이용 못 하게 하는데 말이에요. 그러던 어느 날 위기가 찾아왔어요. 아이가 소셜 미디어와 휴대폰

으로 자기 사진이나 영상을 내보내고 있다는 의심이 들어서 찾아보다
가 아이가 온라인에서 만난 성인 여성과 성관계를 하고 있다는 걸 알게
됐거든요.

비키: 내 아이는 자기를 언제나 사랑해 줄 아기를 갖고 싶어 해요. 늘
그 얘기만 하죠. 그래서 나는 겁이 나요. 다행히, 그 애가 마음을 바꾸
는 때도 있긴 해요. 하지만 대개 "아기를 갖고 싶어요"로 다시 돌아가
요. 아이는 그 말이 정말로 무얼 뜻하는지 전혀 이해하지 못해요. 그 애
는 엄마가 될 준비가 안 되어 있고, 나는 아직 그 애를 키우고 있기 때문
에 할머니가 될 준비가 되어 있지 않아요! 우리는 아이에게 피임 임플란
트를 시술받게 했어요. 나는 아이가 적어도 성인이 되고 난 뒤에 아기를
갖게 해 달라고 기도해요.

케이티: 내 딸이 열세 살이 되면서 20대 남자들과 데이트를 하고 성관
계를 갖고 싶어 했을 때, 그 아이는 우리가 왜 반대하는지 이해하지 못
했어요. 화를 내면서 우리가 자기를 통제하고 학대한다고 말했죠.

베티: 열세 살 된 내 딸은 문란했고, 성관계를 할 때 어떤 보호 기구도
사용하지 않으려 했어요. 아이는 자기가 임신하지 않고 어떤 성병에도
걸리지 않겠다는 "의지가 있기" 때문에 피임이 필요 없다고 나에게 말하
더군요.

십대 자녀의 성적 문란에 어떤 방식으로 대처하는 게 가장 좋을지 결정
하기 전에, 아이가 왜 그런 행동을 하는지부터 알아보는 게 좋다. 대개 그

런 행동의 이유는 하나가 아니다. 경계성 성격장애가 있는 사람 일부에게 섹스는 공허함, 낮은 자기가치감이나 자존감, (관계에서의) 불안감, 자기 파괴적 행동을 하고 싶은 충동, 소속되고 싶은 욕구, 정체성 결핍, 우울함, 감당할 수 없는 좌절감, 누군가 자신을 원했으면 좋겠다는 바람 등을 처리하는 한 가지 방식이다. 섹스는 사람들과 어울리며 나름대로 일종의 '인기'를 얻는 방법이다. 그것은 또한 예전에 성적 학대를 받았음을 나타내는 것일 수도 있다.

섹스의 긍정적인 효과들은 마약을 투여했을 때처럼 단기적이어서 황홀감이 그리 오래 지속되진 않는다. 따라서 그 행동은 반복되어야 하는데, 파트너에게 필연적으로 실망하게 돼 있는 경계성 십대는 '분열'의 논리에 따라 그 사람을 철저히 나쁜 사람으로 보게 마련이므로, 반복되는 성관계의 대상은 다른 파트너가 되기 쉽다. 당신이 십대 자녀의 행동을 통제할 수는 없지만, 그 행동에 수반하는 위험에 대해서는 알아 두어야 한다. 그래서 임신과 성병 등 십대의 성적 활동에 따르는 위험에 대해 얘기하는 것이 중요하다.

강박적인 성행위에 따르는 위험들

●성병: 예를 들어, 가장 흔한 성병(요즘은 성 매개 감염[sexually transmitted infection, STI]이라는 용어를 많이 쓴다.-옮긴이)의 하나인 인유두종바이러스(human papilloma virus, HPV) 감염은 자궁경부암의 주된 원인이다. 이 바이러스는 그것에 이미 감염된 사람과 성관계를 가질 때 옮을 수 있는데, 감염된 사람 자신은 그 사실을 모를 수도 있다. 하지만 인유두종바이러스 예방 백신을 열두 살쯤부터 시작해 청소년과 청년들에게 접종할 수 있다. 아이의 의사에게 이 백신에 대해 문의하라.

●임신: 당신과 딸아이는 그 애가 임신할 경우 어떻게 해야 하는지에 대해 생각이 같은가? 아이는 아기를 낳을 경우 당신이 그 아기를 길러 주길 기대하는가? 아니면 낙태나 입양 문제에 대해 의견이 일치하는가? 이것은 두 사람 간 '성에 관한 대화'의 한 부분이 되어야 한다. 이 대화에 대해서는 바로 뒤에서 얘기하겠다.

●상처받는 것: 자녀가 누군가와 성관계를 가질 때 그 행위가 두 사람에게 똑같은 의미를 갖는가? 그렇지 않다면, 둘 중 한 사람은 상처를 받을 것이다. 아이의 파트너는 그 행동을 진심이 없는 '가벼운 섹스 즐기기'로만 보는데 당신의 아이는 두 사람이 이제 정식으로 사귀고 있다고 생각한다면, 그 애는 대단히 낙담하게 될 수 있다. 그 반대의 상황이라면 당신의 아이가 누군가에게 정말로 상처를 줄 수 있다.

성에 대해 이야기하기

십대 아이들이 성 이야기를 결코 나누고 싶어 하지 않는 대상은 그들의 부모다. 하지만 성에 대해 얘기하는 것은 중요하며, 경계성 성격장애가 있는 십대 아이들의 경우 특히 그렇다. 우리가 이미 분명히 했듯, 그들의 행동은 장애가 없는 십대들에 비해 대체로 더 극단적이고 위험하다. 때로 십대 아이들은 도움을 간절히 원하며, 실제로 부모가 개입해서 조언해 주길 바란다. 우리는 당신이 이 대화를 당신과 자녀가 유대감을 형성하는 중요한 기회, 사춘기 아이에게 성적 관계에서 무엇이 괜찮고 무엇은 그렇잖은지 정확히 알려 줄 기회로 보았으면 한다. 예를 들면, 당신은 아이에게 성관계는 서로 좋아하는 두 사람 사이의 친밀하고 다정한 행위이며, 이럴 때 둘은 서로에게서 상처받기 쉽다는 얘기를 해 주는 게 좋을 것이다. 그리고 아이가 상대방과만 만나기로 합의하지 않았다면 그 파트너 역시 다른 사람들과 성관계를 할 수 있고, 그럴 경우 아이는 신체적, 정서적으로 위험에 처할 수 있다. 또한 아이가 18세 이상인 사람과 성관계를 갖고 있다면 해당 주의 법에 따라선 중범죄가 될 수도 있기에, 그 파트너가 큰 곤경에 처할지 모른다는 사실을 알려 줘야 한다. (그들을 고발하겠다고 위협하지 말라. 대신, 관계 당국에 적발되면 어떤 일이 일어날 수 있는지 상세하게 설명하라.)

아이에게 창피를 주거나 아이를 심판하려 들지 말고—그러고 싶을지 몰라도, 그런 행동을 하면 아이를 당신에게서 쫓아 버리게 될 뿐이다—성관계에 따르는 위험 요소들을 알리라. 만일 아이가 왜 자신이 성관계를 갖는지 분명하게 말할 수 있다면, 그들의 느낌을 인정해 준 다음, 그 행동에 개재된 위험성과 (많지 않은) 보상에 대해 현실적인 이야기들을 할 수 있다. 성관계에 대한 동의 문제, 피임, 성병, 임신(*그런 일이 일어난다면 어떡할 것인가?*) 등에 대해 얘기해 보라. 그리고 흔히 잘못 알고 있는 것들, 예컨대 이성과 성관계를 한 직후에 질 세척을 하거나 여성이 오르가즘에 도달하지 않으면 임신이 안 된다느니, 피임약은 복용 첫날부터 효과가 있다느니, 여성 상위로 성관계를 하면 임신이 되지 않는다느니 하는 속설들에 대해서도 얘기하라. 아이의 소아청소년과 의사나 당신네 가정의와 진료 약속을 잡아 피임과 성병 예방법에 대해 의논하는 것도 좋을 테다. 이런 것들을 얘기해 줬으면 한다고 의사에게 미리 말해서, 그들이 시간을 더 내줄 수 있게 하라.

자녀가 이미 성적 활동을 하고 있다면, 자신의 행동에 책임을 지게 하라. 경계를 설정하라. 예를 들어, 십대 아이가 몰래 나가는 걸 막기 위해 부모는 현관문에 카메라와 잠금장치를 설치해, 문이 열리면 그들의 휴대폰에 경보를 보내게 할 수 있다. 궁극적으로 당신은 아이의 신체를 통제할 수 없다. 하지만 성관계의 위험에 대해 아이들과 얘기를 나누면 아이들이 충동적인 선택을 하지 않는 데 도움이 될 테다.

| 변화는 대처하기 어려울 수 있다 |

경계성 성격장애가 있는 아이들은 어떤 종류의 변화도 감당하기가 쉽지 않다. '최악에 대비하되 최선을 바라라'는 경계성인 아이의 부모들이 흔히 입버릇처럼 되뇌는 말이다. 다음에 열거한 변화들 중 당신이나 당신 가족에게 일어나는 일이 있다면, 그게 아이의 경계성 성격장애를 작동시킬 가능성이 크기 때문에 최악의 상황에 대비하는 것이 좋다. 하지만 그렇다고 최선을 바랄 수 없다는 얘기는 아니다.

- ●십대 자녀가 새로운 연애를 시작한다.
- ●아이의 연애가 끝났다.
- ●조부모나 삼촌 등 집안의 누군가가 아프거나 죽었다.
- ●아이가 오랜 여름방학을 끝내고 학교로 돌아갔다.
- ●아이가 새 친구를 사귀거나 오랜 친구를 잃었다.

- 아이가 새로운 학교로 갔다.
- 가족이 이사를 했다(여기엔 같은 도시의 새 집으로 이사 가는 것도 포함된다).
- 아이가 오랫동안 아프거나, 예컨대 다리가 부러지는 등 몸을 다쳤다.
- 아이가 사춘기에 들면서 신체가 변하기 시작했다.
- 당신과 파트너의 사이가 안 좋거나, 당신에게 새 파트너가 생겼다.
- 아이가 괴롭힘을 당하고 있다.

물질남용에 대해 이야기하기

경계성 성격장애에 약물남용이 동반되면 상황이 위험해질 수 있다. 경계성 성격장애가 있는 사람이 약물을 남용하는 것은 자신의 고통스러운 느낌을 없애기 위해 자가투약을 하기 때문이다. 이처럼 물질남용과 경계성 성격장애가 결합되면 대인관계, 목표, 학업이나 직업에서의 성공, 그리고 신체적, 정신적 건강에 갑절로 해로울 수 있다. 물질남용에 대한 자세한 설명은 14장에서 하겠다.

| 소셜 미디어 |

2020년의 한 연구에서는 경계성 성격장애의 특성을 보이며 소셜 미디어를 사용하는 18세에서 77세까지의 620명을 대상으로 대인관계 기능의 작동 양상을 분석했다. 연구자들은 경계성 성격장애의 특성을 더 많이 지닌 사람일수록 소셜 미디어에 더 자주 포스팅한다는 사실을 발견했다. 이들은 또한 경계성 성격장애가 없는 사람보다 누군가를 차단하거나 친구 명단에서 삭제하는 수가 많았다. 아울러, 경계성 성격장애가 있는 사람들은 소셜 미디어가 그들의 일상생활에서 중요하다고 말했다(Ooi 외 2020).

어른들 중엔 소셜 미디어가 보통 십대 아이들의 삶에 얼마나 스며들었고 얼마나 중요한지 깨닫지 못하는 이들도 적잖다. 많은 아이가 자신의 일상에 관한 새로운 소식을 끊임없이 올리거나, 인기 있는 온라인 포럼에 참여해 자신의 팬을 늘리려 든다. 때로는 경계성 성격장애가 있는 청소년들(알다시피 이들은 충동적이고 부적절하게 행동한다)도 소셜 미디어에서 그런 식으로 활동한다. 그들은 자신을 화나게 하는 누군가에 대해 심술궂은, 비방하는, 혹은 위협까지 하는 댓글을 올리기도 한다. 심지어 그들은 다른 사람에 대해 완전한 거짓말도 하고, 사람들의 개인적 또는 성적 행동, 신체적 외관 등에 대해 터무니없는 추측을 하기도 한다. 부적절한 사진을 올리는 수도 있다.

소셜 미디어에 포스팅하는 내용이 현실에서 어떤 결과를 낳는지에 관해 경계성 성격장애가 있는 십대 자녀와 얘기하는 것이 중요하다. 포스팅한 내용이 아이 자신과 다른 사람들에게 해가 될 가능성이 실제로 있을 뿐 아니라, 소셜 미디어 활동 내용에 그 애의 미래가 영향을 받을 수도 있다. 고용주들을 포함해 누구라도 당신의 십대 자녀의 소셜 미디어 활동을 살펴보고는 아이를 전혀 만나 보지 않고도 그 애에 대해 특정한 견해를 갖게 될 수 있는 것이다. 성장 중인 그 아이의 정체성은 계속 변하므로, 그 애가 소셜 미디어 공간에 갇혀 스스로의 가능성을 제약하지 않도록 도우라. 다음은 소셜 미디어에 관해 아이에게 경고해야 할 몇 가지 중요한 사항이다.

당신의 십대 아이가 소셜 미디어에서 해서는 안 되는 행동	그 행동을 해서는 안 되는 이유
아이 자신이나 다른 사람의 은밀한 신체 부위 사진을 보내거나 게시하는 것. 메시지 앱을 통해서도 그런 사진은 보내지 말아야 한다. 남자친구, 여자친구, 파트너, 다른 누구에게도 보내서는 안 된다.	문제의 사진이 18세 이하 아이를 찍은 것이라면, 어떤 주에서는 그걸 아동 포르노그래피로 간주한다. 자신의 내밀한 사진을 남자친구나 여자친구와 공유할 경우, 둘이 헤어졌을 때—혹은 헤어지지 않았어도—상대가 그 사진을 온라인에 게시할 수도 있다는 것에 대해 아이에게 경고하라.
누군가를 얼마나 미워하는지 또는 경멸하는지 말하거나, 어떤 사람이 얼마나 뚱뚱한지, 얼마나 말랐는지, 혹은 다른 어떤 점들을 지적하는 것.	이것은 사이버 폭력(cyberbullying)이며, 이 때문에 십대 아이들이 자살하기도 한다. 이 같은 행동은 또한 다른 사람들을 멀리 밀어내는 결과를 낳는다. 그들은 당신의 십대 자녀를 비난하는 글을 올리진 않을 수 있지만, 아이와 친구로 남을 경우 그 애가 자신에 대해 무슨 말을 할지 두려워서 아이를 멀리하게 될 수도 있다. 아울러, 당신의 십대 자녀에게 이런 행동을 일삼는 무리에 끼지 말라는 주의도 주라.
다른 사람(예컨대 학교 선생님)에 대해 이야기를 지어내는 것.	이런 행동으로 다른 사람을 해칠 수도 있다. 한데 당신의 십대 자녀가 당초에 의도한 게 그 사람을 해치는 거라면 어떻게 해야 할까? 그 사람이 일자리를 잃는 등 부정적인 결과가 있을 때 아이가(그리고 당신이) 배상 책임을 져야 할 수도 있다는 사실을 아이에게 알려 주는 게 좋다.

누군가를 해치거나 죽이고 싶다고 말하는 것.	만일 그 사람이 다치거나 살해된다면, 당신의 십대 아이는 용의자가 된다. 설령 그 사람에게 아무 일도 일어나지 않는다 해도, 이런 언행은 가혹하고 아무 도움이 안 된다. 온라인 협박은 또한 접근금지명령과 소송으로 이어질 수 있다.

소셜 미디어에서 청소년기 아이들은 잔인하게 굴 수 있다. 예를 들어, 이 시기의 아이들은 서로의 외모를 평가한다. 그들은 셀피(selfie), 즉 자신의 사진을 찍은 다음 그 모습이 근사하게 보이도록 하는 데 몇 시간씩을 쓴다. 소셜 미디어 플랫폼에서 팔로워들을 무수히 끌어모으는 '인플루언서'가 되고 싶어 하는 십대들도 많다. 십대 남자아이들은 다른 사람들을 역겹게 하는 언행을 즐기며, 허풍 떠는 것도 좋아한다. 가끔 그들은 자신이 꾀어서 '정복'한 여자들이나 다른 모험들에 대해 거짓말을 하기도 한다. 경계성 성격장애가 있는 십대 남자아이들의 경우 다른 남자애들에 비해 상스럽고 역겨운 언행을 최대한으로 과장하는 수가 더 많은데, 이럴 때 그들은 경쟁심에 불타서 자신이 선을 넘어도 한참 넘었다는 걸 깨닫지 못한다. 요컨대, 경계성 성격장애가 있어서 다른 청소년들보다 감정적으로 더 변덕스러운 십대 아이는 소셜 미디어 활동을 하며 정신적 고통과 낙담에 빠질 위험성이 더 크다.

십대 자녀가 소셜 미디어에 너무 많은 시간을 보낸다는 생각이 들어 사용 시간을 줄이길 바란다면, 당신 자신이 아이에게 보이는 행동을 돌이켜보라. *당신부터* 소셜 미디어를 신중하게 사용하라는 얘기다. 페이스북에 끝도 없이 포스팅하는 대신, 가족 구성원(특히 십대 아이나 그 애의 형제자매들)과 얘기를 나누는 데, 또는 5장에서 제안한 것처럼 자신을 돌보는

데 더 많은 시간을 보내라. 페이스북을 읽는 것이 당신이 스스로를 돌보는 방식의 하나라면, 방금 말했듯이 신중하게 하라.

십대 자녀의 소셜 미디어 사용을 아예 중단시켜야겠다고 마음먹었다면 —이는 대부분의 경우 아이의 휴대폰을 압수해야 한다는 얘긴데—아이는 자기 팔이 잘려 나가기라도 하는 것처럼 행동하리라고 예상해야 한다. 소셜 미디어나 인터넷을 차단해야 하는 이유를 몇 가지 보자.

- 소셜 미디어나 인터넷을 지나치게 사용해서 현실의 활동을 하지 않는다.
- 다른 사람들에게 사이버 폭력을 행한다.
- 포르노물에 접속한다.
- 불법적인 활동(약물 등)에 대한 정보에 접속한다.
- 자신이나 다른 사람들의 부적절한 사진들을 공유한다.
- 인터넷을 이용해 낯선 사람들과 만난다.
- 섹스팅을 한다.
- 어떤 형태로든 착취를 당한다.

자녀가 온라인으로 학교 과제를 받고 제출해야 한다면, 처벌 기간이 끝날 때까지 가족 공용 컴퓨터에 접속하는 걸 허락할 수 있다. 아이가 어떻게 해야 인터넷 접근권을 되찾고 그걸 계속 유지할 수 있는지에 대한 기준을 만들라. 아이로 하여금 당신이 그 애의 검색 기록을 보게 해 주는 것과 어떤 형태의 자료(예컨대 포르노)는 피하는 것, 그리고 사용 시간을 제한하는 것에 동의토록 하는 게 좋을 것이다. 휴대폰과 소셜 미디어 접속은 당신의 십대 아이가 정말로 좋아하는 것일 테며, 따라서 그 애의 행동을 바꾸는 일에서 당신에게 유용한 지렛대 역할을 할 수 있다. 하지만 아이에게 자기 행동의 대가를 감당케 할 때, 그들의 삶에서 휴대폰이 없는 며칠은 영원처럼 느껴질 거라는 사실에도 유념하라.

| 십대 자녀가 옳은 행동을 할 때 알아주라 |

섹스나 소셜 미디어와 관련된 행동처럼, 청소년기 자녀가 '나쁜' 행동들을 할 때 당신은 그런 마음에 안 드는 행동들에만 주목하기 쉽다. 하지만 누구나 이따금은 옳은 행동을 하게 마련이니, 아무리 사소할지라도 잘한 행동을 찾아보라. 예를 들어 당신이 십대 아이에게 쓰레기를 내다 버리라고 시켰는데 아이가 실제로 그렇게 했을 때, 미소와 고맙다는 말로 잘했음을 인정하라. "웬일이니!"나 "살다 보니 이런 날도 있구나"처럼 빈정거리는 말을 덧붙이지 말라. 이렇게 하기는 쉽지 않다! 하지만 해 보라. 아이의 등이나 어깨를 토닥이는 등 가볍게 터치해 주는 것도 좋다. 대부분의 십대 아이는 부모가 자기를 껴안거나 자기에게 뽀뽀하는 걸 좋아하지 않지만, 긍정적인 터치는 고마워한다. 말로 표현하지는 않더라도 그렇다.

다음 표에는 당신이 눈여겨볼 만한 사소하지만 잘한 행동들과, 그런 행동을 어떻게 인정해 줘야 하는지가 열거되어 있다. 여기서 다루고 있는 것은 작은 행동들인데, 중요한 행동들도 알아주고 칭찬하는 것을 잊지 말라.

행동	이렇게 말하지 말라	대신 이렇게 말하라
십대 아이가 잊지 않고 변기 시트를 내려놓는다.	"세상에! 지역 뉴스 방송국에 연락해야겠구나. 지미가 변기 시트 내리는 걸 까먹지 않았다고 말이야."	"지미, 잊지 않고 시트를 내려 줘서 고마워! 정말 고맙다."
당신이 십대 아이에게 자기 옷을 개어 놓으라고 한다. 아이는 구시렁거리면서도 옷을 개어 놓는다.	"뭐라고 중얼거리는 거니? 보나마나 못되고 아주 나쁜 말이겠지!"	"네가 엄마를 위해 이렇게 해 줘서 고마워. 정말 도움이 되는구나." (미소 지으라. 가짜 미소가 아닌 진짜 미소를. 당신은 할 수 있다.)
당신의 십대 아이는 수학을 싫어하지만, 그래도 수학 숙제를 하고 있다.	"세상에! 드디어 수학 숙제를 하는구나. 이게 꿈이냐 생시냐."	"수학 숙제를 하는구나. 잘하고 있네! 난 나가 있을 테니 내 도움이 필요하면 얘기해."
아이가 당신에게 화가 났지만, 상소리를 섞어 말하지는 않는다.	"아니, 불만이 있을 때마다 꼭 못된 말을 하더니 이번에는 잊어버린 거야?"	"네가 화가 난 것 같은데, 그래도 공손하게 얘기해 줘서 고마워."

| 십대 아이에게는 여전히 당신이 필요하다 |

당신의 십대 아이가 제아무리 쿨한 척을 해도, 아무리 당신을 피하거나 당신과 말다툼을 한다 해도, 그 아이에게는 여전히 당신이 필요하다. 아이는 자신이 행복하거나 슬플 때 당신이 알아주길 바란다. 아이는 놀이동산에 가거나 낚시 여행에 따라갈 때 당신이 필요한 것 못지않게, 당신과 둘이

서 일출을 볼 때 같은 고요한 순간들에도 당신이 필요하다. 아이는 당신이 자기로 하여금 (좋은 의미에서) 특별하다고 느끼게 해 주길 바란다.

당신이 아이에게서 좋아하는 모든 점을 생각해 보고, 이따금 그런 것을 아이에게 말해 주라. 예컨대 당신은 아이의 활력 넘치고 언제든 모험을 마다하지 않는 모습을 좋아한다. 다른 애들에게 구박당하는 자신의 친구를 옹호해 주는 자세를 좋아할 수도 있다. 혹은 그냥 아이를 통째로, 당신이 바라는 모든 면을 갖춘 존재로서 좋아할 수도 있다. 당신과 아이가 함께 했던 여행들을 돌이켜 보고 아이에게 그런 휴가와 관련해 가장 기억에 남는 게 어떤 일들인지 물어 보라. 그리고 함께 즐겼던 순간들에 대해 아이가 당신에게 하는 얘기를 들으라.

우리는 경계성 성격장애가 있는 청소년기 아이들의 부모에게, 지금 알고 있는 것을 그때 알았더라면 뭔가 다르게 했을 게 있는지 물었다. 그들의 대답 중 일부를 보자.

●아마도 아들에게 그렇게 오래, 또 그렇게 자주 잔소리를 하지 않았을 테고, 긍정적인 것들에 눈길을 주고 아이를 훨씬 많이 칭찬했을 거예요. 이러기가 어려워 보일 때가 많지만요.

●딸아이로 하여금 심리치료를 더 일찍 받게 했을 것이고, 치료사들 중 경계성 성격장애를 정말 잘 이해하고 있던 한 사람에게 계속 치료를 맡겼을 거예요. 언젠가 아이가 입원했다 나온 뒤에 누가 다른 치료를 받아 보라고 해서 그렇게 했는데, 결과가 안 좋았어요. 그래서 그 치료사에게 다시 보내려 했지만 그럴 수가 없었죠.

●아들아이가 훨씬 더 어린 나이였을 때 변증법적 행동치료(DBT)를 시작했을 거예요. 그리고 아이가 학교에서 특별 지원 대상이 되어야 한다고

적극 주장할 겁니다. 아들아이는 똑똑한데, 그런 이유로 학교에서는 특별 지원이 필요 없다고 늘 저를 설득하곤 했죠. 똑똑한 아이들도 학교의 도움이 필요할 수 있어요.

●딸아이에게 예쁘고 똑똑하고 멋지다고 말해 줬을 거예요. 아이가 괴물처럼 행동할 때 말고 모든 것이 잠잠할 때요. 이런 긍정적인 피드백이 아주 중요해요. 그러지 않으면 아이들은 부정적인 관심만 받게 되고, 그러다 보면 모든 것이 더 나빠지거든요.

| 이 장에서 꼭 챙겨야 할 교훈 |

이 장에서 우리는 성적인 문란함이나 소셜 미디어 사용과 관련된 문제 등 경계성 성격장애가 있는 십대 아이를 양육할 때 생기는 특별한 어려움들을 이야기했다. 당신이 이 책을 읽어 나가면서 유념해야 할 몇 가지 키포인트는 다음과 같다.

●십대 아이의 신체는 뭔가를 할 의지도 있고 능력도 있지만, 그들의 뇌는 여전히 낮잠과 우유와 쿠키를 원한다. 아이가 제정신이 아니라는 생각이 들 때 이런 사실을 상기하며 당신의 좌절감을 누그러뜨리라. 당신의 아이에게 '느낌은 곧 사실'이라는 점을 항상 기억하라.

●보통의 십대 아이를 양육하는 것도 힘든 일이다. 경계성 성격장애가 있는 십대 아이를 양육하려면 이 책 앞쪽에서 언급했던 속담처럼 '온 마을'이 필요하다. 다행히 그 기간은 길어야 7년(13~19세)이다. 이게 오랜 시간처럼 보일 수도 있다. 이 책에서 제시한 기초 작업을 당신이 해 낼 수 있다

면 그 기간을 비교적 수월하게 넘기게 될 것이다. 아이가 이미 십대라 해도 이 책에서 설명한 지침들을 적용하기에 너무 늦은 건 전혀 아니다.

●경계성 성격장애가 있는 십대 아이들도 다른 십대 아이들과 같은 문제들을 지니고 있다. 다만 그들의 문제는 더 부풀려지고 강력한 것이다. 어떤 경우에든, 아이의 행동을 당신에 대한 공격처럼 받아들여 기분 나빠하지 말라. 당신이 십대였을 때를 기억하는가?

●부모와 자식 간의 '성에 관한 대화'는 대개 거북스럽지만, 섹스는 십대 아이들이 고통과 공허함, 자신이 아무런 가치도 없다는 느낌 등등을 처리하는 흔한 방식이다. 그리고 이 아이들은 아주 이른 나이부터 성관계를 가질 수 있다. 고통 때문에 사람들은 보통 때라면 하지 않았을 일들을 하게 되는 것이다.

●할 수 있다면, 당신 아이의 소셜 미디어 계정들을 수시로 들여다보라. 아이가 소셜 미디어를 안 좋은 방식으로 사용한다면, 당신의 모니터링을 활동 허용의 전제조건으로 제시하라. 아이가 올리는 내용이 너무 얌전해 보인다면, 가명으로 다른 계정을 만들어 친구들과 소통하는 것일 수 있다. 당신은 컴퓨터나 웹사이트에 있는 자녀 보호를 위한 부모 통제(parental controls) 기능을 활용할 수도 있으며, 모두가 드나드는 장소에 컴퓨터를 두도록 아이에게 요구할 수도 있다. 늘 그렇듯, 아이가 이런 방침들을 어기면 일정 기간 자기 계정에 접속하지 못하게 하는 등 당연한 대가를 치르도록 해야 한다.

●아이가 착하게 행동하는 것에 주목하고, 당신이 눈여겨보았다는 걸 아이도 알게 하라. 보상은 감사를 표하는 미소와 터치처럼 간단한 것일 수 있다.

경계성 성격장애 성인의 부모 노릇 하기

조지는 경계성 성격장애가 있는 두 딸을 키웠다. 이제는 성인이 된 딸들과의 삶은 힘들었고, 조지는 그 애들이 청소년기(아이들은 두 살 터울이었다)와 성인기를 거치는 동안 많은 것을 배웠다. 조지는 딸 하나가—치료와 치열한 노력에 의해—경계성 성격장애와 관련된 문제를 거의 모두 극복했으며 이제는 어떤 부모라도 자랑스러워할 자립적인 성인이라고 말한다. 하지만 안타깝게도 다른 딸은 어디에도 정착을 못 하고 약물에 의지해 지낸다. 조지는 그 딸에게서 소식을 거의 듣지 못한다.

경계성 성격장애로 촉발되는 문제들은 당신의 자녀가 성인이 되어도 사라지지 않는다. 알다시피, 이 책의 모토는 그런 자녀에게 독립심과 책임성을 가르치는 것이다. 하지만 자녀가 이미 성인이라면 어떻게 할까? 내가 먼저 권하는 일은 내 책들『잡았다, 네가 술래야(*Stop Walking on*

Eggshells)』나 『경계성 성격장애에 대한 가족용 필수 지침서(*The Essential Family Guide to Borderline Personality Disorder*)』, 『잡았다, 네가 술래야 워크북(*The Stop Walking on Eggshells Workbook*)』 중 한 권을 읽으라는 것이다.

경계성 성격장애가 있는 성인 자녀를 둔 부모 대부분이 내게 말하는 가장 큰 문제는, 그 아이가 계속 집에 얹혀살면서 공짜 숙식과 청소 및 빨래 서비스를 누리고 싶어 해서 속이 탄다는 것이다. 이게 당신의 성인 자녀 얘기처럼 들린다면, 그건 그 아이가 단지 남들보다 생활 기능이 떨어진다는 징후이거나, 아니면 그 애의 장애가 거듭거듭 먹이를 받아먹으며 자란 결과 이제 아이는 혼자 힘으로 삶에 대처하는 방법을 모르게 되었다는 징후다. 당신의 자녀는 혜택을 누리면서도 고마워하지 않을 수 있으며, 당신이 그 애를 그냥 놔둔다면 집을 엉망으로 어지르고, 차를 마음대로 쓰고, 제멋대로인 친구들을 집에 데려오고, 규칙을 어기는 등 여러 가지로 함께 살기 힘들게 행동할 것이다. 부모들이 또 우리에게 말하기를, 경계성 성격장애가 있는 성인 자녀는 함께 살든 안 살든 공격적으로 행동하고, 감정 기복을 잠재우기 위해 약물과 알코올에 의존하며, 자신의 아이를 제대로 돌보지 않고, 계속해서 직장을 그만두고(혹은 해고되고), 부모를 압박해 손주들 뒤치다꺼리와 자신에 대한 재정 지원 등 기본적인 양육자 역할을 시키려 든다는 것이다. 이런 자녀들은 교육을 더 받거나, 직업을 갖거나, 치료받으러 가거나, 철이 들려 하지 않는다.

성인 자녀에게 책임을 지도록 하기

괴물에게 먹이 주는 걸 멈추거나, 책임성과 자립이라는 교훈을 가르치거나, 두려움과 의무감과 죄책감을 극복하는 일은(8장 참조) 언제 해도 절대 늦지 않다. 자녀가 성인이라면 당신은 이런 교훈을 좀 더 빠르게 가르칠 수 있다. 한 가지 방법은, 6개월의 시간을 주고 나가 살 곳을 찾아보라고 한다거나, 자녀에게 매달 주는 돈의 액수를 줄인다거나, 사흘의 여유를 주고 그동안 이런저런 물건들을 치우지 않으면 당신이 그걸 상자에 넣어 차고(혹은 쓰레기통)에 버리는 등, 당신이 그 애에게 더는 제공하고 싶지 않은 지원을 시간을 두고 차츰 없애는 것이다. 이렇게 할 때는 아이를 인정해 주는 태도로 의사소통을 하는 것이 필요하다. 우선 SET-UP 도구를 활용한 뒤, 필요하다면 BIFF도 쓰라.

평안함과 당신 자신의 삶, 그리고 자유를 찾고 싶다면—그렇다, 당신은 그럴 *자격이 있다*—당신이 바꿀 수 없는 것은 철저하게 수용하는 기술과 꿋꿋함을 키워야 한다(5장 참조). 두려움, 의무감, 죄책감을 극복해야 한다(8장). 경계를 설정하고 그걸 지켜야 한다(9장). 기대치를 재설정해야 한다. 소중히 여기되 물러나야 한다(이 얘기는 이 장 뒷부분에 나온다). 그리고 이따금은 자녀와 접촉하지 말아야 한다(이 장의 주된 주제다). 좋은 소식이라면, 책임성과 자립이라는 교훈을 가르치는 일은 언제 해도 절대 늦지 않다는 것이며, 자녀가 성인이라면 청소년기 직전이나 청소년기에 있는 자녀의 경우보다 조금 빠르게 가르칠 수 있다는 것이다.

| 기대치를 재설정하라 |

성인 자녀에 대한 기대치를 낮춰야 한다고 말하면 부정적으로 들리지만, 이는 정신적이나 신체적으로 심각한 장애가 있는 자녀를 두었을 경우 숱한 부모들이 해야 하는 일이다. 이렇게 하려다 보면 처음엔 낙담하게 될 것이다. 하지만 '어찌어찌할 수도 있었는데'라는 환상을 포기하고 자녀와 함께 지금 여기의 현실에서 사는 것은 아주 큰 도움이 된다. 당신은 새로 설정한 목표들을 소중히 여기게 될 테며, 성인 자녀는 당초의 기대에 부응했다면 그랬을 것만큼이나 당신을 자랑스럽게 만들어 줄 수도 있다.

아무런 기대도 갖지 말아야 한다는 게 아니라, 자녀가 성취할 수 있을 게 뭔지를 현실적으로 고려하라는 얘기다. 예컨대 당신은 당초엔 자녀가 어떤 분야에서든 경력을 쌓아 가길 원했을지 모르지만, 이젠 그 대신 자녀가 뭔가 일자리를 잡기만 했으면 하는 훨씬 더 현실적인 목표에 집중해야 할 수 있다. 그리고 그것 역시 훌륭한 목표다. 아마도 당신은 자녀가 당연히 대학에 갈 거라고 생각했을 법하지만, 실은 고등학교를 졸업하거나 고등학교 졸업학력 검정고시에 합격하는 것 정도가 그 애가 실제로 이룰 수 있는 적극적 목표일지 모른다. 자녀가 이처럼 바뀐 목표들을 이뤄 낼 때, 당신은 당초의 기대가 이뤄진 것만큼이나 행복할 것이다. 다음은 기대 재설정의 몇 가지 예다.

이전의 기대	바뀐 기대
내 아이는 전문직이나 다른 좋은 직업을 가질 것이다.	내 아이는 뭔가 일을 할 것이다.

내 아이는 대학에 갈 것이다.	내 아이는 고등학교를 졸업하거나, 고등학교 졸업학력 검정고시에 합격할 것이다.
내 아이는 근사한 사람과 결혼할 것이다.	내 아이는 누군가와 성공적인 관계를 갖게 될 것이다.
내 아이는 문제를 일으키지 않을 것이다.	내 아이는 보호관찰 준수 사항을 지킬 것이며, 결국 보호관찰에서 놓여날 것이다.
내 아이와 나는 서로 좋은 관계로 지낼 것이다.	내 아이와 나는 가능하다면 서로 말을 하는 사이로 지낼 것이다.
내 아이는 약물을 절대 복용하지 않을 것이다.	내 아이는 중독 치료 시설과 관련 모임에 갈 수도 있다.
내 아이는 내가 나이 들면 나를 도와줄 것이다.	내 아이는 치료의 도움을 받으며 자신의 삶을 꾸려 나갈 것이다.
내 아이는 훌륭한 부모가 될 것이며, 나는 언젠가 조부모가 되어 행복할 것이다.	내 아이는 자기 아이들의 양육을 감당할 수 없으므로 내가 손주들을 키울 것이다.

일단 기대치를 바꿨다면 성인 자녀가 현실적인 목표들을 설정하도록 돕고, 그런 다음에는 직장까지 가는 교통수단 찾기나 집세를 내기에 충분한 자금 마련하기 등등 그 목표와 관련된 실제적인 문제들을 해결하도록 도우라(9장 참조). 그들은 한 걸음 나아갈 때마다 두 걸음 물러날 수도 있다. 이걸 예상해야 한다. 그들은 스스로를 이분법적으로 재단해(분열), 자신이 나쁘기만 한 사람이거나 완전한 실패자라고 생각할 수도 있다. 우리 모두 좌절을 겪어 봤지만, 경계성 성격장애가 있는 사람들에게 좌절은 당연히 더 힘들게 느껴진다. 그럴 때면, 많은 사람이 실수를 하며 뭔가를 할 때 꼭 처음부터 성공하지는 못한다고 말해 주면서 아이를 격려하라. 성공하는 사람들이 반드시 더 똑똑하거나 재능이 더 많은 건 아니라는 점

도 상기시키라. 성공하는 사람은 그저 포기하지 않은 사람, 또는 자신의 실수에서 배우며 계속 나아간 사람일 수 있다.

재닛: 한 걸음 물러나 상황 전체를 살피면 긍정적인 면들이 제대로 보여요. 이건 오랫동안 보지 못했던 아이를 다시 만날 때 그 아이가 엄청 자란 걸 보고 깜짝 놀라는 것과 같습니다. 아이와 매일 함께 있을 때는 그 애가 얼마나 자랐는지 보이지 않죠.

처음에는 아이가 9학년을 마칠지도 확신하지 못하지만, 10학년 중간쯤 되었을 때 문득 아이가 9학년을 마쳤으며 그건 기념할 만한 일이라는 걸 깨닫게 됩니다. 그런 다음엔 아이가 운전 면허증을 받을 수 있을지 의심스럽습니다. 하지만 아이는, 대부분의 아이들보다 1년 늦게지만, 결국 운전 면허증을 따내요. 다음에는 아이가 고등학교를 마칠지 의문이 드는데, 졸업을 석 달 남기고 보니 괜찮은 것 같죠.

그러니 우리에게 가장 중요한 것은 긍정적인 점들을 발견하여 축하하는 것이며, 한 걸음 물러서서는 우리가 걱정했지만 끝내 일어나지 않은 일들을 기억하고, 아이가 마치 걸음마 하듯 앞을 향해 한 발짝씩 나아갈 때마다 기쁜 마음으로 놀라고 즐거워하는 것입니다.

자녀로 하여금 자신의 독립성을 모색하고 탐구해 보도록 할 때, 그들은 자신에게 능력이 있다고 느끼게 되며 성취감을 갖게 된다. 자녀는 그런 느낌을 몇 차례 경험해야 하는데, 그러는 가운데 자기 힘으로 뭔가를 할 수 있다는 기쁨의 전율이 부모가 자기 대신 뭔가를 해 줄 때 느끼는 안도감보다 커지기 때문이다. 자녀에게 그렇게 할 여지를 주지 않으면 당신은 그 애가 무엇을 할 수 있는지 결코 알지 못할 테다. 그리고 아이 역시 자신이 뭘 할 수 있는지 끝내 알지 못할 것이다. 우리 모두 스스로 감당할 수 있을지 자신이 없는 두려운 상황에 맞닥뜨려 봤으며(예를 들어, 낯선 도시에서 5만 명의 학생이 우글대는 대학에 다니기 시작하는 것), 해낼 수 있다고 믿으면서 모험 속으로 뛰어들어야 했다. 당신의 자녀도 그러한 '믿음의 도약'을 해야 할 수 있다. 아이는 좌절을 겪을 테지만, 포기하지 않는다면 그 결과에 놀랄지도 모른다.

자녀에게 "나는 네가 마음만 먹으면 무엇이든 할 수 있다고 믿는다"라고 얘기해 주라. 아이가 실패하고 스스로 다시 일어나도록 놔두라. 우리 대부분이 처음에는 실패하지만, 여기서 키포인트는 다시 시도해 보는 것이다. 당신의 자녀가 실패하는 모습을 지켜보는 것은 힘든 일이지만, 당신의 부모가 자식을 모든 실수에서 구해 주거나 자식에게 두려운 일을 모두 대신 해 줬다면 당신이 자라서 어떻게 되었을지 상상해 보라. 당신은 자신의 실수에서 배우지 못하고, 불편함을 겪어 보지도 못했을 것이다. 당신의 자녀는 성인으로서 이런 삶을 살 태세가 되어 있을 수도 있고 아닐 수도 있다. 하지만 당신이 언제까지나 곁에 있을 수는 없으며, 부모로서 해야 할 주된 일은 가능한 한 독립심을 많이 키워 주는 것이다. 그렇게 하려면 아이가 매번 연착륙을 하도록 곁에서 도와줘서는 안 된다.

마음속에 그렸던 아이를 포기하기란 쉽지 않다. 다른 모든 사람의 자녀는 성공한 의사나 영향력 있는 변호사인데 당신 아이 하나만 간신히 고등학교를 마치고 힘겹게 일자리를 유지하고 있는 것(그나마 아이가 일자리를 구한다면 말이다) 같아 보일 수 있기 때문이다. 다른 사람들이 자기 자녀 자랑을 할 때, 당신은 무슨 말을 할 건가? 뭘 할 수 있을까? 우선, 그 모든 '완벽한' 가정들에서 무슨 일이 벌어지고 있는지 당신은 사실 잘 모른다는 사실에 유념하라. 당신 친구의 아이, 그 성공한 의사는 약물 문제가 있을 수도 있고, 당신 딸과 같이 학교에 다닌 그 변호사는 세 번째 남편과 살고 있을지도 모른다. 이런저런 많은 이유로, 당신의 아이를 다른 아이들과 비교하지 않는 게 최선이다.

문제	당신이 할 수 있는 일	당신이 할 수 없는 일
당신의 자녀가 죽어 버리겠다고 위협한다.	자녀를 병원 응급실에 데려간다. 경찰이나 긴급 정신건강 핫라인에 전화한다.	자녀의 기분을 갑자기 훨씬 나아지게 하는 것.
자녀가 헤로인이나 메스암페타민 따위 위험한 약물을 남용하고 있다.	당신의 집에서는 약물을 사용할 수 없다고 자녀에게 말한다. 그 애의 의사에게 약물남용에 대해 얘기한다. 의사는 개인 의료정보를 보호해야 하기 때문에 자녀에 관한 얘기를 당신에게 해줄 수 없지만, 당신은 의사에게 정보를 알릴 수 있다.	자녀가 불법 약물을 사용하지 않게 하는 것. 자녀를 건강한 사람으로 바꿔 놓는 것. (아이 스스로가 이렇게 되기를 원해야 한다.)
자녀가 자신의 아이를 학대하거나 방임하거나 이 두 가지를 다 한다.	자녀에게 그런 행동을 바꿔야 한다고 말한다. 그런 행동을 계속하면 당신이 사는 지역이나 주의 아동보호기관에 알린다.	자녀가 좋은 부모가 되게 하는 것. 학대나 방임을 그만두도록 하는 것.

자녀가 계속해서 법 집행 기관과 문제를 일으킨다.	자녀에게 다음에 또 이런 일이 생기면 변호사 비용이나 보석금을 대 주지 않겠다고 말한다. (그리고 이 말을 꼭 지킨다!) 그런 행동을 계속하면 아마 감옥에 가게 될 거라고 자녀에게 말한다.	자녀가 법을 지키도록 하는 것. (법에 대해 그 애에게 말해 봐야 아마 소용없을 것이다. 아이는 법이 어떠한지 알고 있다. 단지 지키고 싶지 않은 것이다.)
자녀의 행동이 끔찍해서 당신은 그 애를 쫓아내고 싶다.	그런 행동을 즉시 바꾸지 않으면 어느 날짜까지 다른 살 곳을 찾아야 하리라고 자녀에게 말한다. 그 행동이 바뀌지 않으면 변호사와 의논하며 당신에게 어떤 선택들이 가능한지 검토하라. 아니면, 그냥 자녀에게 집을 나가라고 말한다.	당신이 정해 놓은 가족규칙을 자녀가 따르도록 만드는 것. 아이 스스로 그 규칙을 지키겠다고 마음먹어야 한다. (하지만 당신은 예컨대 자녀가 당신 집에서 나가야 한다는 것처럼, 가족규칙을 지키지 않았을 때 치러야 할 대가를 정할 수 있다.)
집 안에서는 흡연을 허용하지 않는데도 당신의 자녀는 계속 담배를 피운다.	자녀에게 담배는 집 밖에서만 피울 수 있다고 말한다. 흡연 욕구를 억제하기 위해 니코틴 대체제들을 써 보라고 자녀에게 제안한다.	아이가 담배를 끊게 만드는 것. (흡연이 건강에 해롭다는 걸 알아도 그렇게 할 수가 없다.)

자녀가 당신이 좋아하지 않는 사람들을 집에 데려온다.	당신이 좋아하지 않는 친구를 자녀가 보고 싶어 하면, 집 밖이나 다른 곳에서 만나라고 말한다.	자녀에게 친구들을 골라 주는 것. (때때로 경계성 성격장애가 있는 사람은 따돌림받는 사람들과 친구가 되는데, 자신과 어울리려는 사람이 그런 이들밖에 없기 때문이다.)

| 성인 자녀가 당신과 같이 살고 있다 |

자녀가 당신과 같이 산다면, 그들이 너무 편안하게 지내도록 해 주지 말라. 당신은 아이에게 안정된 근거지가 있었으면 해서 당신 집에서 살게 하는 거겠지만, 그러면서도 그 애가 어떻게든 동기부여가 되어 스스로 독립하기를 바란다. 여기서 키포인트는 자녀가 더는 어린아이가 아니라 성인인데도 여전히 당신의 도움을 필요로 한다는 사실을 상기하는 것이다. 자녀가 영원히 당신 집에서 살길 원하는 게 아니라면, 데리고 사는 것을 그 애가 자신의 힘으로 살아가는 단계로 넘어가는 다리를 제공하는 일로 생각해야 한다. 속도가 아무리 느리더라도, 당신은 자녀가 차츰 나아지는 걸 보고 싶어 한다. 다음은 그 다리를 놓기 위한 몇 가지 아이디어다.

자녀가 이사 나가는 목표 날짜를 합리적으로 정하라. 집을 떠날 수 있게 되려면 스스로 어떤 과정을 밟아야 할지 자녀가 충분히 생각하도록 도우라. 지지해 주되 단호하라. 이 과정은 서로 합의한 날짜까지 완수해야 한다.

자녀에게 숙식비를 얼마라도 매달 청구하라. 그렇게 할 때 자녀는, 성인이 되려면 성인으로서 져야 할 책임을 받아들여야 한다는 현실을 더 분명히 깨닫게 된다. 자녀가 어떤 식으로든 셋돈을 지불해 보지 않으면, 나중에 아파트를 얻을 때 현실의 혹독함에 깜짝 놀라게 될 것이다. 비록 상징적인 데 불과한 액수라 해도, 매달 같은 날짜에 지불해야 한다고 주장하라.

자녀를 위해 허드렛일을 해 주지 말라. 옷이 마법처럼 자녀의 서랍장에 나타나는 게 아니고, 『해리 포터』에 나오는 집요정이 그 애의 방을 청소해 주는 것도 아니며, 쓰레기도 마법 지팡이를 한 번 흔들면 사라지는 게 아니라는 걸 당신의 자녀에게 명심시켜야 한다. 이 모든 일은 그 애 자신이 책임져야 하는 것이다. 자녀는 당신 집의 방을 세내어 사는 성인이라는 걸 명심하라. 자녀가 어지른 걸 치워 주거나, 아침에 깨워 주거나, 중요한 일들을 줄곧 일러 주지 말고, 그 밖에도 아이가 무슨 장애가 있어서 스스로는 아무것도 못하는 것처럼 대하지 말라. 자녀가 그런 일들을 하려면 더 힘들 수 있지만, 그건 핑계가 되지 않는다. 스스로 할 수 있는 일들인데도 당신이 대신 해 준다면 그것은 아이의 문제를 조장하는 것이다. 자녀가 정말 뭔가를 스스로 할 수 없어서 당신이 해 준다면 그것은 지지해 주는 것이다. 하지만 자녀가 아침에 일어나질 않아서 해고를 당한다면 그 애는 중요한 교훈을 얻는 것이며, 당신은 자녀에게 책임성을 가르치는 것이다.

자녀가 당연히 집안일을 같이 할 것으로 생각하라. 매일 샤워를 하고 옷을 입는다는 최소한의 기대 외에 식료품을 사 오고, 식사 준비를 하고,

거실을 청소하고, 식기세척기에서 그릇을 꺼내는 등 성인들이 하는 여러 일을 자녀가 당연히 같이 하는 것으로 기대하고 그렇게 요구해야 한다. 생산적인 일을 하고 가족의 도움에 보답할 수 있다면 자녀는 기분이 (결국 은) 좋아질 것이며, 동시에 중요한 기술들을 습득하고 키우게 될 것이다.

넘어서는 안 될 선을 정하라. 자연히 이런 궁금증이 생길 것이다. '아이 가 이런 일들 중 어느 것이든 거부하면 어떡하지?' 이 지점에서 한계(경계), 즉 넘어서는 안 될 선을 설정하는 것이 필요하다(9장 참조). 아이가 이를 위반할 때 당신의 가치와 필요, 욕구를 지키기 위해 부과할 응분의 대가들 을 제시하거나, 자녀에게 시한을 분명히 정해 주고 그때까지 달리 살 곳을 찾으라고 요구하라. 뭔가를 할 수 없는 것과 하기를 거부하는 것은 다르 며, 그 애를 오래 키워 온 당신은 특정 행동이 둘 중 어느 쪽인지 잘 구분할 수 있을 테다. 설정할 한계에는 약물 사용이나 폭력의 위협 금지, 격노 표 출이나 욕설, 훔치기, 규칙 위반, 형제자매 괴롭힘, 사람을 데려와 집에 재 우기 금지를 비롯해 당신이 결정하는 어떤 것도 포함될 수 있다.

가정 내의 경계를 정하라. 당신의 침실에 배우자나 파트너 말고는 누구 도 들어오지 않기를 원한다면, 그렇게 말하라. 필요하다면 침실 문에 잠 금장치를 해서, 약물에 중독된 자녀가 당신이 할머니에게서 물려받은 보석 이나 당신이 이따금 먹는 수면제를 훔치지 못하게 하라. 문을 안과 밖 어느 쪽에서도 잠글 수 있게 해서 당신이 집을 비워도 아무도 못 들어오게 하라.

글로 적어 놓으라. 지켜야 할 규칙과 하면 안 되는 일들을 문서로 작성 한 뒤 거기에 당신과 자녀가 서명하고 날짜를 적으라. 두 부를 만들어 하나는 당신이 갖고 하나는 자녀에게 주라. 이처럼 집안의 규칙을 문서로 만들어 두면, 자녀가 그걸 몰랐다고 주장할 수가 없다. 방이 어떤 상태로 청소되어 있기를 원하는지, 혹은 '저녁 식사를 준비한다'는 게 어떤 의미인지 (예컨대 당신 돈으로 피자를 사 오는 걸 의미하지는 않는다) 등 자녀가 잘 알지 못할 수도 있는 내용을 정확히 설명하라. 자녀가 당신더러 너무한다고 말한다면 당신은 그 애가 자신의 결정과 행동에 대해 책임지도록 만드는 올바른 길로 가고 있는 것이다. 사실 이런 책임성은 혼자 힘으로 살아나가기 위해 알아야 하는 것들 중 극히 일부일 따름이다.

가령 성인이 된 아들이 당신 집에서 살고 있으며 자신의 침실을 온통 지저분하게 해 놓고도 잘만 지낸다고 하자. 하지만 당신은 그런 행동이 거슬린다. 벌레들에게 집을 내주기 전에 아들과 대화를 해야 한다. 그 대화는 다음과 같이 진행될 수도 있다.

엄마: 톰, 중요한 문제에 대해 너와 얘기하고 싶은데. 시간 있니?

톰: 그럼요. [그러곤 하던 일을 계속한다.]

엄마: 내 얘기에 제대로 주의를 기울여 주면 고맙겠구나. 이미 말했듯이 중요한 얘기거든. 있잖아, 내가 실수를 했단다. [그녀가 아들에게 무엇을 해야 하는지—예컨대 TV를 꺼라, 휴대폰 갖고 노는 걸 그만해라—말하면서 부정의 방식으로 자신의 바람을 표현하기보다, 원하는 것을 긍정의 어법으로 요청하고 있다는 데에 주목하라. 이것은 아주 효과적인 기법이다. 그리고 자신이 실수를 했다는 얘기를 꺼냄으로써 아들이 듣고 싶어 애가 타게 만든다는('그게 대체 뭘까?') 점에도 주목하라.]

톰: [흥미를 보이며 휴대폰을 내려놓는다.] 무슨 실수를 했는데요?

엄마: 음, 네가 처음 집에 들어왔을 때 네 아버지와 내가 너에게 제시

한 조건들을 기억하니?

톰: 대충요. 오래전 일이라서.

엄마: 음, 그 조건들 중 하나가 네 뒤처리는 너 자신이 하는 거였지. 네 식기 설거지나 옷 세탁 같은 것 말이야. 우리는 그걸 문서로 작성했잖아. 하지만 널 우리 어린 아들로 생각하는 것에 내가 워낙 익숙하다 보니 모든 걸 대신 해 주면서 네가 독립적인 어른이 될 기회를 주지 않았어. 또한 그러느라 내가 할 일이 두 배가 되었고 말이야.

톰: 내가 집을 지저분하게 만든다는 건가요? 저쪽을 좀 봐요. 아빠의 배관 작업 도구들이 널려 있잖아요. 그리고 저기엔 엄마의 서류 더미가 있고. 또 존은 복도에 자기 농구 장비를 두었죠. 나만 어지르는 게 아니라고요!

엄마: 그래, 너만 그러는 게 아니야. 우리 모두 더 잘해야겠지. 난 아빠가 어지른 것들도 치워 주지 않을 거야. [그녀는 불필요하게 많은 설명을 하지 않는다. 아들이 반박할 거리를 주지 않기 위해서다.] 나는 이제부터 네 옷을 세탁하거나 네 식사를 준비하지 않고, 네 뒤처리도 해 주지 않을 거야. [그녀는 7장에서 소개한 의사소통 기법 BIFF를 사용해서 짧고 단호하게 말한다.]

톰: 말도 안 돼! 내가 엄마의 하인 같네요! 빌어먹을, 그건 너무 불공평해요. 정말 마음에 안 들어.

엄마: 이 순간부터 그렇게 할 거야. 내가 해 주는 마지막 식사로 라자냐를 만들어서 냉장고에 두었어. 네 세탁물은 건조기 옆에 있어. 그리고 네가 집 여기저기 치우지 않고 둔 것들은 전부 네 방에 갖다 놨어. 네가 집 안 어디든 뭔가를 놔두면 난 그걸 네 방에 가져다 놓을 거야. 넌 네 요리를 하고 나서도 깨끗이 정리해야 해. 그러지 않으면, 그때마다

또 얘기를 해야겠지. [BIFF에 따라 정보를 주며 단호하게 말한다.]

톰: 엄마가 나한테 너무 못되게 구네요. 엄마들은 원래 그러지 않잖아!

엄마: 아니, 못된 게 아냐. 나는 성인으로서, 이젠 어른이 된 내 아들을 그 나이에 걸맞게 대하고 있는 거야. 내가 정말로 얘기를 나누고 싶은 사람은 어른스러운 내 아들이야.

톰: 아이 씨, 엄마는 정말….

엄마: 톰, 너는 집 안을 지저분하게 만들지 않기로 이미 동의했어. 그 약속을 지키도록 하지 못한 것은 전적으로 내 책임이야. [엄마가 약속과 관련해 '집행' 같은 단어를 사용하지 않는 것에 주목하라. 그런 용어를 쓰면 경찰관이 하는 말처럼 들릴 테니까.] 그래서 이 얘기가 네게는 갑작스럽게 들린다는 걸 이해해. 네가 받아들이기 힘들다는 것도 잘 알고 말이야. 네가 놀라고 화난 것 같구나. [7장에 나온 의사소통 기법 SET-UP을 사용해 지지와 공감을 보인다.] 네가 듣기에 더 편하도록 얘기할 방법이 있었다면, 그렇게 했을 거야. 하지만 네 아빠와 나는 이 문제에 대한 생각이 아주 확고해[BIFF에 따라 단호하게].

톰: 내가 깨끗이 치우고 살지 않으면 어떻게 할 거예요? 거리로 내쫓을 건가요?

엄마: 나는 네가 약속한 대로 해 주길 바라. 그러면 우린 만약의 경우들을 걱정할 필요가 없을 거야. 나는 널 사랑해[BIFF에 따라 친근하게]. 나는 네가 이 집에서 지내서 좋은 게 많아. 우리가 이렇게 가야 한다고 생각해. 오늘 한 얘기를 생각해 보고, 물어볼 게 있으면 나중에 다시 얘기하면 어떨까? [엄마가 JADE 즉 정당화하기, 논쟁하기, 자신을 변호하기, 지나치게 설명하기를 하지 않는다는 데 주목하라.]

| 손주 기르기 |

PBS(미국 공영방송 서비스) 뉴스아워의 보도에 따르면, 2016년 미국에서 약 270만 명의 조부모가 손주를 키우고 있었으며, 2020년 인구조사의 최종 결과가 발표되면 그 숫자가 더 늘어날 게 분명하다(Cancino 2016). 우리는 이 손주들의 부모 중 많은 사람이 경계성 성격장애가 아닐까 의심한다. 성인 자녀들이 자신의 아이를 양육하지 못하는 데는 여러 가지 이유가 있지만, 가장 흔한 이유는 다음과 같다.

- 약물이나 알코올 (혹은 둘 다) 남용
- 정신질환(경계성 성격장애 포함)
- 투옥돼 있음
- 아동 학대나 방임
- 약물 과다복용 등의 이유로 사망

주에서 아이를 다른 가정에 위탁하여 보호하는 경우에는 대개 아이를 돌봐 줄 친척들을 찾는다. 하지만 때로는 주 당국에서 아이를 데려가지 않고, 성인 자녀가 부모에게 손주를 돌보아 달라고 부탁할 수도 있다. 당신이 이런 상황에 처해 손주를 맡아 주기로 할 경우엔 반드시 양육권 문제에 경험이 많은 변호사와 상담하라. 손주를 의사에게 보이고 학교에 데려가도 된다는 등의 내용을 담은 문서를 경계성 성격장애가 있는 당신의 성인 자녀와 함께 작성하고 서명과 공증을 받으라. 지방법원에서 아이에 대한 긴급보호명령을 받아 낼 수도 있겠지만, 주마다 관련 법률이 다르다.

안타깝게도, 조부모가 어떤 형태로든 법적 양육권을 얻지 못하면 대부분의 주에서는 부모가 언제라도 마음만 먹으면 아이를 다시 빼앗아 갈 수 있다. 손주가 아동보호기관과 판사, 혹은 둘 중 하나에 의해 법정 피후견인(피보호자)으로 판정받지 않으면 친부모가 아이를 맡는다.

성인 자녀가 아이를 방임하거나 학대한다고 조부모가 아동보호기관에 신고하는 경우도 있는데, 이럴 때—상상할 수 있듯이—그 성인 자녀는 극도로 분노한다. 이들은 부모가 손주를 다시는 못 보게 하는 것으로 보복하기도 한다. 우리가 해 줄 수 있는 최선의 조언은 그 미성년 손주를 위해 올바른 일을 하라는 것인데, 이것이 아이를 방임하거나 학대하는 자녀에게서 양육권을 빼앗는 걸 의미할지라도 그렇다. 성인 자녀가 해 올 수도 있는 보복은 고려하지 말라. 당신의 손주를 보호하는 쪽으로 행동해야 한다.

아동보호기관 사람들은 아이를 자기 가정에서 분리하는 걸 가급적 피하려 하지만, 아이가 위험에 처했거나 심각하게 방임되고 있다고 믿을 경우엔 그렇게 한다. 그들이 개입하게 되는 학대와 방임의 예를 몇 가지 보면 다음과 같다.

- 아이에게 제때에 적절한 식사를 주지 않고, 아이가 음식물을 손에 넣을 수도 없다.
- 아이가 사소한 잘못들로 자주 맞거나 벌을 받는다.
- 아이가 부모를 심하게 두려워한다.
- 아이가 성적으로 학대를 당하고 있거나 당했을 수 있다.
- 아이를 자주 혼자 두며, 동생을 돌보는 걸 당연한 일로 기대한다(예컨대 네 살짜리 아이에게 한 살짜리 동생을 돌볼 것을 요구한다).
- 아이에게 겨울에 따뜻한 옷을 입히지 않는다.
- 아이에게 마리화나나 다른 약물들을 준다.

당신이 곧 손주를 키우게 될 것 같거나 혹은 이미 키우고 있다면 『조손 가정 안내서—손주를 키우는 조부모를 위한 지혜와 지지(*The Grandfamily Guidebook: Wisdom and Support for Grandparents Raising Grandchildren*)』 (Adesman and Adamec 2018)라는 책을 추천한다. 폭넓은 내용을 담은 이 가이드북은 당신이 처하게 된 힘든 상황을 헤쳐 나가는 데 도움이 될 것이다. 이 책의 내용에 더해, 양육권을 갖게 된 조부모를 위한 중요한 조언 몇 가지가 있다.

이제 당신은 조부모가 아니라 부모다. 분명 당신은 손주가 애처롭기 그지없을 테고, 그런 만큼 그 애를 너그럽게 대하고 싶을 것이다. 하지만 이제는 아이의 버릇을 망치는 조부모 노릇을 해선 안 된다. 당신은 부모처럼 행동하면서 아이로 하여금 기본 규칙들을 지키게 하고, 아이에게 자신과 다른 사람들에게 책임감 있게 행동하는 법을 가르쳐야 한다.

당신에 대한 손주의 호칭. 어린아이들은 다른 애들이 보호자를 "엄마"나 "아빠"라고 부르는 것을 늘 듣기에, 자기들도 자연스럽게 그 호칭을 사용한다. 아이가 그러는 게 마음에 크게 걸린다면, 아이에게 당신을 "할머니"나 "할아버지", 혹은 당신이 고른 다른 어떤 이름으로 부르라고 하라.

우정과 양육은 별도로. 친구들과는 가급적 양육 문제 말고 다른 일들에 대해 얘기하고, 당신이 지금 직면한 것과 같은 문제들을 겪고 있는 부모들을 찾아보라. 축구 연습, 학부모회 모임, 아이들의 생일 파티를 비롯해 부모들이 모이는 어떤 장소에서든 젊은 부모들을 만날 수 있다. "나는 지금 손주를 키우고 있는데 좋은 치과의사[태권도 사범, 다른 어떤 전문가를 찾고 있어요" 같은 말로 첫 만남의 어색함을 깰 수 있다. 사람들 대부분이 남에게 조언하는 걸 좋아한다. 또한 젊은 부모라고 해서 무시하는 태도로 말하면 안 되는데, 이는 그들이 당신의 성인 자녀 나이라 해도─혹은 더 어리다 해도─마찬가지다. 이 경우, 당신과 그들은 '부모'로서 대등한 관계다.

의사소통 요령. 출퇴근 시간에 고속도로를 달리고 있을 때처럼 힘든 시간에 종종 손주에게서 곤란한 질문을 받을 수도 있다는 걸 예상하라. 생각을 잘 해서 답해야겠다 싶으면, 집에 도착해서 얘기하겠다고 손주에게 말하라. 그리고 집에 도착하면 반드시 그 문제에 대해 얘기하라. 예를 들어, 손주가 왜 부모가 아닌 당신이 자기를 키우는지 물어 볼 수 있다. 이럴 때 어린아이에게 부모의 약물남용이나 다른 문제에 대한 얘기는 하지 않는 편이 좋을 것이다. 대신 어떤 상황에서든 쓸 수 있는 한 가지 대답이 있는데, 아이의 엄마 혹은 아빠가 좋은 부모가 될 수 없었으며 그래서 손주를 사랑하는 당신이(또는, 해당되는 경우라면, 당신의 파트너가) 이 중요한 일을 맡았다고 하는 것이다. 또한, 많은 아이가 자신이 뭔가를 잘못해서 부모가 키우지 않는 것이라고 생각하므로, 부모의 문제는 결코 그 애의 잘못이 아니라는 점을 일러 줘야 한다.

| '연락을 끊고' 지내기 |

경계성 성격장애가 있는 자녀가 성인이 되고 나면 부모와 자녀가 상당기간 '연락을 끊고' 지내는 경우도 드물지 않다. '연락을 끊는다'는 것은 말

그대로 서로 방문하지 않고, 전화 통화도 안 하고, 문자도 보내지 않고, 등등을 의미한다. 일부 부모는 자녀의 물질남용이나 부모 학대 때문에, 또는 자녀의 혼란스러운 행동이 그들의 삶을 워낙 비참하게 만들어서 다른 어떤 선택의 여지도 보이지 않기 때문에 정말 어쩔 수 없이 먼저 연락을 끊게 된다.

때로는 성인 자녀가 자신에겐 더없이 중요한 이유 때문에 먼저 연락을 끊는데, 이럴 때 부모는 자기가 무슨 '잘못'을 했는지 잘 이해할 수 없기 때문에 당혹하게 된다. 이런 일은 그들에게 엄청나게 고통스러울 수 있고, 특히 손주가 있을 경우에 더 그렇다. 연락 두절의 직접적 원인이 식료품점에서 무엇을 살지를 두고 벌인 말다툼처럼 사소한 것일 때도 있지만, 그런 경우라 해도 그 말다툼으로 더 심층적인 어떤 문제가 격발되었기 때문임이 틀림없다. 연락을 끊기로 하는 결정은 양쪽이 모두 하는 것일 수도 있다. 다음은 자녀와의 연락을 끊기로 결정한 부모들이 들려주는 얘기다.

미리엄: 나는 아들과 연락을 끊어야 했어요. 아이에게 연락을 결코 하지 않을 생각이지만, 그 아이는 내 전화번호를 알아요. 난 이렇게 지내는 게 나아요. 아이가 약물치료에 힘입어 행동을 조절할 수 있게 될 때까지는 말이죠. 나는 아들을 사랑하지만, 그 애가 무서워요. 거리를 두고 지내는 것이 내 상황에서 최선이에요. 그 아이는 양극성 장애가 있는 전 여자친구와 같이 살아요. 독성이 강한 조합이죠.

가브리엘라: 딸아이는 저와 연락을 끊었어요. 제 치료사는 딸아이가 준비가 되었을 때 스스로 연락해 오도록 놔두라고 하더군요. 이런 상황은 제게 엄청나게 충격적이에요. 아이에게 왜 저와 연락하기 싫으냐

고 물으면, 그 애는 이렇게 말해요. "왜 그러는지 알잖아요!" 저는 어떻게 해야 할지 모르겠어요. 언젠가 아이가 마음을 바꾸지 않을까 바라고 있어요.

지나: 우리는 성인이 된 딸과 연락을 하지 않고 있어요. 그렇게 하는 게 처음에는 너무나 힘들어서 나는 몇 시간씩 울곤 했어요. 손주들이 아주 많이 보고 싶어요. 손주들에게 크리스마스카드를 보내죠. 카드를 받아 보기나 하는지 모르겠네요. 지금도 매일 딸아이를 생각하고 그 애를 위해 기도하지만, 나 자신에게 집중하고 내 삶을 살아 나가기 위해선 그런 선택을 할 수밖에 없었어요.

초: 저는 이제 더는 딸아이에게 손길을 내밀지 않으려 해요. 우리는 20년 넘게 극도의 혼란을 겪어 왔죠. 아이에게서 마지막으로 받은 메시지는 이런 거였어요. "엄마는 세상에서 최악으로 지독한 엄마야. 엄마가 또 한 번 심장마비를 일으켜서 죽었으면 좋겠어." 지금까지는 그 애에게 내내 문을 열어 뒀었어요. 하지만 앞으론 내가 연락을 하거나 선물을 보내는 일은 없을 거예요.

스테퍼니: 아들은 스물세 살이고, 내가 먼저 연락을 끊었어요. 아들아이는 약물에 중독돼 있는데, 나는 그 애가 약물을 사용하는 동안은 그의 인생에서 비켜나 있을 거예요. 아이의 상태가 간헐적으로 정상이 될 때라 해도 위험하고 사나운 분위기는 여전해요. 그런 아이를 보며 나는 늘 참담했고, 그 행동을 고쳐 주기 위해 온갖 걸 다 해 봤지만 전혀 효과가 없어요. 아들아이가 재활치료와 심리치료를 받으려 하길 바라

지만, 약물에 중독되어 있는 동안엔 그 애 일에 전혀 관여하지 않을 거예요. 아들은 머물 곳도 없이 떠도는데, 그건 자신의 선택이에요.

패리스: 나는 딸과의 의사소통을 일절 중단키로 했는데. 얘기가 잘 끝나는 적이 전혀 없기 때문이에요. 아이가 아직 내 집에서 살기에 그러기가 어렵긴 하지만, 나는 두 달 후에 이사를 갈 거고 그 애는 그동안에 갈 곳을 찾아야 해요. 내가 딸과 소통하기 위해 말을 붙일 때마다, 아이는 날 무시하거나 아니면 그 기회를 이용해 뭔가에 대해 싸우려 들죠. 일이 이렇게 되어서 참 마음이 아파요. 딸아이를 아주 많이 사랑하기 때문에 나는 슬프지만, 그 애는 신경 쓰지 않는 것 같아요. 난 딸에게 힘이 되어 주고 싶은데, 그 아이에게 나는 자기가 뭔가를 원할 때만 쓸모 있는 존재예요. 그래서 슬프고 화가 나면서도, 이젠 그런 노력을 계속할 필요가 없다고 생각하면 마음이 놓이기도 해요.

| 자녀를 소중히 여기되 그 애에게서 벗어나기 |

경계성 성격장애가 있는 성인 자녀를 다루는 또 다른 기법은 그 애를 소중히 여기되 그 애에게서 벗어나라는 것이다. 알코올 중독자로 인해 삶에 영향을 받는 가족과 친지들의 지지모임인 알아넌(Al-Anon)에서 제시하고 장려하는 개념 '사랑하는 마음으로 자신을 분리하기(detaching with love)'와 비슷하다. 자녀를 소중히 여기면서도 그 애에게서 벗어나는 것은, 당신이 자녀의 문제에 개입하고 걱정하고 불안해해 봐야 어느 것 하나 변하지 않으며 마음만 상할 뿐이라는 걸 깨달아서다. 자녀의 장애는, 그리고 그

장애에서 회복하는 일은 당신이 짊어질 책임이 아니라는 걸 당신은 아는 것이다. 당신은 자녀의 통제할 수 없는 행동과 상황에 더는 집착하지 않을 테며, 그래서 당신은 더 행복하고 더 감당할 만한 삶을 살 수 있게 된다. 한마디로, 아이는 아이 자신의 삶을 알아서 살게 하고 당신은 당신 자신의 삶을 사는 것이다.

자녀를 소중히 여기되 그 애에게서 벗어날 때, 당신은 다음과 같이 하겠다고 스스로에게 약속한다.

- 아이가 살아가기로 하는 방식 때문에 더는 괴로워하지 않는다.
- 아이가 당신을 이용하거나 마구 대하는 걸 더는 용납하지 않는다.
- 아이 스스로 할 수 있는 일은 그게 뭐든 더는 대신 해 주지 않는다.
- 더는 위기를 만들지 않는다.
- 일이 자연스럽게 전개되는 과정에서 위기가 생긴다면, 더는 그 위기를 막지 않는다.

자녀를 소중히 여기되 그 애에게서 벗어난다고 해서 자녀를 이젠 사랑하지 않는다는 것은 아니다. '소중히 여기다' 부분을 잊지 말라. 아이가 자신의 힘으론 제대로 해 나갈 수 없는 일에는 여전히 도움을 줄 수 있다(그러지 않을 수도 있지만). 그리고 계속 연락하며 지낼 수도 있다. 벗어나기는 다른 무엇보다 정신 상태의 문제다. 이를테면, 뭔가 마음 아픈 소식을 듣지만 그것에 사로잡히지 않고 그날의 삶을 이어 갈 수 있는 것과 같다. 마음을 쓰긴 하지만 그 소식에 휘둘리지는 않는다. 당신은 *자녀의* 상태가 아닌 *당신의* 상태에 살면서, 아이가 자신의 실수에서 뭔가를 배울 거라고 믿는다. 아이가 그렇게 못 한다 해도, 그건 당신 잘못이 아니다. 당신은 최선을 다했다. 아이에게 조언을 해 줄 순 있지만, 아이가 그 조언을 받아들이지 않는다 해도 그걸 당신에 대한 공격으로 여기거나 너무 속상해하지 않는다. 당신은 아이의 인생은 그 자신의 것이고, 아이는 자기가 원하는 대로 인생을 살 권리가 있으며 당신 또한 그렇다는 사실을 '철저하게 수용'했다.

자녀가 새벽 두 시에 당신을 질책하려고 전화를 할 때 받지 않아도 된다. 자녀의 위기가 꼭 당신의 위기는 아니다. 당신은 삶에서 자신만을 위한 공간을 가지고 있으며, 당신의 마음에도 그러한 공간을 갖고 있다. 당신의 정서적 삶은 더이상 아이 삶의 기복을 축으로 하여 돌아가지 않는다. 당신은 롤러코스터에서 내렸다. 당신이 아이를 고칠 수는 없다는 걸 마침내 깨달았다. 더는 '메기 희망'을 갖지 않는다(5장 참조). 아이에게 집착하면서 보내는 그 모든 시간을 이제 친구, 취미, 여행, 뭐든 당신이 원하는 것으로 채울 수 있다. 그래, 여전히 당신은 종종 슬플 것이다. 여전히 마음이 아프곤 할 것이다. 하지만 다른 사람의 삶에 종속되어 평생을 살다가 진짜 삶을 산다는 게 어떤 건지를 잠깐이라도 맛보고 나면, 아마도 내가 인터뷰했던 부모들이 그렇듯, 다시는 예전으로 돌아가고 싶지 않을 것이다.

소중히 여기되 벗어나려는 부모들

메리: 6개월쯤 전에 나는, 만일 내가 자신을 밖에서 들여다본다면 한 인간으로서 내가 마음에 들지 않으리라는 걸 깨달았어요. 늘 화를 내고 지친 내 모습이 말이죠. 내가 바꿀 수 없는 아들의 행동을 놓고 남동생과 말다툼을 하는 것도 그렇고요. 내가 통제할 수 있는 건 나 자신뿐이에요. 잠을 좀 자기 위해선, 아이와 했던 말다툼을 내가 머릿속에서

거듭거듭 되새긴다는 걸 깨닫고 멈추는 법을 배워야 했어요. 차 한 잔을 즐길 수 있기 위해서도 그렇고요. 이제는 친구나 가족과의 대화 주제도 뭔가 재미있는 것, 아니면 적어도 내 걱정거리와는 무관한 것들이에요. 남동생이 아들에 대해 물으면 화제를 바꿔요. 우리 모자가 처한 상황에서 내가 통제할 수 있는 건 나 자신의 반응과 내가 자신에게 해 주는 조언뿐이에요 내가 이 둘 중 어느 것에라도 성공했을 때는 스스로에 대해 기분이 좋아지죠.

루이즈: 우리가 처음으로 전문가에게 조언을 구했을 때, 우리더러 한 걸음 물러나서 스스로를 돌보라고 권하는 말을 듣고 충격을 받았어요. 내 경우엔 딸아이를 어떻게 도울 수 있는지에 끊임없이 집중했다는 것과, 그러다 보니 아이가 이런저런 종류의 도움을 받아 보게 만들긴 했다는 것을 깨달았어요. 하지만 나는 계속 아이더러 도움을 받으라고 권하고 아이는 딱 잘라서 거절하는 지점에 이르렀을 때, 내가 할 수 있는 일이 아무것도 없다는 사실을 마침내 깨달았죠. 아이를 도울 방법을 어떻게 찾을 수 있을까 하는 생각이 불쑥불쑥 떠오르곤 하지만, 아이가 도움을 받으려 들지 않는 한 그런 식으로 내 기운을 써 봐야 아무 소용이 없다는 걸 이제는 알아요. 나는 "내가 할 수 있는 건 다 했어"라는 주문을 계속 외워요.

아이에게서 벗어나는 것은 잔인한 일이 아니며 그렇다고 친절한 일도 아니다. 단지 다른 사람의 장애가 당신 삶에 미치는 부정적인 영향에서 자유로워지는 한 가지 수단일 뿐이다. 벗어남으로써 당신은 자신의 상황을 좀 더 현실적이고 객관적으로 볼 수 있게 되며, 그렇게 해서 현명한 결정이

가능해진다.

세 개의 C와 세 개의 G를 기억하라

내가 원인이 아니다(I didn't cause it). 나는 통제할 수 없다(I can't control it). 나는 낫게 해 줄 수 없다(I can't cure it). 나는 아이를 들볶지 말아야 하며(I need to get off my child's back), 아이에게서 비켜서야 하며(get out of their way), 내 삶을 살아가야 한다(get on with my life).

| 이 장에서 꼭 챙겨야 할 교훈 |

경계성 성격장애가 있는 성인 자녀를 돌보는 일에는, 자녀가 계속 당신 집에서 살거나 당신이 손주를 키워야 할 때 생기는 문제들 등 헤쳐 나가야 할 특별한 어려움이 많다. 다음은 이 장에서 다룬 내용 중 당신이 성인 자녀와의 관계를 이끌어 가는 가장 좋은 방법을 찾으려 할 때 특히 유념해야 할 몇 가지 핵심 사항이다.

● 경계성 성격장애가 있는 자녀가 성인이 되고 나면, 당신은 그들의 행동에 대해 더는 법적으로 책임이 없다. 이제 그 애는 자신의 행동에 책임을 져야 한다.

● 자녀에게 독립심과 책임감을 심어 주기에 너무 늦은 때란 없다. 다만,

356

인정해 주고 안심시키고 격려를 해 주는 한편 경계도 설정하면서 점차적으로 그렇게 하라. "네가 끈기 있게 노력하면 보상을 받으리라고 나는 믿어"라고 아이에게 말하라. 당신이 뭔가 어려운 일을 해내고 결국 성공했던 때의 이야기를 들려주라. 한 걸음 전진했다가 두 걸음 물러나는 것은 예사로운 일임을 아이에게 알려 주라.

●기대치를 낮추고, 당신의 자녀는 당신이 원한다고 생각했던 그런 사람이 아니라는 사실을 받아들이라. 지금의 아이를 있는 그대로 받아들이고, 아이와 함께 그 애가 성취할 수 있는 새로운 목표들을 정하라. 아이 앞에 놓일 수 있는 장애물들을 설명하고 문제를 해결해 나가도록 도우라. 참기 어렵다 해도 아이의 문제에 개입하지 말고 스스로 노력하게 두라. 아이를 지지하고 격려하며 그 애에게 무조건적인 사랑을 줄 수 있지만, 문제를 대신 해결해 주지는 말라. 아이가 누구에게도 의존하지 않고 혼자 힘으로 뭔가를 해내는 데서 오는 자부심과 성취감을 느끼게 하라. 독립성을 보여 주는 행동을 하면 보상하라. 예컨대 자녀가 6개월 동안 한 직장에 다녔다면 함께 외식을 하면서 그 획기적인 일을 축하하고 기념하라.

●당신의 자녀를 다른 집 아이들과 비교하거나, 당신의 삶을 다른 부모들의 삶과 비교하지 말라. 다른 가정들 내부에서 무슨 일이 일어나고 있는지 당신은 알지 못한다. 당신이 겪고 있는 어려움을 낱낱이 아는 사람이 대체 얼마나 되겠는가?

자해하거나 자살 충동을 느끼는 아이 양육하기

경계성 성격장애가 있는 어떤 사람들은 탈출하고 싶은 욕구가 워낙 강렬하고 고통을 견디기가 너무나 힘들어서 뭔가를 생각하거나 계획하지 못한다. (…) 이런저런 시도를 하더라도 꼭 계획해서 하는 건 아니다. 그리고 많은 경우 이내 후회한다. 자살과 관련된 나의 행동은 덜 전형적이다. 우선 자살 시도를 자주 하지 않으며, 대개는 점점 심해지면서 오래도록 계속되는 괴로움을 더는 견뎌 낼 수 없는 경우에만 그렇게 한다. 자살은 적[고통]이 너무 가까이 들이닥쳤을 경우에 대비해 주머니 속에 넣고 다니는 작은 청산가리 캡슐과 같다. 늘 지니고 다니지만, 도저히 극복할 수 없어 보이는 역경에 처했을 때에만 사용한다.

—키라 밴 젤더, 『키라의 경계성 인격장애 다이어리』

아이가 태어난 날, 당신은 아이를 안전하게 지키겠노라고 맹세했다. 의사 만나는 걸 거르지 않게 하고, 자전거 탈 때 헬멧을 꼭 쓰게 하고, 식후엔 치실을 쓰도록 했다. 아이에게 낯선 사람은 멀리하라고 이르기도 했다. 그래서, 아이의 행복에 대한 가장 큰 위협 중 하나가 아이 자신일 수도 있다는 걸 알게 될 때 당신은 충격을 받는다.

아이가 자해를 하거나 자살 충동을 느낀다면 당신은 아마도 겁이 나고, 마음이 괴롭고, 걱정이 될 것이다. 이 위협들은 워낙 심각해서, 당신의 양육 방식까지 달라진다. 예를 들어, 당신은 아이의 안전을 지키기 위해 그 애가 원하는 것은 뭐든 주고 싶은 마음이 더 커지는데, 그렇게 하는 게 아이에게 도움이 되지 않을 때도 마찬가지다. 당신은 아이의 자해나 자살 시도를 촉발할 어떤 일도 하지 않기 위해 살얼음판을 걷듯 조심조심할지도 모른다.

자해와 자살이 무섭긴 해도, 당신 혼자 그 모든 걸 감당해야 하는 건 아니다. 사실 그렇게 해서는 안 된다. 아이가 치료사를 만나거나 병원에 가는 걸 거부하면, 당신 혼자서 치료사와 의사에게 조언을 구하면 된다. 당신 자신이 치료사나 의사는 아닐지라도, 아이와 당신 스스로를 위해 상황을 개선하려는 조치를 취할 수는 있는 것이다.

줄리: 나는 경계성 성격장애와 변증법적 행동치료에 대해 가능한 한 많이 읽고 배우면서 아이의 자살에 대한 공포를 이겨 내요. 딸아이와 TV 프로들을 보고, 퍼즐을 하고, 아이가 특히 좋아하는 쇼핑을 하는 데 더 많은 시간을 보내요. 매일 아침 여섯 시에 아이가 일어나는 소리를 들을 때마다 나는 감사하는데, 그건 아이가 하루 더 내 곁에 있게 됐다는 뜻이기 때문이죠.

수지: 나는 가능한 한 내가 처한 문제에 대해 많이 배우면서 자살에 대한 공포를 감당해요. 아이의 사회복지사에게, 우리 가정에 필요한 안전계획을 만드는 방법과 그걸 성공적으로 실행하는 요령을 가르쳐 달라고 부탁했어요. 그리고 내게 필요한 도움들을 받는 방법과 딸아이의 조력자 역할을 하는 법도 배웠어요.

이 장에서 우리는 자해와 자살, 그리고 이것들이 당신과 자녀에게 미치는 영향을 줄이기 위해 당신이 할 수 있는 일들에 대해 얘기할 것이다.

| 자해 |

자해(self-harm)는 무슨 이유에서건 감정이 고조되어 자신의 피부를 깊이 할퀴거나 베거나 태우는 등 신체에 어떤 식으로든 고의적 손상을 가하는 것을 말한다. 벽에 머리를 찧어 대거나, 자신을 주먹으로 치거나 손이나 물건으로 때리기도 한다. 다른 형태의 자해로는 과도한 문신(tattooing), 독성 물질 마시기, 섭식장애, 약물남용, 지나친 운동 등이 있다.

자해와 자살에 대해 알아야 할 가장 중요한 사실은, 경계성 성격장애가 있는 아이들은 대체로 죽고 싶어서가 아니라 *기분이 나아지기 위해* 자신을 해친다는 것이다. 자해를 할 때는 기분을 좋게 만드는 화학물질인 엔도르핀이 분비될 수 있다. 하지만 자해는 응급실에 가야 할 만큼 위험해질 수도 있다. 그리고 사람들이 흔히 생각하는 것과 달리 자해가 '관심을 받으려는 시도'인 경우는 전체 사례의 약 10퍼센트에 불과해서, 대부분의 경우 그건 주된 이유가 아니다(Aguirre 2014). 사실 많은 아이들이 남몰래 자해를 하며, 그 부위는 복부나 허벅지 안쪽, 발가락 사이처럼 잘 노출되지 않는 곳일 때가 많다. 기분을 좋게 하는 화학물질 때문에 자해는 끊기 어려운 중독성 있는 습관이 되기도 한다.

자해에 대한 반응

자해와 관련해서 부모들이 직면하는 큰 어려움 중 하나는 아이의 그런 행동을 강화하지 않는 방식으로 대응하는 것이다. 너무 부정적으로 반응하면 아이의 수치심이 더 깊어져서 이후에 다시 자해를 할 위험이 더 커질 수 있다(Aguirre 2014).

경계성 성격장애가 있는 사람들은 자신이 다음과 같은 상태가 되거나 행동을 하는 데 자해가 도움을 준다고 말한다.

- 살아 있다고 느끼고, 멍하고 공허한 느낌이 덜해진다.
- 신체적 고통을 통해 정서적 고통을 잠시 잊는다.
- 무감각해진다(고통을 느끼지 않게 된다).
- 다른 사람들에 대한 분노를 표출한다.
- 자신을 벌하거나 자기혐오를 표현한다.
- 스트레스나 불안을 완화한다.
- 자신이 '실재한다'고 느낀다.
- 자신의 정서적 고통을 다른 사람들에게 알린다.

당신의 자녀가 자해를 한다면 즉시 정신건강 전문가에게 보여야 한다. 그 이유는 네 가지다.

1. 아이는 자살 위험도가 높은데, 죽고 싶다는 생각을 의식적으로 하지 않아도 그렇다.
2. 아이는 의도치 않게 자신에게 아주 심한 상처를 입힐 수 있다.
3. 아이는 고통스러운 감정들에 대처하는 더 나은 방법들을 배워야 한다.
4. 자해로 흉터가 생길 수 있는데, 아이가 나이를 더 먹으면 그걸 후회할 수도 있다.

우리가 인터뷰한 부모들은 자녀의 자해 행동에 수많은 방식으로 대처해 왔다. 다음은 그 사례 몇 가지다.

당연한 대가를 치르게 하고 그 행동을 강화하지 않는 것. 셸리: 우리는 언제나 '자기 행동에 자연스럽게 따르는 결과, 즉 대가를 부담케 한다'는 생각 아래 아이를 양육했기에, 자해에 대해서도 비슷한 방식으로 대처했습니다. 커팅(cutting, 자기 몸을 긋는 것–옮긴이)의 자연스러운 결과는 사생활 박탈이었습니다. 위험한 시기가 다 지나갈 때까지 나는 아들 방의 바닥에서 자고 아이가 집 안 어디를 가든 따라다니면서 그야말로 24시간 감시했습니다. 만일 아이가 감시받는 걸 거부하거나 더 심각한 시도를 한다면 그 결과는 병원 입원이었지요. 이렇게 하기 위해 직장에서 병가를 여러 번 내는 등 공을 아주 많이 들여야 했지만, 그 덕에 아이를 안전하게 지켰습니다. 아이 입장에선 내가 자기 옆에 늘 붙어 있는 것 자체가 추가적으로 치르는 대가였겠으나, 그것도 버림받을지 모른다는 아이의 두려움을 없애는 데 도움이 되었어요! 또한 우리는 아이의 사건 하나하나를 아주 사무적으로 처리했어요. 극적인 장면도, 감정의 발산도 없었습니다. 그저 상처를 돌보고 다시 감시를 시작하는 거죠. 이런 식으로 우리는, 커팅 자체에 관심을 너무 기울여 그 행동을 강화하는 실수를 하지 않았습니다.

시각자료 활용하기. 카마인: 우리는 '부정적 사고 과정'에 관한 시각 보조자료를 프린트로 뽑았어요. 딸아이가 몹시 분노했을 때는 대화와 이성적 판단이 불가능하지만, 그림을 보는 것은 도움이 되는 듯해요. 이런 유의 시각자료를 제공하는 사이트가 몇 군데 있는데, 나는 아이큐두들닷컴 (https://iqdoodle.com)에서 구했습니다.

자해를 놓고 아이와 힘겨루기를 하지 않기. 재니스: 내 딸아이는 멈추고 싶어 했지만 그러기가 힘들었어요. 아이는 오랫동안 자해를 잘 감추었죠. 사실을 알고 나서 나는 아이에게 상처가 병원체에 감염되면 어떻게 되는지 설명하고 붕대와 항생제 크림, 과산화수소를 줬어요. 상처를 소독하고 관리하는 방법도 가르쳐 줬고요. 나는 그 문제가 나와 딸아이의 힘겨루기로 이어지지 않도록 그 애 앞에서는 차분하게 행동하고, 왜 그러느냐고 따지고 들지도 않았어요. 하지만 그 이면에서는, 아이가 집에 없을 때마다 아이가 몸을 긋는 데 쓸 수 있는 것들을 찾느라 아이 방과 화장실을 뒤졌어요. 아이가 숨겨 놓은 것들을 다 거둬 오곤 아무 말도 안 하곤 했죠. 아이는 치료사에게 다니면서 더 나은 대처 기술들을 알게 됐고, 결국 자해를 멈췄어요.

휴대폰 앱 설치. 니아: 십대인 딸아이는 며칠이나 자해를 하지 않았는지 알려 주는 앱을 휴대폰에 설치했어요. 아이가 자신의 성공을 확인하는 데 도움이 되는 것 같아요.

인정해 주는 메시지와 솔직한 대화. 재즈민: 우리 아이는 병원의 안정병동에 있으면서도 옷에서 길게 찢어 낸 천으로 몸 어딘가를 꽉 묶거나, 머리를 벽 같은 데 찧거나, 심지어 카펫이나 종이에 살을 비벼 화상을 입히는 식으로 여전히 자해를 해요. 나는 그 애를 인정해 주는 말을 자주 하는 편입니다. 이런 식이죠.

- 나는 나 자신을 잘 돌보고 있으니까 네 고통 때문에 내가 상처받을까 봐 걱정할 필요는 없어.
- 네가 지금 그렇게 큰 고통을 겪고 있는 게 마음 아파. 나는 네 곁에서 네게 힘이 되도록 최선을 다할 거야.
- 네가 괴로움을 줄이기 위해 도움을 받을 수 있다고 나는 확신해.

이 모든 말이 우리에게 도움이 되었어요. 아이에게 말려서 극적인 장면을 연출하지 않고, 그저 내가 경청하고 있음을 알리고 아이의 감정을 인정하는 것이 중요해요.

사랑이 담긴 메시지로 응급 키트 만들기. 앤턴: 나는 아들아이가 자해를 하고 싶어질 때에 대비해 응급 키트를 만들어 주었습니다. 진짜 응급 상황에서만 그 키트를 열라고 당부했어요. 거기엔 내가 사랑의 메시지와 긍정적이고 고무적인 말들을 담아 쓴 편지 한 통과, 아이가 자해 대신 할 수 있는 일들, 예컨대 고무 밴드를 손목에 끼우고 튕기거나 찬물이 담긴 양동이에 손을 담그는 것 따위의 목록을 넣었어요. 그리고 선물로 간식거리와 비디오 게임을 다운 받을 수 있는 5달러짜리 상품권도 넣어 두었죠. 아이는 이 키트를 한 번 사용했는데, 내가 아는 한 그 이후론 자해를 안 했어요. 아이의 치료사도 그 애로 하여금 마음을 진정시키는 행동들의 목록을 쓰게 했지요. 아이는 자신을 위해 스포티파이(Spotify, 음악 스트리밍 서비스-옮긴이)에 나온 행복한 노래들의 목록을 만들었고, 나는 응급 상자에 넣은 메모에 "너의 행복한 노래들을 들으렴"이라고 적었어요.

경계와 대처 전략들, 그리고 당연한 대가를 활용하기. 론다: 우리는 딸 아이의 약과 날카로운 물건들을 모두 안전한 곳에 넣어 두고, 문제 행동을 하면 당연한 대가를 치르도록 했어요. 아이가 자해를 하면 프라이버시라는 특전을 잃게 됩니다. 우리는 매번 아이를 응급실에 데려가서 평가를 받게 해요. 아이는 그걸 몹시 싫어하죠. 언젠가 그 애 상태가 안 좋았던 두 달 동안은 주말마다 응급실에 갔어요. 일주일에 두 번을 간 적도 한 차례 있고요. 또 우리는 대처 전략들을 생각해 냈어요. 피부에 빨강 매직펜으로 자해 상처 모양을 그리기, 라벤더 향을 맡으며 진정하기, 비즈 팔찌 알을 세면서 만지작거리기, 일기 쓰기, 그 외 수많은 방법들을요. 이제 아이는 몇 달씩 자해하지 않고 지내요. 그러다 가끔 다시 안 좋아지죠. 그럴 때 나는 감정을 드러내지 않고 아이에게 그동안 애썼다고 인정해 주고는, 자해 없이 보낸 그 몇 달에 대해 칭찬을 해 줘요. 아이가 상처 소독 등 뒤처리를 한 뒤, 우리는 그 애가 무엇 때문에 자해를 하게 되었는지에 대해 얘기를 나눕니다. 그러곤 그 사건을 뒤로 하고 나아가요.

여기에서 볼 수 있듯, 부모들은 자녀의 자해 행동에 대처하는 온갖 종류의 흥미로운 방법들을 찾아냈다. 우리가 해 주고 싶은 또 하나의 조언은, 아이가 자신이 안전치 못하다고 느껴서 당신에게 올 때 보상을 해 주라는 것이다. 자기가 자해를 할까 봐 걱정된다고 아이가 당신에게 말하면, 그 말을 진지하게 받아들이라. 둘이 모두 즐기는 뭔가를 하거나, 아니면 아이가 치료사에게서 배운 치료 기술들을 사용해 보기도 하면서 함께 시간을 보내라. 필요하다면 당신의 그날 계획들을 취소하고, 두려움이 들 때 찾아와 의논할 정도로 당신을 신뢰해 준 데 대해 아이에게 꼭 감사하다고 말하라.

대니얼 로벨의 임상전문가 코너

정신건강 전문가는 자해에 관한 생각들을 늘 평가해야 하며, 부모는 자신의 특정 자녀에게 어떻게 반응해야 하는지에 대해 믿을 만한 전문가의 안내를 받아야 한다.

아이가 자해에 대해 생각하는 걸 당신이 막을 수는 없기 때문에, 그 애가 생각을 다른 데로 돌리기 위해 할 수 있는 대체 활동들을 제안해 보는 게 도움이 될 수 있다. 아이가 그중 무엇을 좋아하는지에 따라 당신도 아이와 함께할 수 있을 것이다. 물론, 자녀에게 자살 충동이 있다고 생각한다면 가능한 한 빨리 정신건강 전문가의 도움을 받아야만 한다. 해 볼 만한 대체 활동을 몇 가지 제시하겠다.

● 자해 행동을 중단하는 것의 장단점 목록 작성하기. 다시 말해, 자해

행동을 중단했을 때 아이가 어떤 이득을 볼 수 있을지 생각해 보는 것이다.

●즐거운 활동을 하면서 주의를 전환시키기. 뭔가 재미있는 일에 열중할 때 아이는 자해를 하지 않을 것이다. 이처럼 머리를 식히고 나면, 아이는 자신을 고통스럽게 하는 것을 새로운 시각으로 다시 볼 수 있다.

●자원봉사 하기. 아이는 동물애호협회에서 자원봉사를 하거나, 동생에게 어떤 기술을 가르치거나, 특정 대의를 표방하는 활동에 참여할 수 있는데, 이중 어느 것이든 하면 자신의 걱정과 감정에서 벗어날 여지가 생길 테다.

●정신적 휴가 갖기. 아이는 자신의 문제를 30분이나 한 시간 동안 보류할 수 있다. 충동적인 행동을 피하는 데 도움이 된다면 어떤 것도 좋으니까.

●엄청난 치유의 힘을 지닌 자연에서 시간 보내기. 모든 계절이, 심지어 겨울도, 큰 기쁨을 줄 수 있다.

●오감, 즉 미각, 청각, 시각, 후각, 촉각을 자극하기. 아이는 맛있는 빵이나 과자 따위를 굽거나, 집에서 기르는 반려동물의 보드라운 털을 쓰다듬거나, 좋아하는 음악을 들을 수 있다.

●기도를 하든 교회나 절 같은 데 가든, 영적인 일을 하기.

●새로운 기술 배우기. 당신이 지닌 기술을 아이에게 가르칠 수도 있다.

●자신이 사는 지역에서 관광객 되어 보기. 당신네 지역을 찾은 관광객들이 하는 것들을 아이가 해 볼 수 있다.

●운동하기. 아이는 더 건강해지기 위해 (합당한 범위 내에서) 목표를 설정하고, 자신의 진전 상황을 계속 파악할 수 있다. (운동과 근육이완을 같이 해도 된다. 어떻게 하는지는 온라인에서 찾을 수 있다.)

●자신의 느낌을 이야기나 노래나 시로 쓰기. 글쓰기는 치유다. 일기

쓰기는 심적 고통을 줄인다는 것이 입증되었다.

●'변증법적 행동치료 고통 감내 기술(DBT distress tolerance skills)'을 온라인에서 찾아보기. 수많은 제언이 올라와 있다. (물론 DBT 프로그램에 직접 참여하는 것이 더 좋다.)

당신의 자녀는 약간 우울해질 때뿐 아니라 보통 때에도 언제든 이런 활동들을 할 수 있으며, 아이가 원한다면 당신 역시 언제든 함께해도 된다. 하지만 자해를 하면 당신이 특별한 관심을 보인다고 아이가 생각하게 될 경우, 그 행동은 더 강화될 것이다.

| 자살 |

자살은 미국에서 사회 문제의 하나이며, 질병통제예방센터(CDC)에 따르면 10세에서 34세까지의 모든 사람에서 둘째가는 사망 원인이다 (Centers for Disease Control and Prevention 2021). 연구 결과들을 보면, *정신 건강 시스템 안에 들어와 있는* 경계성 성격장애 환자들(이중엔 자살 시도나 자해 때문에 이 시스템에 이름이 오른 이들도 꽤 될 것이다)의 경우 자살률은 8~10퍼센트로, 일반 인구 자살률의 약 50배나 된다(Aguirre 2014). 정신과 의사 조엘 패리스도 경계성 성격장애가 있는 사람들은 최대 10퍼센트까지 자살로 사망한다고 했다(Paris 2019). 하지만 이들 연구는 진단과 치료를 받는 경계성 성격장애 환자들만을 대상으로 시행한 것이다. 우리의 경험으로 볼 때, 자신에게 도움이 필요하다고 생각지 않는 경계성 성격장애 환자들 사이에서는 자살이 그 정도로 흔하지는 않다.

1장과 2장에서 우리는 경계성 성격장애가 있는 사람들이 겪는 엄청난 고통을 얘기했는데, 이것은 그들의 자살 생각을 설명하는 데 도움이 된다. 하지만 사람들이 자살을 고려하는 데에는 여러 이유가 있다:

- 고통을 끝내고 싶어서
- 미래에 대한 절망감 때문에
- 수치심과 자신이 무가치하다는 느낌에 대해 스스로를 벌하기 위해
- 자기가 없어지면 가족이 더 잘 살 거라고 믿어서
- 다른 사람들이 자신의 고통을 제대로 이해하지 못한다고 생각해서 그 고통의 강도를 알리기 위해
- 실제의, 혹은 그렇게 인지된 상실이나 거부, 버림받음에 대처하기 위해

　　앞에서 언급했듯이 아이에게 경계성 성격장애가 있을 경우 자살을 고려하거나 시도할 가능성이 커지는데, 이 장애에 동반하여 발생하는 정신의학적 문제들과(3장 참조) 괴로운 생애사건들(life events) 역시 마찬가지다('생애사건'이란 결혼, 이혼, 질병, 부상, 이직, 실직 따위를 포함하여 개인의 일상적 삶에 상당한 지장이나 변화, 재적응을 초래하는 사건과 경험을 말한다. '생활사건'이라고도 한다.-옮긴이). 이를테면 다음과 같은 것들이다.

- 주요우울장애—자녀가 자살을 심각하게 생각하고 있다면, 그 아이에게 우울증이 있는데 치료를 전혀 받지 않거나 충분치 못하게 받아서일 수 있다. 반드시 주요우울장애(임상적 우울증) 치료를 받도록 하라.
- 물질남용—알코올이나 다른 약물을 남용하면 이성적으로 생각하고 행동하는 능력이 저하되는 수가 많다. 여기에다 경계성 성격장애까지 있는

사람이 무언가로 촉발될 경우, 이성적으로 생각하고 행동하려면 대단한 노력이 필요하다.

●특별히 취약한 충동조절—경계성 성격장애가 있는 사람은 충동조절이 잘 안 된다. 아이가 남자친구나 여자친구와 헤어지는 것 같은 심각한 상실을 겪을 때 아이를 예의 주시하라.

●사랑하는 이의 죽음—부모나 다른 사랑하는 이의 죽음은 누구에게나 트라우마를 남기게 마련이지만, 경계성 성격장애가 있는 사람은 그 트라우마가 극도로 심각하다. 사랑하는 이의 죽음은 그 사람에게서 최종적으로 버림받는 일이어서 우울증으로, 때로는 자살에 관한 생각과 느낌으로도 이어질 수 있다. 그 깊은 슬픔(당신이 생각하는 것보다 아마 더 강렬할 것이다)에 대해 아이와 얘기를 나누고, 그 감정을 인정해 주라.

●학교나 일터에서의 실패—당신의 자녀가 성공이 모든 것이라고 믿는다면, 중고교나 대학, 일터에서의 실패는 그 애에게 정말로 큰 문제다. 아이에게 당신이 중고교나 대학에서, 혹은 일터에서 겪은 어려움들에 대해 얘기해 주라.

●법 집행기관과의 문제—경계성 성격장애가 있는 청소년 중에는 일상적으로 경찰 등과 문제를 일으키는 아이들이 있는데, 상점에서의 좀도둑질 때문일 수도 있고 기물 파손이나 약물 소지, 혹은 다른 무엇 때문일 수도 있다. 그들은 평생을 감옥에서 썩게 될까 봐 걱정할지 모른다. 혹은 자기가 가족에게 씻을 수 없는 수치를 안겨 주었다고 생각할 수도 있다. 다음 장에서 우리는 자녀의 범죄 행위와, 그에 대해 당신이 뭘 할 수 있는지를 이야기할 것이다.

●과거의 자살 시도나 자살 가족력

●뉴스에 대서특필된 자살이나 또래 혹은 동료의 자살

- 연애 관계 등에서의 문제
- 의학적 문제
- 누군가의 괴롭힘
- 불안
- 사고의 경직성
- 집에 있는 총

자살 행동

자살로 이어질 수 있는 사고 및 행동 양태로는 다음의 세 가지가 있다. 한데 여기서 유념할 것은 어떤 사람은 '자살에 대해 생각하는' 단계에서 결코 더 나아가지 않는 반면, 어떤 사람은 자살에 대한 생각에서 그것을 계획하고 실행하는 단계로 곧바로 움직인다는 사실이다. 아이의 머릿속에서 어떤 일이 일어나고 있는지를 알기란 불가능하며, 그래서 아이가 자살에 대해 생각하고 있다면 그것만으로도 그 애에겐 도움이 필요하다고 봐야 한다.

1. **자살에 대한 생각**: 예를 들어 당신의 아이는 '내가 죽으면 이런 고통을 겪지 않아도 될 텐데'라고 생각할지 모른다. 어떤 사람들은 정 안 되면 죽는 걸 선택할 수 있다고 생각하면서 기분이 나아지기도 한다. (아이의 심적 상태를 잘 지켜볼 수 있도록 그 애와 좋은 관계를 갖도록 노력하거나, 아이와 사이가 좋은 사람과 계속 연락하라.)

2. **자살 계획**: 당신의 아이는 자신의 삶을 끝내는 방법에 대해 많이 생각하고, 자기가 죽은 다음 열어 볼 편지를 중요한 사람들에게 쓰고, 소중히 간직했던 물건들을 주위에 나눠 준다. 이 단계를 거치지 않는 사람들도

있다. 그들은 커다란 산처럼 쌓인 견디기 힘든 일들에 또 하나의 견디기 힘든 일이 더해질 때 충동적으로 자살을 시도한다. (아이가 심하게 충동적이라면, 이처럼 '마지막 결정타' 같은 촉발 요인들이 혹 없는지 세심히 지켜보라. 당신에겐 사소하거나 얼마든지 바로잡을 수 있는 일로 보이는 것이 아이에게는 세상의 끝처럼 느껴질 수 있다는 걸 명심하라. 이 경우에도, 아이와 자살 문제에 대해 얘기를 나누라. 아이의 형제자매, 친구들의 부모, 교사들, 그 외에도 누구든 당신의 아이를 알고 있으며 기꺼이 당신과 이야기하려는 사람들과 얘기를 해 보는 게 좋다. 여기서 당신은 무엇이 윤리적 경계를 넘는 일인지를 잘 판단해야 할 것이다. 아이의 프라이버시도 중요하지만 아이의 생명 또한 중요하기 때문이다.)

3. **실제의 자살 시도**: 자녀가 베이비 아스피린 다섯 알을 먹었을 뿐이라는 사실은 중요하지 않다. 아이에게 *죽겠다는 의도*가 있다면 그 행동을 진짜 자살 시도로 봐야 하기 때문이다. 당신의 아이가 어떤 형태로든 자기 목숨을 끊으려 하면, 도움을 구해야 한다. 그 애를 응급실에 데려가거나 119에 전화하라.

아이는 자살하고 싶은 생각이 든다는 얘기, 혹은 자살 계획을 세워 놓았다는 얘기를 당신에게 하지 않을 수도 있다. 그렇기 때문에 아이가 다음과 같은 조짐을 보이지는 않는지 주의 깊게 살펴야 한다.

- '죽고 싶다', '절망감이 든다'(혹은 '삶에 도대체 무슨 목적이 있나 싶다'), '내가 다른 사람들에게 짐이 되는 것 같다' 등의 말을 한다.
- 미래를 계획하지 않는다.
- 약물남용이 더 늘어난다.

- 무모하거나 불안하게 행동한다.
- 잠을 거의 안 자거나 너무 많이 잔다.
- 사람들에게 마음을 닫고 자기 안에 틀어박힌다.
- 자신의 청결과 위생에 신경 쓰지 않는다.
- 기분 변화나 불안이 더더욱 심해진다.
- 유언장을 쓰거나 자기 물건들을 나눠 준다.

이런 조짐들을 하나라도 보게 되면 어떡해야 할까? 아이에게 자살을 계획하고 있는지 직접 물어보는 것도 괜찮다. 그렇게 하면 당신이 그 애에게 마음을 쓰고 있다는 걸 보여 줄 수 있으며, 또한 그런 질문은 자살 충동을 느끼는 사람에게 마음을 열고 얘기할 기회를 주므로 자살을 완수할 위험이 줄어든다.

일단 물어보고 나면, 즉각적인 해결책을 제시하지 말고 아이의 말을 귀 기울여 들으라. 해결책부터 제시하면, 그 애는 자신을 인정해 주지 않는 것으로 여길 수 있다. 아이의 감정이나 경험을 무시해도 안 되는데, 이 또한 아이를 인정하지 않는 것이기 때문이다. 당신도 같은 일을 겪었을 수 있지만, 당신에겐 경계성 성격장애가 없다. 아이의 느낌은 훨씬 더 강렬하며, 그 애는 흑백논리로 생각한다는 걸 기억하라. 뭔가 나쁜 일이 일어나면, 아이는 그 일을 비극으로 여기면서, 상황이 다시 좋아지는 일은 *절대* 없을 거라고 느낀다. 사실은 그렇지 않다고 아이에게 논리적으로 얘기하려 들면 당신이 아이의 생각과 감정을 인정하지 않는 게 되고, 그래서 그 애의 기분을 더 나쁘게 만들 것이다. 당신이 해야 할 일은 아이의 감정이나 상황이(또는 둘 다가) 변할 때까지 아이가 버텨 내게 만드는 것뿐이다. 그리고 감정과 상황은 바뀌게 마련이다.

예를 들어, 아이와의 대화는 다음과 같이 이어질 수 있다.

　　엄마: 넌 지금 나흘째 같은 반바지와 셔츠를 입고 있구나. 그리고 샤워를 한 번도 안 한 것 같네. 너답지 않아. 무슨 일이니?

　　아이: 엄마, 아무것도 아니야. 나 좀 내버려 두세요. 나가 줘요.

　　엄마: 난 널 사랑하고, 네가 걱정돼. 네가 무슨 일을 겪고 있든 네게 힘이 되어 주고 싶어. [지지]

　　아이: 엄마는 날 도울 수 없어요. 아무도 날 못 도와. 모든 게 절망적이에요.

　　엄마: 너는 아무 희망이 없다고 느끼는구나. 우울하기도 한 건지 알고 싶어. 네 느낌에 대해 나한테 좀 더 얘기해 줄래? 문제가 무엇이든, 그것에 대해 얘기하면 대개 기분이 나아지거든. 네가 얘기하건 안 하건 나는 네 곁에 있을 거지만. [지지와 공감]

　　아이: 엄마는 전혀 이해 못 할 거야!

　　엄마: 그럴지도 모르지. 그런데 달리 생각해 보면, 문제가 뭔지 얘기하는 게 네가 절망감과 우울을 덜 느끼는 데 도움이 될 수도 있어.

　　아이: [아주 빈정대듯이] 좋아요. 캐리가 나더러 헤어지재요.

　　엄마: 아, 저런. 사랑하는 사람과 헤어지면 가슴이 무너지지. [인정]

　　아이: 음, 그거야 당연하지요.

　　엄마: 네게 그런 일이 일어났다니 정말 안됐구나. 마음이 많이 아픈 일이란 걸 나도 알아. [지지와 인정]

　　아이: [조용히] 나한테 캐리 같은 여자는 다신 없어요. 그리고 그 애가 날 찼다면, 다른 누가 나와 데이트하고 싶겠어요? 나는 다시는 행복해질 수 없어요, 그건 분명해요.

엄마: 네가 다시는 행복해질 수 없을 거라고 생각한다면 또 너 자신을 해치는 행동을 할까 봐 걱정되는구나. 그렇게 할 무슨 계획이라도 있는지 말해 줄 수 있니? [진실]

아이: [크게 한숨을 쉬며] 모르겠어요.

엄마: 그런 상황에 이르면 나한테 꼭 좀 말해 줘. 난 너를 안전하게 지켜야 하니까. 지금은 얘기를 하고 싶은 마음이 아니라면, 같이 밖으로 나가서 뭔가를 하면 어떨까? 바삐 움직이면 안 좋은 느낌에서 벗어날 수도 있거든. 그게 해결책은 아니라는 걸 알지만, 한번 그렇게 해 보라는 거야. 내가 도와줄게. [지지]

아이: [마음을 열며] 캐리를 학교에서 보면 어떡해야 할까요?

엄마: 그 문제를 함께 잘 생각해 보자꾸나. [지지] [엄마는 아이가 문제를 해결하도록 돕는다. 9장 참조]

아이가 자살 충동을 느끼는 것 같고 현재 치료사에게 다니고 있다면, 치료사에게 전화하라. 지금 당장 그렇게 하라. 아이가 미성년자라면, 아이를 병원에 입원시킬 수 있을지에 대해 치료사와 의논해 보라. 치료사가 동의하지 않는다 해도 당신은 아이를 일단 병원에 데려갈 수 있다. 어떡하는 게 좋을지는 당신이 아마 제일 잘 알 것이다. 당신의 직감을 믿으라. 퇴원 날짜에 대해서도 마찬가지다. 아이가 병원에 입원해 있고, 당신이 보기에 퇴원할 준비가 안 된 것 같다면, 어떻게 해서든 계속 병원에 있게 하라. 당신이 아이를 집에 데려가지 않겠다고 하면 어찌 되는지 알아보라. 보험 회사에도 연락해 보라. 다른 병원으로 옮기는 걸 고려할 수도 있다.

자녀가 성인이라면, 병원에 입원하고 싶은지 혹은 입원할 필요가 있는지는 그 자신만이 결정할 수 있다. 물론 자녀가 자신이나 다른 사람들에게 위협이 되지 않는 경우의 얘기다. 미국 각 주의 관련 법들은 당사자의 의사에 반하는 입원을 극히 제한한다. 그렇다 해도 자녀를 병원에, 혹은 일반의나 치료사나 정신과 의사에게 태워다 주겠다는 제안은 언제든 할 수 있다. 긴급 전화번호로 연락해서 도움을 구할 수도 있다(부록 C도 참조). 자녀가 이미 위험에 처해 있다면(예컨대 이미 약을 먹었다면), 구급차를 부르라.

입원

정신병원(혹은 일반 병원의 정신과 병동)은 우리 사회에서 일종의 낙인이 찍혀 있다. 사람들은 흔히 정신병원을 환자들이 침대에 묶이고 전기충격을 당하는 장소로만 상상한다. 그러나 실제로는 사람들이 이런저런 그룹에 참여해서 자기가 어떻게 병원에 오게 되었는지를 얘기하는 한편, 자신의 감정을 더 잘 관리하고 삶에 더 낫게 대처하는 방법을 배우는 곳이다. 정신병원에서 최우선시하는 목표가 하나 있는데, 그건 당신의 자녀가 살아 있도록 하는 것이다. 이런 시설에 와 있는 사람들이 지닌 장애의 종류는 다양하며, 그래서 입원하는 것은 치료 프로그램에 참여하는 것과는 다르다. 임상전문가들은 당신의 자녀와 협의해서 치료사 만나기 등 퇴원 후의 치료 및 관리 대책을 담은 퇴원계획(discharge plan)을 만들 것이고, 그러면 자녀는 병원을 다시 방문하지 않아도 된다.

자녀가 병원에 입원하면, 그 애의 치료를 맡을 정신과 의사가 이미 있지 않은 한, 먼저 정신과 의사를 배정받는다. 그 의사는 당신 자녀의 치료와 관리에 관한 의사결정자다. 어떤 약을 쓸지, 또는 그 병동을 벗어나도 되는지 안 되는지(예를 들면 병원 식당에 가기 위해) 등을 그 사람이 결정하는 것이다. 의사는 당신의 자녀를 정기적으로 만나고 관찰하면서 회복 정도를 확인할 것이다. 정신과 의사들은 환자가 복용하는 약을 자주 바꾸는데, 그 이유는 환자가 자살 충동을 느낀다면 현재의 약이 효과가 없는 것일 가능성도 있기 때문이다. 당신이 외래환자로 의사를 만나는 경우와 똑같이, 약을 바꿀 경우엔 반드시 알려 달라고 요청하라.

대니얼 로벨의 임상전문가 코너

병원의 의료진은 환자가 이미 복용하고 있는 정신과 약이 뭔지 모르는 상태에서 투여 약물을 바꿔서는 절대 안 된다. 유일한 예외는, 그 환자가 너무 흥분해서 자신의 안전이나 다른 사람의 안전이 당장 위험해진 경우다. 이런 상황일 때 병원에서는 응급처치 차원에서 안정제를 투여할 수 있다.

자녀가 자신이나 다른 사람들에게 위협이 되는데도 병원에 가지 않으려 한다면, 당신은 비자발적 입원(involuntary commitment, involuntary hospitalization, 비자의적 입원, 강제입원)을 고려해야 할 수도 있다. 비자발적 입원은 구체적으로 명확히 지정된 조건하에서만 이루어질 수 있으며, 각 주의 관련 법들은 이렇게 입원한 환자가 가능한 한 제약이 최소화된 환경에서 치료받아야 한다고 규정하고 있다. 주마다 법이 좀 다르긴 하지만, 그 법들 모두 두 가지 기본적 기준을 제시하고 있다(Hairston 2019).

1. 그 사람에게 정신질환이 있거나 그렇다고 의심되어야 한다.

2. 그 사람이 자신이나 다른 사람을 해칠 위험이 있어야 한다(이 위험의 정의는 주에 따라 좀 다르다).

자녀가 비자발적으로 입원하게 된다면, 그 애의 치료사에게 전화해 주라. 치료사가 병원에 가서 아이를 보고자 할 수도 있다. 그러니 가능한 한 빨리 연락하라. 아이에게 치료사가 없고, 정신건강 전문가 등 제삼자에 의한 아이의 비자발적 입원에 문제가 있다고 당신이 생각한다면 변호사에게 연락하라.

대니얼 로벨의 임상전문가 코너

정신건강 전문 변호사로 하여금 비자발적으로 병원에 구금된 당신의 아이를 대리하게 하는 것도 좋은 생각이다. 변호사는 아이의 시민권을 보호하는 동시에, 비자발적으로 입원하게 된 상황과 관련해 아이에 대한 기소나 고발이 있을 경우 그 사건을 맡아 줄 수 있다.

| 이 장에서 꼭 챙겨야 할 교훈 |

경계성 성격장애가 있는 아이들에게 자해와 자살의 위험은 그야말로 상존하지만, 우리가 이 장에서 얘기했듯, 이런 행동들을 사전에 방지하거나 사후에 수습하는 방법이 많이 있다.

●다른 모든 일에서도 그렇듯, 자해를 하면 그에 자연스럽게 따르는 결과, 즉 당연한 대가를 감당케 해야 한다.

●다른 무엇보다도 중요한 것은 당신의 아이를 살아 있게, 안전하게 지키는 일이다.

●자녀가 자해나 자살 시도를 한다면, 당신 자신을 위해 도움을 얻으라. 당신에게는 그 이야기를 할 누군가가 필요하며, 그 상대가 치료사라 해도 좋다. 알다시피 우리는 그러잖아도 당신과 같은 부모들에게 자신의 치료사를 구해서 계속 만나라고 권하고 있다.

●자살을 생각하거나 계획하는 것의 조짐들에 유의하라. 아이를 위해 변증법적 행동치료(DBT)를 알아보고, 치료를 받으면 기분이 나아지는 데 도움이 될 거라고 최선을 다해 아이를 설득하라. 주변에서 변증법적 행동치료를 찾지 못하면 자살 충동을 느끼는 사람들, 특히 경계성인 사람들을 다루는 방법을 아는 치료사를 찾아보라.

●기분이 어떤지에 대해 아이와 얘기를 나누라. 자살에 대해 말한다고 해서 그 애가 자살을 고려하게 되지는 않을 것이다. 아이를 평가하고 비판하는 것처럼 들리지 않게 하라. 그렇게 들리면 아이는 당신에게 거짓말을 할 것이다. 그저 사랑과 걱정만을 보여 주라.

●자살과 관련해 당신이 무엇을 할 수 있고 무엇은 할 수 없는지를 알아야 한다. 당신은 아이와 얘기하고, 아무런 조건 없이 아이를 사랑하고, 그 애가 죽으면 당신이 얼마나 비탄에 빠질지 말해 주고, 아이가 치료사를 찾도록 돕고, 아이가 자살 충동을 느낄 때 곁에 (얼마 동안) 있어 주고, 날카로운 물건들을 없애고, 구급차를 부르고, 병원에 있는 아이를 찾아가고 등등을 할 수 있다. *하지만 아이의 삶을 책임지는 사람은 오로지 아이 자신이다. 당신이 아이의 삶을 대신 살아 줄 수는 없다. 당신이 그 애를 평생*

한시도 쉬지 않고 지켜봐 줄 수는 없는데, 당신은 언젠가는 죽을 것이기 때문이며, 또 적어도 화장실은 가야 하기 때문이다. 설사 당신이 아이 삶의 모든 면을 통제할 수 있다 해도—다시 말해 아이의 주체성을 빼앗을 수 있다 해도—그것이 윤리적으로 옳은 일일까?

●자녀가 자살 충동을 느끼면서도 치료를 받으려 하지 않는다면, 당신이 그 애를 병원에 입원시킬 수도 있을 것이다. 그 아이가 비자발적 입원을 당하는 경우엔 가급적 정신건강 전문 변호사의 도움을 받도록 하라.

극단적으로 행동하는 아이 양육하기

리번: 남편과 내가 경계성 성격장애가 있는 딸아이에게서 받고 견뎌야 했던 학대는 처음엔 소리를 지르고, 저속한 욕설을 퍼붓고, 전반적으로 부모를 무례하게 대하는 등 언어적인 것이었어요. 그러다가 딸아이는 더 나아가 내 손목을 움켜잡고, 팔을 꼬집고, 나를 물리적으로 제지하고, 등 뒤에서 두 팔을 꽉 잡고, 자기 몸으로 출구를 막고, 자기 얼굴과 몸으로 내 얼굴과 몸을 누르고, 내가 운전하는 동안 핸들을 확 잡고 나를 때리는 등의 행동을 하기 시작했죠.

경계성 성격장애가 있는 아이 대부분은 도둑질을 하거나 약물을 남용하지 않고, 무섭게 화를 내서 당신이 안전을 위해 집에서 도망 나오게 만들지도 않는다. 하지만 일부는 그리하는데, 그런 행동에 맞닥뜨리면 극도로 무섭고 암울하고 불안해진다. 아이가 연약하고 우울하게 행동할 때는 연민을 느끼기가 쉽지만, 꽃병을 던지고, 약을 하고, 경찰에 체포될 때는 그러기가 어렵다. 하지만 이 장에서 설명할 공격적 행동을 보이는 아이들도 연약하고 우울해하는 아이들과 똑같이 마음의 상처를 입고 똑같이 고통을 느낀다. 그들은 자해나 자살을 통해 고통을 내면으로 돌리기보다 밖을 향해 쏟아낸다. 욕설을 하고 물건을 깨거나 망가뜨리고 물질을 남용하고 법을 어긴다. 경계성 성격장애가 있는 당신의 자녀가 극단적 행동을 보이는 쪽이라면, 힘을 내길 바란다. 그런 문제들에 대처하는 기법을 여기서 이야기할 것이기 때문이다.

| 신체적 폭력 |

경계성 성격장애가 있는 아이들은 두 종류의 폭력을 저지른다. 사람에 대한 폭력(손바닥으로 치기, 손이나 물건으로 때리기 등)과 상징적 폭력(물건 던지기, 기물을 파괴하기, 주먹으로 벽을 세게 치기)이 그것이다. 두 가지 다 무섭고, 두 가지 다 용인될 수 없다. 당신의 자녀가 당신이나 가족 구성원에게 신체적 폭력의 위협을 해 온다면, 그걸 말뿐인 협박으로 받아들여서는 안 된다. 자살에 대한 얘기를 말로만 그러는 걸로 여기면 안되듯이 말이다. 언어폭력에서 그렇듯, 당신의 최우선 과제는 어떻게 해서든 당신과 가족을 안전하게 지키는 것이다. 당신은 경계성 성격장애가 있는 자녀가 자신이 당신이나 다른 가족 구성원을 해쳤다는 사실을 안고 살아가게 해서는 안 되며, 아이가 가해 오는 학대를 그냥 받아들여서도 안된다. 낯선 사람이 당신을 학대한다면 그걸 받아들이겠는가? 지금은 당신자신과 다른 가족원을 보호하기 위한 행동이 혹 안 좋은 후유증을 낳을까 봐 걱정할 때가 아니다.

자녀가 폭력의 위협을 해 온다면 다음과 같이 대처해야 한다.

●아이와 말다툼하거나 맞서서 버티지 말라. 당신이 안전한 곳으로 가거나, 아니면 누군가가 아이를 당신을 해칠 수 없는 곳으로 데려가야 한다.

●부드러운 목소리로 아이에게 사랑한다는 말과 상황을 진정시킬 수 있는 다른 무슨 말이든 하면서 '인정해 주기' 기법을 써 보라.

●어떤 방법도 효과가 없으면 경찰을 부르라.

경찰을 부르는 것은 언제나 최후의 수단으로 고려해야 한다. 하지만 무엇보다도 중요한 것은 가족 전체를 안전하게 지키는 일이며, 이는 다른 모든 방법이 실패할 경우 비록 어려운 선택일지라도 경찰을 불러야 한다는 걸 뜻할 수 있다. 아이 문제로 경찰을 부르는 것은 부모로서 쉽지 않지만, 때로는 피할 수 없는 일이다. 그리고 경계성 성격장애가 있는 아이를 키울 때는, 곤란한 처지에서 안이하게 벗어나는 길을 택하지 않고 힘들지만 당면한 상황에 필요한 일을 해야 할 경우가 많다.

스물다섯 살 된 내 딸은 유난히 충동적이고 공격적이에요. 아이가 하는 일이라고는 나를 비난하고 내가 세상에서 제일 나쁜 엄마라고 말하는 것뿐이에요(아들은 그 말에 동의하지 않아요). 딸은 대학의 새 학년 시작 전 여름방학 내내 집에 있으면서 있는 대로 화를 터뜨렸어요. 그 애는 새엄마를 자극해서 자기하고 소리 지르며 싸우게 만들었어요. 그러고 나서 상황은 더 악화되었고, 딸은 집 전체를 때려 부수고 우리의 문서와 여권을 훔치겠다고 했어요.

그리고 아이는 새엄마가 자기를 손바닥으로 치고 계단 아래로 밀어 버렸다고 거짓말로 신고했어요. 우리는 아이에게 당장 집을 나가라고 했죠. 나는 충격받고 심란했지만 우리는 그 애의 두 동생을 보호해야 하고, 나는 아내가 나와 딸 사이에 끼여 그런 일을 당하도록 놔둘 수 없어요. 비록 내가 만신창이가 된 느낌이지만 그래도 그 거짓 신고에 대해, 그리고 접근금지명령을 받아 내는 일과 관련해 우리에게 어떤 법적 권리가 있는지 알아볼 거예요. (이 일화의 부부는 동성 커플이다. —옮긴이)

자녀가 당신을 신체적으로 공격한다는 건 상상하기 힘든 일이지만 그런 일이 실제로 일어나며, 대개 아이가 완전히 자제력을 잃고 순간적으로 너무 흥분했을 때 생긴다. 아이가 신체적 폭력의 위협을 해 오면, 그것을 말뿐인 협박으로 생각지 말고 *아이의 나이가 몇이든 말다툼을 하거나 맞서지 말라.*

지금은 혼자 힘으로 문제를 해결하려 들거나 혹시 후유증이 있을까 봐 걱정할 때가 아니다. *당신의 최우선 과제는 당신 자신과 나머지 가족을 안전하게 지키는 것이다.* 그러기 위한 행동 지침을 몇 가지 보자.

●아이가 당신과 문 사이에 있지 않도록 하되, 혹 그렇게 되었을 경우라도 절박한 표정으로 문을 쳐다봄으로써 아이가 당신의 마음을 알아차리게 만들지 말라. 천천히 그리고 차분하게 출구 쪽으로 움직이라. 그 방이 1층이고 나갈 길이 창문뿐이라면 그걸 넘어서라도 나가라.

●아이의 눈을 똑바로 보지 말라. 그보다는 아이 너머를 보면서 말하라. 가능하다면, 당신과 아이가 함께 세상과 싸우는 것처럼 아이 옆에 서라.

●"앉지 않으면 119를 부를 거야"라고 한 번 경고한 뒤, 아이가 그 말을

무시하면 즉시 행동으로 옮기라. 이것이 올바른 행동인지 아닌지는 나중에 걱정하라. 지금 안전하지 않다고 느낀다면 그렇게 하는 게 올바른 행동이다.

자녀가 당신이나 다른 가족 구성원에게 신체적 폭력을 가할 수도 있다는 몇 가지 조짐이 있다(McVicker 2015; American Psychological Association 2013).

- 주먹으로 벽을 치고 물건을 던진다.
- 폭력을 쓰겠다고 말로 위협한다.
- 소셜 미디어에서, 친구에게, 혹은 다른 어디서든 폭력을 표현한다.
- 자신이 폭력의 피해자가 되거나 폭력을 목격한다.
- 개인이나 공공의 기물을 파손한 이력이 있다.
- 학교에서의 규율 문제나 당국과의 문제 등의 이력이 있다.

폭력이 당신 가정의 지속적인 문제라면, 가정폭력 관련 기관, 연장자나 부모 학대 신고·상담 핫라인, 가정폭력과 학대 일반을 다루는 핫라인 같은 곳에 연락하라. 자녀가 성인이고 당신이 다른 자식이나 손주들을 보호해야 한다면, 아동보호 기관에 전화하라. 자녀의 행동을 기록하고 그 애와 관련된 경찰 기록을 모두 복사하라. 자녀에게 아이가 있다면 더욱 그렇게 해야 한다. 성인 자녀가 당신이나 다른 가족에게 위험한 방식으로 행동했다는 걸 사회복지사나 가정법원 판사에게 입증하기 위해 이런 증거자료들이 필요할 수 있다. 다음은 분노와 공격에 대처하는 몇 가지 전략과, 그런 상황에 처했을 때 피해야 하는 행동들이다.

문제: 자녀가 말로 당신을 위협하고 당신은 조금 겁을 먹는다.

이렇게 해 보라: 경계를 설정하기. "그러면 안 돼. 나는 네가 그런 식으로 날 대하게 두지 않을 거야." (당신의 가치관과 욕구 및 필요에 맞춰 당신 자신을 돌보고 지키기 위해 자녀에게 자기 행동의 결과, 즉 응분의 대가를 감당케 하라.)

이렇게 하지 말라: "감히 어디서 나를 위협하는 거야! 나는 부모고 너는 자식이야. 그러니까 너는 내가 시키는 대로 해야 해."

문제: 자녀가 당신을 약간 혹은 세게 밀친다.

이렇게 해 보라: 그 자리를 떠나 마음을 가라앉히고 아이도 차분해지도록 한 다음에 경계 설정을 하라. 시간이 좀 지난 뒤 이렇게 말하라. "그러면 안 되는 거였어. 나는 네가 그런 식으로 날 대하게 두지 않을 거야." (당신의 가치관과 욕구 및 필요에 맞춰 당신 자신을 돌보고 지키기 위해 자녀에게 자기 행동의 결과를 감당케 하라.)

이렇게 하지 말라: 아이를 더 세게 밀고 아이에게 못되고 분노에 찬 말을 한다.

문제: 자녀가 화가 머리끝까지 나서 자기 방의 문을 망가뜨린다.

이렇게 해 보라: 그 방문을 떼어 내고 2주 동안 그냥 둠으로써 아이에게서 프라이버시를 박탈하라. 옷 갈아입는 것은 화장실에서 하면 된다. 이것은 행동과 그 결과를 연계하는 아주 좋은 예다. 어떤 부모는 혼자 있을 때 자해하는 아이의 방문을 없애 버리기도 한다.

이렇게 하지 말라: 아이에게 "그만 좀 해!"라고 소리 지른다.

문제: 자녀가 당신에게 상스러운 욕설을 퍼붓는다.

이렇게 해 보라: 경계를 설정하기. "내게 그런 욕을 하는 건 옳지 않다고 했지? 너는 나한테 그런 식으로 말해서는 안 돼." (구체적으로 말하고 자기 행동의 결과를 감당케 하라.)

이렇게 하지 말라: "아 그러서? 그럼 너는 …[욕설]!"

문제: 자녀가 주말에 친구 집에서 밤을 보내도 되는지 *지금 당장* 알고 싶어 한다. 당신은 아이의 친구가 탐탁지 않은데, 아무래도 그 친구가 심각한 불법 약물을 사용하는 것 같아서다.

이렇게 해 보라: 지연하기. "한번 생각해 볼게. 네 엄마와 나는 같은 입장이니까 엄마와 의논해 봐야 돼. 또 이번 주말의 가족 스케줄도 확인해야 하고. 하지만 네가 당장 알아야 한다면, 내 대답은 '안 돼'야."

이렇게 하지 말라: "지금 당장 알고 싶다고? 좋아, 그렇다면 내 대답은 '절대 안 돼'야!"

| 물질남용 |

경계성 성격장애가 있는 사람들은 마음의 고통을 무디게 하고, 자신에 대해 기분이 나아지게 하고, 경계성 성격장애 증상들(특히 끊임없이 이어지다시피 하는 자기혐오와 버림받는 데 대한 두려움)을 가리기 위해 약물을 남용하기도 한다(동시에 여러 가지 약물을 복용할 때도 있다). 약물을 투여하면 평온한 느낌이 들며 공허함이라는 어두운 구멍이 잠깐 동안 메워진다. 우리의 경험으로 볼 때, 약물과 알코올을 사용하면 경계성 성격장애의 가장 위험한 특성들 중 몇 가지가 악화되는데, 특히 기분 변화, 충동성, 대인관계 문제, 격노, 그리고 우울감이 그렇다.

알코올과 약물을 사용하는 십대는 판단력이 부족해지거나, 제정신이 아닌 상태로 운전을 하거나, 우연히 만난 사람과 위험한 성관계를 하거나, 성병(성 매개 감염)에 걸리거나, 학업을 잘 수행치 못하거나, 심각한 자살 시도를 할 가능성이 보통의 십대보다 더 크다(Child Mind Institute n.d.). 경계성 성격장애가 있든 없든 아직 완전히 발달하지 않은 청소년의 뇌에 미치는 영향은 훨씬 더 걱정스럽다. 11장에서 설명한 것처럼, 뇌는 성인이 될 때까지 계속 발달한다. 전자담배를 피우거나 술을 마시거나 약물을 사용하면 뇌의 배선, 즉 신경회로망이 손상되면서 인지장애가 생길 가능성이 커진다. 약물을 사용하면 또한 보상과 스트레스, 자제력 등에 관여하는 뇌 회로들이 변하기도 한다(National Institute on Drug Abuse 2020).

한 사람이 알코올이나 약물에 중독될지의 여부가 한 가지 요인으로 결정되는 것은 아니지만, 다음 표에서 볼 수 있듯이 아이에게 위험요인이 많을수록(그리고 보호요인이 적을수록), 그 아이가 이런 것들에 중독될 가능성이 더 커진다. 또한, 아이가 물질 사용을 시작하는 나이가 이를수록 중독될 가능성이 더 커진다(National Institute on Drug Abuse 2020). (보호요인 [protective factor, 보호인자]이란 사람이 위험요인에 노출되었을 때 정신병리의 발달 등 부정적인 결과가 생길 가능성을 줄여 주는 요인으로, 예컨대 아이가 끔찍한 사건을 떨쳐 내는 데 도움이 되는 다양한 자원이 이에 해당한다. ─옮긴이)

위험요인	보호요인
어린 시절의 공격적인 행동	자기통제력(자제력)에 대한 믿음
부모의 관리와 감독 부족	부모의 면밀한 관찰과 지지
또래들의 압력을 거절하는 기술 미숙	긍정적 관계들
약물의 시험적 사용	시험 삼아 약물을 써 보는 것 회피
학교에서 약물을 구할 수 있음	약물 사용을 금하는 학교 방침
지역사회의 빈곤함	동네의 자원들
유전적 혹은 생물학적 요인들	유전적 혹은 생물학적 요인들
경계성 성격장애가 있음	정신질환이 없음

이중진단(이 경우엔 경계성 성격장애와 물질남용)을 받은 사람의 치료는 그들이 처방 약을 포함해 두 가지 이상의 약을 남용하고 있을 가능성 때문에 쉽지 않다(여기서 이중진단[dual diagnosis]이란 정신질환이 있는 사람이 동반질환으로 물질사용장애 중 하나까지 진단받은 것을 말한다.—옮긴이). 당신의 자녀에게는 이중진단 치료 프로그램이 필요할 수도 있다. 두 가지 장애, 즉 물질남용과 경계성 성격장애를 동시에 치료하는 것이 매우 중요하다. 아니면 물질남용부터 치료해야 하는데, 이는 물질남용이 경계성 성격장애 치료를 방해하기 때문이다(Aguirre 2014). 당신의 정신건강 전문가와 의논하라. 이상적으로 말하면 치료는 가능한 한 빨리 시작해야 한다. 이중진단의 치료는, 두 가지 질환 모두에 대해 높은 전문성을 지니고 심리요법뿐 아니라 대처 기술 훈련까지 제공할 능력이 있는 치료사가 일관되게 긍정적인 태도로 두 장애를 동시에 치료할 때 가장 효과적이다.

약물을 남용하는 자녀가 자립하도록 하는 것은 당신에게 굉장히 두려운 일이다. 당신이 곁에 없으면 아이가 죽을까 봐 겁나기 때문이다. 하지만 당신이 계속 아이의 행동을 허용하고 조장한다면, 아이는 당신이 주는 돈으로 계속 약물을 구입하고, 당신 집에 들어앉아 약을 하며, 당신이 그 애에게 공짜로 지낼 장소를 (마음껏 먹을 음식과 함께) 제공함으로써 일자리를 얻을 동기를 모두 없애기 때문에 약을 하는 일 말고는 아무것도 하지 않을 가능성이 크다.

어떻게 해서든, 물질을 남용하는 자녀가 치료를 받게 하라. *하지만 당신보다는 아이 자신이 더 회복을 바라야 한다.* 가족 중 누군가가 물질을 남용할 때. 특히 자식이 그럴 때 조장이나 공동의존(6장 참조)을 하지 않는 방법은 이 책의 범위를 벗어난다. 그렇지만 물질남용과 경계성 성격장애 문제에 관한 한 모든 조언은 다음과 같이 요약된다고 할 수 있다. *당신이 아이의 약물 문제와 그에 따라붙는 모든 부정적인 일들에 대해 책임져 주는 걸 중단하고 그 책임을 아이 자신에게 넘길 때에야 비로소 변화의 희망이 보인다.* 이 외의 다른 어떤 행동도 중독이라는 괴물에게 먹이를 주는 일일 따름이다. 다음은 아이를 조장하는 행동과 그러지 않는 행동의 몇 가지 예다.

상황: 당신의 딸이 우울이나 불안, 혹은 다른 문제에 대해 처방받은 정신과 약을 먹지 않으려 한다.

아이를 조장하는 행동: 당신은 약을 아이의 음식에 몰래 섞어 넣는다. 이런 경우, 당신이 한 일을 아이가 알게 되면 당신과 의료진을 더는 예전처럼 신뢰하지 않을 수 있다.

조장하지 않는 행동: 아이에게 약을 먹지 않으면 겪게 될 일들(우울, 불안 등등)을 알려 준다.

상황: 당신의 딸은 지난밤에 몹시 취했고 오늘 기분이 완전히 엉망이다.

아이를 조장하는 행동: 해열진통제인 아세트아미노펜을 주면서 아이를 달랜다. 침대 옆 방바닥에 아이가 토한 것을 치워 준다.

조장하지 않는 행동: 아이에게 숙취가 심할 때 어떻게 하면 좋은지 조언하고 아이가 스스로를 보살피도록 격려한다. 자신이 어질러 놓은 것은 스스로 치우게 한다.

상황: 아들이 자동차 사고를 내서 차가 완전히 망가졌지만, 아이는 괜찮다.

아이를 조장하는 행동: 아이에게 차를 새로 사 준다.

조장하지 않는 행동: 아이가 자동차 없이 지내게 한다. 아이는 버스를 탈 수도 있고, 걸어 다닐 수도 있다. 당신 차가 있지 않냐고? 아니, 아이에게 그걸 쓰게 할 수는 없다. 당신에게 필요하니까.

상황: 딸아이가 여자친구를 차 버리고는 죄책감을 느낀다.

아이를 조장하는 행동: 당신이 그 친구에게 딸아이가 매우 우울해하며 정말로 그럴 의도는 아니었다고 얘기해 주는 데 동의한다.

조장하지 않는 행동: 그 문제를 어떻게 처리할지, 딸아이와 함께 해결책을 의논한다. 아이가 그 친구를 다시 만나려 할 수도 있고 아닐 수도 있다. 그건 당신이 풀어 줄 문제가 아니다.

지면이 충분치 않아서 자녀가 물질남용을 할 때 당신이 알아 둬야 할 것들을 낱낱이 다 살펴볼 수는 없지만, 적어도 다음의 제안과 주의사항에는 유념할 것을 권한다.

●자녀의 친구 부모들과 가깝게 지내면서 아이를 관리 감독하는 일과 물질 사용 문제에 관한 그들의 입장을 알아 두라.

●자녀가 당신 집에서 친구들과 어울리도록 하면서 아이들이 하는 행동이나 말을 잘 보고 들으라.

●자녀가 당신에게 자기를 차로 데리러 와 달라고 요구할 수 있으며, 그럴 경우 당신은 아무 것도 묻지 않고 데리러 간다는 방침을 정하고, 아이가 그 권리를 남용하지 않는 한 이를 지키라. 당신은 아이가 술에 취한 상태로 차를 운전하거나 취한 친구가 모는 차에 타는 걸 원치 않기 때문이다.

●아이가 약물을 사용하는 이유 중 경계성 성격장애와 관계없는 것들, 예컨대 또래들의 압력, 그리고 약이나 알코올이 들어가면 경계심이 낮아져서 다른 사람들과 마음이 통하기가 쉬워진다는 것 등에 대해 아이와 얘기해 보라.

●다른 사람들이 당신 집에 술이나 불법 약물을 가져오지 못하게 하라.

●자녀가 가고 싶어 하는 파티에 술이 나오는지 확인하고, 누군가가 그 파티를 감독할 건지도 알아보라. 파티를 여는 아이의 부모에게 전화해서 그들이 거기에 있을지 확인하라.

●당신이 기대하는 것들을 아이에게 전하고, 함께 얘기하며 상황을 점검하는 시간의 일정표를 짜라.

●건강한 행동의 모범을 보이라. (예를 들어, 당신부터 술을 너무 많이 마시지 말라.)

●알코올과 많은 종류의 약은 사람을 거리낌 없게 만들며, 따라서 분노가 강렬하고 기분 변화가 심한 사람들은 폭력을 쓸 수도 있다는 걸 알아야 한다.

●자녀의 물질남용 원인이 되는 심적 고투와 다른 요인들에 공감과 연

민을 표하라. 올바른 선택을 하는 것이 얼마나 중요한지를 강조하기에 앞서 아이의 상황이 얼마나 힘겨운 것인지 인정부터 해 주라. 늘 그러듯이, 선택 가능한 치료 방식들과 아이의 스트레스에 대처하는 다른 방법들을 제시하라(5장 참조).

●자녀와 함께 즐겁게 보낼 시간을 만들라. (아이의 형제자매를 위한 시간도 계획하는 걸 잊지 말라.)

| 법적 문제 |

경계성 성격장애 증상들 때문에 당신의 자녀는 법적인 문제에 휘말릴 수 있다. 경계성 성격장애가 있는 아이들이 곤경에 처할 수 있는 문제 영역 몇 가지를 보자.

●체포: 알다시피, 경계성 성격장애가 있는 사람들은 충동성, 심적 불안정, 공격성에 시달릴 수 있다. 강렬한 감정과 충동성이 결합하면서 당신의 자녀는 난폭 운전을 하고, 상점의 물건을 훔치고, 싸움을 벌이고, 그러다가 체포될 수도 있다(Salters-Pedneault 2020b).

●무단결석: 경계성 성격장애가 있는 십대 아이가 중고교에서 어려움을 겪는다면 걸핏하면 수업에 빠지게 되고, 그 결과 무단결석 관련 법률을 위반하게 된다. 당신에겐 아이를 학교에 출석시킬 법적인 책임이 있을 수 있으므로, 학교에 전화해서 아이가 수업에 잘 들어오는지 물어보라. 아이가 수업에 빠지고 있었다면, 아이에게 어떤 경계를 설정할지, 위반 시 무슨 대가를 치르게 할지, 또는 이후 어떤 사태들이 일어날 수 있을지 등을 생각해

내고, 변호사에게 당신의 법적 책임에 대해 문의하라.

●아동 방임이나 학대: 성인 자녀가 자기 아이들, 즉 당신의 손주들을 제대로 돌보지 못할 수도 있다(12장 참조). 이로 인해 아동보호 기관들, 또는 가정위탁 보호, 입양, 친권 박탈 등의 문제에 관여하는 정부 기관이나 민간 기구들에 드나들어야 할지도 모른다.

자녀가 약물 살 돈을 마련하느라 당신의 물건을 훔친다면, 자녀와 타협하는 걸 고려해 보라. 아이가 자진하여 치료를 받으러 다니지 않으면 절도죄로 고소하겠다며 양자택일을 제시하는 것이다. 아이가 치료를 열심히 받지 않거나 중도 하차를 하면 예고한 대로 고소하라. 아이가 그런 행동을 했는데도 당신이 그냥 둔다면, 아이는 아마 당신의 물건을 또 훔칠 것이다. 약물 중독 문제가 있는 사람들 중에는 금단증상을 피하기 위해 무슨 짓이든 해서 약 살 돈을 마련하려는 이들도 있다(금단증상은 극도의 불편감에서 치명적인 것까지 아주 다양하다). 그들이 형제나 자매를 대상으로 어떤 범죄를 저지른다면, 당신은 경계성 성격장애가 있는 아이와 함께 살면서 이미 많은 피해와 고통을 받은 그 형제자매를 지켜 주어야 한다.

자녀가 체포되다

자녀로 하여금 자기 행동에 대해 책임지도록 하는 것은 그 아이가 체포될 경우 매우 까다로운 일이 된다. 미성년 자녀가 체포되기 직전까지는 그 애에게 생기는 일에 대한 최종 결정권이 당신에게 있다. 한데 바로 다음 순간, 그 결정권은 정부 당국으로 넘어간다. 성인 자녀가 체포되는 것도 똑같이 두려운 일이다. 자녀가 체포되었을 때, 당신은 그 아이에게 자신이 한 일에 대한 책임을 지우는 것과 아이가 형사사법제도에 의해 부당하게 유죄로 몰아붙여지지 않도록 하는 것 사이에서 균형을 잡아야 한다. 사법제도는 당신의 자녀를 (당신이 보기에) 너무 가볍게, 혹은 너무 심하게 처벌키로 할 수도 있다.

자녀가 미성년자이고 처음이나 두 번째로 체포된 거라면 당신이 좀 더 관여하는 게 좋을 법하고, 반면에 자녀가 성인이며 여러 번 체포된 적이 있다면 당신은 덜 관여하는 게 나을 것이다. 당신 자신에게 물어봐야 한다. "내 아이는 마음 한구석에서 내가 자기를 곤경에서 구해 주리라는 걸 알고 무모하게 행동하는 건가?"라고. 그 대답이 "그렇다"라면 최소한으로만 관여하라. 그 대답이 "아니다"이며 그 일로 아이가 뭔가 교훈을 얻을 수 있다면, 당신은 더 많이 관여하는 게 좋다. 이것은 당신 스스로 감을 익혀야 하는 일이다. 보석금을 내주는 것이 미성년인 아이를 위해 최선이라고 판단한다면, 아이로 하여금 당신에게 그 돈을 갚을 계획을 세우게 하라. 그리고 그 계획을 지키게 하라.

자녀(특히 성인 자녀)가 중대하거나 폭력적인 범죄로 체포되어 감옥에 간다면, 성급하게 보석금을 내주지 말라고 조언하고 싶다. 감옥은 대부분의 사람에게 두려운 곳이며, 당신의 자녀에겐 더욱 무시무시할 수 있다. 적어도 처음 갈 때는 그렇다. 한 번 가 보고 나면 아이는 두 번 다시는 거기 가고 싶지 않다고 생각하고 그 결과 행동이 변할 수 있다. 당신이 자녀를 위해 보석금을 내서 감옥에서 바로 나오게 해 준다면 그 애는 아마 아무런 교훈도 얻지 못할 것이며, 다시 잡혀가면—아이들은 그런 일이 없을 거라고 생각하는데—당신이 다시 구해 주리라는 사실만 알게 될 뿐이다. 자신이 문제를 일으켜도 부모가 다 해결해 준다는 걸 알게 되면 아이는 변화할 이유가 없어진다.

자녀가 일단 체포되고 나면 당신이 그 애를 위해 할 수 있는 일에는 한계가 있다. 자녀가 체포됐을 경우에 변호사들이 일반적으로 말해 주는 유용한 정보와 조언은 다음과 같다.

●범죄를 저지르는 청소년에게 적용하는 법은 주마다 좀 다르다. 그러므로 당신이 살고 있는 주의 법이 어떤지 잘 알아봐야 할 것이다. 어떤 주에서는 아이를 심문할 때 부모의 동석을 허용하며, 어떤 주에서는 그렇지 않다. 어느 쪽이든 당신의 자녀는 변호사를 불러 자신을 대변케 할 권리가 있다.

●당신의 자녀는 경찰을 자극하거나 그들과 다투지 말고, 침착하고 공손해야 한다. 자신이 유죄인 것처럼 보이게 할 어떤 말도 해서는 안 된다. 경찰에서 아이의 문제에 약물이 관련돼 있다고 생각하면 의학적 검사를 할 수도 있다. 그들은 당신 아이의 사진을 찍고 지문을 채취한 뒤 사건 조서 내용을 경찰 기록에 올릴 것이다.

●위와 같은 절차를 진행하는 자리에 당신이 있게 된다면, 평정을 유지하고 성급하게 판단하지 말라. 차분하게 체포 시의 상황에 대해 가능한 한 많은 것을 알아내려고 노력하라. 당신이 자녀와 직접 얘기하는 게 허용될 수도 있고 아닐 수도 있다(다시 말하지만, 주마다 법이 다르다).

●당신의 자녀는 변호사가 올 때까지 아무 말도 하지 말아야 한다. "변호사를 불러 주세요"라고 요청해야 하며, 진행 중인 어떤 심문도 멈춰야 한다. 경찰은 실제보다 더 많은 정보를 가진 것처럼 행동할 수 있다. 경찰은 용의자(당신의 자녀) 편이 아니라는 걸 명심하라.

●당신이 그 자리에 있다면 스스로 변호사처럼 행동하려 들지 말고, 변호사를 고용하라. 변호사가 없는 상태에서 당신의 권리를 포기하거나 집 수색에 동의하지 말라. 변호사를 고용할 때, 자녀가 미성년자라면 청소년

사건을 전문으로 하는 사람을 골라야 한다. 사건 관련 증인은 모두 이 변호사가 조사하도록 해야 한다. 변호사에게 경계성 성격장애에 대해 설명해 주는 것이 좋다.

●자녀에게 상담이나 사회봉사 같은 지역사회 프로그램을 이수하라는 명령이 내려질 수도 있다. 자녀가 미성년자라면 처음 몇 번은 아이가 그런 약속에 가는 걸 도와주라. 법원의 명령을 따르는 것이 얼마나 중요한지 강조하라. 그렇게 하지 않으면 아이는 다시 법정에 나가야 하고, 어쩌면 죄명이 추가될 수도 있다.

●사건 처리 결과는 담당 판사, 관할권을 지닌 경찰, 당신이 살고 있는 주, 위법행위의 심각성, 형사사법제도에 내재된 성향과 편견, 그리고 운에 달려 있다. 법원에서는 판결이나 결정, 명령을 내릴 때 현 사건의 증거와 함께 아이의 나이, 전과 등 전력, 사회력(社會歷, social history, 의학과 사회복지학 등에서 쓰는 용어로 대상자의 사회적 측면을 이해하기 위한 기본적 정보들을 말하며, 흡연 및 음주 습관, 의약품이나 습관성 약물 사용 여부 등도 포함된다. '사회생활력'이라고도 한다.-옮긴이), 학교 기록, 그리고 가족사와 가족구조 같은 추가 정보들을 참고한다.

●당신이 얼마나 관여하기로 하느냐에 따라, 미성년자 아이에게 다음과 같이 말하는 것이 좋을 수 있다. "이건 심각한 상황이니까 너는 정확히 어떤 일이 있었는지 내게 자세히 설명해 줘야 해." 그리고 "우리는 여전히 널 사랑하지만, 너의 행동 때문에 마음이 아파"라는 말도 필요할 테다. 그 행동의 결과가 자신의 미래에 영향을 미친다는 걸 자녀가 이해하는 것이 중요하다. 그 기록 때문에 아이의 인생이 심각하게 망가질 수 있기 때문이다. 아이가 당신과 얘기하고 싶어 하지 않으면, 상담사나 가족 중 다른 사람과 얘기해도 좋다.

자녀가 정신건강 치료를 받도록 하라

부모는 체포된 자녀가 몇 살이든 정신건강 치료를 받게 할 것을 주장해야 한다. 자녀가 아직 경계성 성격장애나 다른 정신의학적 문제로 진단을 받지 않았다면, 아이의 재판 기일 *전에* 정신건강 전문가에게 진단받도록 하라. 진단 정보를 근거로 변호사는 판사에게 아이의 유죄를 인정하면서 형량을 낮춰 달라고 청하거나, 아이에게 징역형을 내리는 대신 치료시설로 보내 달라고 설득할 수 있다.

예를 들어 당신의 자녀에게 경계성 성격장애와 알코올 사용장애가 있다면, 그 애의 사건은 전문화된 약물법원(drug court)으로 보내질 수 있다(많은 주에 이런 법원이 있다). 이런 법원들에선 치료와 무작위 약물검사를 명령할 수 있는데, 이것은 징역형보다 훨씬 낫다. 자녀가 체포되었을 때 당신이 단 한 가지만 한다면, 아이가 정신건강 치료를 받게 하라. 그것은 아이의 문제를 조장하는 행동이 아니라 좋은 부모 노릇을 하는 것이다.

| 이 장에서 꼭 챙겨야 할 교훈 |

극단적 행동을 보이는 자녀를 양육하는 데는 여러 가지 어려움이 있지만, 우리가 이 책에서 검토한 다른 모든 어려움과 마찬가지로, 당신 자신과 경계성 성격장애 자녀, 그리고 다른 가족 구성원들을 돌보는 입증된 방법들이 있다. 다음은 이 장의 핵심 교훈이다.

● 소리 지르기, 사람들에게 욕설하기, 그리고 불법적인 행위들은 자신의 감정을 *밖*으로 표출하는 행동이다(책 앞부분에도 나왔듯이 이를 '행동화[acting out]'라고 한다.-옮긴이). 이런 행동들은 경계성 성격장애에서 비롯되는 고통과 공허함에 기인한다는 점에서 자살과 자해, 우울처럼 자신의 *내부*로 향하는 행동과 유사하며 그와 짝을 이루는 것이다. 하지만 그렇다고 해서 위와 같은 감정 표출 행동이나 아이가 자기 자신, 당신, 그리고 다른 사람들을 해치는 것이 양해될 수는 없다.

● 당면한 문제와 씨름하려 들기 전에 당신 자신의 감정부터 진정시키라 (5장과 8장 참조). 안 그래도 혼란스러운 상황에 당신의 불안과 스트레스 등등까지 더하길 원치는 않을 테다. 자녀에게 마음을 가라앉히고 충동을 누그러뜨릴 기회를 주라. 인정하기를 활용하는 것도 좋은 방법의 하나다.

● 가족이 안전치 못할 때 당신이 해야 할 일은 그들의 안전을 확보하는 것이며, 이를 위해 경찰을 불러야만 한다면 그렇게 하라. 필요에 따라 아동보호 기관이나 가정폭력 변호사 등 조력자들에게 요청해서 당신의 아이에게 필요한 도움을 받으라.

● 자녀의 행동을 조장하거나 그 아이를 '맹목적으로 사랑하지' 말라. 한편으로는 자녀가 자기 행동에 책임을 지게 하고 다른 한편으론 자녀를 지지하고 도우면서, 이 둘 사이의 균형을 유지하라.

맺음말

이 책 일을 시작했을 때, 우리가 인터뷰한 부모들은 책에 희망의 이야기들을 담아 달라고 부탁했다. 우리는 그런 얘기를 찾기가 아마 쉽지 않으리라고 생각했지만, 뜻밖에도 희망의 얘기들은 많았다. 이 책에서 활용할 수 있는 양을 훨씬 넘어설 정도였다. 그런 부모들의 긍정적인 마음가짐의 비결은 그들이 자녀가—그리고 그들 자신이—회복의 여정에서 이루어 내는 진전을 아주 작은 것까지도 하나하나 기뻐하고 기념했다는 것이다. 우리는 당신 역시 이 책이나 이와 유사한 다른 책들의 도움을 받아 경계성 성격장애에 정통한 부모가 되기를 바란다. 이런 부모들이 해 주는 얘기로 우리 책을 마무리하겠다.

달린: 내가 병원에 달려가지 않는 것이나 매시간 그리로 전화하지 않는 것에 대해 나 자신이 자랑스럽습니다. 그러기가 힘들긴 하지만, 나는 노력하고 있어요.

로리 앤: 나는 딸아이에게 남자친구와 데이트하러 가기 전에 빠뜨린 학교 과제를 제출하도록 한 것이 스스로 흐뭇해요. 그렇게 하면 마구

성질을 부리리라는 걸 알고 있었지만 그랬죠.

제니: 내 아들이 자랑스러워요. 그 애의 건강이 좀 불안한 한 해였지만 아이는 절대 포기하지 않았고, 학교 육상팀 활동에도 꾸준히 참여했어요. 오늘 아들이 전화로 통보를 받았는데, 그 애가 장학금으로 3만 달러 가까이나 받게 됐다고 해요.

브리트니: 나는 명상 수행을 한 덕에 폭풍우 속에서도 어느 정도 평정심을 갖고 서 있을 수 있게 된 자신이 대견스러워요. 또 십대인 딸아이도 자랑스러운데, 그 애는 변증법적 행동치료 기술들을 활용하면 해롭지 않은 대처 전략들을 찾을 수 있으며, 지난날의 트라우마를 치유하는 한편 미래의 트라우마를 줄일 수 있다는 걸 알게 되었거든요.

잰드리아: 나는 내가 손녀의 애정 생활을 관리하려 들지 않는 게 자랑스러워요. 딸아이는 전 애인(나도 이 친구를 정말 좋아해요)과 소통하며 마음을 주고받고 있는데, 난 가능한 한 중립을 지키고 있어요. 그건 그들의 인생이니까요. 정말이지. 이렇게 할 수 있다는 게 이 할미한테는 굉장한 일이에요!

신디: 우리는 작년에 힘든 여정을 시작했어요. 처음에 진단명을 알아내고, 그런 다음 치료 방법을 알아보는 일이 더없이 힘들었습니다. 다행하게도, 아주 열심히 노력한 결과 딸이 변증법적 행동치료를 받을 수 있는 거주치료센터를 찾았어요. 조마조마한 1년을 보내고, 우리는 드디어 숨을 크게 쉴 수 있게 됐어요.

샬럿: 내 딸이 나에게 쏟아붓는 비난을 개인적인 공격으로 받아들이지 않는 걸 배운 게 자랑스러워요. 그 말들은 나에 대한 게 아니에요!

테드: 내가 내 입장을 고수하는 것에 자부심을 느껴요. 대부분의 경우 그러거든요! 한 발 나아갔다가 두 발 물러설 때도 있긴 하지만, 그런 상황을 받아들이는 법도 배우고 있어요.

에이버리: 막내 아이가 마침내 어느 정도 솔선해서 행동하기 시작하는 것이 정말 행복합니다. 아이는 물리학 수업을 듣고 있고(그리고 실제로 열심히 해요!), 막 일자리를 얻었으며(그 일을 아이가 좋아할 것 같지는 않지만요), 조종사 면허를 딴다는 목표를 스스로 정했어요. 결과가 어떨지는 전혀 알 수 없지만, 지난 3주 동안 이런 긍정적 진전을 보인 거예요. 난 일단 만족해요!

감사의 말

우선, 이 책 일을 포함해 내가 살면서 시도하는 모든 것을 지지해 주는 아내 다이앤과 두 아들 재커리와 존에게 감사한다.

다음으로, 나의 멘토인 미클로시 로숀치 박사, 앨런 그레이 박사, 아널드 윌슨 박사께 감사드리고 싶다. 이분들의 가르침과 지도가 없었다면 내 일에서 지금만큼의 성취를 할 수 있는 기술과 통찰력을 얻지 못했을 것이다.

나의 모든 독자에게, 그리고 자신의 괴로운 여정을 겪어 내는 가운데 나에게 그 고통과 치유와 성장에 관해 많은 가르침을 준 내 모든 환자에게 고마움을 전한다.

마지막으로, 이 프로젝트에 참여할 기회를 준 랜디 크레거와 뉴 하빈저 출판사 편집진에게 감사한다.

—대니얼 S. 로벨

내가 탁월한 공저자들과 함께 이 책을 위한 자료를 수집하고 원고를 쓰는 과정 내내 정서적으로 지지해 준 남편 존 아더멕에게, 그리고 딸 제인 아더멕과 손자 타일러 아더멕을 비롯한 다른 가족들에게, 인내하고 이해해 줘서 고맙다고 말하고 싶다. 아울러, 여러 귀중한 제안을 해 줌으로써 이 책을 훨씬 더 낫게 만들어 준 뉴 하빈저의 편집자들에게도 깊은 감사를 전한다.

—크리스틴 아더멕

내가 운영하는 온라인 지지모임 '무빙 포워드(Moving Forward)'—경계성이나 자기애성 성격장애가 있는 사람들의 가족에 대한 교육과 지지를 돕는 따뜻하고 배려심과 연민의 정이 깊은 모임—의 모든 회원에게 뜨거운 포옹과 감사를 보낸다. 여러분의 모임은 더없이 훌륭하며, 나에게도 각별히 잘해 주었다. 우리의 주 2회 줌 미팅을 가능케 해 준 태나, 캐런, 킴 헤이벌리에게 특별한 고마움을 전한다. 당신들의 진취성과 실행력은 정말 대단하다. 그 미팅이 사람들에게 얼마나 큰 의미를 지니는지 나는 가늠조차 할 수 없는데, 이 모든 것은 당신들 덕이다.

페이스북 그룹 '경계성 성격장애가 있는 아이의 부모들'의 주재자인 도나 툰은 내가 회원 모두와 자유롭게 연락할 수 있도록 해 주었으며, 그 덕에 나는 그들을 인터뷰하고 그들에게 많은 질문을 할 수 있었다. 이 책에서 인용한 말들의 대부분은 이 그룹 회원들의 것이다. 내가 자기네 회원들을 도울 수 있게 해 준 도나 툰의 호의를 항상 기억할 것이다. 우리 일에 기여해 준 페이스북 그룹 회원 모두에게 감사드린다.

경계성 성격장애 딸에 대한 회고록, 『배에 안정장치가 없을 때』의 저자 프랜 포터는 이 책의 머리말을 써 주는 것 이상의 도움을 주었으며, 그에 대해 감사를 표한다. 그녀는 책의 이런저런 부분에 대해 피드백을 주기도 했는데, 그 또한 감사한다. 프랜, 당신의 딸이 태어났을 때 우리가 경계성 성격장애에 대해 지금 아는 것만큼 알았더라면 얼마나 좋았겠어요. '우리가 그때 알았더라면'—이것은 거의 모든 부모가 공유하는 생각이다.

6장의 형제자매에 관한 절에 통찰과 의견을 준 메건 오닐에게 특별한 감사를 전한다. 메건 오닐은 큰 도움이 되었으며 그 덕분에 이 항목에 아주 유용한 내용을 담을 수 있었는데, 외동자식인 나 혼자 했더라면 절대 그 정도에 이를 수 없었을 것이다. 장애가 있는 아이의 형제나 자매는 주목을 거의 받지 못하지만, 사실 그 장애의 영향을 아주 크게 받는 사람들이다. 나는 그 절의 내용이 온 세상의 형제자매에게 도움이 되길 바란다. 그렇게 된다면 그건 메건 덕분일 테다.

  직업적인 저술가가 아니면서도 글을 뛰어나게 잘 쓰는 댄 슬랩친스키는 자신의 경험을 토대로 부록 A '아빠들을 위한 최선의 조언 열 가지'를 썼다. 그에게 이 글을 부탁한 것은 내가 인터뷰한 사람의 90퍼센트쯤이 엄마들로, 남편이 더 많이 관여해 주었으면 좋겠다고 말했기 때문이다. 한편, 당신이 아빠인데 배우자가 아이 문제에 관여하지 않으려 든다면, 그들에게 이 부록을 보여 줘도 좋을 법하다. 혹 당신이 적극적으로 협력하는 아빠라면, 고마울 따름이다!

  뉴 하빈저 출판사 친구들에게도, 특히 캐서린 마이어스에게, 나를 그토록 신뢰해 줘서 고맙다고 말하고 싶다. 나에겐 대부분의 저자가 팔 하나를 떼어 주고라도 얻고 싶어 할 정도의 자유가 주어져 있다. 나는 또 뉴 하빈저의 모든 사람이 책의 구상에서 홍보에 이르는 전 과정에서 늘 무엇이 내 저서를 위해 가장 좋을지를 염두에 두고 있다고 믿는다(다시 말하지만, 팔 하나다).

  무엇보다도 공저자인 대니얼 S. 로벨과 크리스틴 아더멕에게 감사한다. 두 사람이 있었기에 이 책이 나올 수 있었다. 그들이 없었다면 나는 이 책을 결코 쓰지 못했을—혹은 쓰지 않았을—것이다. 크리스틴은 이 프로젝트에 마음을 다해 뛰어들었고, 자발적으로 경계성 성격장애에 관해 배울 수 있는 모든 것을 익히면서 심지어 임상용 교과서를 주문하기도 했다. 댄은 밤낮으로 환자와 함께하면서도 언제든 내 연락을 받아 주었으며, 내 질문에 늘 때맞춰 대답해 주었다. 두 사람 모두에게 정말 감사드린다.

—랜디 크레거

부록 A

아빠들을 위한 최선의 조언 열 가지

이 책을 위한 연구조사 과정에서 나는 거의 모든 엄마가 경계성 성격장애 아이의 양육에 남편이 더 관여해 주길 바란다는 걸 알게 되었다. 여기에 실은 진심 어린 편지는 경계성 성격장애 딸을 둔 아빠가 쓴 것이다. 그는 이 책 내용 전체에서 모든 아빠가 알아야 한다고 생각되는 가장 중요한 점들을 골라내어 여기 요약하고 있다.

—랜디 크레거

경계성 성격장애 아이를 키우는 다른 아빠들에게

"이 모임의 일원이 되신 걸 환영합니다"라고 말할 수 있으면 좋겠지만, 우리 모두 아이들이 건강했더라면, 그리고 우리가 경계성 성격장애라는 게 뭔지 몰라도 됐더라면 얼마나 좋았을까 하고 생각한다는 걸 알고 있습니다.

제 소개를 하겠습니다. 저는 그래도 운이 좋은 아빠입니다. 제 딸아이의 일상적 삶은 경계성 성격장애에 크게 영향받았습니다. 그로 인해 딸은 감옥에서 하룻밤을 보내기도 했고, 정신병원에 일주일간 입원해야 했으며, 차 두 대를 망가뜨렸고, 친구 관계가 계속 깨졌고, 마음의 평안을 잃었지요. 딸아이가 열일곱 살 때 우리는 그 애를 집에서 내보내 할머니와 살게 해야 했습니다. 딸은 매일 정서적 고통을 겪으며, 가끔 삶을 끝내는 것에 대해 얘기합니다.

하지만 앞서 말했듯, 저는 운이 좋은 편입니다. 그 모든 문제에도 불구하고 딸아이는 고등학교를 졸업해 대학에 다니고 있으며, 진지하게 사귀는 남자친구들이 있었고, 일자리가 있으며, 이제 독립해서 살거든요. 딸아이는 성인답게 살기 위해 많이 노력하며, 대체로 성공하고 있습니다. 그렇게 된 것은 적어도 부분적으로는 우리, 그러니까 아내와 제가 아이의 경계성 성격장애에 대처하는 법을 배운 덕이라고 저는 생각하고 믿으며, 실제로도 그러했기를 바랍니다.

당신도 저와 같다면(그리고 저는 당신이 그렇다고 여길 수밖에 없는데, 당신이 시간을 들여 이 책을 읽고 있기 때문입니다), 아이를 돕는 걸 세상의 어떤 일보다 더 원할 겁니다. 하지만 때로는, 심지어 같은 처지의 다른 부모들에게 도움을 청할 때조차, 당신은 외로움을 느끼죠. 경계성인 아이를 돌보는 아빠는 엄마들에 비해 수가 훨씬 적고, 정형화된 이미지가 씌워져 있습니다. 당신은 그저 '문제를 해결'하고 싶어 할 뿐이고 '경계성 성격장애를 이해하지 못한다'는 말을 듣지요. 당신은 엄마들이 차지한 땅에 무단으로 침입한 이상한 사람 취급을 받으며 곧바로 무시당하기 일쑤입니다.

하지만 그건 터무니없는 고정관념입니다. 당신은 좋을 때나 힘들 때나 그곳에 있었습니다. 당신의 의견, 당신의 느낌은 중요합니다.

그러므로 당신을 돕기 위해 저는 몇 가지 조언을 하려 합니다. 제가 전문가여서가 아니며, 제가 권하는 것을 저 자신이 늘 실천하기 때문도 아닙니다(저는 그러지 못합니다. 다들 그렇듯 저 역시 일을 망치곤 합니다). 그저 오래전에 누군가가 *제게* 얘기해 줬더라면 좋았을 조언을 전하고 싶을 뿐입니다. 그랬더라면 상황이 조금은 수월해졌을 수도 있었기 때문이죠.

어쨌든 서론은 여기서 끝내고, 제가 '아빠들을 위한 최선의 조언 열 가지'라고 생각하는 것을 제시하려 합니다. 차례가 꼭 중요도 순은 아닙니다.

| 1. 의사소통 기법을 다룬 7장을 읽으세요 |

압니다, 지금 무슨 생각을 하시는지. 제가 당신에게 꽤나 지혜로운 도움말을 줄 것처럼 해 놓고는 첫마디가 "어떤 책의 어느 장을 읽으세요"라니, 마치 속임수를 쓴 것처럼 보이겠죠. 하지만 변명을 하자면, 적어도 제가 읽으라고 한 것은 당신이 이미 돈을 주고 산 이 책이잖아요. 뭐, 고마워하실 것까진 없고요.

당신과 아내, 경계성 성격장애가 있는 아이, 그리고 그 애의 형제자매는 모두 한 지붕 아래 살고 있고, 그건 모두가 서로 의사소통하며 살아야 한다는 얘기입니다. 하지만 경계성 성격장애 아이가 있으면 그렇게 하기가 더 어려운데, 그건 그 애가 세상을 경험하고 감정을 느끼는 방식이 우리의 방식과 항상 같지는 않기 때문입니다. 7장에서 당신은 철저히 연구되고 오랫동안 검증된 몇몇 도구를 얻을 것이며, 이 도구들은 당신과 아이 사이의 간극을 좁히는 데 도움이 될 겁니다. 이상적으로 말하면, 이런 도구들의 도움으로 당신은 흔히 하던 실수를 피함으로써 아이와의 언쟁을 최소화하고 관계를 개선할 수 있습니다. 실제로 그렇게 하기가 쉬울까요? 꼭 그렇지는 않습니다. 하지만 자녀가 청력을 잃었다면, 당신은 그 애와 의사소통하기 위해 수화를 배우는 걸 주저하지 않을 겁니다. 경계성 성격장애 아이를 위해 의사소통 도구들을 익히는 노력을 청력장애 아이를 위해 수화를 배우는 노력과 같은 것으로 생각하십시오.

7장에서는 그토록 자주 당신과 아이 엄마를 격분케 했던 아이의 무례함에 (마침내!) 대처하는 기법까지도 알려 줍니다. '내용 이전에 형식'이라는 규칙을 설명하는 부분에서는 아이와의 *어떤 대화*도 그 애가 상대에 대한 존중과 예의 바름이라는 기본 규칙을 따를 때만 해야 한다는 점을 가르쳐 줍니다. 이것만으로도 책값이 아깝지 않을 법합니다.

| 2. 아내의 지식을 존중하세요 |

아니, 당신의 아내가 시켜서 이 항목을 쓰는 건 아닙니다.

당신이 마치 참호전을 치르듯이 하루하루 분투해 왔다는 걸 잘 알고 있고 그건 아주 귀한 일이지만, 짐작건대 경계성 성격장애와 그것이 아이에게 영향을 미치는 방식을 늘 앞장서서 공부한 사람은 당신의 아내일 겁니다. 이 책을 선택해서 당신에게 건넨 사람도 아마 아내일 테고요. 아닌가요? 제 말이 맞았다면, 당신 아내가 공부하며 알게 된 것들을 무시하지 마세요.

당신의 아내가 경계성 성격장애 아이를 어떻게 다뤄야 할지 결정을 내리면 그걸 따르십시오. 그렇다고 해서 그 결정에 의문을 제기할 수 없는 건 아니지만—예나 지금이나 한쪽의 독재로는 건강한 결혼생활이 불가능하지요—그걸 아이 앞에서 내놓고 하지는 마세요. 부모는 언제나 공동전선을 펴야 합니다. 아주 실제적인 조언을 하자면 그런 얘기는 첨단 기술로, 그러니까 휴대폰 문자로 조용히 나누세요.

| 3. 아내와 한 팀으로 행동하세요 |

이것은 3번이라기보다 2.5번 조언으로 봐도 될 텐데, 제가 바로 앞에서 얘기한 것의 자연스러운 귀결이기 때문입니다. 부모 노릇 하기는 상황이 가장 좋을 때도 사람의 진을 빼는 일입니다. 여기에 경계성 성격장애가 더해지면, 한 치 앞을 내다볼 수 없는 상황이 되죠. 이런 상황을 뚫고 나가는 그나마 가장 쉬운 방법은—자, 저는 '쉬운'이 아니라 '그나마 가장 쉬운'이라고 했습니다—둘이 함께 행동하는 겁니다.

아이가 보는 데서는 언제나 단합된 양육팀의 모습이어야 해요. 이면을 들여다보면 그 '단단한' 벽에 메워야 할 틈들이 있더라도 말이죠. 그렇게 할 때 부부간에 다툼이 적어질 뿐 아니라, 부모를 조종하려는 아이의 시도도 최소화될 것입니다.

서로 타협하고 협동하세요. 그러다가 혹시 엇박자가 날 경우에도 반드시 서로를 지지하고 보호해 주세요.

| 4. 일관성을 유지하세요 |

경계성 성격장애 아이가 있든 없든, 제게 이 말은 '양육의 기초적 지침'입니다. 당신이 행동 방침을 어떻게 정했든, 흔들리지 말고 그것을 고수하세요.

간단한 예를 하나 들어 보죠. 경계성 성격장애가 있는 아이가 뭔가를 원하는데, 당신은 적절하고 정당한 이유로 "안 돼"라고 말합니다. 경계성 성격장애 아이들은 대개 끈질기기에, 당신은 몇백 번이나 "안 돼"라고 하다가 결국은 포기하고 이렇게 말합니다. "모르겠다. 네 마음대로 해."

장담하는데, 방금 당신은 산더미 같은 어려움을 스스로 끌어들인 겁니다. 이 사례에서처럼 당신이 간헐적 강화(intermittent reinforcement)를 하면 결과적으로 이후의 반항을 조장하고 아이의 장애에 나쁜 영향을 주어서, 당신은 미칠 지경이 될 것이기 때문입니다. 한 번 굴복하고 나면, 일어나지 않을 수 있었던 백 번의 전쟁을 치르게 된다는 얘깁니다. ('간헐적 강화'란 어떤 행동에 대한 보상을 불규칙적으로 하는 것을 말한다. 이럴 경우, 모든 보상이 사라지고 난 후 그 행동을 완전히 그만두기까지 훨씬 더 오랜 시간이 걸린다. 위의 사례에서는, 아이가 원하는 걸 허용치 않다가 결국은 마음대로 하게 둔 것이 간헐적 강화에 해당한다. ─옮긴이)

제발, 아이뿐만 아니라 당신 자신을 위해서도 *끝까지 버티십시오.*

추신: 제 간략한 조언이 누구에게든 충분하다고 생각하고 싶기에 썩 내키진 않지만, 한 번 더 이 책의 다른 장을 가리키며 "이걸 읽으세요"라고 말하려 합니다. 8장과 9장(실은 하나의 장인데 두 장으로 나뉘었지요)에서는 당신이 경계성 성격장애 아이를(그리고 경계성 성격장애가 없는 형제자매들도) 다루는 데 도움이 될 구체적인 양육 기술을 정말

로 자세하게 일러 주기 때문입니다. 이에 더해, 그 정보들은 당신 아이와의 삶을 실제로 개선하는 방법을 가르쳐 줍니다. 아이를 돕도록 해 줄 뿐 아니라, 이제는 뭔가를 '해결' 하고 싶다는 당신의 욕구를 채워 주기도 하는 거지요.

이 두 장에서 당신은 다음과 같은 것들을 배우게 됩니다.

왜 당신은 물러서면 안 되는가: "안 돼"라고 말해야 한다는 걸 알면서도 싸움을 피하기 위해 "그래"라고 말할 때 당신은 '괴물(경계성 성격장애)에게 먹이를 주는' 것입니다. 그런 태도는 장애를 악화시킬 뿐이니까요. 부정적인 행동에 보상을 해 줌으로써 그 행동이 반복되도록 사실상 조장하는 거지요. 이 장들에서는 당신이 그 대신 뭘 해야 하는지 설명합니다.

정서적 협박에 굴복하지 않는 것이 왜 중요한가: 아이에 관한 한 우리 모두는 어느 정도의 두려움과 의무감, 그리고 죄책감을 갖고 행동하며, "안 돼"라고 말할 때 우리 안에서 그 모든 감정이 요동치게 됩니다. 아이의 정서적 협박에 더는 귀 기울이지 말고, 당장 보기에 가장 쉬운 일이 아니라 길게 보아 필요한 일을 하는 법을 배우세요.

어떻게 현실적인 경계를 설정할 것인가: 이걸 얘기하는 과정에서, 우리의 계획을 망치는 근거 없고 유해한 통념들을 어떻게 버릴 건지도 가르쳐 줍니다.

아이가 자신의 문제를 해결하도록 어떻게 도울 것인가: 경계성 성격장애로 인한 위기에 대처하는 방법에서부터 아이가 누군가와의 관계에 관한 조언을 듣기 위해 당신에게 올 때 반응하는 법에 이르기까지 광범위한 기술들을 모두 알려 줍니다.

어떻게 아이의 독립성을 키울 것인가: 이것이 모든 건강한 부모의 최종 목표 아닐까

414

요? 아이와 함께 그 목표점에 이르는 방법을 배우세요.

이 장들을 직접 읽고 싶지 않다면 배우자에게 읽으라고 부탁한 다음 그 내용에 대해 끊임없이 물어보십시오. 어떤 식으로든 당신은 그 정보를 습득해야 하기 때문이지요. 하지만 유념하세요. 방금 한 조언이 당신의 결혼생활에 유익하다고 생각한다면, 당신은 구할 수 있는 자기계발서들을 모두 찾아서 읽어야 할 상황이라는 것을.

8장과 9장을 부디 직접 읽으세요!

| 5. 아이의 느낌을 부정하지 말고 인정해 주세요 |

주의: '인정(validation)' 개념이 어떤 의미인지 정확하게 알지 못한다 해도 기죽을 필요는 없습니다. 다시 7장으로 돌아가서 잠깐 훑어보세요. (다시 말하는데, 당신은 이 책을 샀습니다. 본전을 뽑아야죠.)

경계성 성격장애가 있는 아이들은 그들만이 경험하는 일상의 역사가 있어 보일 때가 많습니다. 대화와 행동, 심지어 대규모 사건들에 대해서도 그들은 당신이나 아내가 기억하거나 사실로 알고 있는 것과 다르게 인식하고 있을 때가 많거든요.

하지만 경계성 성격장애 자녀가 느끼고 있는 게 무엇이든, 중요한 것은 그 시점에 그 애가 그런 걸 느끼며 세상을 그렇게 인식하고 있다는 사실입니다. 그걸 당신이 인정하지 않으면—예컨대 "그 정도로 나쁘진 않아", 혹은 "일이 그렇게 된 게 아냐"라는 식으로 말하면—아이는 자신이 세상을 남들과 얼마나 다르게 보는지 상기하게 될 뿐 아니라 고통스러울 때 의지할 사람이 없다는 믿음이 더 강화됩니다.

아이의 감정을 인정해 주세요. 인정은 아이의 기분에 대처하는 일에서 당신이 쉽게 활용할 수 있는 *가장* 강력한 도구이며, 아이의 어려움을 최소화하는 데 직접적으로 기여합니다. 그런 기회를 날려 보내지 마세요.

| 6. 롤 모델이 되세요 |

이제 목록의 반을 넘겼으므로, 고백하건대 제가 너무 자주 실패하는 항목을 얘기하겠습니다.

저는 사랑이 넘치는 가정에서 자랐지만, 소리를 지르는 것이 다른 집의 "부탁해"나 "고마워"만큼이나 흔한 가정이기도 했어요. 부모가 되고 나서 저는 소리 지르는 걸 대부분 자제했지만(솔직히 말해 어린 시절 우리 집에서는 밤낮없이 소리들을 질렀거든요), 그 정도로는 충분치 않았음을 인정합니다.

아이에게 본을 보이는 당신의 행동은 온갖 좋고 멋진 말들보다 훨씬 강력합니다. 소리를 질러도 괜찮다는 걸 당신이 행동으로 보여 주면, 아이는 소리 지르는 사람이 될 것입니다. 마구 성질을 부려도 괜찮다는 걸 행동으로 보여 주면(스포일러 주의!) 당신의 아이는 멋대로 성질을 부리게 될 겁니다. 장담합니다.

당신은 자신의 감정을 다스리면서, 아이에게서 보기를 바라는 바로 그 행동을 스스로 보여 줘야 합니다. *아이가 당신을 지켜보고 있기 때문이지요.*

| 7. 어려운 상황을 혼자만의 비밀로 안고 있지 마세요 |

대체로 가족은 그들이 안고 있는 비밀만큼 아픈 법입니다. 자녀 양육의 스트레스가 뼈 빠지게 고될 수 있다면, 경계성 성격장애 아이를 양육하며 받는 스트레스에는 마음이 무너질 수 있습니다. 이 두 가지가 합해지면, 한 사람이 짊어지기엔 너무나 버거운 짐이 되지요.

비밀을 털어놓을 수 있는 사람, 사심이나 숨은 의도가 없는 사람, 당신 곁에서 굳건히 지지해 줄 사람을 찾으세요. 제 아내의 경우, 가까운 친구들이 그런 조건에 딱 맞습니다. 나는 사생활의 속내를 주위에 드러내지 않는 성격이므로, 전문 카운슬러가 훨씬 나

416

은 선택이라고 생각합니다.

어떤 선택을 하든, 당신에게 절실히 필요한 위로를 어느 정도라도 찾길 바랍니다.

| 8. 결혼생활을 즐겁게 하세요 |

그래요, 화제 전환이 상당히 부자연스러웠다는 걸 알지만, 7번 항목이 좀 신통찮았으므로 여기서 어느 정도 분위기를 띄우는 게 필요하다고 생각했습니다.

앞에서도 언급했듯, 탄탄한 결혼생활은 경계성 성격장애가 있는 아이를 키울 때 아주 귀중한 도구가 됩니다. 결혼생활을 건강하게 유지하는 것은 당신이 부모 역할을 성공적으로 해내는 데 더없이 중요하다는 얘깁니다. 혹 이처럼 도구적 이점을 따지는 관점만으로는 충분치 않다면 뭐 "나는 내 배우자를 사랑한다"류의 상투적 어구들에 기대어 즐거운 결혼생활의 필요성을 주장할 수도 있겠지요.

하지만 진지하게 말해서, 경계성 성격장애가 끼어들기 전에, 다시 말해 아이가 태어나기 전에는 당신과 아내 두 사람만 있었습니다. 이상적인 경우라면 그 애가 집에서 나간 뒤에도 오랫동안 당신과 아내 둘만 있을 것입니다. 성인이 되고 난 뒤의 당신 삶에서 아내와의 관계보다 더 오래거나 더 중요한 관계는 없습니다. 그걸 잘 가꾸세요.

어떤 일이 있다 해도, 집안의 상황이 아무리 어려워 보여도, 당신의 배우자와 보내는 시간을 만드세요(자녀들은 빼고 말입니다).

| 9. 집안일을 도우세요 |

인정합니다. 이 항목은 당신 아내가 넣어 달라고 요청한 것 맞습니다.

당신의 아내는 경계성 성격장애 아이를 양육하는 일의 아주 큰 부분을 어깨에 지고 있습니다. 그리고 아마 가정 밖에서도 일을 할 것입니다. 이건 엄청난 책임, 엄청난 스트레스, 그리고 '엄마'가 아닌 모든 사람에게 쏟는 엄청난 시간을 의미하죠. 그 여인이 무너지면 가족 누구도 잘 살아갈 수 없으며, 특히 당신의 아내가(혹은 당신도) 그렇습니다.

그러니 아내에게 당신이 마음을 쓰고 있다는 걸 보여 주세요. 적극적으로 나서서 집안일을 도와주세요. 요리를 하세요. 청소도 하세요. 아이들을 축구 연습장에 데려다 주세요.

그러는 건 그저 현명한 일에 그치지 않습니다. 공정하기도 한 겁니다.

| 10. 경계성 성격장애 아이의 형제자매에게도 관심을 기울이세요 |

끝으로 가장 중요할 수도 있는 조언을 하려고 하는데, 이게 중요한 이유는 다른 자녀들의 건강과 성공이 관련되기 때문입니다.

당신의 다른 자녀는 경계성 성격장애 아이를 둘러싸고 일어나는 극적인 일들에 엄청난 영향을 받습니다. 경계성 성격장애가 아닌 형제나 자매가 그런 일 때문에 생긴 트라우마를 해결하기 위해 따로 치료받아야 하는 것은 드문 일이 아닙니다. 또한 경계성인 아이가 본의 아니게 당신과 아내의 시간과 관심, 노력을 더 많이 차지하게 되므로, 다른 아이들은 부모의 양육을 제대로 받지 못할 위험이 있습니다.

그 아이들의 정신적, 정서적 건강을 위해, 그들을 알아주고 보살피려는 노력을 의식적으로 해야 합니다. 그들의 감정을 인정해 주고, 그들과 따로 시간을 보내고, 그들의 삶에 충분히 관여하려고 노력하세요.

그 아이들도 경계성 성격장애 아이와 전혀 다름없이 귀중하며, 부모가 줄 수 있는 최선의 것들을 받을 자격이 있습니다.

이 글을 마무리하면서 당신에게 부탁하고 싶은 게 있는데, 경계성 성격장애가 있는 아이가 태어난 날을 생각해 보라는 것입니다. 당신 품에 안긴 그 새 생명을, 그리고 당신이 아이의 미래를 위해 바랐던 그 모든 것을 말이죠. 그것들은 꿈이었고, 지금 상황은 현실이죠. 당신은 일종의 '밸런싱 게임' 즉 균형 잡기를 해야 합니다. 아이는 지금 질병을 앓고 있다는 걸 깨달아야 합니다. 그리고 신체적으로 심각한 문제가 있으면 뉴욕 양키스의 선수가 될 수 없는 것과 마찬가지로, 당신이 아이에 대해 지녔던 원대한 계획들도 경계성 성격장애 때문에 상당 부분 어긋날 수 있다는 것을 알아야 합니다. 당신은 대통령의 아버지가 되거나 자녀가 암을 치료하는 모습을 보지는 못할지 모릅니다. 하지만 암담하고 절망적으로 보이는 상황에서, 당신이 한때 소중하게 품었던 그 모든 희망과 기대를 전부 놓아 버릴 수는 없어요.

경계성 성격장애는 사형 선고가 아니며, 자동적으로 성공을 가로막는 것도 아닙니다. 당신의 아이는 그 장애에도 불구하고 스스로 성인의 삶을 벼려 나갈 수 있으며, 자신을 행복하고 성공적으로 만들어 줄 것들을 성취할 수도 있습니다. 그리고 나는 당신과 아이 모두를 위해 아이가 그러기를 바랍니다. 훨씬 많은 노력과 사랑하는 사람들의 훨씬 많은 지지가 필요할 뿐이죠.

그 아이에게 당신 같은 아빠가 있어서 다행입니다, 그렇죠?

아빠들이여, 행운을 빕니다. 당신은 잘 해낼 거예요!

—댄 슬랩친스키

한 임상전문가가 다른 임상전문가들에게—
아이들에 대한 경계성 성격장애의 과소진단에 관해

많은 임상전문가가 아동과 청소년에게 경계성 성격장애 진단을 내리는 걸 꺼리며, 어떤 이들은 그런 진단을 절대 하지 않는다. 아주 짧은 이 부록에서 나는 경계성 성격장애의 특징을 몇 가지 보이는 아동과 청소년에게 상황에 따라선 경계성 성격장애나 '경계성 성격장애 경향(BPD tendencies)' 진단을 내리는 걸 고려해야 하는 이유를 설명하겠다. (제목의 '과소진단[underdiagnosis]'이란 환자의 특정한 상태 또는 질병이 올바르게 식별되거나 진단되지 않아 적절한 의학적 개입과 치료가 이루어지지 않고, 그 결과 해당 사회에서 그 상태나 질병이 실제로 존재하는 정도보다 훨씬 적게 진단되는 것을 말한다. 과잉진단[overdiagnosis, 과진단]과 반대되는 개념이다. ―옮긴이)

| 아동과 청소년에게 경계성 성격장애 진단을 내리지 않는 이유들 |

먼저, 아이들에게 성격장애 진단을 내리지 않는 가장 흔한 이유들을 살펴보자.

●아동과 청소년들은 성격이 완전히 형성되지 않았으므로 성격에 장애가 있다는 진단은 할 수 없다는 믿음

420

- 성격장애 진단을 받으면 오명이 따라붙는다는 믿음
- 많은 보험회사에서 성격장애 치료는 급여 대상이 아니라는 사실

아동과 청소년을 다루는 임상전문가들은 성격장애 진단을 내리기보다 그에 동반되는 장애, 예컨대 불안장애나 우울증, 주의력결핍 과잉행동장애(ADHD)처럼 사회적으로 오명이 덜 따라붙는 질환에 흔히 초점을 맞춘다. 이런 장애들은 대개 치료를 받는 반면, 성격장애 증상들은 성인기 초기까지 제대로 다루어지지 않으면서 그 개인의 성격의 일부로 굳어진다.

안타깝게도, 성격장애 증상들이 확실해지길 기다렸다가 치료할 경우엔 병의 예후뿐 아니라 치료 효과도 안 좋아지기 쉽다.

| 좀 더 일찍 경계성 성격장애 진단을 내려야 하는 이유들 |

미국정신의학회는 *DSM-5*(『정신질환의 진단 및 통계 편람』 제5판)에서 경계성 성격장애를 정의하면서, 이 장애가 성인기 초기나 그 이전에 시작된다고 했다(American Psychiatric Association 2013). 이 말은 경계성 성격장애의 특징들이 아동기와 청소년기에 나타나며, 그걸 치료하지 않고 놔두면 성인기 초기에 이르러 만성화한다는 걸 시사한다.

다른 자료들을 보면 임상전문가들이 이전에 생각했던 것보다 일찍 경계성 성격장애 진단을 내려야 한다는 걸 알게 된다.

두 가지 점은 더할 나위 없이 분명하다. 첫째, 경계성 성격장애가 있는 성인들은 거의 전부가 자신의 증상과 괴로움이 아동기나 청소년기에 시작되었다는 사실을 인식하고 있다. 둘째, 일부 청소년이 보이는 증상은 경계성 성격장애와 워낙 일치하

기에, 이 진단을 내리고 그에 따라 치료하지 않는 것은 비윤리적일 것이다(Aguirre 2014, p. 26).

최근의 데이터에 따르면 대략 1,800만 명의 미국인이 일생 중 어느 시기에 경계성 성격장애가 생기게 마련이며, 그 증상들은 일반적으로 청소년기 초기와 성인기에 나타난다고 한다(Substance Abuse and Mental Health Services Association, 2011).

청소년기 아이들에게 경계성 성격장애 진단을 내리는 것에 대해 논란이 많았지만, 이는 더이상 정당화될 수 없다. 최근의 증거들을 보면 청소년의 경계성 성격장애 진단이 성인의 경우만큼이나 타당하며, 이 장애가 있는 청소년들은 조기 개입을 통해 좋은 결과를 얻을 수 있음이 분명하다. (…) 이들 개개인의 안녕과 장기적 예후를 개선하기 위해서는 경계성 성격장애의 진단과 치료가 청소년 정신건강 관리에서 통상적 관행의 일부로 간주되어야 한다(Kaess, Brunner and Chanen, 2014).

이용 가능한 모든 데이터를 살펴보면 청소년기가 경계성 성격장애의 조기 식별과 치료적 대응에 결정적으로 중요한 시기라는 사실이 드러난다(Fossati 2014).

아동기와 청소년기에 경계성 성격장애의 발병 전 특징들을 식별하고 치료하지 않는 것은 현대의 보건의료 지침에 어긋나는 일이다. 이 지침들에서는 증상들이 극대화되고 나서야 치료를 시작하지 말고 사전에 질병을 예방해야 한다고 강조하기 때문이다.

성격장애의 진단기준을 모두 충족하는 아동과 청소년에게는 성격장애 진단을 내려야 한다. 이 책에서 우리는 성인기 초기에 이르면서 경계성 성격장애가 본격적으로 발병할 위험이 있는 아동과 청소년을 대상으로 한 개입에 대해 설명했다. 이런 개입은 완전한 성격장애로의 진행을 완화하기 위해 이루어진다.

경계성 성격장애의 특징들을 보이지만 진단기준을 모두 충족하지는 않는 아동과 청소년은 '경계성 성격장애 경향'으로 진단해야 하며, 이 같은 특징들은 이 책에서 소개한 기법들로 치료해야 한다. 그렇게 하면 그 아동이나 청소년의 이후 삶에서 경계성 성격장애가 더 심각한 형태로 진행되는 걸 막을 수 있다.

—대니얼 S. 로벨

부록 C

추천 도서와 기타 정보 소스

| 미성년자의 경계성 성격장애에 관한 책 |

Borderline Personality Disorder in Adolescents: What to Do When Your Teen Has BPD, 2nd ed., B. A. Aguirre, 2014, Fair Winds Press, Beverly, MA.

매클레인 병원의 정신과 의사인 블레이즈 아기레는 경계성 성격장애가 있는 십대 아이들을 위한 입원치료 프로그램의 책임자다. 아기레는 이 주제에 관해 전 세계를 돌아다니며 강연도 한다. 당신이 경계성 성격장애 십대의 부모라면 이 책을 꼭 읽어야 한다.

When Your Daughter Has BPD: Essential Skills to Help Families Manage Borderline Personality Disorder, D. S. Lobel, 2018, New Harbinger Publications, Oakland, CA.

이 실용서는 우리 책『경계성 성격장애 자녀 대처법(Stop Walking on Eggshells for Parents)』에서 다룬 개념들의 일부를 더 자세히 설명하며, 당신이 경계성 성격장애라는 폭풍우를 헤쳐 나가고 가정의 균형을 되찾는 데 길잡이가 되어 준다. 이 책에서 당신은 자신과 다른 가족 구성원들을 위해 적절한 경계를 설정해 유지하면서 아이를 돕는 방법들을 발견할 것이다. 로벨은 이 저서의 자매편이라 할『당신의 어머니가 경계성 성격장애일 때(*When Your Mother Has Borderline Personality Disorder: A Guide for Adult Children*)』(Rockridge Press, 2019)도 썼다. 로벨의 이메일 주소는 Katonahshrink@gmail.com, 웹사이트는 https://www.mysideofthecouch.com이다.

Parenting a Teen Who Has Intense Emotions: DBT Skills to Help Your Teen Navigate Emotional and Behavioral Challenges, P. Harvey and B. H. Rathbone, 2015, New Harbinger Publications, Oakland, CA.

변증법적 행동치료(DBT)는 경계성 성격장애를 비롯한 여러 질환에 대한 증거 기반의 심리치료 방법이다(예컨대 기분장애나 자살 생각, 자해, 물질남용 등에도 이 요법을 쓸 수 있다.—옮긴이). 젊은 성인 자녀에게도 적용될 수 있는 이 책에서는 파괴적이고 위험한 행동, 물질남용 행동 등에 단계별로 대처하는 방법도 일러 준다.

Parenting a Child Who Has Intense Emotions: Dialectical Behavior Therapy Skills to Help Your Child Regulate Emotional Outbursts and Aggressive Behaviors, P. Harvey and J. A. Penzo, 200, New Harbinger Publications, Oakland, CA.

당신 자녀의 격렬한 감정을 누그러뜨리고 그 애가 자신의 느낌을 생산적인 방식으로 표현하도록 도와주는 방법을 안내하는 책이다. 아이의 감정이 통제 불능으로 치달을 때 필요한 전략들도 실려 있다.

| 경계성 성격장애가 있는 사람의 가족을 위한 책 |

The Essential Family Guide to Borderline Personality Disorder: New Tools and Techniques to Stop Walking on Eggshells, R. Kreger, 2008, Hazelden, Center

City, MN.

정신의학적 관점에서든 의학 일반의 관점에서든 훌륭한 참고 서적으로, 경계성 성격장애가 있는 사람의 뇌 속에서 정확히 어떤 메커니즘으로 무슨 일이 벌어지는지를 비롯해 이 장애와 관련된 모든 것을 다룬다. 이 책에서는 자신을 잘 돌보기, 당신이 꼼짝 못하게 갇힌 듯 느끼는 이유를 알아내기, 당신의 생각과 말이 상대에게 가닿도록 소통하기, 사랑하는 마음으로 경계를 설정하기, 올바른 행동을 강화하기 등 다섯 가지 기본 도구들을 다루고 있다. 또한 치료법들, 치료사 찾기, 그리고 경계성 성격장애의 위험요인들을 설명하는 장들도 있다.

Raising Resilient Children with a Borderline or Narcissistic Parent, M. Fjelstad and J. McBride, 2020, Rowman and Littlefield, Lanham, MD.

이 책은 손주를 걱정하는 조부모들에게도 도움이 될 수 있지만, 주된 대상은 부모다.

Loving Someone with Borderline Personality Disorder: How to Keep Out-of-Control Emotions from Destroying Your Realtionship, S. Y. Manning, 2011, Guilford Press, New York.

Stop Caretaking the Borderline or Narcissist: How to End the Drama and Get on with Life, M. Fjelstad, 2013, Rowman and Littlefield, Lanham, MD. (국역본 『어떻게 당하지 않고 살 것인가』)

이 책은 경계성 성격장애와 자기애성 성격장애가 있는 성인의 보호자가 파괴적인 상호작용에서 벗어나 새롭게, 더 효과적으로 행동하면서 자신과 나머지 가족들에 좀 더 집중하게 해 주는 방법, 그와 동시에 경계성이자 자기애성 성격장애 성인으로 하여금 스스로를 돌보고 자신의 행동에 책임지도록 하는 방법을 알려 준다. 여기서 강조점은 '어떻게 하면 보호자가 학대를 당하지 않을까'에 있다.

The Stop Walking on Eggshells Workbook, R. Kreger and J. P. Shirley, 2002, New Harbinger Publications. Oakland, CA.

| 경계성 성격장애에 관한 일반 정신의학 책 |

Borderline Personality Disorder Demystified: An Essential Guide for Understanding and Living with BPD, rev. ed., R. O. Friedel, L. F. Cox, and K. Friedel, 2018, DaCapo Lifelong Books, New York.

경계성 성격장애에 관한 훌륭한 정신의학서로, 아동의 경계성 성격장애, 경계성 성격장애의 역사, 이 장애와 뇌의 관계, 치료법, 약물 투여 등 광범위한 주제들을 다룬다.

| 기술을 길러 주는 책 |

Better Boundaries: Owning and Treasuring Your Life, J. Black and G. Enns, 1997, New Harbinger Publications, Oakland, CA.

당신의 가치관과 욕구, 필요에 바탕을 둔 경계 설정에 관한 책.

BIFF: Quick Responses to High-Conflict People, Their Personal Attacks, Hostile Emails, and Social Media Meltdowns, B. Eddy, 2011, HCI Press, Scottsdale, AZ.

이 책은 BIFF(짧은, 정보를 주는, 친근한, 단호한) 의사소통 기법을 심도 있게 논의한다.

Emotional Blackmail: When the People in Your Life Use Fear, Obligation, and Guilt to Manipulate You, S, Forward, 1997, HarperCollins, New York. (국역본 『사랑하는 사람이 나를 조종할 때』)

The Gaslight Effect: How to Spot and Survive the Hidden Manipulation Others Use to Control Your Life, R. Stern, 2018, Harmony Books, New York. (국역본 『그것은 사랑이 아니다』)

The Power of Validation: Arming Your Child Against Bullying, Peer Pressure, Addiction, Self-Harm, and Out-of-Control Emotions, K. D. Hall and M. H. Cook, 2012, New Harbinger Publications, Oakland, CA. (국역본 『인정하기의 힘―자립심이 강한 아이로 키우는 방법!』)
이 책은 어린 자녀를 둔 부모를 대상으로 한 것이지만, 어떤 부모에게든 유용한 정보를 담고 있다.

Radical Acceptance: Embracing Your Life with the Heart of a Buddha, T. Brach, 2003, Bantam Books, New York. (국역본 『받아들임―자책과 후회 없이 나를 사랑하는 법』)

Talking to a Loved One with Borderline Personality Disorder: Communication Skills to Manage Intense Emotions, Set Boundaries, and Reduce Conflict, J. J. Kreisman, 2018, New Harbinger Publications, Oakland, CA.
이 책은 우리가 7장에서 이야기한 SET-UP(지지, 공감과 진실―이해와 인내) 의사소통 기법을 다룬다.

What Shamu Taught Me About Life, Love, and Marriage: Lessons for People from Animals and Their Trainers, A. Sutherland, 2008, Random House, New York.

이 책은 동물들을 훈련할 때 사용하는 행동강화나 그와 유사한 기법들을 사람에게 어떻게 적용할 수 있는지를 보여 준다.

| 부모의 정신건강에 도움이 되는 책 |

Conquering Shame and Codepenency: 8 Steps to Freeing the True You, D. Lancer, 2014, Hazelden, Center City, MN. (국역본 『관계 중독─수치심과 결별하고 공의존에서 탈출하기』)

Don't Let Your Kids Kill You: A Guide for Parents of Drug and Alcohol Addicted Children, C. Rubin, 2010, New Century Publishers, Petaluma, CA.

The Gift of Loving-Kindness: 100 Mindful Practices for Compassion, Generosity, and Forgiveness, M. Brantly and T. Hanauer, 2008, New Harbinger Publications, Oakland, CA.

Pocket Therapy for Emotional Balance: Quick DBT Skills to Manage Intense Emotions, M. McKay, J. C. Wood, and J. Brantley, 2020, New Harbinger Publications, Oakland, CA.

The Relaxation and Stress Reduction Workbook, 6th ed., M. Davis, E. R.

Eshelman, and M. McKay, 2008, New Harbinger Publications Oakland, CA. (국역본 『이완 및 스트레스 감소 기법 모음 워크북』)

Self-Compassion: The Proven Power of Being Kind to Yourself, K. Neff, 2011, William Morrow, New York.

When Things Fall Apart: Heart Advice for Difficult Times, P. Chodron, 2016, Shambhala Publications, Boulder, CO. (국역본 『모든 것이 산산이 무너질 때』)

When Your Adult Child Breaks Your Heart: Coping with Mental Illness, Substance Abuse, and the Problems That Tear Families Apart, J. L. Young and C. Adamec, 2013, Lyons Press, Guilford, CT.

| 경계성 성격장애 여성들의 경계성 성격장애 회고록 |

Get Me Out of Here: My Recovery From Borderline Personality Disorder, R. Reiland, 2004, Hazelden, Center City, MN.
두 아들의 어머니인 저자는 자신이 겪은 섭식장애와 경계성 성격장애, 그리고 자살 시도 등에 대해 이야기한다. 당신의 십대 아이는 바로 아래의 책에 더 흥미와 공감을 보일 테지만, 그 애에게 이 책을 주어도 좋다. 두 권 모두 경계성 성격장애가 있는 사람의 머릿속이 어떤지에 대해 놀랄 만한 통찰을 준다.

The Buddha and the Borderline: My Recovery from Borderline Personality Disorder Through Dialectical Behavior Therapy, Buddhism and Online Dating, K.

Van Gelder, 2010, New Harbinger Publications, Oakland, CA. (국역본 『키라의 경계성 인격장애 다이어리』)

이 책에서 저자는 그녀가 십대 후반에서 삼십대에 이르기까지 앓은 경계성 성격장애를 돌아보면서 성적인 일들과 자해, 자살 시도까지 모든 걸 털어놓는다.

| 경계성 성격장애가 있는 아동의 부모들이 쓴 회고록 |

And I Don't Want to Live This Life: A Mother's Story of Her Daughter's Murder, D. Spungen, 1983, Ballantine Books, New York.

When the Ship Has No Stabilizers: Our Daughter's Tempestuous Voyage Through Borderline Personality Disorder, F. L. Porter, 2014, Crossfield Publishing, St. Marys, Ontario.

| 경계성 성격장애가 있는 아동과 십대를 위한 책 |

The Anger Workbook for Teens: Activities to Help You Deal with Anger and Frustration, 2nd ed., R. C. Lohmann, 2019, New Harbinger Publications, Oakland, CA. (국역본 『분노 표현하기』)

Don't Let Your Emotions Run Your Life for Kids: A DBT-Based Skills Workbook to Help Children Manage Mood Swings, Control Angry Outbursts, and Get Along with Others, J. J. Solin and C. L. Kress, 2017, Instant Help Books, Oakland, CA.

일곱 살에서 열두 살까지의 아이들에게, 분노를 비롯한 격렬한 감정들에 그때그때 대처하게 해 줄 도구들을 제공하기 위해 쓴 책이다.

Don't Let Your Emotions Run Your Life for Teens: Dialectical Behavior Therapy Skills for Helping You Manage Mood Swings, Control Angry Outbursts, and Get Along with Others, S. Van Dijk, 2011, Instant Help Books, Oakland, CA.

The Grit Workbook for Kids: CBT Skills to Help Kids Cultivate a Growth Mindset and Build Resilience, E. Nebolsine, 2002, Instant Help Books, Oakland, CA. (국역본 『재능을 뛰어넘는 그릿의 힘—어린이를 위한 그릿 워크북』)

인지행동치료(CBT)의 원리에 바탕을 둔 이 책은 십대들이 마음챙김과 자기연민을 토대로 연습해서, 사람을 무력화하는 자기비판을 극복하고 자기회의의 느낌에 좀 더 친절하게, 그리고 자기돌봄으로 대응할 수 있게 해 준다.

The Grit Guide for Teens: A Workbook to Help You Build Perseverance, Self -Control, and a Growth Mindset, C. Baruch-Feldman, 2017, Instant Help Books, Oakland, CA. (국역본 『그릿 실천법—목표를 향해 끝까지 밀고 나가는 단 하나의 공식』)

The Relaxation and Stress Reduction Workbook for Teens: CBT Skills to Help You Deal with Worry and Anxiety, M. A. Tompkins and J. R. Barkin, 2018, Instant Help Books, Oakland, CA.

경계성 성격장애가 있는 성인을 위한 책

The Big Book on Borderline Personality Disorders, S. Rooney, 2018, Unhooked Books, Scottsdale, AZ.

Borderline Personality Disorder: A Guide for the Newly Diagnosed, A. L. Chapman and K. L. Gratz, 2013, New Harbinger Publications, Oakland, CA.

Borderline Personality Disorder Toolbox: A Practical Evidence-Based Guide to Regulating Intense Emotions, J. Riggenbach, 2016, PESI Publishing and Media, Eau Claire, WI.

The Borderline Personality Disorder Workbook: An Integrative Program to Understand and Manage Your BPD, D. J, Fox, 2019, New Harbinger Publications, Oakland, CA.

The Dialectical Behavior Therapy Skills Workbook: Practical DBT Exercises for Learning Mindfulness, Interpersonal Effectiveness, Emotional Regulation, and Distress Tolerance, 2nd ed., M. McKay, J. C. Wood, and J, Brantley, 2019, New Harbinger Publications, Oakland, CA. (국역본 『알아차림 명상에 기반한 변증법적 행동치료(DBT) 워크북』)

변증법적 행동치료 모임에 직접 참석하지 않는 사람은 차선책으로 이 책을 보면 된다. 원서의 부제에서 열거한 '알아차림[마음챙김], 효과적인 대인관계, 감정 조절, 고통 감내'는 변증법적 행동치료의 네 가지 핵심 기술이다.

Hard to Love: Understanding and Overcoming Male Borderline Personality Disorder, J. Nowinski, 2014, Central Recovery Press, Las Vegas, NV.

Mindfulness for Borderline Personality Disorder: Relieve Your Suffering Using the Core Skill of Dialectical Behavior Therapy, B. A, Aguirre and G. Galen, 2013, New Harbinger Publications, Oakland, CA.

What's Right with Me: Positive Ways to Celebrate Your Strengths, Build Self-Esteem, and Reach Your Potential, C. DeRoo and C. DeRoo, 2006, New Harbinger Publications, Oakland, CA.

| 경계성 성격장애 관련 단체와 프로그램 |

전미 경계성 성격장애 교육연합(National Education Alliance for Borderline Personality Disorder, NEABPD), https://www.borderlinepersonalitydisorder.org

NEABPD에서는 경계성 성격장애가 있는 사람을 사랑하는 부모와 다른 가족 구성원들을 위한 프로그램 '패밀리 커넥션스(Family Connections)'를 운영한다. 이것은 증거에 기반을 둔 열두 차례의 교육, 훈련 및 대화 세션으로 구성된 무료 과정으로, 참여자들은 주 1회 두 시간 동안 직접 만나고, 이를 위해 매주 한두 시간을 들여 숙제/연습을 해야 한다. 경계성 성격장애를 앓고 있는 사람을 돌보고 지원하는 이들에게 교육과 기술 훈련, 지지를 제공하는 프로그램이다.

NEABPD에서는 또한 패밀리 커넥션스의 회합 장소에서 먼 곳에 사는 가족들이나 온라인 수업을 더 좋아하는 사람을 위해 화상회의 서비스 줌(Zoom)을 통한 코스도 제공한다.

패밀리 커넥션스는 미국 국립정신건강연구소(NIMH)에서 지원하는 연구들을 토대로 하여 운영된다. 조사 결과, 이 과정을 수료한 가족 구성원들은 우울감과 부담감, 슬픔을 덜 느끼고 힘과 자신감을 더 많이 느끼는 것으로 나타났다.

참고 문헌

Adesman, A., and C. Adamec. 2018. *The Grandfamily Guidebook: Wisdom and Support for Grandparents Raising Grandchildren.* Center City, MN: Hazelden.

Aguirre, B. A. 2014. *Borderline Personality Disorder in Adolescents: What to Do When Your Teen Has BPD.* 2nd ed. Beverly, MA: Fair Winds Press.

American Academy of Child and Adolescent Psychiatry. 2016a. "Residential Treatment Programs." September. https://www.aacap.org/AACAP/Families_and_Youth/Facts_for_Families/FFF-Guide/Residential-Treatment-Programs-097.aspx.

American Academy of Child and Adolescent Psychiatry. 2016b. "Teen Brain: Behavior, Problem Solving, and Decision Making." September. https://www.aacap.org/AACAP/Families_and_Youth/Facts_for_Families/FFF-Guide/The-Teen-Brain-Behavior-Problem-Solving-and-Decision-Making-095.aspx

American Institute of Stress. 2019. "7 Signs You May Be Too Stressed." *Daily Life* (blog). November 6. https://www.stress.org/7-signs-you-might-be-too-stressed.

American Psychiatric Association. 2013. *Diagnostic and Statistical Manual of Mental Disorders.* 5th ed. Arlington, VA: American Psychiatric Association.

American Psychological Association. 2013. "Warning Signs of Youth Violence." https://www.apa.org/topics/physical-abuse-violence/youth-warning-signs.

Bansal, V. 2020. "How to Opt Out of the Drama Triangle and Take Responsibility." *Tech Tello* (blog). April 23. https://www.techtello.com/how-to-opt-out-of-the-drama-triangle.

Bergland, C. 2017. "Diaphragmatic Breathing Exercises and Your Vagus Nerve." *The*

Athlete's Way (blog). May 16. https://www.psychologytoday.com/us/blog/the-athletes-way/201705/diaphragmatic-breathing-exercises-and-your-vagus-nerve.

Brown, B. 2012. "Listening to Shame." Filmed March 2012 at TED2012, Long Beach, CA. Video, 20:38. https://www.ted.com/talks/brene_brown_listening_to_shame/details?language=en

Cancino, A. 2016. "More Grandparents Raising Their Grandchildren." February 16. *PBS News Hour*. https://www.pbs.org/newshour/nation/more-grandparents-raising-their-grandchildren.

Cardasis, W., J. A. Hochman, and K. R. Silk. 1997. "Transitional Objects and Borderline Personality Disorder." *American Journal of Psychiatry* 154: 250–55.

Center for Substance Abuse Treatment. 2014. "Understanding the Impact of Trauma." *Trauma-Informed Care in Behavioral Health Services*. Rockville, MD: Substance Abuse and Mental Health Services Administration.

Centers for Disease Control and Prevention. 2021. "Suicide Prevention." US Department of Health and Human Services. March. https://www.cdc.gov/suicide/index.html.

Child Mind Institute. n.d. "Borderline Personality Disorder and Substance Use." Accessed May 8, 2021. https://childmind.org/guide/parents-guide-to-co-occurring-substance-use-and-mental-health-disorders/borderline-personality-disorder-and-substance-use.

Chödrön, P. 2016. *When Things Fall Apart: Heart Advice for Difficult Times*. Boulder, CO: Shambhala Publications. (국역본『모든 것이 산산이 무너질 때』)

Cloitre, M., D. W. Garvert, B. Weiss, E. B. Carlson, and R. A. Bryant. 2014. "Distinguishing PTSD, Complex PTSD, and Borderline Personality Disorder: A Latent Class Analysis." *European Journal of Psycho-traumatology* 5: n.p.

Davis, D. M., and J. A. Hayes. 2012. "What Are the Benefits of Mindfulness?" (1997). American Psychological Association, July/August. https://www.apa.org/monitor/2012/07-08/ce-corner.

Denworth, L. 2019. "How Much Time in Nature Is Needed to See Benefits?" *Brain Waves* (blog). June 13. https://www.psychologytoday.com/us/blog/brain-waves/201906/how-much-time-in-nature-is-needed-see-benefits.

Dierberger, A., and N. Lewis-Schroeder. 2017. "Borderline Personality Disorder and Complex Posttraumatic Stress Disorder." McLean Hospital. December 7. https://www.mcleanhospital.org/sites/default/files/shared/BPDWebinar-BPD-and-Complex-PTSD.pdf.

Dingfelder, S. F. 2004. "Treatment for the 'Untreatable.'" *Monitor on Psychology*, March, 46. https://www.apa.org/monitor/mar04/treatment.

Eddy, B., and R. Kreger. 2011. *Splitting: Protecting Yourself While Divorcing Someone with Borderline or Narcissistic Personality Disorder.* Oakland, CA: New Harbinger Publications.

Fast, J. A., and J. Preston. 2006. *Take Charge of Bipolar Disorder: A 4-Step Plan for You and Your Loved Ones to Manage the Illness and Create Lasting Stability.* New York: Warner Wellness.

Fjelstad, M. 2013. *Stop Caretaking the Borderline or Narcissist: How to End the Drama and Get on with Life.* New York: Rowman and Littlefield. (국역본 『어떻게 당하지 않고 살 것인가』)

Forward, S. 1997. *Emotional Blackmail: When the People in Your Life Use Fear, Obligation, and Guilt to Manipulate You.* New York: HarperCollins. (국역본 『사랑하는 사람이 나를 조종할 때』)

Fossati, A. 2014. "Borderline Personality Disorder in Adolescence: Phenomenology and Construct Validity." In *Handbook of Borderline Personality Disorder in Children and Adolescents*, edited by C. Sharp and J. L. Tackett, 19–34. New York: Springer.

Friedel, R. O. 2004. "Dopamine Dysfunction in Borderline Personality Disorder: A Hypothesis." *Neuropsychopharmacology* 29: 1029–39.

Friedel, R. O., L. F. Cox, and K. Friedel. 2018. *Borderline Personality Disorder Demystified: An Essential Guide for Understanding and Living with BPD.* New York: Da Capo Lifelong Books.

Grant, B. F., S. P. Chou, R. B. Goldstein, B. Huang, F. S. Stinson, and T. D. Saha, et al. 2008. "Prevalence, Correlates, Disability, and Comorbidity of DSM-IV Borderline Personality Disorder: Results from the Wave 2 National Epidemiologic Survey on Alcohol and Related Conditions." *Journal of Clinical Psychiatry* 69 (4): 533–45.

Hairston, S. 2019. "Involuntary Commitment: When and How to Do It." *Open Counseling* (blog). August 19. https://www.opencounseling.com/blog/involuntary-commitment-when-and-how-to-do-it.

Hall, K. D., and M. H. Cook. 2012. *The Power of Validation: Arming Your Child Against Bullying, Peer Pressure, Addiction, Self-Harm, and Out-of-Control Emotions.* Oakland, CA: New Harbinger Publications. (국역본 『인정하기의 힘—자립심이 강한 아이로 키우는 방법!』)

Kaess, M., R. Brunner, and A. Chanen. 2014. "Borderline Personality Disorder in

438

Adolescence." *Pediatrics* 134 (4): 782-93.

Kay, M. L., M. Poggenpoel, C. P. Myburgh, and C. Downing. 2018. "Experiences of Family Members Who Have a Relative Diagnosed with Borderline Personality Disorder." *Curationis* 41 (1): e1-e9.

Kornfield, Jack. 2008. *The Art of Forgiveness, Lovingkindness, and Peace.* New York: Bantam Dell. (국역본 『오르막과 내리막, 그것이 삶이라는 것을 받아들인다면』)

Kreger, R. 2008. *The Essential Family Guide to Borderline Personality Disorder: New Tools and Techniques to Stop Walking on Eggshells.* Center City, MN: Hazelden.

Kreishman, J. J. 2018. *Talking to a Loved One with Borderline Personality Disorder: Communication Skills to Manage Intense Emotions, Set Boundaries, and Reduce Conflict.* Oakland, CA: New Harbinger Publications.

Lerner, H. 2014. *The Dance of Anger: A Woman's Guide to Changing the Patterns of Intimate Relationships.* New York: William Morrow. (국역본 『무엇이 여자를 분노하게 만드는가—무례한 세상에서 나를 지키는 페미니즘 심리학』)

Linehan, M. M. 1993. *Cognitive-Behavioral Treatment of Borderline Personality Disorder.* New York: Guilford Press.

Linehan, M. M. 2015. *DBT Skills Training Handouts and Worksheets.* 2nd ed. New York: Guildford Press. (국역본 『DBT 다이어렉티컬 행동치료 워크북—감정조절장애와 경계선 성격장애 워크북』)

Lobel, D. S. 2018. *When Your Daughter Has BPD: Essential Skills to Help Families Manage Borderline Personality Disorder.* Oakland, CA: New Harbinger Publications.

Matusiewicz, A. K., C. J. Hopwood, A. N. Banducci, and C. W. Lejuez. 2010. "The Effectiveness of Cognitive Behavioral Therapy for Personality Disorders." *The Psychiatric Clinics of North America* 33 (3): 657-85.

Manning, S. Y. 2011. *Loving Someone with Borderline Personality Disorder: How to Keep Out-of-Control Emotions from Destroying Your Relationship.* New York: Guilford Press.

Mayo Clinic. 2017. "Narcissistic Personality Disorder." November 18. https://www.mayoclinic.org/diseases-conditions/narcissistic-personalitydisorder/symptoms-causes/syc-20366662.

Mayo Clinic. 2019. "Exercise: 7 Benefits of Regular Physical Activity." May 11. https://www.mayoclinic.org/healthy-lifestyle/fitness/in-depth/exercise/art-20048389.

McVicker, N. 2015. "Warning Signs of Teen Violence." *Hero911.* April 30. https://

www.hero911.org/warning-signs-of-teen-violence.

National Institute of Mental Health. 2016a. "Generalized Anxiety Disorder: When Worry Gets Out of Control." https://www.nimh.nih.gov/health/publications/generalized-anxiety-disorder-gad.

National Institute of Mental Health. 2016b. "Panic Disorder: When Fear Overwhelms." https://www.nimh.nih.gov/health/publications/panic-disorder-when-fear-overwhelms.

National Institute of Mental Health. 2018. "Bipolar Disorder." October. https://www.nimh.nih.gov/health/publications/bipolar-disorder.

National Institute of Mental Health. 2019a. "Post-Traumatic Stress Disorder." May. https://www.nimh.nih.gov/health/topics/post-traumatic-stress-disorder-ptsd.

National Institute of Mental Health. 2019b. "Attention-Deficit/Hyperactivity Disorder." September. https://www.nimh.nih.gov/health/topics/attention-deficit-hyperactivity-disorder-adhd.

National Institute of Mental Health. n.d. "Borderline Personality Disorder." https://www.nimh.nih.gov/health/publications/borderline-personality-disorder.

National Institute on Drug Abuse. 2020. "Drug Misuse and Addiction." National Institutes of Health. July. https://www.drugabuse.gov/publications/drugs-brains-behavior-science-addiction/drug-misuse-addiction.

Neff, K. 2011. *Self-Compassion: The Proven Power of Being Kind to Yourself*. New York: HarperCollins.

Norcross, J. C., and B. E. Wampold. 2011. "Evidence-Based Therapy Relationships: Research Conclusions and Clinical Practices." *Psychotherapy* 48 (1): 98–102.

Ooi, J., J. Michael, S. Lemola, S. Butterfill, C. S. Q. Siew, and L. Walasek. 2020. "Interpersonal Functioning in Borderline Personality Disorder Traits: A Social Media Perspective." *Scientific Reports* 10: 1068. https://www.ncbi.nlm.nih.gov/pmc/articles/PMC6978508.

Paris, J. 2019. "Suicidality in Borderline Personality Disorder." *Medicina* 55 (6): 223.

Phutela, D. 2015. "The Importance of Non-Verbal Communication." *IUP Journal of Soft Skills* 9 (4): 43–49.

Porter, F. L. 2014. *When the Ship Has No Stabilizers: Our Daughter's Tempestuous Voyage through Borderline Personality Disorder*. St. Marys Ontario: Crossfield Publishing.

Ripoll, L. H. 2013. "Psychopharmacologic Treatment of Borderline Personality Disorder." *Dialogues in Clinical Neuroscience* 15 (2): 213–24.

Salters-Pedneault, K. 2020a. "Borderline Personality Disorder and Your Family." *Verywell Mind.* November 27. https://www.verywellmind.com/the-bpd-family-425215.

Salters-Pedneault, K. 2020b. "Legal Issues and Borderline Personality Disorder." *Verywell Mind.* December 7. https://www.verywellmind.com/bpd-and-the-law-legal-issues-and-bpd-425356.

Sander, L. 2019. "Time for a Kondo Clean-Out? Here's What Clutter Does to Your Brain and Body." *The Conversation.* January 20. https://theconversation.com/time-for-a-kondo-clean-out-heres-what-clutter-does-to-your-brain-and-body-109947.

Sansone, R. A., and L. A. Sansone. 2011. "Gender Patterns in Borderline Personality Disorder." *Innovations in Clinical Neuroscience* 8 (5): 16-20.

Schwartz, G. L., and J. L. Jahn. 2020. "Mapping Fatal Police Violence Across U.S. Metropolitan Areas: Overall Rates and Racial/Ethnic Inequities, 2013-2017." *PLOS ONE.* https://doi.org/10.1371/journal.pone.0229686.

Scott, E. 2020. "The Benefits of Art Therapy for Mental Health." *Verywell Mind.* January 24. https://www.verywellmind.com/art-therapy-relieve-stress-by-being-creative-3144581.

Smith, A. 2020. "37 Validating Statements (A Quick Cheat Sheet for When You Are Stuck)." January 1. https://www.hopeforbpd.com/borderline-personality-disorder-treatment/validating-statements.

Substance Abuse and Mental Health Services Association (SAMHSA). *Report to Congress on Borderline Personality Disorder.* 2011. US Department of Health and Human Services. http://www.ncdsv.org/images/SAMHSA_Report-to-Congress-on-Borderline-Personality-Disorder_5-2011.pdf.

Treatment Advocacy Center. 2015. "The Role of Mental Illness in Fatal Law Enforcement Encounters." https://www.treatmentadvocacycenter.org/overlooked-in-the-undercounted.

Van Gelder, K. 2010. *The Buddha and the Borderline: My Recovery from Borderline Personality Disorder Through Dialectical Behavior Therapy, Buddhism, and Online Dating.* Oakland, CA: New Harbinger Publications. (국역본 『키라의 경계성 인격장애 다이어리』)

Wasylyshen, A., and A. M. Williams. 2016. "Second-Generation Antipsychotic Use in Borderline Personality Disorder: What Are We Targeting?" *The Mental Health Clinician* 6 (2): 82-88.

Weiner, L., N. Perroud, and S. Weibel. 2019. "Attention Deficit Hyperactivity Disorder and Borderline Personality Disorder in Adults: A Review of Their Links and Risks." *Neuropsychiatric Disease and Treatment* 15: 3115–29.

World Health Organization. 2018. *International Classification of Diseases* (11th Revision). Retrieved from https://icd.who.int/browse11/l-m/en.

Zanarini, M. C., C. A. Reichman, F. R. Frankenburg, D. B. Reich, and G. Fitzmaurice. 2010. "The Course of Eating Disorders in Patients with Borderline Personality Disorder: A 10-Year Follow-Up Study." *International Journal of Eating Disorders* 43 (3): 226–32.

경계성 성격장애 자녀 대처법

–어쩔 줄 모르는 부모를 위한 기법과 전략

초판 인쇄 : 2023년 10월 27일
초판 발행 : 2023년 11월 1일

지은이 : 랜디 크레거, 크리스틴 아더맥, 대니얼 로벨
옮긴이 : 이순영

펴낸이 : 박경애
펴낸곳 : 모멘토
등록일자 : 2002년 5월 23일
등록번호 : 제1-3053호
주 소 : 서울시 마포구 만리재 옛4길 11, 나루빌 501호
전 화 : 711-7024
팩 스 : 711-7036
E-mail : momentobook@hanmail.net
ISBN 978-89-91136-39-7   03180